날씨
읽어주는
CEO

날씨
읽어주는
CEO

김동식 지음

프리스마

●● 날씨 서비스를 하겠다고 기상사업에 뛰어든 지 16년이 되었다. 처음 사업을 시작했을 당시 사람들은 나를 '현대판 봉이 김선달'이라고 불렀다. 공짜로 인식되던 날씨를 팔아 돈을 번다고 붙여진 이름이다.

MIT 출신의 공학도이던 내가 전공과 전혀 관련이 없는 사업을 하겠다고 했을 땐 다들 미쳤냐고 혀를 차기도 했다. 그도 그럴 것이 그대로 학업을 마치면 안정된 교수 자리가 보장될 수 있는 데다 날씨산업이 국내에는 거의 알려지지 않은 터라, 왜 굳이 힘겨운 길로 들어서냐는 것이었다. 내 선택을 도저히 이해할 수 없다며 정말 바보 같은 선택이라고 훈계하는 이도 있었다.

주위의 만류에도 불구하고 호기 좋게 시작했던 사업은 그들의 우려처럼 현실적인 어려움에 직면했다. 기상청이 무료로 제공하던 날씨정보를 고객들은 돈을 주고 사는 것에 거부감이 많았기 때문에 심지어 무료 정보를 판다며 사기꾼이라는 소리를 듣기도 했다. 또한 일반적인 컨설팅과는 달리 기상컨설팅은 결과를 직접 입증하기도 어려웠다. 무엇보다 기상사업은 당시 우리나라의 기업 환경을 고려하면 너무 앞선 사업 모델이었다는 것이다.

실제로 고객과 직접 만나 기업에 날씨정보를 맞춤형으로 제공하려 해도 많은 국내 기업들은 그런 정보를 담당할 인프라와 인원이 없었고 날씨정보 활용의 필요성도 크게 느끼지 못하고 있었다. 기상컨설팅 역시 날씨에 영향을 많이 받는 기업조차도 정작 이를 알지 못하고 주어진 정보를 제대로 활용하지 못하는 상황이 반복되기도 했다.

기후변화와 기상이변이 이슈화되면서 날씨위험관리를 위한 '날씨경영'에 대해 관심이 증가하자 날씨산업도 어느 정도 자리를 잡게 되었다. 그동안 국내에 생소하던 날씨경영을 확산하기 위해 묵묵히 걸어온 나를 두고 사람들은 이제 '날씨경영 전도사'라고 부른다. 과거 사기꾼 보듯 했던 눈빛은 어느새 혜안이 탁월하다는 감탄의 눈빛으로 바뀌었다.

기업은 물론 일반 고객들의 날씨정보에 대한 인식도 바뀌면서 이제는 날씨정보를 얼마냐고 물어보며 공짜라고 생각하는 경우는 거의 없다. 오히려 내가 생각했던 것 이상으로 고객들이 날씨정보와 날씨경영에 대한 눈높이가 높아져 그들의 요구사항을 따라가기가 어려울 때도 있다. 사업을 시작할 당시만 해도 '케이웨더'는 이름조차 생소했던 작은 벤처기업이었는데 어느덧 국내 날씨산업을 대표하는 선도 기업으로 평가를 받으며 새로운 시장을 개척할 것이라는 기대를 한 몸에 받고 있다.

시장의 변화만 있었던 것이 아니다. 기상업계의 숙원이던 기상산업 진흥법이 국회와 기상청 등의 협조로 2009년 12월에 시행되면서 마침내 하나의 산업으로 인정받게 되었다. 이 법이 시행되면서 기상청만 하던 날씨예보를 우리 같은 회사가 작은 민간 기상청을 만들어 예보를 직접 하게 되었고 방송에도 나오기 시작했다. 심지어 방송사들은 우리

예보를 정규 프로그램으로 편성해 매일같이 방송을 하고 있다. 기상청과 경쟁을 한다는 오해를 받기도 하지만 이것은 당초 사업에 뛰어들면서 고객에게 다양한 예보를 제공해 선택적으로 활용할 수 있도록 하고자 했던 생각의 하나이기도 했다. 날씨정보, 기상컨설팅, 기상장비 등을 통합해 날씨위험관리를 하는 것이 하나의 비즈니스 모델로 구축되는 것을 보면서 과거에 꿈꿨던 일들이 현실로 하나하나 이루어지고 있다는 데 뿌듯함을 느낀다.

앞서 2006년에 『날씨경영』이라는 책을 출간해 기업과 공공기관이 날씨정보를 활용해 날씨경영에 나서는 사례를 소개한 바 있다. 당시 날씨경영의 유용한 지침서를 만들고자 했던 뜻을 이루기는 했지만, 좀 더 많은 사례를 담지 못한 아쉬움이 없지 않았다. 그러던 차에 이번에 그것보다 더 새롭고 풍부한 날씨정보 활용 성공 사례를 모아 선보이게 되었다. 아무래도 2006년 『날씨경영』을 낸 이후로 시간이 많이 흘렀고 사람들의 날씨에 대한 인식이 바뀐 데다가 기후변화가 이제까지의 인간의 삶과 경제, 사회 등 각 분야의 패러다임을 바꿔놓을 거부할 수 없는 거대한 흐름, 메가트렌드 중 하나로 강조되고 있는 이 시점에 이 책이 꼭 필요하리라는 생각에서였다.

그동안 나름 날씨 전문가로 자부하고 있었는데, 이 책을 준비하면서 날씨경영이 예전보다 많이 확산되었다는 것과 내가 미처 생각하지 못했던 다양한 방법으로 많은 곳에서 날씨경영에 나서고 있다는 것을 확인할 수 있었다. 새삼 놀랍기도 하고 날씨정보를 잘 활용하고 있다는 것에 기쁘기도 했다. 한편으로는 그러한 즐거움을 이 책에 오롯이 담기 위해 경험했던 하나하나의 사례를 정리하면서 험난할지 모를 이 길을 내가 왜 택했느냐는 물음에 답을 찾는 즐거움을 되새기는 시간을 갖기도 했다.

바라건대 이 책을 접하는 분들은 단순히 날씨정보의 맞고 틀림을 넘어서 이미 변화하고 있는 기후에 효과적으로 대응하기 위해서는 악기상 등의 자연재해로부터 피해를 최소화하고 날씨정보를 어떻게 활용해 기회로 삼을 수 있는지에 대한 고민을 조금이라도 할 수 있는 시간이 되었으면 한다.

끝으로, 날씨경영을 과감히 도입해 성공적인 결과를 만들어냄으로써 기상사업을 선택한 나의 결정에 대한 사람들의 우려가 단지 기우였을 뿐이라는 것을 증명해준 이 책에 소개된 많은 기업과 기관에 깊이 감사드린다. 또한 어려운 환경 속에서도 여전히 날씨정보의 가치를 증명하기 위해 분주히 뛰면서 오늘의 우리나라 날씨산업과 케이웨더의 현재 모습을 갖추기까지 누구보다 노력해준 우리 케이웨더 모든 가족들에게 진심으로 감사의 마음을 전하고 싶다.

여전히 일에 빠져 아들로서, 남편으로서, 아버지로서 제 역할을 못하고 있는 나를 지금도 묵묵히 지켜봐주며 성원해주는 부모님과 사랑스러운 아내 그리고 아들 성환이에게 미안하고 고맙다는 말을 전한다.

2013년 4월
김동식

CONTENTS

날씨
읽어주는
CEO

날씨
읽어주는
CEO

제1장

MIT 공학도의
도전과 혁신

"안정된 삶을 버리고 가슴 뛰는 삶을 선택하다"

MIT 공학도에서 현대판 봉이 김선달로, 그리고 국내 1위 민간기상업체 케이웨더
의 성공신화를 일군 경영자로 탈바꿈하기까지 16년. 경영인 김동식과 케이웨더의
도전 이야기.

01

쓰디쓴 실패의 아픔에서
비롯된 성공의 씨앗

●● 지금으로부터 16년 전인 1997년, 내가 처음 '날씨정보'를 팔아 돈을 버는 회사를 차리겠다고 말했을 때 사람들은 나를 '봉이 김선달'이라며 놀렸다. 사업 아이템치고는 너무나 황당하고 허무맹랑하다는 것이었다. 모든 신문과 라디오와 텔레비전이 시시각각 '공짜'로 알려주는 날씨정보를 돈을 받고 팔겠다니, 세상 사람들이 모두 바보가 아닌 이상 결코 이루어질 수 없는 허황된 계획이라는 것이었다. "강물을 떠다가 병에 담아 판다는 거랑 뭐가 다르지?" 사람들의 반응은 그랬다.

하지만 지난 16년의 세월을 거치면서 세상의 이런 인식은 이제 많이 바뀌었다. 평범한 사람들의 일상을 위한 기본적인 날씨정보는 여전히 공짜이자 더욱 다양한 형태로 더욱 다양해진 매체를 통해 제공되지만, 특정 지역이나 기업이 원하는 구체화된 날씨정보는 돈을 주고 사지 않으면 안 된다는 사실을 이제는 모두가 알게 된 것이다. 상세하고 최적화된 날씨정보를 돈을 주고 구입하여 더욱 큰 이익을 창출하는 기업이 있는가 하면, 여전히 신문에 실리는 정도의 개괄적인 날씨정보에

만 의존하다가 기회를 잃어버리는 기업들이 있다는 사실도 널리 알려졌다. '날씨경영'이라는 신조어가 이제는 웬만한 사람이면 낯설지 않게 되었다. 21세기를 흔히 지식정보사회라고 하는데, 모든 기업과 조직이 반드시 알아야 할 가장 기초적인 정보 가운데 하나가 바로 날씨정보이며, 소비자 입장에서 최적화된 날씨정보, 기업의 경쟁력을 높여주는 날씨정보는 돈을 주고 구입하지 않으면 얻을 수 없다는 인식도 이제 널리 확산되었다. 이렇게 세상이 달라지자 사람들은 다시 나를 '탁월한 혜안을 가진 벤처기업가'로 바꾸어 부르게 되었다. 이런 측면에서 보자면 내가 세운 민간기상정보회사인 케이웨더의 지난 16년은 '봉이 김선달'이 '혜안을 가진 경영인'으로 탈바꿈하고 성장해나가는 과정이기도 했다.

돌아보면 이 16년의 성장기는 결코 신나고 즐겁기만 한 과정은 아니었다. 나 개인이나 우리 직원들의 인식이 아니라 세상 사람들의 인식을 먼저 바꾸어야 했고, 선발주자나 선배가 없었기에 오로지 모든 노하우를 우리만의 구체적인 성공과 실패의 축적을 통해서 얻을 수밖에 없었다. 선배가 없다는 것은 가르침을 받을 곳이 없다는 뜻이고, 가르침을 받을 수 없다는 것은 길잡이도 없이 사막을 홀로 건너야 한다는 의미였다. 인식의 전환을 위한 싸움은 지난했고, 노하우를 쌓는 과정은 성공 못지않게 빈번한 좌절과 실패, 많은 비용의 지출을 통해서 아주 조금씩 천천히 진전되었다. 결코 쉽지 않은 이 기간을 거치면서 내게 힘이 되어준 한마디가 있다면 그건 사실 진부하기 이를 데 없는 "실패는 성공의 어머니"라는 격언이었다. 사람들은 이 말을 흔히 실패를 두려워하지 말고 무언가에 적극적으로 도전하라는 의미로 받아들이지만, 내게 실패가 성공의 어머니라는 이 말은 사실 좀 더 분명하고 특별

●●● 한양대를 전체 수석으로 졸업하고, MIT에서 석사 과정을 마쳤다는 내 이력 앞에서 사람들은 좀처럼 '실패'의 기운을 읽어내지 못한다. 대학 입시에 실패하지 않았더라면 나는 분명히 다른 길을 걸었을 것이고, 오늘의 케이웨더는 존재하지 않았을 것이다.

한 의미를 지닌 말이다.

한양대를 전체 수석으로 졸업했다거나, MIT에서 공부를 계속하여 박사를 마친 뒤에는 대학교수의 길이 예정되어 있었다는 따위의 내 이력 앞에서 사람들은 좀처럼 '실패'의 기운을 읽어내지 못하는 것 같다. 하지만 내가 이룬 오늘의 성공은 날씨정보를 팔아 돈을 벌겠다는 봉이 김선달 식의 황당한 사업 구상에서 처음 시작된 것이 아니라, 대학 입시 실패라는 내 인생 최초이자 가장 쓰디쓴 실패의 경험에서 맨 처음 시작된 것이었다. 대학 입시에 실패하지 않았더라면 나는 분명히 다른 길을 걸었을 것이고, 오늘의 케이웨더는 존재하지 않았을 것이다.

한양대 기계공학과를 졸업하고 미국 MIT에서 석사 과정을 마친 이 공계 출신이 분명하지만, 사실 중고등학교 시절의 나는 수학과 과학에 제일 자신이 없었다.

남보다 노력을 덜하는 것 같지도 않은데 성적은 늘 제자리였고 흥미도 생기지 않았다. 보통의 아이들이라면 당연히 영어나 국어 공부에 치중하고 인문계열 학과에 지원했을 것이다. 하지만 나는 그렇게 하지 않았다. 오기가 발동하여 수학과 과학 공부에 더 몰두하기 시작한 것이다. 처음엔 다른 친구들만큼만 하자는 게 목표였다. 하지만 그조차도 쉽지 않았다. 그러는 사이 시간이 흘러서 어느덧 문과냐 이과냐를 결정해야 하는 순간이 다가왔다. 선생님과 부모님의 조언을 뿌리치고 나는 이과를 선택했다. 역시 오기가 발동한 것이었는데, 수학과 과학 공

부가 어려워서 어쩔 수 없이 문과를 선택했다는 오점을 남기고 싶지 않았던 것이다.

그나마 다행스러웠던 것은 고2와 고3 과정을 거치면서 수학과 과학에 대한 콤플렉스에서 완전히 벗어날 수 있었다는 것이다. 물론 엉덩이에 진물이 날 만큼 열심히 공부해서 이룬 성과였다. 그렇게 어렵게 시작했지만 한 걸음 한 걸음 차근차근 걸어왔기에 과정이 심화될수록 튼튼해진 기초를 바탕으로 꾸준히 앞으로 나아갈 수 있었다. 그렇게 되자 자신감도 충만해져서 공부는 더욱 술술 풀려나갔다.

하지만 예상과 달리 나는 대학 입시에 보기 좋게 실패하고 말았다. 입시를 치를 무렵의 나는 사실 스스로에 대한 믿음과 자신감이 너무나 차고 넘쳐서 도저히 대학 입시 불합격이라는 통보를 사실 그대로 받아들이기조차 어려울 정도였다. 아닌 밤중에 홍두깨, 청천벽력, 뚱딴지, 불가사의 같은 이상한 단어들만 머릿속을 맴돌았고, 실패의 원인을 분석한다거나 이후의 대책을 생각해보는 따위의 일들은 도통 머리에 떠올릴 수조차 없었다. 카운터펀치를 맞은 복서처럼 나는 한 방의 타격에 완전히 정신을 잃고 바닥에 쓰러졌다.

정신이 돌아온 뒤에 살펴본 내 모습은 여전히 피투성이의 처참한 몰골이었다. 단 한 방의 펀치를 맞았을 뿐인데 몸과 마음은 그야말로 만신창이가 되었다. 부끄럽고 창피해서 얼굴을 들기가 어려웠고, 스스로에 대한 모멸감으로 자주 잠을 설쳤다. 그러다가 어느 날 문득 떠올린 한마디가 "실패는 성공의 어머니"라는 말이었다. 진부하고 고지식하기 이를 데 없는 이 단순한 말이 갑자기 떠오른 것은 아마도 당시의 내가 그만큼 정신적으로 피폐하고 황망하고 지쳐 있었기 때문이었을 것이다. 또 그런 절박한 상황일수록 멋지고 감동적인 말들이 아니라 평범하고 진부한 말들이 더 강하게 와닿는 법이니까. 진부함에도 불구하고 여전히 통용되는 말들에는 그만큼 강한 생명력과 검증된 진실이 내포되어 있는 법이니까.

  그렇게 전에 맛본 적 없는 쓰디쓴 패배의 아픔을 안고 나는 뒤늦게 한양대 기계공학과에 들어갔다.

02

좌절을 딛고
공학도의 길을 가다

●● "날씨를 팔아 돈 버는 사업을 한다"고 하면 아직도 많은 사람들은 나를 현대판 봉이 김선달쯤으로 생각한다. 하지만 이때의 김선달은 더 이상 사기꾼이 아니라 기발한 착상을 하는 아이디어맨을 의미한다. 나를 기발한 아이디어 하나로 일확천금을 노리는 사업가라고 생각하는 것이다. 우리 회사가 벤처기업이다 보니 이런 시각은 사실 그다지 이상한 것도 아니다. 벤처를 아이디어 싸움이자 일종의 모험이요 복불복의 게임이라고 생각하는 사람들이 그만큼 많은 것이다. 질시와 부러움을 동시에 담고 있는 이런 평가는 그러나 사실 온당한 것이 결코 아니다. 오늘의 케이웨더가 존재하게 된 것은 단지 기발한 아이디어 하나에서 시작된 것이 아니며, 그 아이디어 덕분에 운 좋게 순풍에 돛 단 듯이 승승장구 성장하여 오늘에 이른 것은 더더욱 아니다. 나는 아이디어 하나에 의존해서 사업을 하는 모험가가 아니다. 나는 사업과 개별 프로젝트의 처음부터 끝까지 모든 과정을 공학적이고 합리적으로 이끌기 위해 노력하는 스타일이다. 이러한 나의 철학과 기질이 본격적

으로 형성된 것은 4년간의 한양대 기계공학과 시절을 통해서였다.

　대학 입시 실패로 인한 패배의 쓴맛은 내 기억 속에 강렬하게 각인되었다. 실패를 반드시 성공으로 되돌려야 한다는 의지를 가지고 한양대 교문을 들어섰으나, 한동안은 여전히 정신을 차릴 수 없을 정도로 멍한 날들이 이어졌고, 열패감으로 자주 불면에 시달렸다. 그런 나를 구제해준 것은 바로 기계공학과 교수님들이었다. 그분들은 내게 자신감을 심어주기 위해 많은 애를 쓰셨다. 특히 기억에 남는 것은 그럴싸하고 달콤한 말로써가 아니라 각종 과제와 평가를 통해서 자신감을 심어주셨다는 점이다. 나는 수업 시간 외에도 자주 교수님들의 방에 불려갔고, 사소한 심부름부터 각종 데이터를 처리하거나 실험을 진행하는 일들을 도와드렸다. 이런 일들은 보통 대학원 선배들의 몫이었는데, 나는 학부생 시절부터 대학원의 선배들과 어울리면서 교수님들이 진행하는 각종 연구와 실험, 프로젝트의 보조연구원으로 일을 했다. 낭만과 청춘을 구가해야 할 한 시절을 나는 그렇게 교수님들이나 대학원 선배들과 함께 보냈다. 방학조차 잊은 채 캠퍼스를 떠나지 않았고, 그러는 사이 4년은 바람처럼 지나갔다.

　대학원생 못지않게 바쁜 대학 생활을 보내던 와중에 잠깐 유학을 생각하기도 했었다. 국내 대학에서 이 정도로 공부와 연구에 몰두하느니 차라리 외국의 유명한 대학에 진학해서 일찌감치 석사며 박사 코스에 대비하는 것이 더 낫지 않을까 하는 생각이 들었던 것이다. 장차 연구자나 교수가 되기 위해서는 유학은 피할 수 없는 코스이니, 국내 대학의 학부에서 시간을 낭비할 이유가 없다는 판단에서였다. 나는 이런 고민을 교수님께 솔직하게 말씀드리고 조언을 구했다. 그때 교수님은 이렇게 조언해주셨다.

   ●●● 나는 4년간의 대학 생활을 통해 참으로 많은 것을 얻었다. 무엇
보다도 한 번의 실패로 모든 것이 끝나지 않는다는 교훈을 얻을 수 있었다. 나는
4년간의 노력 끝에 한양대 전체 수석 졸업과 총장상 수상이라는 성공을 손에 거
머쥐었다. 노력은 언제든 반드시 그 대가를 받게 마련이라는 것을 나는 대학 생활
을 통해 배웠다.

"물론 외국 대학에서의 학위나 경험은 필수적인 것이다. 하지만 여기서 학부 과정을 마친 뒤에 외국 대학에서 석·박사 학위를 취득하면 그것으로 충분하다. 국내 대학에서의 경험은 오히려 나중에 더 유리한 입지가 될 수 있다. 어느 대학이든 교수를 채용한다고 할 때 석·박사 학위를 어디서 어떻게 취득했는가를 따지지, 굳이 학부를 어디서 마쳤는가를 따지지 않는다. 모교에 지원한다고 할 때는 당연히 이곳에서의 학부 경험이 더 유리하면 유리하지 불리하게 작용하지 않는다."

나는 교수님의 조언을 받아들였다. 나의 앞날을 걱정해주시는 그분의 마음을 읽었고, 충분히 합리적이고 타당한 설명이라고 생각했기 때문이다.

걱정과 조바심에 사로잡혀 잠시 꾸었던 유학의 꿈을 접고 나자 대학 생활은 다시 평온해졌고 나는 그렇게 4년을 캠퍼스 안에 파묻혀 살았다. 교수님들이나 대학원 선배들과의 잦은 만남은 내게 더 큰 시야를 열어주었고, 실제로 더 구체적이고 발 빠른 정보도 얻을 수 있었다. 그렇게 4년을 부지런히 공부하고 열심히 일하면서 보내고 나니 전체 수석 졸업과 총장상이라는 영예가 주어졌다. 나중에 알게 된 사실이지만 사실 그해의 총장상은 다른 과에 돌아갈 예정이었다고 한다. 그런 것을 우리 학과 교수님들이 모두 나서서 올해만큼은 기계공학과의 김동식에게 주어야 한다고 강력하게 주장하여 성사시킨 것이었다. 참으로 감사한 일이 아닐 수 없다.

이 밖에도 나는 4년간의 대학 생활을 통해 참으로 많은 것을 얻었다. 지식이 늘어난 것은 물론이요, 입학 초기에 가졌던 열패감과 자기모멸에서도 벗어났다. 무엇보다도 한 번의 실패로 모든 것이 끝나지는 않는다는 교훈을 얻을 수 있었다. 실패의 경험이 저절로 성공을 가져다주지는 않지만, 노력하고 또 노력하면 실패의 경험은 반드시 성공으로 보답한다는 단순하지만 명쾌한 교훈을 얻었던 것이다. 대학 입시 실패의 경험에도 불구하고 나는 4년간의 노력 끝에 한양대 전체 수석 졸업과 총장상 수상이라는 성공을 실제로 손에 거머쥐었던 것이다. 이처럼 노력하는 자만이 실패를 성공으로 바꿀 수 있고, 노력할 준비가 된 자에게만 실패가 자산이 된다는 진리는 케이웨더를 설립하고 이끌어오는 동안에도 내게 언제나 큰 힘이 되어주었다. 노력은 언제든 반드시 그 대가를 받게 마련이라는 것을 나는 대학 생활을 통해 배웠다.

03

좋아하는 일에 승부를 걸어라

●● 프로필에 한양대 전체 수석 졸업과 총장상 수상 이력 등을 적어 넣은 뒤 나는 MIT 석사 과정에 입학원서를 제출했다. 그리고 한양대 학부 출신으로는 처음으로 MIT 석사 과정에 입학할 수 있었다. 사람들은 내가 한양대 기계공학과를 거쳐 한양대 최초로 MIT에 갔다고 하면 나를 무슨 대단한 천재쯤으로 여기는데, 나는 사실 천재라기보다는 노력파에 가깝다고 생각한다. 앞에서도 소개한 것처럼 나는 학부 4년을 누구보다 치열하게 공부하고 연구하며 생활했다. 그런 노력의 결과로 수석 졸업이며 총장상의 영예가 주어진 것이고, 또 그런 결과가 있었기에 MIT에도 갈 수 있었던 것이다. 최초의 대학 입시 실패가 한양대 전체 수석 졸업을 할 수 있는 새로운 노력의 계기를 낳은 것이고, 한양대에서의 노력이 MIT 진학이라는 결과를 낳은 것이지, 내가 천재여서 별다른 노력 없이 MIT에 갈 수 있었던 것은 아니다.

다들 짐작할 수 있는 것처럼 MIT는 세계적인 천재들이 모이는 곳이다. 물론 기본적으로 머리가 뛰어난 인재들이기는 하지만, 이들의 공통

점은 사실 머리가 좋다는 것이 아니라 모두가 엄청난 노력을 기울인다는 것이다. 그 좋은 머리로 노력까지 아끼지 않으니 그 성과가 탁월할 수밖에 없다.

경쟁 역시 엄청나게 치열하다. 아무리 천재들만 따로 모아놓는다고 하더라도 그 안에서는 우열이 생길 수밖에 없는데, 그 우열의 기준이 극히 미세한 차이에서 비롯되기 때문에 사실 MIT만큼 경쟁이 치열한 곳도 없다. 늘 천재 소리를 들어가며 100점 아니면 A플러스 학점밖에 받아본 적이 없는 학생들이 B 학점에 충격을 받고 자살하곤 하는 곳이 MIT다.

다행히도 나는 근면하고 성실한 편이어서 성적이 나쁘지 않았고, 교수님들도 나를 예쁘게 봐주는 편이었다. 누가 교수님들이 진행하는 각종 프로젝트에 참여하는가의 여부로 성적과 학위가 결정되는 시스템인지라 학생들의 교수님 눈치 보기가 장난 아닌 곳이 또한 MIT다. 교수님의 눈에 들어야 프로젝트에 참여할 수 있고, 또 그 성과가 좋아야 제대로 학위를 받을 수 있는 것이다. 아예 어느 교수의 부름도 받지 못하여 학위를 받지 못하는 사례 역시 비일비재하다.

그런 곳에서 나는 무사히 석사 과정을 마칠 수 있었고, 몇몇 교수님들의 부름이 있어 과연 누구와 함께하는 것이 가장 좋을지 한참 나름대로 저울질을 하게 되었다. 그러던 중 뜻하지 않은 소식 하나를 듣게 되었다. 나와도 꽤 가깝게 지내던 친구 하나가 석사 과정을 마치자마자 더 이상의 공부를 포기하고 애니메이션 회사에 취업을 하기로 했다는 소식이었다. 그것은 내게 상당히 충격적인 소식이었다.

친구의 취업 소식이 내게 충격을 준 가장 큰 이유는 우선 그가 너무나 뛰어난 학생이었기 때문이다. 박사 학위를 시작하기 전에 MIT 학생들이 겪는 가장 큰 고민은 과연 어느 교수가 자신을 불러줄까 하는 것이다. 상당수의 학생들이 아예 교수를 만나지 못하는데, 앞서 말한 그 친구는 MIT의 모든 교수들이 탐을 내는 바로 그런 학생이었다. 이처럼 뛰어난 친구가 학위를 중단하고 전공과는 아무 상관도 없는 애니메이션 회사에 취업을 했다는 사실은 나뿐만 아니라 사실 그를 아는 모든 사람들에게 엄청난 충격을 주기에 충분한 뉴스였다. 나 역시 너무 놀라서 그 친구를 찾아가 연유를 물었다. 그런데 그 친구의 대답은 너무나 짧고 간명했다.

"여기엔 뛰어난 사람들이 많다. 나도 그 가운데 한 사람인지 모르겠으나 이건 내가 진심으로 좋아하는 일이 아니다. 정말로 좋아하지도 않는 일을 하면서 경쟁에서 승리할 수 있겠는가? 나는 내가 좋아하는 일에 투신하겠다."

친구의 대답을 들으면서 나는 가슴이 고동치는 것을 느꼈다. 고등학교 시절 내가 이과를 선택한 것은 수학과 과학 과목이 너무나 싫었기 때문이었다. 이후 그럭저럭 남들에게 뒤처지지는 않았으나 과연 내가 정말로 학문으로서의 공학을 좋아하는지에 대해서는 그다지 깊이 생각해본 적이 없었다. 공학 아닌 다른 무언가를 내가 더 좋아하는지에 대해서도, 혹은 내가 정말로 일생을 걸고 도전할 과제가 무엇인가에 대해서도 미처 생각해본 적이 없었다. 내게는 이미 주어진 길, 어찌 보면 이미 결정된 탄탄대로가 기다리고 있을 뿐이었다. 그러나 그 길은 그 이전에도 그렇고 당시에도 그렇고 내 가슴을 전혀 뛰게 하는 일이 아니었다.

친구를 만나고 난 뒤 나는 박사 과정을 밟던 중 잠시 서울로 돌아왔다. 서울로 올 때 이미 내 마음속에는 회의가 깊이 뿌리를 내리고 있었

●●● "정말로 좋아하지도 않는 일을 하면서 경쟁에서 승리할 수 있 겠는가? 나는 내가 좋아하는 일에 투신하겠다." 친구의 이 대답을 들으면서 가슴 이 고동치는 것을 느꼈다. 나는 친구의 조언대로 내가 좋아하는 일에서 승부를 내 기로 결정했다. 나는 이미 결정된 탄탄대로를 버리고 내 가슴을 뛰게 만드는 일을 선택하기로 했다. 성공이 확실하지 않은 경영자의 길을 가기로 한 것이다. (사진은 1996년 2월 MIT 대학원 졸업 당시 찍은 것이다.)

고, 어쩌면 다시는 MIT로 돌아가지 못하게 되리라는 예감 같은 것이 자리 잡고 있었다. 그리고 이런 예감은 결국 현실이 되었다.

서울에 돌아온 뒤에 나는 당연히 부모님, 그리고 옛 은사들을 찾아 가 나의 고민을 상담했다. 모교에서는 박사 과정만 끝내면 얼마든지 학교에 자리를 마련해줄 준비가 되어 있다는 얘기도 들었다. 사실 모 교가 아니더라도 MIT에서 학위만 끝내면 국내 대학에서 자리를 잡는 것은 그다지 어려운 일이 아닐 터였다.

하지만 나는 부모님의 반대와 은사님들의 설득에도 불구하고 결국 MIT로 돌아가지 않았다. 고민을 거듭하는 과정에서 내가 내린 결론은 교수나 학자가 아니라 경영자가 되자는 것이었다. 안정된 생활과 명예 가 보장되는 확실한 대학 교수 자리를 버리고 성공이 확실하지 않은 경 영자의 길을 가겠노라는 나의 선택은 누가 보더라도 어리석은 것이었 다. 하지만 나는 친구의 조언대로 내가 좋아하는 일에서 승부를 내기로 결정했다.

04

이공계 출신 경영 컨설턴트

●● 대학 교수라는 보장된 미래를 포기하고 경영자가 되기로 결심한 나를 주변 사람들은 당연히 잘 이해하지 못했다. 먹고 살기 어려울 정도로 가난한 집안에서 태어나 자란 것도 아니고, 미래가 불분명하여 불안한 것도 아니고, 그렇다고 장사에 남다른 소질이 있어 보이지도 않았기에 나의 선택은 사실 누가 보더라도 그다지 현명한 선택이 아니었다. 하지만 당시에도 그렇고 지금도 그렇고 나는 나의 선택을 후회해본 적이 없다. 사업이 정체되고 남들의 시기와 질투에 시달릴 때 괴로움을 겪지 않은 것은 아니지만, 근본적으로 나의 선택을 되돌리고 싶다는 생각은 해본 적이 없다. 잘할 수 있는지의 여부와 상관없이 나는 나름대로의 깊은 고민을 거쳐 내가 가장 하고 싶은 일이 바로 '경영'임을 깨달았기 때문이다.

수많은 직업 가운데 왜 하필 경영을 선택했는가에 대해서는 지금도 명확하게 한두 마디로 설명할 자신이 없다. 그저 경영이 아니고는 다른 그 무엇도 내 가슴을 뛰게 하지 못했다고 말할 수 있을 뿐이다. 다만 어린 시절부터 늘 가까이 계시던 아버지가 경영자였다는 점, 경영이야말로 세상의 모습을 바꾸는 가장 창조적인 행위라고 생각하고 있었다는 점, 그리고 내가 좋아하는 사람들과 어울려 함께 일하면서 새로운 비즈니스 모델을 만들 수 있다는 점 등이 나의 결정에 영향을 미친 것 같기는 하다. 또 노력에는 반드시 보답이 따른다는 나의 철칙에 가장 부합하는 일이 경영이라는 생각과 함께 무언가에 피나는 노력을 기울일 연습과 준비는 이미 충분히 되어 있다는 자신감도 한몫했을 것이다.

어쨌든 이렇게 경영이라는 새로운 영역에 도전하기로 결정한 순간, 나는 내가 경영학과나 경제학과, 혹은 그 유사한 학과 출신자가 아니라는 사실도 함께 깨달았다. 경영이라는 분야에는 당연히 이와 관련된 전문 지식들이 있을 터인데, 나는 사실 그런 전문 지식들에 대해 아는 바가 거의 없었다. 아버지가 이미 경영자로 활동하고 계셨기 때문에 어깨 너머로 더러 얻어들은 지식이 있긴 했지만, 이는 다분히 막연하고도 파편적인 지식에 불과했다. 그렇다고 경영학과에 다시 들어갈 생각은 나지 않았다. 공부라면 그것이 무엇이든 이미 신물이 날 만큼 해온 탓도 있었겠고, 경영은 실전 기술에 가까운 것이지 교과서적인 지식에 의해 성패가 좌우되는 분야가 아니라는 나름의 판단도 있었기 때문이다.

대학의 경영학과 대신 내가 선택한 방법은 컨설팅 회사에 입사해서 경영 노하우를 배워보자는 것이었다. 그래서 선택한 회사가 미국의 세계적인 컨설팅 그룹인 ADL^{Arthur D. Little, Inc.}(아서디리틀)이라는 곳이었다. 이곳에서 나는 경영 컨설턴트로 일했는데, 누구나 쉽게 짐작할 수 있는 것처럼 이 회사의 동료들은 대부분 경영학과나 기타 유사 학과

●●● 나는 경영 노하우를 배우기 위해 미국의 세계적인 컨설팅 그룹인 ADL(아서디리틀)에서 경영 컨설턴트로 일하면서 그럴싸한 논리나 이론이 아니라 작더라도 현장에 실질적인 도움이 될 수 있는 현실적인 컨설팅을 하기 위해 많은 애를 썼다. 나는 더 이상 현실을 해석하는 사람이 아니라 현실을 움직이고 바꾸는 사람이 되고 싶었다.

출신들이었다. 그들과 때로는 협력하고 때로는 경쟁하는 과정을 거치면서 나는 내 나름의 경영 노하우를 익히고 나만의 장단점을 파악할 수 있었다.

내가 파악한 나의 장점 가운데 하나는 모든 것을 공학적으로 생각하고 판단한다는 것이었다. 경제학과나 경영학과 출신들 역시 숫자를 좋아하고 나름의 통계와 분석을 거쳐 판단을 내린다는 점에 동의하지만, 내가 보기에 그들은 이론과 현실을 혼동하고 긍정적인 데이터를 부정적인 데이터보다 앞세우는 경향이 있는 것으로 파악되었다. 이에 비해 나는 모든 문제를 정량화하고, 예상되는 상황들 역시 숫자와 데이터로 설명하지 않으면 어딘가 일을 제대로 처리한 것 같지 않다고 느꼈다. 나는 나름대로 보다 합리적이고 현실적인 컨설팅을 하기 위해 노력했고, 그럴싸한 논리나 이론이 아니라 작더라도 현장에 실질적인 도움이 될 수 있는 실무적인 컨설팅을 하기 위해 많은 애를 썼다.

이처럼 내가 주변의 동료들과는 다른 시각과 방법론을 찾게 된 것은 기본적으로 내가 공학도 출신이기 때문이기도 했고, 내가 컨설팅이나 경영 이론의 대가가 아니라 실물 경제를 움직이는 현장 경영인을 목표로 하고 있었기 때문이기도 했다. 나는 더 이상 현실을 해석하는 사람이 아니라 현실을 움직이고 바꾸는 사람이 되고 싶었다. 남들이 좋은 일이라고 부르는 분야가 아니라 내 가슴이 뛰어 저절로 열정을 바치지

않을 수 없는 분야에 뛰어들고 싶었다. 이것이 내가 대학 교수나 연구자의 길을 차버리고 바람 부는 벌판이나 다름없는 경영의 현장으로 나선 진짜 이유다.

05

날씨와의 인연

●● 세상을 바꾸고 현실을 움직이는 경영자가 되기로 결심한 이후 나의 가장 큰 관심사는 항상 어떤 아이템으로 기업을 일굴 것인가 하는 것이었다. ADL에서 일하는 동안 나는 나름대로 새롭고 참신하며 도전해볼 만한 가치가 있다고 생각되는 사업 아이템들을 수집하고 분석하기를 멈추지 않았다. 하지만 시간이 지나도 딱히 이것이다 싶은 아이템을 찾을 수 없었다. 어떤 아이템은 성공 가능성이 높아 보이지만 너무나 진부했고, 어떤 아이템은 참신하지만 성공 가능성이 그다지 커 보이지 않았다. 이렇게 고민을 거듭하던 어느 날 서울의 아버지로부터 한번 다녀가라는 연락이 왔다. 1997년 초의 일이다.

휴가를 내고 서울에 온 내게 아버지는 다소 뜬금없이 '민간예보사업 제도'가 무엇인지 아느냐고 물으셨다. 당연히 알 리가 없었다. 그저 미국 생활을 하는 동안 알게 된 미국의 민간기상정보회사들이 막연히 떠오를 뿐이었다.

"우리나라에서도 민간기상정보사업자가 생길 수 있게 되는 건가요?"

어리둥절한 표정으로 그렇게 되묻는 나에게 아버지는 그해 7월부터 우리나라에서도 민간예보사업제도라는 것이 시행될 예정이며, 이 제도가 시행되면 기상청이 일일이 구체적인 예보를 해줄 수 없는 소규모 지역이나 특정 장소에 대한 기상예보를 제공하는 민간예보사업자가 생길 수 있게 된다는 설명을 해주셨다. 그런 설명을 듣고 있는 아주 짧은 순간, 내 머리에는 전광석화처럼 어떤 아이디어 하나가 떠올랐다. 하지만 그것이 구체적으로 무엇인지는 아직 자세히 설명하거나 그림으로 그려 보일 수 있는 단계가 아니었다.

"너도 알겠지만 우리나라에는 민간기상정보회사라는 개념 자체가 아직 없다. 그런데도 나라에서 이런 제도를 시행하기로 한 것은 표면적으로는 지식정보사회에 걸맞은 인프라를 확보하고 정보를 개방해서 기상 관련 정보의 질을 높이고 국민들의 정보 접근권을 확대하자는 것이다. 하지만 속을 들여다보면 외국계 민간기상정보회사들의 입김이 작용하고 있는 것도 사실이다. 그들의 입장에서 보자면 우리나라 민간기상정보시장은 지금 무주공산無主空山이나 마찬가지지."

아버지의 이어지는 설명을 들으면서 나는 점점 무언가가 가시적으로 명확해지는 것을 느낄 수 있었다. 우리나라에서도 민간기상정보회사가 세워질 수 있게 되는데, 이대로 간다면 이미 자본과 기술력을 확보한 외국계 회사들이 그 시장을 선점할 것이 뻔한 노릇이었다.

"마침 내게 우리나라에서 민간기상정보회사가 얼마나 성공할 수 있을지 미리 컨설팅해줄 업체를 소개해달라는 요청이 있었다. 네가 국제적인 컨설팅 회사에 다니고 있으니 이 일을 맡아서 시장조사를 좀 해보는 건 어떻겠니?"

아버지가 민간예보사업제도의 시행 계획에 대해 일반인들보다 소상히 알고 있고, 또 컨설팅업체를 추천해달라는 요청까지 받게 된 것은 당시 아버지가 한국기상협회장을 맡고 계셨기 때문이다. 나는 그런 아버지의 요청을 기꺼이 받아들였다. 내게는 전혀 생소한 분야지만 이것저것 데이터를 준비하고 기존에 해왔던 것처럼 분석을 곁들인다면 컨설팅 정도는 충분히 할 수 있을 것이라는 판단이 들었다.

하지만 외국계 기상정보회사를 위한 컨설팅은 순조롭게 진행되지 못했다. 이미 나름의 노하우를 지닌 그 회사는 우리를 통해 미래의 잠재적인 고객들이 얼마나 될 것인지 시장조사 정도를 해보는 수준의 컨설팅만을 요구했고, 우리나라에서 기상정보회사를 운영하기 위해 어떤 방식으로 사업을 전개해야 할 것인가에 대해서는 별로 관심이 없었다. 그런 운영 방식에 관한 노하우는 이미 미국이나 일본 등 선진국에서의 경험을 통해 충분히 쌓아놓고 있다는 자부심이 대단한 것 같았다. 게다가 판을 키울 궁리만 할 뿐 초창기의 기업들이나 국민들을 대상으로 한 인식 전환의 문제 따위에는 거의 관심이 없었다. 각 개별 기업들을 위한 맞춤형 정보 제공이 필요하다는 나의 의견은 그저 '좋은 지적'이라는 평가를 받은 채 서류 더미 속에 파묻혔다.

서울에 임시 사무실을 차려놓고 컨설팅을 진행하는 동안 나는 몇 가지 복잡한 생각들에 사로잡혔다. 우선 첫째는 날씨에 대해 알면 알수록 앞으로 이 시장이 날로 성장할 수밖에 없는 분명한 이유들이 더 많아진다는 것이었다. 자연재해는 늘어나고 기상은 거대한 변화의 조짐을 보이고 있었으며, 기업이나 국민들의 기상정보에 대한 욕구는 날로 증대될 수밖에 없다는 판단이 들었다. 둘째는 우리나라의 경우 민간기상정보회사에 대해 관심을 가지는 기업이나 경영자들이 턱없이 부족하다는 현실이었다. 이대로 민간예보사업제도가 시행된다면 그 시장의 대부분은 외국계 거대 기상정보회사에 넘어갈 게 뻔했다.

이러한 전망과 판단은 내게 새로운 결단을 촉구하고 있었다. 남들을 위한 컨설팅이 아니라 스스로 회사를 직접 세워야 한다는 생각이 들었던 것이다. 시간이 흐를수록 복잡한 생각들은 점점 자신감으로 바뀌어 갔다. 마침내 나만의 사업 아이템이 결정되는 순간이 다가오고 있었던 것이다.

그렇다고 망설임의 여지가 전혀 없었던 것은 아니다. 경영을 배우기 위해 내가 컨설턴트로 일하기로 작정한 기간은 대략 3년이었는데, 이제 겨우 1년이 지난 시점이었다는 점이 무엇보다도 결단을 지연시켰다. 너무 빨리 내 사업을 시작하는 것은 아닌가 하는 불안감이 있었던 것이다. 하지만 날씨정보를 팔아 돈을 번다는 것 자체가 워낙 매력적이었다.

이처럼 사업 전망도 좋고 창업 자금도 많이 들지 않는 일이라지만 그래도 성공을 장담하기 어려운 가장 큰 이유는 경쟁자들이 하나같이 다국적 기상정보회사들이 될 것이 뻔했기 때문이다. 당시로서는 우리나라의 기상정보 관련 시장 자체가 너무나 협소해서 크게 눈독을 들이지 않았지만, 조만간 다국적 기업들이 자본과 기술력을 앞세워 시장을 선점할 것이라는 예측은 그리 어려운 일이 아니었다. 그렇다면 문제는 이들 거대 기업들과 맞서 과연 경쟁에서 승리할 수 있을 것인가 하는 점이었다. 이에 관하여 나는 '맞춤형 날씨정보 제공'이라는 대안을 준비했다. 일본이나 미국의 거대 기업들은 그들만의 자본과 기술력으로 발 빠르게 정보를 생산하여 제공할 수 있다는 강점을 지니고 있었다. 하지만 이 거대 기업들은 그 덩치에 걸맞은 포괄적이고 전면적인 영업 방식을 채택할 수밖에 없고, 그렇다면 반드시 틈새시장은 생기게 마련이다. 초창기에 이 틈새시장을 공략하여 시장을 선점할 수 있다면 아무리 거대한 공룡 기업이라도 승부를 겨룰 수 있으리라는 판단이 들었다. 특히 먼저 시작해서 데이터와 노하우를 축적한다면 그것이 아무리 큰 대기업이라도 쉽게 따라잡히지는 않을 것이라는 생각도 들었다.

날씨 관련 회사를 세우겠다는 꿈을 구체적으로 그려나가기 시작하자, 그 매력은 내게 점점 더 커져만 갔다. 애인에게 마음을 빼앗긴 연인처럼 나는 점점 더 그 매력에 빠져들었고, 결국 내가 직접 회사를 차리는 방법 외에는 다른 선택의 여지가 없다는 결론에 도달했다. 난생 처음 가슴이 소리를 내며 고동친다는 느낌이 들었고, 몸 안의 핏줄을 따라 혈액이 기운차게 흐르고 있다는 사실이 몸으로 느껴졌다.

06

국내 제1호
민간예보사업자

●● 1997년 7월 1일, 나는 기상청에 우리나라 최초의 민간예보사업자로 등록을 했다. 우리나라에서 처음으로 기상예보를 할 수 있는 민간사업자가 된 것이다. 이처럼 내가 민간예보사업제도의 시행 초기부터 사업화를 서두른 데에는 몇 가지 이유가 있었다.

첫째, 시장을 선점해야 한다는 생각 때문이었다. 어느 시장이든 경쟁자가 많아지면 그만큼 불필요한 소모전도 많아지는 법이다. 이를 피하기 위해서는 남들보다 발 빠르게 나서는 수밖에 없었다.

둘째, 장기적으로 기상예보는 결국 축적된 데이터의 크기와 비례하는 것일 텐데, 초기부터 하나하나 데이터를 축적해놓는 것이야말로 가장 큰 무형의 자산이 될 것으로 판단했다. 후발주자로 사업에 뛰어들수록 우리처럼 초창기부터 꾸준히 데이터를 모으고 관리해온 업체에 비해 상대적으로 불리한 조건에서 출발할 수밖에 없다고 생각했다.

셋째, 우리나라 민간기상예보사업 시장이 2~3년이면 획기적으로 커질 것이라는 판단이 들었다. 더 이상 사업 개시를 미룬다면 너무 늦게 출발하는 셈이 될 것이 뻔했다.

이러한 판단들을 기초로 나는 본격적인 사업 모델을 만들어가기 시작했다. 그 첫 단계는 당연히 마음 맞는 파트너들을 구하는 문제였다. 내가 생각한 경영의 가장 큰 장점 가운데 하나는 마음 맞는 사람들끼리 모여 즐겁게 일을 하면서 수익을 창출할 수 있다는 것이기 때문에 나는 파트너 선택에 나름대로 신중을 기했다. 하지만 나의 이런 생각은 처음부터 벽에 부딪쳤다. '날씨정보를 팔아 돈을 벌겠다'는 나의 생각이 주변 친구들이나 지인들에게는 허무맹랑한 계획으로밖에 들리지 않았던 것이다.

"네가 무슨 봉이 김선달이냐?"

"지금이 어느 시댄데 그런 사기성 아이디어를 사업 아이템이랍시고……."

잘나가던 공학도로서의 내 모습을 기억하는 많은 사람들이 더러는 황당해하고 더러는 안타까워할 뿐 누구 하나 먼저 나서서 돕겠다거나 같이 해보자는 사람이 없었다. 하지만 그럴수록 나의 판단과 오기는 더욱 굳어져만 갔다.

'그래, 누구나 생각하고 누구나 덤벼들 수 있는 아이템이라면 굳이 내가 나설 이유가 없지.'

나는 그렇게 생각했다. 봉이 김선달 운운하는 주변의 따가운 시선 역시 별로 개의치 않았다. 하지만 "동식이가 요즘 바람났다더라" 하는 소문이 주변에서 들릴 때에는 나 역시 어안이 벙벙하지 않을 수 없었다. 대체 이건 무슨 소리란 말인가?

연유를 알아본즉, 참으로 허무한 개그요 황당한 루머였다. "동식이가 웨더weather 한다더라" 하는 소문이 "동식이가 외도外道한다더라" 하는

●●● 처음에 '날씨정보를 팔아 돈을 벌겠다'는 나의 생각을 들은 친구들이나 지인들은 "네가 무슨 봉이 김선달이냐?"며 황당해했다. 그럴수록 나의 판단과 오기는 더욱 굳어져만 갔다. '그래, 누구나 생각하고 누구나 덤벼들 수 있는 아이템이라면 굳이 내가 나설 이유가 없지'라고 생각했다. 사람들의 이런 몰이해는 당시 '날씨정보는 공짜'라는 인식에서 비롯된 것이었다.

소문으로 바뀌었고, 나중에는 이것이 "동식이 바람났다더라" 하는 소문으로까지 변질되었던 것이다. 당시에는 날씨로 비즈니스를 할 것이라는 생각을 전혀 못했기 때문에 빚어진 일로, 해프닝치고는 퍽 재미난 해프닝이었다.

어쨌든 이런 해프닝과 몰이해의 근본 원인은 당시 '날씨정보는 공짜'라는 인식이 대다수의 사람들에게는 상식과 같은 것이었기 때문이다. 나는 2~3년이면 이런 인식도 바뀔 거라는 확신을 가지고 힘차게 첫발을 내디뎠다.

07

3년은 너무 짧아

●● 케이웨더를 처음 세울 때 나는 3년 정도를 소비자들의 인식이 바뀌는 기간으로 설정했다. 미국이나 일본의 경우 이미 민간기상예보사 업자들이 상당한 정도의 시장을 개척하고 있었기 때문에 우리나라 역시 이내 이런 상황에 접어들 것으로 예상한 것이다. 하지만 이런 나의 예상은 처음부터 빗나가고 말았다. 이제와 돌아보면 3년이 아니라 대략 10년 정도가 걸리지 않았나 생각된다. 그만큼 사업 초창기 우리 회사가 겪어야 했던 어려움 또한 애초의 예상보다 훨씬 길고 험난한 것이었다.

회사를 차리고 몇몇 마음 맞는 사람들을 합류시킨 뒤에 나는 본격적으로 시장 개척에 나섰다. 우선 날씨의 영향을 많이 받는 건설, 유통, 레저 관련 업체들을 일일이 찾아다니기 시작했다. 하지만 이들 업체의 임직원 가운데 누구를 만나야 할지를 정하는 것부터가 난관이었다. 날씨정보를 담당하는 임직원이 없는 회사가 태반이었던 것이다. 어렵게 그 회사의 경영에 영향을 미칠 만한 위치에 있는 누군가를 만났다 하더라도 내가 준비한 우리 회사의 날씨정보 제공 계획이나 컨설팅 계획은 거의 쓸모가 없었다. 날씨정보가 왜 경영에 필요한 것인지에 대한 인식 자체가 부족했기 때문이다. 설혹 날씨 때문에 건설 공사 현장에서 어려움을 겪는 회사라 할지라도 그건 어쩔 수 없는 변수라는 식의 생각을 하는 경우가 많았다.

"우리도 날씨는 매일 체크하고 있다. 하지만 조변석개요 천변만화하는 날씨를 인력으로 어쩌겠는가?"

당시 내가 가장 많이 들었던 말들 가운데 하나가 이런 것이었다. 나는 하는 수 없이 우리 회사의 구체적인 정보 제공 계획이나 컨설팅 계획 대신 날씨가 경영에 얼마나 중요한 요소인지, 날씨정보로 얼마나 경영을 효율화할 수 있는지를 설명하고 이해시켜나가는 쪽으로 방향을 선회했다. 소비자, 곧 우리 회사의 고객이 될 기업들의 인식 전환이 우선하지 않고는 영업 자체가 아예 불가능했던 것이다.

그렇게 3년을 꼬박 전국의 기업들을 찾아다니며 영업인지 강의인지 분간이 어려운 활동에 매달렸다. 너무나 젊은 나이인 데다가 하는 일 자체가 한 기업의 대표가 맡기에는 부적절한 업무여서 당시 케이웨더 실장이라는 직함을 명함에 새겨 가지고 다니며 사람들을 만났다.

한번은 어느 단체에서 별자리 관찰 행사를 개최하고 싶다며 행사 예정 장소의 날씨를 의뢰한 적이 있었는데, 별도로 해당 지점의 기상을 관측하고 구체적인 날짜까지 잡아주었지만 애초에 약속한 비용을 지급할 생각을 전혀 하지 않는 경우도 있었다. 어안이 벙벙했지만 어쩔 수 없었다. 그야말로 맨땅에 헤딩하기라는 말이 이를 두고 하는 말이 아닌가 싶은 시기였고, 오기와 우직함이 아니었다면 견딜 수 없는 시간이었다.

다행히도 그렇게 3년이 지나자 가시적인 성과들이 서서히 나타나기 시작했다. 우선 몇몇 기업들이 우리가 제공하는 맞춤형 날씨정보를 통해 실질적인 경영 개선 효과를 보이기 시작했다. 전국 각지에서 공사를 진행하는 대형 건설업체의 경우 각 현장별로 우리가 제공한 맞춤형 날씨정보를 활용함으로써 공기를 단축하고 비 오는 날을 피해가며 공사를 진행함으로써 실질적인 비용 절감 효과를 얻을 수 있었던 것이다. 배를 만드는 조선소의 경우 흐리거나 비가 오는 날 페인트 칠 작업을 시작했다가 낭패를 보는 경우가 많았는데, 우리가 제공한 해당 지역 조선소의 구체적인 날씨정보 덕분에 이런 시행착오를 피할 수 있게 되었다. 이런 경험들이 축적되면서 하나둘씩 기상청이 제공하는 일반적인 날씨정보와는 다르게 특화되고 구체화된 우리만의 맞춤형 날씨정보가 경영에 큰 도움이 된다는 사실이 서서히 알려지기 시작했다.

한번은 어느 시골의 청년단체가 케이웨더를 찾은 적이 있었다. 이들은 다가오는 여름의 대체적인 날씨와 어떤 작물을 심으면 좋을지를 문의했고, 우리는 구체적인 농작물까지 지정해서 알려주었다. 그리고 6개월 후, 그 농촌의 청년단체는 우리가 제공한 정보가 너무나 큰 도움이 되었다며 수확한 작물들을 싸 가지고 서울까지 올라와 우리 직원들과 회식을 함께 하기도 했다.

이렇게 3년이 지나는 사이 회사의 매출은 꾸준히 성장했다. 사업 첫해에는 당시 유행하던 PC통신 회사로부터 받는 몇 백만 원이 한 해 매출의 전부였으나, 1999년에는 매출이 10억을 넘어섰고 순익도 4억이 넘었다. 매출 대비 순익의 비율이 이처럼 높을 수 있는 것은 케이웨더가 기상장비산업이 아니라 날씨정보를 제공하는 서비스 산업이 주이기 때문이었다. 즉 지식기반산업이기 때문에 가능한 것이다.

문제는 시장 자체의 규모가 여전히 너무 작다는 것이었다. 몇몇 기업들은 우리가 제공하는 맞춤형 날씨정보에 만족해했지만, 여전히 대다수의 국내 기업들은 날씨정보에 비용을 지출할 준비가 전혀 되어 있지 않았다. 3년이면 인식이 개선될 것이라는 나의 예상은 보기 좋게 빗나간 셈이 되고 말았다.

08

날씨정보에 대한
사람들의 인식을 전환하라

●● 3년 만에 어렵사리 매출 10억을 넘긴 케이웨더는 창업 10년이 된 2007년에야 매출 120억을 돌파했다. 비로소 우리나라 기업과 국민들의 날씨정보에 대한 인식이 바뀌었음을 피부로 느낄 수 있었다. 그 10년 동안 내가 가장 심혈을 기울인 부분은 사실 회사의 매출이나 수익 증대가 아니라 사람들의 인식을 바꾸는 것이었다.

어째서 날씨정보가 기업경영과 큰 관련이 있다는 것인지 이해하지 못하는 기업인들, 국민들의 세금으로 운영되는 기상청에서 매일 매시간 공짜로 알려주는 날씨정보를 왜 돈을 주고 구입해야 하는지 이해하지 못하는 기업의 임원들, 그리고 민간기상정보회사들이 생겨나는 바람에 기상정보 관련 업계에 혼란만 가중되고 있다고 생각하는 기상청 사람들의 인식을 바꾸기 위해 나는 말 그대로 발바닥에 땀이 나게 뛰어다녔다.

가장 먼저 넘어야 할 산은 당연히 우리의 잠재 고객인 기업들이었다. 이들의 인식이 바뀌지 않는다면 우리 회사의 존립 근거 자체가 위태로

워지는 만큼 하루라도 빨리 이들의 인식을 바꾸는 작업을 해야 했다. 나는 수없이 많은 기업의 임원들을 만나 날씨정보가 왜 기업경영에 필요한 필수 정보인지를 하루에도 수십 차례 설명했다. 국내에 날씨경영 모델로 삼을 만한 기업들이 많지 않던 초기에는 외국의 사례들을 수집하여 데이터로 제시하고 설득 작업을 벌였다. 미국이나 일본 기업의 다양한 사례들을 제시하며 100만 원만 투자하면 1,000만 원을 아끼거나 더 벌 수 있다는 식으로 구체적인 수치까지 제시했다. 그러면 대부분의 경영자나 임원들은 고개를 끄덕이는 경우가 많았다. 하지만 이들이 실제로 우리 회사에 비용을 지불하고 정보를 구매하는 경우는 많지 않았다. 우리가 제공할 특정 지역의 기상예보란 것이 기상청에서 알려주는 예보와 얼마나 차별화된 것인지, 또 우리가 제공할 예보의 내용이 얼마나 신뢰할 수 있는 것인지 확신할 수 없었기 때문이다.

이런 상황에서 나는 기업들의 인식을 전환하는 데 내가 예상한 것보다는 훨씬 더 많은 시간이 걸릴 것이라는 사실을 깨달았다. 이것은 기운 빠지게 하는 깨달음인 동시에 그나마 내가 현장에 발을 붙이고 있었기에 얻을 수 있는 깨달음이기도 했다. 나는 애초의 예상보다 늦어지더라도 결코 포기할 수 없다는 각오를 매달, 매주, 매일 새롭게 다지곤 했다.

현장에서 잠재 고객들을 만나 직접 설득하는 작업을 하는 한편, 대다수 국민들을 상대로 한 인식 전환에도 노력을 기울이기 시작했다. 하지만 당시에는 케이웨더와 같은 민간기상사업자들은 일반 국민을 상대로 기상예보를 할 수 없도록 법으로 금지되어 있었기 때문에 우리가 할 수 있는 노력의 범위 또한 제한될 수밖에 없었다. 이런 사정 때문에 나는 날씨정보를 잘 활용하여 기업경영에 접목시킨 우수 사례들을 발굴하여 소개하는 일에 집중했다. 다양한 언론 매체에 이런 기업들의

●●● 창업 후 10년 동안 내가 가장 심혈을 기울인 부분은 회사의 매출이나 수익이 아니라 날씨정보에 대한 사람들의 인식을 바꾸는 것이었다. 당시 미국은 우리의 100배, 일본은 50배나 큰 시장이 형성되어 있었고, 우리나라 역시 그렇게 될 수밖에 없다는 확신이 있었기 때문에 하루하루의 매출에 연연하지 않고 인식 개선에 힘을 쏟았다. 이런 활동에 매달리던 당시의 나를 사람들은 '날씨경영 전도사'라고 부르곤 했다.

사례를 전파하고, 이를 통해 기업은 물론 국민들의 인식이 개선되기를 기대했던 것이다. 그런 활동에 매달리던 당시의 나를 사람들은 '날씨경영 전도사'라고 부르곤 했다.

당시에는 날씨경영이라는 개념 자체가 생소했기 때문에 나는 실제로 구체적인 기업별 컨설팅이 아니라 날씨경영이 무엇인가를 개론적으로 설명하는 데 더 많은 노력을 기울여야 했다. 날씨경영을 가장 쉽게 설명하기 위해 나는 식당 영업을 예로 들곤 했다. 식당의 경우 비가 오면 손님이 줄어들게 마련인데, 날씨정보를 미리 알면 평소보다 식자재를 적게 구매함으로써 불필요하게 버리는 손실을 줄일 수 있다. 이것이 바로 날씨경영의 가장 일차원적 적용 사례라는 식으로 설명을 해 나갔다. 좀 더 구체적이고 복잡한 것을 좋아하는 사람들에게는 레저 산업의 경우를 예로 들어 설명했다. 우리에게 연간 700만 원 정도의 정보이용료를 내고 있는 한 레저업체는 날씨정보를 활용함으로써 예약의 활성화와 취소의 방지, 공연이나 이벤트 등 야외 행사 활성화, 리조트 시설물 관리와 운영 전반에 걸친 위험 요소의 해소를 통해 연간 50억 원 정도의 매출 증대 효과를 보고 있다는 사례를 구체적으로 제시하는 식이었다.

날씨는 사실 농어업, 패션, 에너지, 레저, 교통, 건설, 방재 등 다방면

에 영향을 미치는 요소여서 내가 만나지 말아야 할 기업체라곤 세상에 별로 없을 정도였다. 전체 산업의 80% 이상이 날씨의 영향을 받는다는 통계도 있다. 문제는 만나야 할 상대는 많은데 현실적으로 고객이 될 준비가 된 상대는 적다는 점이었다. 당연히 시간을 가지고 기다리면서 인식의 전환을 위해 더 많은 노력을 기울이는 수밖에 도리가 없었다.

마지막으로 상대해야 할 또 하나의 파트너는 바로 기상청이었다. 우리가 파는 정보의 원 소스를 제공하는 곳이자, 민간기상사업자들을 관리하는 곳(기상청 기상산업정책과에서 민간기상사업자를 관리한다. 민간기상사업자가 기상예보, 기상컨설팅 등 특정 업태로 등록하기 위해서는 인력 등의 필수 요건을 충족한 다음 기상청에 등록해야 한다.)이 바로 기상청이었기에 기상청과의 관계는 무엇보다 중요하다고 할 수 있었다. 하지만 실제로 만나고 같이 일을 하는 과정에서 알게 된 사실 하나는 너무나 많은 기상청 관계자들이 우리와 같은 민간기상사업자들을 파트너나 동료가 아니라 불필요한 객식구 정도로 생각한다는 것이었다. 정보의 원천과 핵심은 자기들이 모두 생산하는데, 이를 가공한 다음 여기에 프리미엄을 붙여 되파는 일종의 기생형 사업자들이 바로 우리와 같은 민간기상사업자들이라는 인식이 팽배해 있었던 것이다.

나는 이들과의 만남이 거듭될수록 그 벽을 넘기가 쉽지 않을 것임을 예감했다. 기상학과 출신도, 기상과 관련된 일에 종사하던 사람도 아니었던지라 나의 소외감은 더욱 컸다. 그렇다고 무작정 부딪쳐 싸울 적도 아니었으니 대처하기 곤란한 경우가 한두 번이 아니었다. 나는 이 문제 역시 부단한 노력과 상당한 시간을 투자해야 하리라고 판단했고, 무엇보다도 꾸준히 설득하고 실질적인 성과를 보여줄 수밖에 없다고 생각했다.

이처럼 험난한 인식 전환의 기간을 그나마 내가 꾸준히 버티고 인내할 수 있었던 것은 사업의 성공에 대한 명확한 확신이 있었기 때문이다. 당시 미국은 우리의 100배, 일본은 50배나 큰 시장이 형성되어 있었고, 우리나라 역시 그렇게 될 수밖에 없다는 확신이 있었기에 하루하루의 매출에 연연하지 않고 당당히 근본적인 인식 개선에 힘을 쏟을 수 있었던 것이다.

09
기상산업진흥법 도입과
케이웨더의 새로운 도전

●● 창업 후 10년이 지난 2007년에 이르러 케이웨더는 매출 120억을 넘겼다. 남들이 보기에는 어떨지 몰라도 애초에 내가 세운 목표에는 턱없이 모자라는 규모였다. 사정이 이렇게 된 것은 무엇보다 우리의 잠재 고객인 기업들의 인식 전환에 많은 시간이 걸렸기 때문이다. 앞에서도 말했던 것처럼 3년이면 될 것으로 생각했던 인식 전환의 결과가 10년이 지난 뒤에야 겨우 나타나기 시작했던 것이다. 하지만 노력이 있으면 반드시 보답이 있다는 나의 신념에는 변화가 없었다. 비록 애초의 목표보다 다소 늦어지고는 있었으나 분명한 성과가 나타나기 시작했고, 여전히 작은 규모지만 케이웨더는 민간기상정보사업자 가운데서 1위의 자리를 이미 확보하고 있었던 것이다.

이처럼 기업들의 인식 전환이 가시화되고 IT 기기들이 민간에 널리 보급되기 시작하면서 나는 10년 전에 내가 그렸던 최초의 사업 모델을 다시 점검하기 시작했다. 그사이 더디지만 분명하게 기업이며 국민들의 인식은 많이 바뀌어 있었다. 날씨정보를 경영에 접목하여 성공한 사례들이 책으로 엮어 펴낼 만큼 많았고, 우리 회사만의 노하우 또한 이제는 누구도 쉽게 따라오기 어려울 정도로 쌓여 있었다. 그렇다면 남은 과제는 이제 대다수의 국민들, 말하자면 개인 소비자들을 상대로 한 B2C 시장을 개척하는 일이었다.

문제는 이런 사업을 펼치기 위한 토대가 법에 의해 묶여 있다는 점이었다. 케이웨더와 같은 민간예보사업자는 국민 일반을 상대로 한 예보를 할 수 없다는 것이 당시의 법이었고, 이런 규정을 바꾸지 않는 한 케이웨더의 활동 범위는 여전히 몇몇 소수의 기업들에만 한정될 수밖에 없었다. 그리고 그런 상태에서는 회사의 규모를 더 키운다거나 우리나라의 기상산업 발전에 일익을 담당할 여지도 그만큼 적었다. 이에 나는 기상청 사람들을 만나고 국회에까지 들락거리며 또 다른 설득 작업을 펴기 시작했다.

날이 갈수록 심각해지는 재난 피해의 규모와 날씨정보의 중요성을 역설하고, 날씨와 관련된 각종 산업의 성장 잠재력을 수치로 제시하고, 당시 최대의 화두로 떠오르기 시작한 기후변화에 대응하는 데 가장 핵심적인 산업이 바로 기상 관련 산업임을 강조했다. 그렇게 대한민국의 미래를 선도할 최고의 산업이 바로 기상 관련 산업임을 여기저기서 기회가 될 때마다 외치고 다녔다.

이렇게 내가 힘을 보태고 많은 사람들이 노력을 기울여 마침내 2009년 12월에 '기상산업진흥법'이 시행되었다. 또한 지난 정부에서 기상산업이 녹색성장의 동력산업으로 가능성을 인정받으면서 나는 기상업계를 대표하여 녹색성장위원회 민간위원으로 활동하기도 했다. 기상산업진흥법이 갖는 여러 의미에 대해 여기서 전부 다 설명할 필요는 없겠으나, 한두 가지 의미는 짚고 넘어가는 것이 좋을 듯싶다.

첫째, 기상산업진흥법의 시행은 우리나라에서도 마침내 기상 관련 사업이 하나의 산업으로 인정받게 되었음을 의미하는 것이다. 그것도 국가가 나서서 미래를 위해 진흥시키고 육성해야 할 산업 범주의 하나로 자리를 잡은 것이다. 뒤에서 더 설명할 기회가 있겠으나 실제로 기상 관련 산업은 성장 잠재력이 엄청나게 큰 산업이다. 우리나라뿐만 아니라 세계 어느 곳에서든 날씨정보에 대한 기업과 민간의 요구는 날로 증대되고 있는 것이 현실이다. 기상이변이 빈발하고, 지구온난화가 심화되고, 전반적인 기후가 아니라 국지적인 날씨의 영향력이 중요해질수록 이러한 요구는 더욱 늘어날 수밖에 없다. 굳이 누군가 나서서 판을 키우지 않아도 될 정도로 날씨정보에 대한 세계인들의 요구는 나날이 증가할 수밖에 없는 것이다.

이처럼 날씨정보에 대한 각계각층의 요구가 증대될수록 기상 관측을 위한 기초 장비의 중요성 또한 커지고 그 수요 또한 늘어날 것이 자명하다. 그럼에도 불구하고 우리의 기상 관측 장비 가운데 국산 장비의 비중은 10%에 지나지 않는다. 기상 관측 장비의 국산화를 이룰 수 있는 자본과 기술력을 이미 확보하고 있는 국내 대기업들은 아직 이 시장에 대한 관심이 적고, 관심이 있는 업체들은 아직 자본이나 기술력을 확보하지 못한 상태다. 그럼에도 불구하고 나는 우리나라가 이 분야의 산업을 반드시 육성해야 한다고 생각한다. 그만큼 경쟁력이 있다고 믿기 때문인데, 실제로 우리의 뛰어난 IT 기술과 기상산업을 접목시킬 경우 그 어느 선진국보다 우수하고 가격 경쟁력이 있는 제품을 만들어낼 수 있다고 믿는다. 이런 기상산업을 진흥시키는 것은 현재 시점에서 국가적 책무가 아닐 수 없다.

날씨정보에 대한 증대되는 요구는 더욱 정확하고 세분화된 날씨정

　　●●● 나는 우리나라 기상산업의 발전을 위해 기상청 사람들을 만나
고 국회에까지 들락거리면서 날씨정보의 중요성을 역설하고 날씨와 관련된 각종
산업의 성장 잠재력을 수치로 제시하고, 당시 최대의 화두로 떠오르기 시작한 기
후변화에 대응하는 데 가장 핵심적인 산업이 기상 관련 산업임을 강조했다. 이렇
게 내가 힘을 보태고 많은 사람들이 노력을 기울여 마침내 2009년 12월에 '기상
산업진흥법'이 시행되었다. 또한 지난 정부에서 기상산업이 녹색성장의 동력산업
으로 가능성을 인정받으면서 나는 기상업계를 대표하여 녹색성장위원회 민간위
원으로 활동하기도 했다. (사진은 2013년 2월 4일 대통령 직속 녹생성장위원회 보고
대회에 참석 후 기념촬영한 것이다.)

보에 대한 요구로 이어지고 있다. 더욱 좁은 지역을 대상으로 한 상세한 날씨예보를 제공해야 할 뿐만 아니라 정확도까지 높아야 한다. 그런데 이것은 날씨정보 제공자의 예측 정확도를 높이지 않으면 부응할 수 없는 목표이며, 날씨예보의 정확도를 높이기 위해서는 독점적 국가기관이 아니라 민간기상사업자들이 저마다의 경쟁력을 높여야 한다. 민간기상사업자들이 나서야 정확도가 높아지고 경쟁력이 높아진다는 주장에 대해 의문을 가질 사람들도 있을 것이다. 하지만 효율성을 생명으로 하는 민간기상사업자들이 경쟁 체제를 구축하지 않는 한, 문자 그대로 경쟁력은 생겨나지 않는다. 경쟁할 상대가 없는 상태에서 경쟁력이 길러질 리가 없는 것이다. 반면에 경쟁 체제가 구축되면 회사들이 저마다 사활을 걸고 예보의 정확도를 높이기 위해 동원할 수 있는 모든 자원을 동원하면서 전반적인 경쟁력이 높아질 수밖에 없다. 기상청에서 받은 똑같은 데이터를 가지고도 실제로 현재의 여러 민간기상사업자들은 저마다 서로 다른 예보를 내놓고 있으며, 이 중에는 정확도가 상대적으로 더 높은 예보와 그렇지 못한 예보가 있다. 이는 수많은 변수들로 가득한 날씨예보에서 가장 핵심이 되는 과거의 데이터 축적 정도와 이 데이터들을 분석하는 예보관의 실력이 서로 다르기 때문이다. 이처럼 경쟁력을 향상시킬 수 있는 요소들이 엄연히 존재한다. 민간기상사업자들은 이를 확보하기 위해 치열한 경쟁을 하고 이런 경쟁 체제에서 살아남기 위해 철저하게 실력을 배양함으로써 자사의 경쟁력을 높여나간다.

날씨예보를 둘러싼 경쟁을 기상청과 민간기상사업자 사이의 경쟁으로 잘못 바라보는 시각이 아직도 적지 않게 남아 있는데, 이는 결코 올바른 시각이 아니다. 내가 말하는 경쟁은 민간기상사업자들 사이의 경쟁을 의미하는 것이며, 기상청은 통상적인 예보의 기능은 민간기상사업자에게 이양하고 보다 근본적인 목표에 충실해야 한다는 것이 나의 지론이다. 예를 들어 기상청은 각종 날씨정보 수집을 위한 장비와 장치들을 충분히 활용하여 기초 데이터를 작성하고, 이를 민간기상사업자들에게 제공하여 저마다 예보를 내도록 지원하는 체제로 가는 것이 올바를 것이다. 기상청이 지금 하고 있는 통상적인 일기예보는 민간기상사업자들에게 맡기자는 것이다. 대신 기상청은 전 지구적 기후변화나 각종 재해예보에 대한 국가적 대처 등에 더 역량을 할애함으로써 날로 심화되는 기상이변에 대비하는 국가 기관으로서의 임무를 더 효율적으로 수행할 수 있을 것이다. 이렇게 되면 기상청의 예보가 엉터리라는 따위의 심심치 않은 비난으로부터도 자유로워질 수 있고, 이로써 국가 기관으로서의 위상 역시 더욱 강화될 수 있을 것이다.

민간기상사업자들만의 경쟁 체제가 되면 지금은 '공짜'인 날씨예보를 일반 국민들도 돈을 내고 사서 봐야 하는 게 아니냐는 우려도 있는데, 이는 문자 그대로 기우에 불과하다. 일반 국민들이 접하는 통상적인 일기예보는 대개 인터넷 포털이나 언론사 등에서 제공하는 경우가 많고 케이웨더와 같이 민간예보사업자가 직접 전달하는 경우도 있는데, 이런 방식은 경쟁 체제가 된다고 하더라도 달라질 게 전혀 없기 때문이다. 지금도 언론이나 포털은 일정한 비용을 지불하고 날씨정보를 구매하여 독자들에게 제공하고 있으며, 앞으로는 제공의 방식이 아니라 어떤 구체적 정보를 얼마나 정확하게 제공하느냐가 경쟁의 관건이 될 뿐 일반 국민들의 비용 부담과는 무관한 문제인 것이다.

또 점증하는 날씨정보에 대한 수요는 당연히 전문 기상 인력의 충원을 요구하게 되는데, 이와 관련해서는 지금도 적지 않은 문제가 이미 노정되고 있다. 매년 대학에서는 300명 이상의 기상 전문 인력이 배출되고 있는데, 이 가운데 실제로 기상과 관련된 업무에 종사하는 졸업생의 비율은 10% 정도에 불과하다. 나머지 90%의 인력은 기상과는 전혀 무관한 일에 종사한다는 것인데, 이런 비효율과 인력 낭비가 어디 있을까. 이런 문제를 바로잡기 위해서라도 기상산업의 육성은 반드시 필요하다.

이처럼 중요한 기상산업진흥법이 본격적으로 시행되면서 케이웨더 또한 새로운 전기와 도전을 동시에 맞게 되었다. 일반 국민들을 상대로 한 예보가 가능해진 동시에 전 국민을 대상으로 기상청 외에 민간예보사업자가 왜 필요한지 그 존재의 이유를 성과로 설명하지 않으면 안 되게 된 것이다.

10
케이웨더의 사업 영역

●● 국내의 기상 관련 산업 영역은 크게 다섯 가지로 구분할 수 있다.

첫째, 일반인을 대상으로 하는 날씨예보 사업 영역이다. 무료로 제공되는 광역 단위의 통상적인 예보도 있고, 특정 산업이나 레저, 실생활과 밀착된 보다 전문화된 예보도 있을 수 있다. 예컨대 케이웨더는 인터넷과 스마트폰 등을 통해 골프장 날씨예보, 레포츠 날씨예보, 생활날씨예보, 스키장 날씨예보 등 다양한 서비스를 무상 혹은 유상으로 제공하고 있다.

둘째, 기상 관련 컨설팅 사업 영역이다. 이는 케이웨더가 창립 초기부터 영위하던 사업으로, 각 기업이나 단체 등이 원하는 특정 지역의 날씨정보를 제공하고, 제공된 날씨정보를 해당 기업의 경영에 어떻게 활용할 것인지 컨설팅까지 해주는 사업이다.

예컨대 동대문과 영등포에서 동시에 아파트를 건설하고 있는 어느 건설회사가 있다고 해보자. 같은 서울이라지만 동대문과 영등포의 날씨가 항상 같은 것은 아니다. 동대문에 비가 오더라도 영등포에는 오지 않을 수 있고, 같은 서울이라지만 기온이 10도 이상 차이가 날 수도 있다. 그런데 동대문 현장에는 3일 후에 비가 오고 영등포 현장에는 5일 후에 비가 올 것이라는 예보가 나왔다면, 해당 건설사는 내일 당장 동대문 현장에 더 많은 장비를 투입하여 콘크리트 타설 등 비가 오기 전에 끝내야 할 작업을 먼저 서둘러서 끝낼 수 있을 것이다. 영등포 현장에는 동대문에 비가 오는 날 추가로 장비를 투입해도 늦지 않다. 이런 식으로 공정을 조절할 수 있기 때문에 절감되는 비용은 적게는 수백만 원에서 많게는 수천만 원에 이를 수도 있다. 같은 원리로 패션업체의 경우라면 다가오는 여름이나 겨울의 장기날씨예보를 바탕으로 해당 시즌의 주요 상품을 미리 구성할 수 있다. 덥고 건조한 여름인지, 습한 여름인지에 따라 패션은 달라지게 마련이다. 또 레저업체라면 날씨정보를 미리 파악하여 주말에 비 예보가 있으면 사전에 할인권을 발행하는 등 이벤트를 진행할 수 있고, 스키장에서라면 인공 눈을 만들 것인지 하늘에서 눈이 오기를 기다릴 것인지 미리 결정하여 대비할 수 있다. 밤에 눈이 올 것이라는 정보를 미리 파악하지 못해 불필요하게 미리 인공 눈을 만들 경우 스키장 하나의 손실액이 5,000만 원 정도에 이를 수도 있다.

셋째, 날씨방송과 관련된 사업 영역이다. 케이웨더의 관계사인 날씨 전문 뉴스 매체 온케이웨더는 날씨 전문 캐스터와 전문 PD 인력으로 다양한 날씨방송을 제작해 공급하고 있으며, 기상청 예보뿐만 아니라 케이웨더 예보로 제작된 날씨방송 프로그램을 각 방송사 및 기업이 활용할 수 있도록 맞춤형으로 제공하고 있다.

2012년에는 기상청 예보가 아닌 케이웨더 예보를 기반으로 하는 프로그램들이 TV, 라디오에 속속 선보이기 시작하더니 단순 일회성 프로그램이 아닌 정례 프로그램으로 자리를 잡았다. 개국 이후 종편 사업자들이 기상청 예보와 차별화된 케이웨더 날씨방송에 큰 관심을 보였는데, 특히 기상청 예보만을 고집하던 YTN, 뉴스Y, 경인방송 등의 경우 기상청 예보뿐만 아니라 케이웨더 예보도 같이 사용함으로써 기존 방송과는 차별화된 콘텐츠와 영상을 국민들에게 제공할 수 있게 되었다.

넷째, 기상장비와 관련된 사업 영역이다. 기상예보를 위해서는 수많은 장비들이 동원되는데, 앞에서도 지적한 것처럼 우리나라에서 사용되는 기상장비의 90%는 외국산이다. 이를 국산화하고, 나아가 수출의 발판을 마련하는 것이 현재 우리 기상장비산업이 처한 최우선 과제가 아닐 수 없다.

다섯째, 날씨와 관련된 보험산업 영역이다. 특정한 주말에 야외 행사를 준비하는 업체나 기관 등이 있다고 해보자. 비가 내려 행사 자체를 취소하게 될 경우 돌아오는 피해가 예상외로 클 수 있는데, 이런 경우를 대비하여 들어두는 보험이 바로 날씨보험이다. 좀 더 구체적인 영역으로 들어가면 상당히 다양한 종류의 보험 상품과 파생 상품들이 존재한다. 외국의 경우 이미 상당한 규모로 시장이 성장해 있지만, 우리나라의 경우 여전히 걸음마 수준이어서 앞으로 괄목할 만한 성장이 기대되는 영역이다.

이상에서 소개한 다섯 가지 주요 사업 영역 전반을 포괄하는 종합기상서비스회사가 바로 케이웨더다. 우리나라에는 대략 160여 개(2012년 기준) 정도의 기상 관련 기업들이 등록되어 있는데, 이 가운데 예보를 다루는 민간 회사는 10여 개고, 나머지는 대부분 장비와 관련된 사업을 영위하는 업체들이다. 이처럼 장비 관련 업체들의 비중이 높다는 것은 그만큼 이 부문의 시장 규모가 크기 때문인데, 그렇더라도 이는 전체 기상산업을 놓고 볼 때 다분히 기형적인 형태가 아닐 수 없었다. 기상산업이 명실상부한 녹색성장산업이자 미래를 견인할 지식정보산업이 되기 위해서는 예보 및 날씨정보 서비스와 관련된 시장이 더욱 커져야 할 것이다.

11

케이웨더의 어제와 오늘

●● 기상산업진흥법 시행과 함께 케이웨더는 새로운 전기를 맞게 되었다. 우선 일반인을 대상으로 한 예보를 발표할 수 있게 되었다는 점이 가장 큰 변화다. 이런 변화에 발맞추어 우리는 국민들과 직접 소통할 수 있는 창구를 만드는 한편, 이를 활용하여 새로운 사업 모델을 세워나가기 시작했다. 인터넷 홈페이지를 새로 구축하고, 날씨예보를 전문으로 다루는 온케이웨더라는 날씨 전문 뉴스 매체도 설립했으며, 각종 포털 및 방송사, 통신사 등 언론 매체와 협력 관계도 새로 구축했다.

이처럼 대외적으로 활발한 예보 활동을 하면서 크게 세 가지 결과를 얻게 되었다. 이 가운데 두 가지 결과는 긍정적인 것이었고, 나머지 하나는 부정적인 것이었다. 그 가운데 나와 우리 회사의 직원들을 가장 크게 고무시킨 것은 이제 케이웨더가 국내에서 가장 널리 알려진 대표적인 민간기상정보회사로서 확고한 지위를 점하게 되었다는 사실이다. 각종 포털과 방송, 스마트폰을 통해 접할 수 있는 날씨정보 가운데 가장 많은 정보가 케이웨더에서 나온다는 것을 누구나 알게 되었고,

●●● 기상산업진흥법 시행과 함께 새로운 전기를 맞은 케이웨더는 인터넷 홈페이지를 새로 구축하고, 날씨예보를 전문으로 다루는 온케이웨더라는 날씨 전문 매체도 설립했으며, 각종 포털 및 방송사, 통신사 등 언론 매체와 협력 관계도 새로 구축했다. 그 결과, 각종 포털과 방송, 스마트폰을 통해 접할 수 있는 날씨정보 가운데 가장 많은 정보가 케이웨더에서 나온다는 것을 누구나 알게 되었고, 그 정확도가 높다는 것을 인정받게 되었다. (사진은 2011년 6월 21일 한국 최초의 날씨 채널 개국을 준비 중인 YTN과 날씨 콘텐츠 제작을 위한 MOU를 체결하는 모습을 찍은 것이다.)

그 정확도 또한 다른 회사들의 정보 정확도보다 높다는 것을 대부분의 언론과 일반인들이 인정하게 된 것이다. 이처럼 남들의 인정을 받는다는 것은 사실 언제나 기분 좋은 일이다. 하지만 이처럼 민간인들을 상대로 한 활동에서는 사실 큰 수익이 창출되지 않는다. 그럼에도 불구하고 회사의 입지와 미래의 비전을 위해서는 이보다 소중한 자산이 없다고 판단했기 때문에 나와 직원들은 이 부분의 시장 개척에 상당한 시간과 비용을 투자하기를 주저하지 않았다.

둘째는 우리가 제공하는 예보의 정확성이 널리 알려지면서 기업 고객들이 더 많이 우리를 찾게 되었다는 점이다. 이는 우리 회사의 매출 및 수익과 직결된 문제여서 여간 즐거운 일이 아닐 수 없었다.

사업 초기에 케이웨더가 겪은 어려움 가운데 하나는 날씨예보라는 것이 기상청에서 나온 것이든 민간기상정보회사에서 나온 것이든 그다지 믿을 게 못 된다는 생각이 널리 퍼져 있다는 점이었다. 맞으면 그만이고 안 맞아도 어쩔 수 없는 게 일기예보라고 생각하는 사람들이 많았던 것이다. 하지만 우리가 본격적으로 사업을 시작하면서 우리가 제공하는 날씨정보가 상당히 신뢰성이 높다는 것이 점차 알려지게 되었다. 이는 사실 우리가 심혈을 기울인 덕분이기도 하지만 일기예보에 대한 사람들의 기본 인식이 그동안 잘못되어 있었기 때문이기도 하다. 예컨대 전국을 대상으로 예보를 하는 기상청은 "내일 서울에는 비가 오겠다"는 식의 총론적인 예보를 낼 수밖에 없다. 하지만 실제로는 서울에서도 비가 오지 않는 지역이 있을 수 있다. 모든 구에 다 비가 내리는데 유독 구로구 지역에만 비가 오지 않는 경우가 있을 수 있는 것이다. 기상청에서는 설령 이를 미리 예측할 수 있다고 해도 "서울에는 비가 오는데 구로구만은 예외다"라는 식으로는 예보를 낼 수가 없다.

반면에 우리는 구로구, 그중에서도 특정한 동 단위로 예보를 하기 때문에 기상청의 그것과는 다른 방식의 예보를 낼 수가 있는 것이다. 이는 단순정보가 아닌 고객이 날씨에 따라 의사를 결정할 수 있도록 정보를 가공해서 제공해주기 때문이다. 어쨌든 그럼에도 불구하고 우리 회사의 예보에 대한 신뢰도가 나날이 향상된 것은 경영인으로서 더없이 기쁜 소식이 아닐 수 없다.

마지막으로 기상청과 케이웨더의 관계가 진흥법 시행 이전에 비해 그다지 발전하지 못했다는 사실이 재차 확인되었다. 그동안 우리가 낸 예보와 기상청이 낸 예보가 다른 경우가 적지 않았고, 그중에는 결과적으로 우리의 예보가 더 정확했다고 판단할 수 있는 경우들이 적지 않았는데, 이럴 때마다 언론들이 나서서 기상청보다 민간기상정보회사의 예보가 더 정확했다느니 기상청과 민간기상정보회사가 경쟁을 벌이고 있다느니 하는 등의 가십성 기사를 쏟아냄으로써 기상청과의 관계는 긴장과 이완을 반복할 수밖에 없었다.

우리는 물론 기상예보를 내는 전문가 그룹으로서 정확한 예보를 내야 하는 책임과 의무를 지고 있고, 이를 위해 나름대로 최선을 다하고 있다. 이는 기상청 입장에서도 마찬가지다. 그럼에도 불구하고 자주 우리 회사가 칭찬의 대상이 되고 기상청에 비난의 화살이 돌아가게 되는 것은 기상청이 지닌 국가 기관이라는 위상과 기상청이 보유한 장비 및 인력이 우리 회사의 그것과는 비교도 되지 않을 정도로 거대하다는 점, 그리고 예보를 내는 방식의 차이와도 관련이 있다. 이 문제와 관련하여 여기서 짚고 넘어가야 할 부분이 하나 더 있다. 아무리 좋은 장비와 슈퍼컴퓨터를 갖추고 있다 하더라도 미래의 날씨를 100% 정확하게 예측한다는 것은 불가능하다는 점이다. 이건 기상청도 그렇고 우리 같은 민간기상사업자도 마찬가지다. 날씨예보에는 수많은 변수들이 작용하고, 최근에는 과거의 데이터와 일치하지 않는 이상 현상들이 더욱 빈발하고 있기 때문에 갈수록 정확한 예보를 낸다는 일이 더욱 어려워지고 있는 것이 현실이다. 그만큼 장비가 좋아지고 전문 인력이 확충되면서 날씨예보의 정확도를 그나마 유지하고 있는 것이지, 예전 수준의 장비와 인력이었다면 지금 정도의 정확도를 유지하기 어려울 것이다.

그럼에도 불구하고 우리가 좀 더 정확도 높은 예보를 낼 수 있었던 것은 전적으로 우리 회사에 소속된 예보관들이 베테랑이기 때문이라고 할 수 있다. 날씨예보에서는 슈퍼컴퓨터보다 경력과 노하우를 가진 베테랑 예보관의 역할이 더 중요하다. 우리의 경우 기상청에 비해 상대적으로 국민들 사이에서 이슈가 되는 특정 날씨에 더욱 집중할 수 있기 때문에 상대적으로 더 좋은 성과를 내고 있는 것일 뿐이다. 기상청에 대해 상대적으로 남들보다 많이 알고 있는 사람으로서 우리 기상청이 제 역할을 제대로 감당하지 못하고 있다고는 전혀 생각하지 않는다.

오히려 문제는 기상청이 너무 많은 역할을 감당하고 있기 때문에 생기는 것일 수도 있다. 앞에서도 언급한 것처럼 기상청은 국민의 재산과 생명을 보호하기 위한 방재 목적의 기상정보를 제공하는 데 중점을 두는 것이 옳다고 생각한다. 통상적인 날씨예보는 이제 민간기상정보회사에 맡겨도 충분할 것으로 판단된다. 이러한 판단의 근거는 그동안 이어진 케이웨더의 예보 결과로 충분히 입증되었다고 생각한다.

12

기상산업 관련 업체들의 인큐베이터

●● 기상청이 케이웨더의 가장 중요한 파트너라면, 역시 기상청을 가장 중요한 파트너로 삼고 있는 또 다른 민간기상사업자들, 즉 우리의 경쟁사들도 여럿 존재한다. 민간예보사업제도가 처음 시행되던 1997년 7월에 우리와 함께 등록한 민간기상사업자는 3개 업체에 불과했다. 그러나 지금은 160개 넘는 업체가 활동하고 있다. 케이웨더는 기상산업과 관련된 모든 영역을 대상으로 하는 기업이기 때문에 이들 160여 개 업체는 모두 케이웨더의 경쟁사들이라고 할 수 있다. 그리고 나는 이들 경쟁사들의 모임인 기상산업연합회와 기상사업자협의회의 회장을 맡고 있다. 내가 경영하는 회사에서 내 역할이 끝났다거나, 업계에서 가장 큰 어른이기 때문에 이 직함을 맡은 것은 아니다. 내가 이 단체들의 회장직을 맡은 이유는 대략 세 가지 정도로 간추릴 수 있겠다.

첫째, 민간기상사업자 1호 업체의 대표이기 때문이다. 또 우리나라의 기상 관련 사업체 가운데 가장 큰 규모의 업체를 이끌고 있기 때문이기도 하다. 말하자면 관련 산업을 가장 먼저 시작하고 가장 크게 일

●●● 나는 언제나 공정한 경쟁을 지향해왔다. 지금, 그리고 앞으로도 내가 지향하는 것은 공정한 경쟁을 통해 기상산업 전체의 파이를 더 키우고, 기상 산업이 명실상부한 미래 산업으로 성장하기 위한 발판을 마련하는 것이다. (사진은 2012년 11월 21일 대통령 직속 녹색성장위원회 양수길 위원장과 나를 비롯한 민간위원들 이 서울시청을 방문해 박원순 시장을 면담한 후 기념촬영한 것이다.)

군 경력을 인정해준 셈이다.

둘째, 언론이나 국민들을 상대로 민간기상사업자의 존재 의의와 역할을 가장 적극적으로 홍보하는 기상산업의 전도사, 법률 제정 등 산업 기반 조성을 위해 가장 왕성하게 활동하는 업계 홍보맨으로서의 역할을 나름대로 열심히 펼쳐온 점을 인정해준 것이 아닌가 싶다.

셋째, 알고 보면 사실 많은 수의 기상산업 관련 업체들이 케이웨더 출신들에 의해 세워졌다는 점이다. 말하자면 케이웨더가 우리나라 기상산업 관련 업체들의 인큐베이터이자 사관학교 구실을 감당해온 것이다. 이것이 내가 민간기상사업자들의 모임에서 회장을 맡게 된 연유 가운데 하나다.

문제는 아직 신생아에 불과한 국내의 기상 관련 산업계 내부에도 벌써 과열 경쟁 양상이 나타나고 있다는 점이다. 특히 장비 관련 산업의 경우 프로젝트의 단위가 크고 발주처가 한정된 반면 관련 업체는 많기 때문에 경쟁이 유난히 치열하다. 케이웨더 역시 장비 관련 사업을 하고 있기 때문에 당연히 이런 경쟁을 치러야 하는데, 문제는 우리가 선발업체인 관계로 누구보다 극심한 견제를 받는다는 것이다. 여기에 우리 회사 출신의 기상청장까지 배출되다 보니 경쟁은 견제의 차원을 넘어 시기와 질투로 이어지기도 한다. 겨우 매출 100억 원대의 회사가 연이어 두 차례나 수사를 받게 된 것은 이런 시기와 질투가 낳은 불필요한 촌극이었다.

나는 언제나 공정한 경쟁을 지향해왔다. 이 점은 두 차례의 수사 결과를 통해서도 확인되었다. 지금, 그리고 앞으로도 내가 지향하는 것은 공정한 경쟁을 통해 기상산업 전체의 파이를 더 키우고, 기상산업이 명실상부한 미래 산업으로 성장하기 위한 발판을 마련하는 것이다.

13

계속되는 도전에 가슴이 설렌다

●● 지난 16년 동안 경영인의 길을 걸으면서 얻은 가장 큰 보람을 꼽으라면 나는 주저 없이 사람들의 인식 전환을 첫손가락에 꼽을 것이다. 케이웨더의 지난 16년은 사실 기업과 일반 국민들의 인식 전환을 위한 노력의 기간이기도 했다. 그 가운데 처음 10년이 기업들의 인식 전환에 치중한 기간이었다면, 이어진 6년은 일반 국민들의 인식 전환을 위한 노력의 기간이었다. 이런 노력들을 통해 이제는 기업들도 기업경영에 필요한 가장 핵심적인 정보 가운데 하나가 바로 날씨정보이며, 나날이 예측이 어려워지는 이상기후시대의 기업경영을 위해서는 무엇보다도 날씨정보에 대한 투자를 늘려야 한다는 생각을 하게 되었다. '날씨경영'이라는 말을 처음 만들어 사용하기 시작한 것도 나였고, 날씨경영 전도사를 자처하며 원가 이하로 기업들에 정보를 제공하여 그 중요성을 피부로 실감케 한 것도 나였다. 개인적으로 이보다 더 큰 보람은 없다.

이런 날씨경영 전도 활동을 통해 실제로 날씨정보를 경영에 접목시킨 기업들이 늘어나고, 마침내 그 성공 사례가 무수히 축적되어가는 것을 지켜보는 것 역시 큰 보람이 아닐 수 없다. 뒤에서 상세히 소개하고 있는 다양한 날씨경영의 성공 사례들은 얼마나 많은 업체들이 날씨에 의해 좌우되는지, 날씨경영이 왜 절박한 현실적 과제인지를 잘 보여준다. 이처럼 날씨경영을 전파하고, 실제로 그 성과를 일구어내는 일에 누구보다도 앞장섰다는 자부심은 하루아침에 얻은 것이 아니다.

기상산업진흥법의 탄생에 일조하고, 이를 바탕으로 민간기상예보 사업자도 충분히 정확도 높은 예보를 낼 수 있다는 사실을 만천하에 보여줄 수 있었던 것 역시 크나큰 보람이 아닐 수 없다. 호기심으로 무장한 언론들이 기상청과 케이웨더의 예보 적중률을 가십거리로 다루는 바람에 난처한 경우를 당한 적도 여러 번 있었지만, 이런 과정을 통해 케이웨더의 예보 적중률이 검증 단계를 무난히 통과하게 된 것은 실로 크나큰 즐거움이 아닐 수 없다. YTN의 경우 특정 시간대의 날씨방송에서 기상청의 예보 대신 케이웨더의 예보를 제공하고 있다. 이와 관련하여 나는 특히 우리 회사의 예보관들에게 늘 감사한 마음을 잊지 않고 있다. 경영은 내가 하는 것이지만 회사를 죽이고 살리는 것은 그들의 손에 달려 있다고 해도 과언이 아닐 정도로 예보관들은 우리 회사에서 중요한 존재들이다.

케이웨더는 예보관들과 다른 임직원들의 도움으로 나날이 성장을 계속하여 이제는 국내에서 가장 대표적인 종합기상서비스회사가 되었다. 빠르게 진화하는 미디어에 발맞추어 앱을 개발하고 사이트를 구축했으며, 날씨 전문 뉴스 매체인 온케이웨더를 만들었다. 이런 다채널 매체를 통해 이제 국민들은 언제 어디서나 케이웨더가 제공하는 각종 날씨정보를 손쉽게 얻을 수 있게 되었다.

날씨보험을 비롯한 연계 상품들을 개발해 선보인 것도 케이웨더가 처음이었다. 이런 상품을 판매할 수 있었던 것은 그만큼 우리의 예보에 자신이 있었기 때문이기도 하고, 아직 맹아기에 있는 우리의 시장을 고스란히 외국의 대형 업체들에게 넘길 수 없다는 충정도 있었기 때문이다. 또 기상관측장비의 국산화를 위한 노력에 일조하고, 정부가 나서서 기상관측장비의 국산화 프로젝트를 추진하도록 안내한 일 역시 보람을 느끼기에 충분한 것이었다.

이 모든 일들이 나 한 사람의 결정이나 노력으로 이룩된 것은 아니지만, 내가 최일선에 있는 경영자였기에 가능했다는 점에서 나는 경영자가 되기로 했던 내 최초의 결심이 결코 잘못된 것이 아니었음을 오늘도 기쁘게 반추할 수 있다.

이처럼 나름대로 많은 것을 이루어왔지만, 케이웨더가 갈 길은 아직 멀다. 지금까지 그래왔던 것처럼 케이웨더는 우선 고객들의 다양한 수요에 부합하는 맞춤형 날씨정보 및 솔루션을 구체적이고 신속·정확하게 제공할 것이다. 개인과 언론 및 기업은 물론 공공기관에 이르는 다양한 소비자들을 대상으로 기상 콘텐츠, 기상 컨설팅, 기상장비 솔루션, 환경 및 에너지 관련 컨설팅, 날씨금융상품 등 다양한 서비스를 제공하는 종합기상서비스회사로서 자리를 더욱 굳건히 지켜나갈 것이다.

그리고 앞으로도 기상 이슈 발생 시 자체 날씨방송 매체는 물론 지상파, 종편, 신문 매체 등에 기상청보다 정확도 높은 예보를 제공하고, 민간예보 저변 확대 및 신뢰 구축을 통해 언론과 국민들에게 한 발 더 다가가기 위한 노력을 계속해나갈 것이다. 무엇보다 예보에 대한 올바른 이해를 통해 국민들의 날씨정보 활용 활성화에도 기여할 것이고, 스마

●●● 케이웨더는 앞으로도 고객의 다양한 수요에 부합하는 맞춤형 날씨정보 및 솔루션을 구체적이고 신속·정확하게 제공하고, 기상 콘텐츠, 기상 컨설팅, 기상장비 솔루션, 환경 및 에너지 관련 컨설팅, 날씨금융상품 등 다양한 서비스를 제공하는 종합기상서비스회사로서 자리를 더욱 굳건히 지켜나갈 것이며, 각종 재해로부터 고객의 재산을 지키고 삶의 질을 개선하는 데 앞장서는 종합재해위험관리기업으로서의 위상도 점차 키워나갈 것이다. 그러기 위해서는 넘어야 할 산이 많지만, 새로운 도전 생각에 가슴이 설렌다.

트폰, 뉴미디어(태블릿PC), 스마트TV, 날씨방송 등을 통해 더욱더 성장하는 계기를 마련해나갈 것이다.

또한 여기에 만족하지 않고 더욱 다양하게 빈발하고 있는 각종 재해로부터 고객의 재산을 지키고 나아가 삶의 질을 개선하는 데 앞장서는 종합재해위험관리기업으로서의 위상도 점차 키워나갈 것이다. 그러기 위해서는 아마도 지금까지 넘은 산보다 더 많은 산들을 넘어야 하리라. 등반을 앞둔 산악인처럼 오늘도 나는 자리에 누워서도 가슴이 설렌다.

제2장

기후변화시대에 날씨경영은
선택이 아니라 필수다

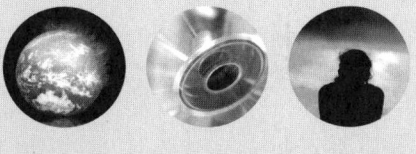

**기후변화는 전 세계인의 삶에 영향을 미치고
경제, 사회 등 각 분야의 패러다임을 바꾸는 메가트렌드다.**

이제 기후변화는 글로벌화, 정보기술(IT) 혁명에 버금가는 경영환경 변화를 가져오는 중요한 이슈다. 기후변화에 수동적으로 대응하지 말고 새로운 경쟁 우위 창출의 전략적 기회로 활용하라.

01

기후변화는 메가트렌드,
새로운 경쟁 우위 창출의
전략적 기회로 활용하라

●● "기후변화 두려워 말라 … 적응하면 블루오션". 2012년 10월 18일 《동아일보》에 실린 강희찬 한국환경정책평가연구위원의 글 제목이다. 강 연구위원은 "기후변화는 전 세계인의 삶에 영향을 끼치면서 사회 각 분야의 패러다임을 바꾸고 있는 메가트렌드다. 마이클 포터Michael Eugene Porter 하버드대 경영대학원 교수는 2007년 10월《하버드 비즈니스 리뷰Harvard Business Review》기고문을 통해 '기후변화는 글로벌화, 정보기술IT 혁명에 버금가는 경영환경 변화를 가져오는 이슈다. 기후변화에 수동적으로 대응하지 말고 새로운 경쟁 우위 창출의 전략적 기회로 활용해야 한다'고 강조했다"라고 썼다. 기후변화를 부정적 변수로 보기보다 긍정적 기회로 보고 활용한 기업들이 성공한다는 것은 이젠 당연한 일이다. 왜냐하면 기후변화에 가장 잘 적응하는 기업은 블루오션의 푸른 바다에 들어가는 기업이기 때문이다.

메가트렌드megatrends라는 말은 현대 사회에서 일어나고 있는 거대한 시대적 조류를 뜻하는 말로, 미국의 저명한 미래학자 존 나이스비트

◆ ◆ ◆ 지구온난화, 이상기후와 같은 기후변화는 오늘날 전 세계인의 일상적인 삶에 큰 영향을 미치고 경제, 사회 등 각 분야의 패러다임을 바꾸는 거부할 수 없는 메가트렌드다. 이런 기후변화를 부정적으로만 보고 속수무책으로 두려워할 것인가? 아니면 이 거대한 시대적 조류를 새로운 경쟁 우위 창출의 전략적 기회로 보고 긍정적으로 활용할 것인가?

John Naisbitt의 저서 『메가트렌드Megatrends』에서 유래한 말이다. 메가트렌드는 일시적인 현상이 아닌, 현재와 미래까지 조망할 수 있는 거대한 시대적 조류다. 지구온난화, 이상기후와 같은 급격한 기후변화 앞에서 오늘날 현대인들은 기후변화가 전 세계인의 일상적인 삶에 큰 영향을 미치고 경제, 사회 등 각 분야의 패러다임을 바꾸는 거부할 수 없는 거대한 시대적 조류임을 실감하고 있다. 공신력 있는 국내외 각 기관들 역시 미래사회의 메가트렌드로 기후변화를 어김없이 거론하고 있을 정도다.

우리나라는 2012년 한 해만 해도 그야말로 기상이변의 릴레이를 보는 듯했다. 다음은 《동아일보》 2013년 3월 19일자 이성호 기자가 쓴 기사의 일부다.

"지난해 2월 2일 강원도 철원의 수은주는 영하 24.6도까지 내려갔다. 이 지역 관측 이래 가장 낮은 기온이다. 당시 전국 10여 곳에서 역대 최저기온 기록이 바뀌었다. 2월 초순의 이례적인 한파는 2012년 이상기후 '릴레이'의 시작이었다.

18일 기상청에 따르면, 지난해 전례 없이 다양한 이상기후가 발생했다. 겨울 혹한에 이어 3월에는 비가 온 날이 열흘이 넘었고 4월 3일엔 중부지방에 눈이 내렸다. 4월 24일엔 이상고온으로 일부 지방의 기온이 30도가 넘었고 5, 6월엔 지독한 가뭄과 고온 현상, 7, 8월엔 폭염과 열대야가 쉴 틈 없이 이어졌다.

절정은 태풍이었다. 제7호 태풍 카눈을 비롯해 무려 4개의 태풍이 한반도에 상륙했다. 1962년 이후 정확히 50년 만이다. 특히 15호 볼라벤, 14호 덴빈, 16호 산바 등 태풍 3개가 연달아 한반도를 거쳐간 것은 1904년 기상 관측 이래 처음이다. 장현식 기상청 통보관은 '기후변화로 기상이변이 자주 나타나는 추세이지만 지난해에는 다양한 형태로 발생했다'고 말했다.

이상기후가 남긴 상처는 컸다. 여름철 폭염으로 발생한 질환자만 984명. 이 가운데 14명이 사망했고 약 185만 마리의 가축이 폐사했다. 태풍과 이에 따른 집중호우로 8명이 사망했다. 재산 피해는 1조 310억 원에 달했다."

그뿐만 아니라 2012년에서 2013년으로 넘어가는 겨울에는 극심한 한파와 이례적인 폭설로 전국이 꽁꽁 얼고 마비가 될 정도였다. 전 세계 역시 기상이변이 속출하여 유럽, 아시아 등 세계 곳곳에서 날씨 탓에 피해가 속출한 것으로 나타났다. AFP통신에 따르면 미국이 7월 1956년 이후 최악의 가뭄과 10월 초강력 허리케인 샌디 등 자연재해로 몸살을 앓았고, 러시아 모스크바는 크리스마스이브인 24일부터 이틀간 수은주가 영하 25도까지 떨어졌으며, 시베리아는 예년보다 30도 낮은 영하 50도 아래로 내려갔다. 중국도 예년보다 8~10도 낮은 한파가 계속되었다. 신장 위구르 자치구 북부 아러타이 지구는 12월 21일 영하 49.1도로 12월 최저기온을 기록했다. 이런 강추위가 이어지면서 러시아에서는 123명이 숨졌다. 우크라이나와 폴란드에서도 각각 83명, 57명이 사망했다. 중국 베이징 등 유라시아 대륙 동쪽 끝자락에 있는 주요 도시들도 며칠째 영하 10도의 한파가 이어졌다.

반면, 프랑스 남부와 이탈리아는 이례적인 고온으로 사람들이 해수욕을 즐기며 반팔 티셔츠와 수영복을 찾을 정도였다. 프랑스 남서부 대서양 연안의 비아리츠는 23일 기온이 24.3도를 기록했을 정도다. 호주의 경우는 2012년 말부터 2013년 초까지 이른바 '앵그리 서머Angry Summer'를 맞아 호주 여름 역대 최고기온 기록, 극심한 산불, 폭우와 침수 등으로 큰 피해를 입었다.

기상이변으로 전 세계 경제가 영향을 받고, 폭염이나 한파로 인해 전력사용량 급증으로 블랙아웃(대규모 정전사태)이 발생해 큰 피해를 입을 우려도 다분하다. 이처럼 지구온난화로 인한 폭염과 폭우, 폭설, 이상한파 등 기상이변이 빈발하고 있는 가운데, 기후변화가 개인의 삶은 물론이고 경제, 사회 등 각 분야에 미치는 영향은 더욱더 커지고 있다.

존 나이스비트의 말대로 "미래는 현재에 있다." 저항할 수도, 예측할 수도 없는 기후변화를 부정적으로만 보고 속수무책으로 두려워할 것인가? 아니면 이 거대한 시대적 조류를 새로운 경쟁 우위 창출의 전략적 기회로 보고 긍정적으로 활용할 것인가? 미래는 지금 진행되고 있는 기후변화라는 거대한 시대적 조류를 읽고 그것을 어떻게 전략적 기회로 활용해 새로운 경쟁 우위를 창출하느냐에 그 성패가 달려 있다. 기후변화시대에는 어느 기업도 날씨라는 화두에서 결코 자유로울 수 없다. 기업들 사이에서 날씨를 경영에 활용하는 날씨경영을 능동적으로 도입하고 있는 것은 반가운 일이 아닐 수 없다.

미래 산업 역시 이 화두에서 벗어날 수 없다. 미래에는 기후변화에 대응하는 녹색산업이 가장 유망한 차세대 성장 동력이 될 것이며, 녹색성장Green Growth*은 이 시대의 구호가 되어야 한다. 녹색성장이란, 에너지와 자원을 절약하고 효율적으로 사용하여 기후변화와 환경 훼손을 줄이고 청정에너지와 녹색기술을 연구 · 개발하여 새로운 성장 동

---

* **녹색성장** 녹색성장의 추진 배경에는 지구온난화, 에너지 위기, 신성장동력 창출 필요성, 새로운 패러다임으로 전환 필요성 등을 꼽을 수 있다. 우리나라는 세계 10대 에너지 소비국이며 에너지 대부분을 해외 수입에 의존하고 있어 국제 유가변동에 매우 취약하고 온실가스 배출량은 해마다 급격히 증가하는 등 에너지 위기와 기후변화에 취약한 경제 구조이며, 이러한 경제 구조를 극복하고 미래를 대비하기 위한 방안으로 녹색성장의 필요성이 제기되었다.

◆◆◆ '녹색성장'은 이 시대의 구호가 되어야 한다. 에너지와 자원을 절약하고 효율적으로 사용하여 기후변화와 환경 훼손을 줄이고 청정에너지와 녹색기술을 연구·개발하여 새로운성장 동력을 확보하며 새로운 일자리를 창출해나가는 등 경제와 환경이 조화를 이루는 녹색성장을 이루어야 한다. 가장 친환경적이며 이익을 많이 가져오는 분야가 바로 날씨 분야다. 세계기상기구의 발표처럼 날씨에 투자한 비용은 적어도 몇 배의 이익으로 돌아올 것이다.

력을 확보하며 새로운 일자리를 창출해나가는 등 경제와 환경이 조화를 이루는 성장을 말한다. 시대의 거대한 흐름을 먼저 읽어야만 미래의 기회를 먼저 잡을 수 있다. 날씨와 연관된 녹색시장은 거대한 블루오션 비즈니스 시장이다. 녹색성장은 가도 되고 안 가도 되는 길이 아니라, 반드시 가야만 하는 길이고 이미 현재 진행 중인 길이다. 녹색성장은 계곡을 뛰어넘는 변화의 전략이며, 모든 가능성이 열려 있는 상상력의 개념이다. 누가 먼저 잘 움직이느냐가 승패를 좌우한다. 가장 친환경적이며 이익을 많이 가져오는 분야가 바로 날씨 분야다. 세계기상기구WMO, World Meteorological Organization의 발표처럼 날씨에 투자한 비용은 10배 이상은 아니라도 최소한 몇 배의 이익으로 돌아온다. 우리나라 기업들이 경영에 날씨를 적극적으로 활용하고 녹색성장에 관심을 가졌으면 하는 이유가 바로 여기 있다.

02

빅데이터를 활용한 날씨경영

●● 최근 IT가 발달하면서 방송, 신문, 인터넷, 스마트폰 보급 확대로 인한 소셜네트워크SNS를 통해 각종 데이터들이 시시각각으로 쏟아져 나오고 있다. 감당할 수 없을 정도로 방대한 양의 데이터가 그야말로 홍수처럼 쏟아지고 있는 것이다. 에릭 슈미트Eric Schmidt 구글 최고경영 자CEO에 따르면, 전 세계에서 2일 단위로 생성되는 데이터의 양이 인류 문명의 시작부터 2003년까지 생성된 데이터의 양과 동일하다고 한다. 빅데이터Big Data의 시대가 도래한 것이다.

최근 IT 분야의 최대 이슈로 떠오른 빅데이터는 과연 무엇인가? 빅데이터는 "전통적인 데이터 관리 도구로는 수집, 조직화, 저장, 검색, 공유, 분석, 시각화가 어려운 방대하고 복잡한 데이터의 집합체"다. 2012년 세계경제포럼WEF, World Economic Forum(다보스 포럼Davos Forum)에서 '2012년 떠오르는 10대 기술' 중 하나로 선정되기도 했다. 그러나 'big'이라는 영어 단어를 그대로 번역해서 단순히 큰 정보라고만 생각하면 안 된다. 이것은 통계화된 하나의 '데이터 베이스'를 뜻하는 것으로 정형과 비정형의 데이터에서 가치를 추출하며 이를 결과로 분석하는 기술이다.

글로벌 정보기술IT 연구 · 자문회사인 가트너Gartner가 '21세기의 원유'라고 부른 빅데이터는 미래 경쟁력을 좌우하는 핵심 '자원'이므로 기업뿐 아니라 공공 부문도 정확한 이해와 효과적으로 활용하기 위한 전략을 수립하는 것이 시급하다. 데이터를 그냥 쌓아놓기만 하면 그것은 방대한 쓸모없는 쓰레기 더미에 불과하지만, 방대한 데이터를 분석하여 유의미한 가치를 이끌어내어 활용하면 그것은 더 없이 유용한 '자원'이 된다. 빅데이터의 진정한 의미는 바로 여기에 있다.

정리해보면, 빅데이터는 단순히 대용량 데이터 그 자체만을 지칭하는 것이 아니라 그 데이터를 효과적으로 처리하고 분석할 수 있는 기술에 더 초점을 둔 용어라고 할 수 있다. 기업의 관점에서는 '가치를 생성할 수 있는 데이터'를 빅데이터라고 해석하기도 한다.

최근 기업들은 예전에는 의미를 부여하기 힘들었던 대용량의 데이터를 분석해서 소비자의 심리나 행태를 파악해서 마케팅 전략을 세우고 있다. 기온, 태풍 및 집중호우와 같은 날씨 관련 정보에 있어서도 마찬가지다. 오랜 기간 쌓아온 날씨정보와 기업의 판매정보를 분석한 자료를 마케팅에 활용하여 매출 증대를 꾀하는 기업들이 점차 늘고 있다. 이처럼 최근 대기업을 중심으로 '빅데이터'를 이용한 날씨경영이 확산되고 있는 추세다.

"하늘만 바라보던 날씨 마케팅… 이젠 빅데이터 본다". 2012년 11월 5일자《조선일보》박수찬 기자의 기사 제목이다. 빅데이터를 이용한 날씨 마케팅의 사례를 소개하고 있는 이 기사를 잠깐 살펴보자.

"날씨정보를 활용하는 기업들이 늘고 있다. 과거엔 발전, 운수, 보험

◆◆◆ 최근 기업들은 예전에는 의미를 부여하기 힘들었던 대용량의 데이터를 분석해서 소비자의 심리나 행태를 파악해서 마케팅 전략을 세우고 있다. 기온, 태풍 및 집중호우와 같은 날씨 관련 정보에 있어서도 마찬가지다. 오랜 기간 쌓아온 날씨정보와 기업의 판매정보를 분석한 자료를 마케팅에 활용하여 매출 증대를 꾀하는 기업들이 점차 늘고 있다. 이처럼 최근 대기업을 중심으로 '빅데이터'를 이용한 날씨경영이 확산되고 있는 추세다.

분야에서 재해 예방 차원에서 날씨에 관심을 가졌지만 최근엔 제조, 유통 분야에서도 수요 예측과 재고 관리에 날씨정보를 활용하고 있다. 매출정보와 날씨정보라는 방대한 데이터를 분석하고 활용하는 '빅데이터' 기술이 정교해지면서 나타난 변화다.

유통업체 중엔 편의점이 날씨정보 활용에 가장 적극적이다. CU는 각 편의점 단말기에 날씨정보와 함께 권장 주문량 정보를 제공하고 있다. 날씨정보, 과거 매출, 재고량을 토대로 제품이 얼마나 팔릴지 예측한 자료다. 이 시스템을 도입한 후 물류센터 재고일수는 15일에서 7일로 줄었고 매출은 30% 늘어났다. 삼각김밥, 샌드위치처럼 날씨에 영향을 받고, 유통기간이 짧은 제품의 경우 폐기량이 40% 줄었다고 한다.

SPC그룹 지난 6월 식품업계에서 처음으로 '날씨판매지수'를 만들었다. 최근 5년간 전국 169개 지점의 기상관측 자료와 10억 건 이상의 점포별 상품 판매 데이터를 분석한 자료다. 이 자료는 실시간으로 전국 3,100여 파리바게뜨 점포의 단말기에 제공된다."

바로 위의 사례가 케이웨더가 빅데이터를 이용해 만든 '날씨판매지수' 사례다. 매장 매니저가 계산대 단말기 화면을 누르면 '일별 날씨판매지수 최대 변동' 항목에 제품 이름이 뜬다. 생크림케이크 항목 옆에 '토요일 50.15%, 일요일 27.15%' 같은 숫자가 나타난다. 매장 주변의 날씨예보, 요일 등의 요소를 종합했을 때 최근 2주 평균보다 그만큼 매출이 늘어날 전망이라는 뜻이다. SPC는 빅데이터를 이용한 날씨판매지수 도입 한 달 만에 조리빵 매출이 30% 늘었다고 한다.

케이웨더의 빅데이터를 이용한 날씨정보 사례로 블랙야크를 빼놓을 수 없다. 의류회사들은 분기·연간 단위로 기상예측정보를 활용한다. 통상 6개월 전에는 생산 계획을 확정해야 하기 때문이다. 아웃도어 의류업체인 블랙야크는 케이웨더와 함께 '제품 수요 예측 솔루션'을 개발해 2012년 봄·여름 시즌 제품 기획 때부터 활용하고 있다. 기온 변동이 평년보다 심할 것이라는 날씨정보를 바탕으로 재킷 주문량을 늘렸고, 실제 지난 봄 재킷 매출은 전년 대비 60% 늘었다. 이렇게 날씨정보를 활용해 전년 대비 323억 원 정도의 매출 증가 효과를 본 것으로 자체 평가하고 있다.

국내 민간기상정보업체인 케이웨더는 국내의 여러 기업이 의뢰해오면 그동안 축적해온 방대한 날씨정보와 해당 기업의 판매정보 간의 상관관계를 분석해 유의미한 고객의 심리 및 행동 패턴을 파악하고 그에 맞는 맞춤형 자료를 제공해줌으로써 고객 서비스 개선 및 매출 증대에 기여하고 있다. 빅데이터를 이용한 날씨경영의 진정한 의미는 바로 여기에 있다.

03

날씨경영,
이제 기상컨설턴트와 상의하라

●● 2012년은 12월부터 맹추위가 기승을 부리는 가운데 겨울방학이
시작되었다. 요즘에는 방학 기간 중에 다양하고 활동적인 체험 활동은
물론, 미래를 설계할 수 있는 진로체험교육까지 실시한다. 청소년들이
적성에 맞는 진로를 찾을 수 있는 기회도 많아지고 있다. 그런데 요즘
아이들은 평범한 직업보다는 좀 더 특별한 직업을 갖길 원한다고 한
다. 기후변화시대에 특별한 직업 중 하나가 기상컨설턴트*다. 아직까
지 우리나라에서는 이색직업으로 소개되는 분야다.

기상컨설턴트는 날씨가 기업경영에 미치는 위험요소들을 분석하고
분석 결과를 토대로 중장기예보를 활용하여 다양한 날씨위험관리 솔
루션을 제공해주는 일을 한다. 우리나라에 1997년 민간예보사업제도

---

* **기상컨설턴트** 기상학을 전공하거나 경영학 또는 통계학을 전공한 사람들이 대부분이다. 기업이
날씨로부터 어떤 위험에 놓여 있는지 정량적인 분석을 통해 위험을 진단해야 하기 때문에 통계학적
지식이 필요하고, 분석 결과에 기상정보를 활용해야 하므로 전문적인 기상학적 지식도 필요하며, 경영에
대한 이해도 있어야 한다.

가 시행되면서 기상컨설턴트라는 직업이 새롭게 등장했다. 직업의 역사는 짧은 데 비해 미래는 무척 밝은 분야다. 예전에 날씨는 통제 불가능한 영역이라 해서 날씨가 영업상무라는 말이 있었다. 하지만 최근 기후 변화가 심해지면서 대다수 기업들이 날씨를 기업경영에 매우 중요한 변수로 인식하기 시작했다. 그러다 보니 기상컨설팅에 대한 수요가 발생하면서 기업들의 날씨 위험요소에 대한 분석 의뢰가 증가하고 있다. 기후변화로 인한 위험을 사전에 방지하거나 최소화하기 위한 것이다. 특히 최근 기후변동 폭이 커지면서 관련 위험에 대비하기 위해 기업뿐만 아니라 공공기관, 개인들의 기상정보 수요도 증가하고 있다. 이미 미국과 일본에서는 기상정보를 구매하거나 취합해 수요자의 취향에 맞게 정보를 제공하는 산업이 생겨나고 있다.

예를 들어, 최근 급격히 증가하고 있는 낙뢰에 대한 정보를 요구하는 기업이 늘고 있는데, 일본의 프랭클린 저팬Franklin Japan은 최근 낙뢰 사고가 빈번하다는 점에 착안해서 새로운 비즈니스 영역에 진출했다. 일본 전역 29곳에 전자파 센서를 설치해 낙뢰정보를 수집한 뒤 소비자에게 낙뢰 발생 가능성이 있는 지역의 예측정보를 보내주고 있다. 또 낙뢰증명서를 발행하는 서비스도 제공하고 있다. 낙뢰 피해를 입은 개인이나 회사가 손해보험회사에 청구할 때 제3의 공인 정보가 필요할 경우 프랭클린 저팬에 요구하면 낙뢰 피해가 발생한 시각과 장소에 대한 정보를 얻을 수 있다. 최근에는 낙뢰로 인한 피해를 감소하기 위한 컨설턴트의 매출이 급상승하고 있다고 한다. 미래에 기상컨설턴트가 얼마나 중요한가를 웅변해주는 대목이다.

직업으로서 기상컨설턴트는 어떨까? 2011년 코엑스에서 열린 미래 직업박람회에서 10년 뒤 유망 직업으로 기상컨설턴트를 꼽을 정도로 유망한 분야가 기상컨설턴트다. 앞으로 기상이변이 잦아지면 잦아질수록 더욱 뜨는 분야가 기상컨설턴트가 될 것이다. 기상 선진국이라 할 수 있는 미국, 일본의 경우 기상컨설턴트들이 많게는 2,000~3,000명 이상 활동하고 있다. 국내의 경우는 아직 생소한 직업으로 인식되고 있지만, 기후변화가 심해지고 국내 산업의 80%가 날씨로부터 직간접적인 영향을 받고 있는 현실을 감안할 때, 기상컨설턴트는 앞으로 기업들이 필요로 하는 블루오션형 유망 직업이 될 것이다.

최창희 케이웨더 차장은 "저희 케이웨더는 날씨에 따른 놀이동산 입장객수 예측, 도시가스 수요 예측, 편의점 신선식품 폐기율 예측, 의류판매 시즌 타이밍 분석, 할인점 제품별 임계점 분석 등 다양한 산업에 업종별로 기상컨설팅을 수행하고 있습니다"라고 말한다. 이에 덧붙여 여름에 너무 덥거나 비가 너무 많이 내리는 경우, 혹은 반대로 여름에 너무 선선하거나 비가 오지 않는 경우, 겨울에 너무 춥거나 눈이 너무 많이 내리는 경우, 혹은 반대로 겨울이 겨울답지 않게 따뜻한 경우, 기상이변이 심한 계절에 컨설팅 의뢰가 많이 들어온다고 말한다. "실제로 특정 기상현상으로 기업이 매출에 피해를 많이 본 경우 컨설팅을 의뢰하는 경우가 많습니다. 예를 들어 2010년 한파, 2011년 여름의 잦은 폭우, 2011년 11월의 따뜻한 날씨, 2012년 폭염 등으로 손해를 본 기업들이 컨설팅을 의뢰했습니다."

이것은 어떻게 보면 경영 전략을 기상컨설턴트에게 일부 맡기는 것이나 다름없기 때문에 기상컨설턴트들이 받는 스트레스는 크다고 한다. 날씨라는 것은 100% 예측이 불가능한 것이라서 기상컨설턴트들이 최선을 다해 고객의 날씨 위험을 진단하고 솔루션을 제공해도 예상이 빗나갈 수 있기 때문이다. 특히 기상컨설팅에서 중장기예보는 매우 중

◆◆◆ 2010년 한파, 2011년 여름의 잦은 폭우, 2011년 11월의 따뜻한 날씨, 2012년 폭염 등으로 손해를 본 기업들이 많이 컨설팅을 의뢰했다. 국내의 경우는 아직 생소한 직업으로 인식되고 있지만, 기후변화가 심해지고 국내 산업의 80%가 날씨로부터 직간접적인 영향을 받고 있는 현실을 감안할 때, 기상컨설턴트는 앞으로 기업들이 필요로 하는 블루오션형 유망 직업이 될 것이다.

요한 요소다. 그러나 기상예보는 기간이 길면 길수록 정확도는 떨어진다. 따라서 예측정보에 대한 정확도를 높이기 위해 다양한 예측 모델을 개발하고 선진기술을 도입하는 등 고객의 경영 이익을 위해 최상의 방법을 동원해야 한다.

정부에서는 기상정보 활용 확대를 위한 기상산업 육성 방안을 수립하고 있다. 기상정보 활용은 기후변화 적응을 위한 기초 단계라는 인식하에 기상정보를 통해 기후변화 위험요소를 사전에 파악하고 피해를 최소화하는 방안이다. 이를 통해 사전 대응이 가능해질 것으로 본다. 특히 기상정보의 중요성이 확대되면서 맞춤형 기상정보* 수요 증가 및 산업별 기상정보 활용이 확대될 것으로 예측된다. 따라서 기후변화로 인한 인적 · 물적 자원의 피해를 예방하고, 국민을 위한 기상 서비스를 향상시키며, 국민이나 기업의 만족도를 제고하기 위해 기상산업진흥정책이 필요하다. 그런데 국내 기상산업은 기상이변에 대응하는 데 한계가 있다고 본다. 국내 기상산업시장 규모는 민간예보사업자제도 도입 이후 꾸준히 성장세를 유지하고 있지만, 기상사업자 매출의 80% 이상이 기상장비 분야에 편중되어 있다. 이 이야기는 기후변화 대응을 위한 기상정보 서비스 부문 성장이 미흡하다는 말이다. 특히 자체 생산 · 제작한 기상 서비스 및 예보 · 컨설팅 수준이 낮으며, 기상예보 또는 컨설팅업체로 등록한 업체 중 실질적인 매출 발생 업체는 소수에 불과하다. 따라서 소규모 영세 기상사업을 위한 지원정책

---

* **맞춤형 기상정보** 고객의 니즈에 대응하여 일대일 대응으로 기상정보를 제공하는 것을 말한다. 예를 들어, 기상청은 여름철 방재 기간 동안 수도권 유관 기관과 일대일 대응체계를 구축해 맞춤형 기상정보를 제공하고 있다. 일대일 대응체계는 집중호우나 태풍이 발생했을 경우 상세한 예보, 특보 사항을 담당 공무원에게 직접 전화로 설명하는 24시간 상시 연락체계를 말한다.

및 관련 법 개정이 필요한 실정이다. 사실상 기후변화에 대한 적응은 개인 및 기업의 인식 제고, 교육 및 훈련과 같은 사회적 자본과 정부 및 지자체의 제도적인 역량 요인이 중요하다. 따라서 기후변화 적응 상품과 서비스 활용 확대를 위한 정부 차원의 대국민 홍보와 교육 활동이 병행되어야 한다. 아울러 산업 업종별로 기후변화 적응 관련 전문가 양성을 위한 자격증 및 연수가 필요한데, 예를 들면 기후변화 적응 건축설계사 및 기상컨설팅 전문가 양성이 시급하다.

독일에서는 산업의 80%가 날씨로부터 직간접적인 영향을 받는다고 한다. 특히 건설, 유통, 에너지, 패션, 레저, 제조업 등은 날씨의 영향을 많이 받는다. 각 업종마다 필요로 하는 컨설팅은 다르다. 예를 들면, 건설업의 경우는 초단기예보*를 활용하여 작업 유무를 결정한다. 유통업의 경우는 제품이 제일 잘 팔리는 시점의 기온대를 찾아 다양한 날씨 프로모션을 진행한다. 의류업의 경우는 시즌 타이밍 분석을 통해 생산량을 조절하고 에너지의 경우는 정확한 수요 예측을 통해 비용을 줄이고 매출을 늘린다. 어떤 사람들은 이런 기상자료를 기상청 자료를 이용하면 안 되느냐고 묻는다. 그러나 기업이 필요로 하는 정보는 기상청 정보로는 한계가 있다. 기상청이 제공하는 기상정보는 국민의 생활과 안전에 관련된 생활기상정보다. 하지만 기업들이 필요로 하는 정보는 매출 또는 비용과 직결된 산업기상정보다. 따라서 기상청이 제공하지 않는 다양한 산업기상정보를 통해 날씨위험을 분석하고 이를 토대

---

* **초단기예보** 1시간 간격으로 매시 30분에 발표되며, 현재부터 앞으로 3시간 내의 기상실황과 기상예보를 서비스한다. 기상청에서는 여름철 위험기상에 신속히 대응하기 위해 1시간 간격으로 예보를 서비스하는 초단기예보를 2012년 6월 15일부터 시작했다. 지금까지는 3시간 간격으로 동네예보를 실시해왔다.

로 다양한 날씨경영 기법을 제공하는 점이 다르다고 할 수 있다.

2009년 기상산업진흥법이 시행된 후에 기상산업과 관련된 일들이 많아지면서 기상컨설턴트를 시작했을 때보다 지금은 어떤 점이 좋아졌는지 묻자, 최창희 차장은 "기상산업이 태동한 지 14년이 되었는데요, 과거에는 기상정보는 공짜라는 인식이 강했습니다. 그런데 최근에도 기상정보를 돈 주고 구입하는 것을 주저하는 기업들이 많아요. 그러다 보니 기상사업자들이 새로운 기술을 개발하고 서비스하는 데 많은 어려움을 겪고 있는 것이 현실입니다. 하지만 2009년 기상산업진흥법이 제정된 이후로 기상산업 육성을 위한 다양한 방법들이 제시되었고, 특히 기상컨설팅 분야를 기상산업의 한 분야로 정의하면서 많은 컨설팅 서비스 연구 개발 지원을 받고 있습니다"라고 말한다. 그리고 날씨경영을 도입하지 않아서 실패한 기업 사례를 이야기한다. 겨울철 시즌 타이밍 예측을 못해 의류 판매량이 감소했다거나 스키장 오픈 및 폐장 시점을 잘못 예측하여 손해를 본 경우가 생긴다는 것이다. 민간기상업체는 우선 기상청으로부터 관측 데이터와 예측정보를 받는다. 여기에 자체적으로 관측망을 구축하여 기상청이 제공하지 않는 지역의 관측 데이터와 함께 자체 슈퍼컴퓨터를 이용한 예측정보를 전문예보관들이 생산하여 고객에게 제공한다. 해외 기상의 경우 해외 민간기상사업자(미국 WDT)의 예측자료를 케이웨더에서 구입하여 예보판단에 활용하고 필요한 기업에 판매한다. 예를 들어, 여행사에 제공되는 세계 날씨 등이 이에 해당한다.

최 차장은 우리나라 기업에도 날씨경영이 지금보다 더 많이 도입된다면 경제 규모는 상당히 커질 것이라고 말한다. 우리나라 GDP(국내총생산)의 80%가 날씨와 연관된 것으로 볼 때, 기상정보의 경제적 가치는 약 3조 5000억~6조 원 정도로 추정된다. 그렇다면 날씨경영과 관련된 경제 규모는 약 5,000억 원 정도가 될 것이다. 국내의 경우 날씨경영 컨설팅이 시작된 지 얼마 되지 않았지만, 선진국의 경우는 날씨경영 컨설팅이 시작된 지 이미 20년 이상 되어 다양한 상품과 성공 사례를 가지고 있다. 특히 에너지, 의류, 제조업 등에 날씨보험, 날씨파생상품 같은 날씨금융상품과 연계된 다양한 날씨위험관리 솔루션 서비스를 하고 있다. 그러나 현재 우리나라에서는 날씨파생상품 판매가 금지되어 있고, 날씨금융상품으로는 날씨보험만 있을 뿐이다. 날씨보험은 재정손실보험과 행사취소보험, 컨틴전시 보험contingency insurance*이 있다. 하지만 행사취소보험이나 컨틴전시 보험 등과 같이 일회성 보험이 일부 판매가 되었으나, 손실을 보장해주는 재정손실보험은 판매된 사례가 거의 없다. 그 이유는 날씨로 인한 피해를 정량적으로 분석하기가 쉽지 않아서 고객이 가입을 꺼리기 때문이다. 최근 기업을 대상으로 손실을 보장받을 수 있는 정액형 날씨보험이 출시되었다. 기상컨설팅을 통해 분석된 날씨위험인자를 지수화하여 고객이 직접 보상 조건을 제시하면 보험회사가 보험요율을 산정하여 판매하는 보험이다. 기업이 직접 날씨 조건을 걸고 조건에 부합하면 손실과 상관없이 보험금을 타는 보험으로 파생상품의 개념이 일부 적용된 상품이라고 할 수 있다.

케이웨더 기상컨설턴트팀은 최근 빈번해지고 있는 집중호우나 한파, 이상기온 등 기후변화로 인한 기업들의 피해가 급증하고 있는 것

---

* **컨틴전시 보험** 전통적인 손해보험에서 보상하지 않는 위험을 담보하는 보험으로 특정한 사건, 즉 날씨, 온도, 경기 결과, 행사 등을 전제로 예정된 사건이 현실화되었을 때 발생한 금전적 손해를 보상하는 보험이다.

에 주목하고 일회성이 아닌 중장기적 관점에서 기상컨설팅을 서비스하고 있으며 분기 또는 요청 시마다 다양한 분석과 예측정보를 제공하고 있다.

기업경영에 날씨를 접목시킨 것이 날씨경영이다. 기후변화가 심해지면서 날씨경영을 도입하는 기업들이 많아지고 있고 또 전문적인 날씨위험관리와 기상예측을 위해 기상컨설턴트와 예보관을 채용하는 기업들이 늘고 있다. 최근에는 기업들이 날씨경영인증제를 통해 경영에 날씨를 핵심 요소로 인식하고 적극적으로 홍보함으로써 날씨경영을 통해 피해를 최소화하고 이익을 극대화하기 위해 노력하고 있는 것은 매우 반가운 일이다.

04

세계의 무서운 기상회사들을 주목하라

●● "이젠 기상이변 대응을 경영의 한 축으로 인식해야만 한다. 심화되고 있는 기상이변을 새로운 사업 기회로 활용하는 지혜가 필요하다. 기상산업에 적극적으로 진출하여 시장을 선점함으로써 새로운 수익 기회를 창출해야 한다."* 삼성경제연구소 이지훈 수석연구원은 기상산업을 부상하는 신수익산업으로 분류한다. 그는 미래 기상산업을 5개 부문으로 나누었다.** 기상산업이 미래의 신수익산업이자 블루오션 산업임을 내다본 그의 안목대로 한국의 기상산업은 일취월장하고 있다. 2007년 300억 원대의 시장이 2011년에는 2,219억 원으로 거의 7배 이상 늘어났다.***

---

* SERI 보고서, 2010년 2월 2일.

** 일반인과 특정 수요자를 대상으로 미래의 기상정보를 제공하여 판매하는 사업인 기상예보 특정 수요자를 대상으로 기상 감정을 제공하는 기상감정업, 기상측기를 제작·수입하여 설치하거나 수리하는 기상장비업, 기상정보를 분석·평가하여 경영활동에 관한 조언을 제공하는 기상컨설팅업, 마지막으로 기상 관련 보험, 파생상품들을 개발·판매·거래하는 기상금융업이다.

*** 우리나라 기상산업 진흥을 위한 정책 토론회, 2012년.

물론 우리나라의 기상산업시장은 선진국의 기상산업시장에 비하면 매출, 인원, 생산자료, 판매 마케팅 면에서 아직 너무 미약하다. 하지만 미래를 내다보고 차분하게 투자하고 역량을 키워나간다면 우리나라 기상산업시장의 미래는 아주 밝다고 본다. 여기서 세계 각국의 유명한 민간기상사업체의 규모, 업무, 주력 판매 날씨상품, 마케팅 분야 등을 살펴보는 것은 큰 의미가 있을 것이다.

먼저 세계 기상시장에서 비교적 잘 성장한 일본의 기상회사를 살펴보자. 일본에서 기상업무가 민간에서 자유화가 이루어진 것은 1993년이다. 이제 20년째 접어든 일본의 기상회사들은 지속적인 성장을 거듭하고 있다. 기상예보 종사자의 수는 해마다 증가하여 2008년 3월 말에는 6,595명에 이르렀다. 일본에서는 단독 비즈니스부터 기상정보를 중심으로 한 상호정보교환 사이트, 포인트 예보, 건강정보 등 민간기상사업자가 강점으로 꼽히는 분야에서 적극적인 정보 생산 및 판매로 많은 수익을 올리고 있다.*

일본의 대표적인 기상정보회사는 웨더뉴스Weathernews다. 사원수가 722명인데 해외에서 근무하는 직원만 307명으로** 명실상부한 글로벌 기상정보회사다. 매출액이 무려 117억 5,600만 엔(2008년 5월 기준)으로 우리 돈으로 환산하면 1,394억 원 정도다. 일본에 본사를 둔 세계 최대의 기상정보회사인 웨더뉴스는 전 세계 35개 도시 14개국에 지사(일본, 미국, 영국, 독일, 네덜란드, 이탈리아, 프랑스, 스페인, 오스트레일리아, 중국, 대만, 한국, 말레이시아, 필리핀)가 있다. 일본 국내 네트워크로

---

* 일본 기상사업의 현재와 미래, 기상청, 2008년 9월 29일.

** 2013년 3월 19일자 업데이트, 회사 홈페이지.

는 17개 지역(동경, 치바, 삿포로, 센다이, 니가타, 시즈오카, 나가노, 나고야, 가나자와, 오사카, 마쓰에, 히로시마, 마쓰야마, 고치, 후쿠오카, 가고시마, 나하)이 있다. 700명 이상의 스텝진(400명 이상의 기상전문가)이 24시간 365일 전 세계의 기상을 매일 관측하고 분석하고 예측하고 있다. 주로 판매하는 날씨정보는 모바일, 항공, 해운, 해상, 유통, 방송, 도로, 방재, 철도, 여행, 스포츠, 기후변화, 전력, 공장, 건강에 관련된 날씨정보다. 날씨의 전 분야를 거의 다룬다고 할 만큼 다양한 분야에서 날씨정보를 판매하여 매출을 올린다. 웨더뉴스가 최근에 세계를 깜짝 놀라게 했다. 북극 해빙으로 북극 항로가 열릴 것에 대비해 인공위성을 발사한 소식을 전한 것이다. 웬만한 국가도 아직 위성을 발사하지 못하는데 한 기상회사가 쏘아올린 것이다. 이 정도의 역량이 있을 만큼 수익 구조도 좋고 투자에 적극적인 기상회사가 웨더뉴스다.

일본에는 웨더뉴스처럼 거대 기상회사만 있는 것은 아니다. 직원 10명 내외의 작은 기상회사들도 꽤 많다. 일본인들의 마케팅 기법은 정말 대단하다. 아주 작은 기상정보까지 고객이 필요로 하는 것을 세분화하고 특화해 상품을 판매한다. 일본 아오모리 현에 있는 '애플웨더Apple Weather'라는 기상회사는 아오모리 현의 사과 재배 농가들만을 위한 맞춤형 날씨정보를 제공한다. 현재 아오모리 현 사과 농가의 약 10%인 2,000여 곳에 날씨정보를 제공하고 있는 애플 웨더는 사과 맞춤형 예보를 오전 8시부터 3시간 단위로 농가에 제공해준다.

특화된 날씨정보 판매로 쏠쏠한 수익을 올리는 소규모 기상전문회사다. '서프레전드Surf Legend'는 '서핑족만을 위한 서비스'를 제공하는 날씨회사다. 사장과 직원 20여 명 모두가 전문 서핑족인 서프레전드는 일본은 물론 해외 서핑 명소 240여 곳에 대한 날씨정보를 고객에게 제공한다. 이동통신을 통해 제공되는 서비스에 가입한 회원수만 10만 명이 넘는다. 이 정보 판매 하나로 연 50억 원을 벌어들인다니 대단하지 않은가?

등산객을 겨냥한 기상예보업체도 있다. '메테오테크Meteo Tech'라는 이 회사는 일본 전역에 있는 산에 대한 독자적인 산악예보를 판매한다. 우리나라도 기상청에서 산악예보를 하고 있지만, 광범위한 지역에 대한 일반적인 예보 수준에 머무는 정도다. 그런데 이 회사는 등산하고 있는 지역의 기상변화와 대처, 피난 루트에 대한 정확한 정보까지 제공해주고 있다.

일본 기상청이 대국민 사과를 한 적이 있다. 벚꽃 개화 시기에 대한 예보 경쟁에서 민간기상업체에게 밀렸기 때문이다. '웨더뉴스'는 일본 전국 660개 벚꽃 명소에서 꽃봉오리의 상태 등을 조사해 개화, 50% 개화의 시기를 예상한다. 최근에는 특정 지점 나무의 개화 시기까지 예상하는 서비스를 하고 있다. 벚꽃 예보의 정보료 자체는 저렴하지만 정확하다는 입소문만 나면 다른 기상정보까지 대박이 난다고 한다. 조그만 기상회사부터 큰 회사까지 벚꽃 개화 시기 마케팅에 나서는 이유가 바로 여기 있다.

두 번째 살펴볼 나라는 미국이다. 미국의 경우 기상산업 분야의 기업체 수는 약 300~350개에 달한다. 이 업체들은 기상기기 생산, 일기예보 서비스, 기상정보 공급, 기업체 내의 기상전문직 인력 공급, 기상위험관리 등 다양한 날씨 관련 분야를 주력 사업으로 하고 있다. 기상산업의 규모는 연간 9조 원에 이른다. 미국 기상회사에 고용된 기상학자의 수는 약 5,000명 이상으로 추산되며, 이들 중 2,600명 이상은 지역 TV나 기상학자를 필요로 하는 기업체에서 일하고 있다.*

미국에서 가장 유명한 기상회사는 웨더채널The Weather Channel이다. 직원이 800명(본사 기준, 2012년)에 이를 정도로 거대 기상회사다. 이 회사의 주력 사업 분야는 방송이다. 24시간 동안 날씨와 관련된 뉴스와 다큐멘터리, 날씨예보 등을 방송한다. 또한 타 방송국의 라디오, 신문, 웹사이트에도 지역별 날씨정보를 제공한다. 단일 아이템에도 불구하고 워낙 날씨정보에 대한 신뢰도가 높아 주요 방송국 및 신문사 등이 날씨정보를 구입하여 수익 구조가 탄탄한 회사로 알려져 있다. 미국 기상청의 날씨정보보다 더 신뢰를 받는다고 한다.

미국 민간기상회사 중에서 세계적으로 유명한 회사가 WDT다. 직원은 해외지사까지 포함해 70명 정도로 무척 적으나 초기 4년 동안 80%나 성장할 정도로 탄탄하며, 현재도 계속 놀라운 성장을 하고 있다. 이 회사는 다양한 기상정보를 판매하고 있다.

첫째, 보험, 항공, 재생에너지, 에너지, 건설업, 날씨 과학 수사 산업 등에 날씨 분석과 보고서, 날씨 예측 및 경고 시스템을 제공한다.

둘째, 핸드폰, 노트북과 같은 휴대용 기기 및 TV나 라디오 방송 매체에 날씨정보와 함께 기상특보를 제공한다. 이들은 레이더 영상, 구름 영상 등 다양한 최신 버전의 고품질 영상정보를 제공하는 것으로 이름이 높다.

셋째, 번개 예측 및 경고를 한다. 3일 동안 악기상이 발생할 확률을 제공하는데, 이것은 항공 기상에서 매우 중요하다. 이 밖에 비행 시 위협을 주는 날씨를 감지하고 예측하는 자료를 판매한다. 아울러 홍수 관련 데이터 예측 및 강 범람 예측도 실시한다.

---

* 미국 기상사업의 현황과 전망, 기상청, 2008년 10월 29일.

이들이 가진 특화된 기술은 다양하며 상당히 신뢰할 만하다. 첫째, 이들의 특화된 기술 중에 GISGeographic Information Systems(지리정보 시스템) 기술이 있는데, 날씨 데이터 저장 및 관리 기능이 있는 GIS 지도를 통해 날씨 콘텐츠에 접근할 수 있게 함으로써 고객이 쉽게 기상정보를 접할 수 있게 해준다. 둘째는 SWARM으로 사용자들에게 세밀한 지도 데이터를 제공할 수 있도록 하는 컴퓨팅 시스템이다. 셋째는 레이더로 155개의 미국 레이더 및 30개의 캐나다 레이더를 활용하여 우박 감지, 더욱 정확한 강수량 데이터를 제공한다. WDT는 한국의 레이더 자료도 수신하여 글로벌 레이더망을 구축하려는 야심을 가지고 있다. 한국의 파트너로 케이웨더가 선택된 것은 당연한 일이다. 케이웨더도 이들의 세계적인 레이더망을 활용한다면 글로벌적인 기상정보 판매도 가능하리라 생각한다.

WDT는 기상정보를 최상의 자료로 가공하는 능력을 가지고 있다고 평가받는다. 이 밑바탕에는 미국의 기상정책이 한몫했다. 오클라호마에는 기상 클러스터가 있다. 미국 기상청과 미 해양대기청NOAA, National Oceanic and Atmospheric Adminis의 연구소들이 기상 클러스터에 입주해 있다. 기상 클러스터에는 오클라호마 대학의 기상연구소들이 입주해 같이 연구하고 있고, 이곳에서 연구된 예보 기술은 무료로 기상사업자에게 제공된다. WDT 등 기상회사들은 대학과 국가기상기관과 협력하여 놀라운 시너지를 창출하고 있는 것이다. 이들이 해외로 판매하여 벌어들이는 수익이 엄청난데, 케이웨더도 이들의 장기기상예측 자료를 구매해 사용할 정도다.

이번에는 유럽으로 가보자. 유럽에서 기상산업의 선두주자는 영국이다. 흥미롭게도 영국은 기상청이 국방부 산하에 있다. 오랜 식민지

경영과 함께 잦은 전쟁으로 기상이 아주 중요하다는 사실을 깨닫고 기상청을 국방부 산하에 둔 것이다. 영국 기상청 메트오피스Met Office는 1854년에 설립되어 영국을 비롯해 포클랜드, 어센션 섬, 지브롤터, 키프로스, 독일 등 전 세계 60개 지역에 약 1,800명의 직원이 있으며, 약 1,400명이 영국 본사에서 근무한다. 기상과학연구 분야 인력이 450명 정도이며, 예보 및 관측 분야에 730명, IT 분야에 290명, 판매 마케팅 및 비즈니스 개발 분야에 40명, 그 외 인사, 금융, 조달, 커뮤니케이션 분야에 280명이 있다. 기상청에서 날씨 판매 마케팅 및 비즈니스를 한다는 것이 좀 생소하게 들릴지 모르겠다. 그러나 메트오피스가 자랑하는 장기기후예측자료, 예를 들어 10년 기후예측 상품은 글로벌 거대 기업들이 구매할 정도로 신뢰도가 높다고 한다. 메트오피스에서는 국가 장기·중기·단기계획을 세우는 데 필요한 기후 및 날씨자료를 주로 생산하고 판매한다. 물론 세계적인 기업들이 메트오피스의 주 구매고객이기도 하다. 이들은 민간기업에 해상운송예보shipping forecast를 판매하고, 날씨예보 및 경보를 제공하고, 홍수예측센터에서는 계절별 날씨예보, 그리고 방송국(BBC, ITV)에 예보를 제공한다. 항공업에서는 세계공역예보센터WAFC, World Area Forecast Centre를 제공하고 있다. 우리나라 항공기상청도 이 자료를 활용한다. 화산재 예보 제공과 아울러 대기 및 공기질 예보까지 하고 있다. 이들이 민간기업에 정보를 판매하는 세부 분야로는 금융업, 건설업, 수자원, 재생에너지, 에너지, 유통, 교통 분야 등이 있다. 또한 악기상예보, 건강 관련 날씨예보(꽃가루, 자외선 예보, 천식 및 감기 예보), 항공 및 군사 업무에 필요한 기상예보 등도 제공한다.

영국에는 메트오피스 외에도 수많은 기상회사가 있다. 다른 나라와 차별화되는 기상회사는 없지만, 독특한 날씨정보로 돈을 버는 회사가 있다. 노블덴튼웨더서비스Noble Denton Weather Services라는 기상회사는 150개가 넘는 야외촬영업체를 고객으로 확보하고 탄탄한 수익을 올리고 있다. 지금까지는 영화제작자가 영화 촬영에 영향을 미치는 날씨 때문에 많은 비용을 지불해야만 했다. 예를 들어, 영화 〈원초적 본능〉에 나온 샤론 스톤Sharon Stone의 경우 악천후로 촬영을 못해도 천문학적인 출연료를 줘야 했다. 이를 위해 영화제작사는 날씨보험을 들어 배상해주곤 했는데, 그 보험금이 꽤나 비쌌다. 그래서 날씨전문회사가 제공하는 날씨정보를 이용해 촬영 계획을 짜고 진행하기 시작했다. 의외로 경비가 대폭 절감되었다. 입소문을 타고 대박을 터뜨린 회사가 노블덴튼웨더서비스 사다. 이들은 촬영업체가 필요로 하는 5일간 날씨정보를 지역별, 특성별로 세분화하여 시간별로 제공한다. 창의적인 사고로 틈새시장을 파고 들어간 것이다. 촬영업체가 이 회사에 오히려 고마워할 정도로 무척 반응이 좋았다.

유럽의 두 번째 나라는 노르웨이다. 현대 기상학의 산실이 노르웨이 학파라고 할 만큼 노르웨이는 기상학 이론의 원조인 나라다. 노르웨이의 가장 대표적인 기상회사는 스톰지오StormGeo다. 2012년 직원이 153명이며, 영국, 스웨덴, 덴마크, 미국, 아제르바이잔, 두바이, 브라질, 독일 등 8개 나라에 해외지사가 있다. 주로 미디어, 항공, 재생에너지, 해운, 해양굴착 관련업offshore(석유) 등 상당히 규모가 큰 분야에 기상예보 및 기상정보를 판매한다. 구체적인 판매액은 알려져 있지 않으나, 건당 가격이 고가로 상당한 수익을 올리는 것으로 알려져 있다. 이 회사에서 아시아의 파트너로 케이웨더를 지목한 후 협력의사를 밝혀와 현재 협의 중에 있다.

유럽의 세 번째 나라는 핀란드다. 자일리톨과 노키아로 유명한 핀란드의 바이살라VAISALA 사는 세계 최대의 장비회사다. 본사와 해외지사를 합쳐 직원이 1,400명에 이르고, 2012년 순매출액이 4,230억 원이었다. 현재 140개 국가에서 바이살라의 장비를 사용하고 있고, 해외판매액이 98%에 달하는 거대 기업이다. 미국, 캐나다, 프랑스, 독일, 스웨덴, 영국, 베네룩스 3국, 호주, 중국, 일본, 말레이시아, 아랍에미리트, 인도, 한국 등에 해외지사가 있다. 우리나라 기상장비의 반 이상이 바이살라 제품이라고 할 만큼 장비 기술력이나 마케팅 능력이 최고인 회사다.

네 번째 나라는 네덜란드다. 네덜란드의 대표적 기상회사가 메테오그룹MeteoGroup이다. 해외지사를 포함하여 300명 정도의 직원이 있다. 미국, 스웨덴, 벨기에, 프랑스, 독일, 영국, 아일랜드, 이탈리아, 폴란드, 싱가포르, 스페인 등에 해외지사가 있다. 이들은 주로 에너지, 교통, 해양, 보험, 농업, 수자원 관리 등의 분야에 기상예보 및 악기상 정보 등을 판매하며, 기상경보, 기상위험 분석과 같은 리스크 업무도 한다. 또 날씨 그래픽이나 날씨 모바일 서비스를 개발해 미디어 분야에 제공하고 있다. 그 밖에 기후학 관련 연구, 과거 기상 데이터 분석 및 제공, 악기상 경보 및 기업체의 날씨 교육까지 맡고 있다. 과거 해양강국이었던 관계로 해양 예보에 상당한 기술력을 가진 것으로 알려져 있다.

2012년 말 기상청에서 기상업무법을 개정하기 위해 전문가들에게 우리나라 기상산업의 현황, 문제점, 앞으로의 대책에 대해 검토를 요청했다. 확정된 내용은 아니고 검토 중에 나왔던 이야기를 소개해보도록 하겠다. 우리나라의 현황 중 기상정보 활용은 공공부문 중심으로 주로 이루어지고 있으며 기상사업자에 의한 민간 활용은 부진하다는 평가가 있었다. 기상정보 생산 · 유통 · 활용이 정부, 지자체, 공공기관에 집중되어 있다는 것이다. 즉, 공공부문의 기상정보 활용은 재해, 재난 등

기상 · 기후산업 시장 규모[*]

국가	종사자	시장 규모
미국(2011년)	약 3만~3만 5,000 (기상산업 종사자, 기상학자)	약 9조 원
일본(2010년)	8,258명 (등록 기상예보사)	약 5조 원
한국(2011년)	567명 (기상산업 종사자)	2,219억 원

과 같은 공공성이 높은 부분에 집중되어 있어 꾸준한 수요가 있는 데 반해, 민간의 새로운 융복합 수요 발굴은 부진한 실정이다. 최근 농어업 기업화, 보험업 등을 중심으로 기상정보의 활용 가능성이 증가하고 있으나, 국가 경제 전반에서 볼 때 활용 수준은 매우 낮은 실정이다. 따라서 우리나라 기상산업은 규모의 경제를 달성하지 못하고 있다. 기상예보 정확도는 선진국 수준이나 이를 활용한 기상산업 규모는 미미하다는 말이다. 물론 국민들의 기상정보 가치에 대한 저평가와 기상정보 유료 활용 인식 부족에도 원인이 있다. 국내 기상산업시장 규모는 1997년에 4억 7,000만 원에서 2011년 약 2,219억 원으로 민간예보사 업제도 시행 이후 급성장했으나, 9조 원에 달하는 미국 시장과 비교했을 때 약 2% 수준으로 매우 미미한 실정이다.

특히 우리나라 기상산업의 가장 큰 문제는 기상장비에 너무 치중되어 있다는 것이다. 부가가치가 높은 기상정보 분야의 사업자 수는 매우 적다. 기상정보를 유료로 활용하려는 기업의 수 역시 매우 적은 수준이다.

---

* 우리나라 기상산업 진흥을 위한 정책 토론회 자료, 2012년.

이런 문제를 해결하기 위해서는 다양한 기상 콘텐츠의 개발 및 제공 등 기상정보를 활용한 신新지식 서비스로의 발전이 필요하다. 특히 미래에 스타 업종으로 떠오를 기상컨설팅업에 대한 준비가 필요하다. 이러한 현황 및 문제점을 극복하기 위해 먼저 정부와 민간사업자와의 역할 분담이 필요하다는 의견이 개진되었다. 이를 위해 기상청은 방재업무 중심으로 역할을 축소하고, 상세 예보 및 정보 제공을 위한 과도한 인프라 투자를 자제해야 한다는 것이다. 모든 국민이 혜택을 누리는 일반적인 기상예보가 아니라 특정인, 특정 사업 분야를 위한 민간기상사업자의 영역을 인정해야 한다는 의견도 있었다.

날씨의 경제적 가치는 실로 크다. 기상산업은 지속성장이 가능한 산업이며 미래의 블루오션 산업이다. 다양한 솔루션과 아이템으로 글로벌화할 수 있으며, 엄청난 부가가치를 올릴 수 있는 '황금을 낳는 거위' 같은 산업이다. 미국이나 일본 등에서 기상산업 연구에 엄청난 돈을 쏟아붓고 있는 것은 무엇을 말하는 것일까? 기상산업이 미래에 가장 유망한 비즈니스라는 점을 그들은 알고 있다는 의미다. 날씨를 경영에 접목해 많은 돈을 벌 수 있게 해주는 역할은 기상정보회사들의 몫이다. 기상청은 국가 방재(태풍, 호우, 폭설, 한파, 황사 등) 예보에 주력하고, 민간기상회사들은 기업의 니즈에 맞춤형 예보로 상품을 개발해 경영에 기여해야 한다. 기상산업은 미래를 바라보는 안목을 높여야 한다. 다양한 날씨정보와 툴, 그리고 매체가 결합되어 융복합 시너지를 창출해야 한다. 점차 심각해져가는 기후변화시대에 국민의 웰빙, 기업의 이익 실현, 국가 경영에까지 도움을 줄 수 있어야만 한다.

제3장

기후변화시대의
대박 날씨 활용 산업

**"사업에 영향을 미치는 세 가지 주요 요소는
경제 현황과 현재 판매량 추세, 그리고 날씨다."**

미국의 유명 증권사인 메릴린치의 한 유통분석가의 말이다. 사업은 판매자와 소비자 간의 행위에 의해 매출이 이뤄지기 때문에, 소비자의 행동에 직접적인 영향을 받을 수밖에 없다. 중요한 건 소비자의 행동에 큰 영향을 주는 요인이 날씨라는 점이다. 그만큼 날씨가 사업에 미치는 영향력이 대단하다는 뜻이다. 기후변화시대에 앞서 가는 최선의 길은 뭘까? 그 해답은 날씨정보를 이용한 날씨경영에 있다.

01

날씨가 영업상무 _제일모직

●● 짚신장수와 우산장수를 아들로 둔 어머니는 비가 와도 걱정, 비가 안 와도 걱정이라는 옛 이야기가 있다. 하지만 조금만 달리 생각하면, 이 가족은 365일 잘 팔리는 제품 구색을 갖춘 모범적인 장사꾼 집안이기도 하다. 오늘날 기업들도 날씨에 따라 희비가 엇갈리기는 마찬가지다. 이야기 속 어머니와 다른 점이 있다면, 단순히 걱정만 하기보다는 날씨와 계절을 적극적으로 마케팅에 활용한다는 것이다.

여름철 더울수록 무조건 잘 팔릴 것 같은 아이스크림도 기온에 따라 잘 팔리는 아이스크림의 종류는 다르다. 겨울도 마찬가지다. 겨울옷도 잘 팔리는 온도는 따로 있다. 일반적으로 최저기온이 영하 4~5도로 떨어지면 겨울옷의 판매가 증가하기 시작한다. 두꺼운 스웨터는 영하 4도, 가죽 · 무스탕이나 오리털 파카는 영하 8~10도까지 기온이 내려가야 손님이 몰린다. 이런 '온도 마케팅'은 비단 대기업만 활용하는 것이 아니다. 명동에서 떡볶이를 판매하는 한 상인은 "떡볶이가 가장 잘 팔리는 온도는 영상 0~1도입니다. 적당한 추위가 지속되는 기간에는 떡,

고추장 등 음식 재료를 평소보다 더 많이 준비해서 나옵니다"라고 말한다. 마케팅에서 기온이 얼마나 중요한지 잘 보여주는 사례라 할 수 있다. 날씨 중 특히 기온에 예민한 분야가 의류업계다. 날씨를 경영에 가장 잘 활용하는 것으로 알려진 제일모직 '빈폴BEAN POLE'을 찾아가보자.

의류산업에서 날씨와의 연관성은 설명이 굳이 필요 없을 만큼 떼려야 뗄 수 없는 관계다. 실제로 의류산업에서 날씨가 활용되는 범위는 어느 정도일까? "경기 30%, 날씨 70%로 의류산업에서는 날씨가 영업상무"라는 말이 있다. 그만큼 의류산업에서는 날씨의 영향이 절대적이라는 뜻이다. 의류업체들은 날씨정보를 상품 생산량 조절, 디자인과 원단 선택, 출하 시기 및 판매 시즌 경정, 연간 프로모션 계획 수립, 세일기간 결정, 재고 관리 등에 폭넓게 활용하고 있다. 구체적으로 설명하면 날씨정보를 이용해 시즌별로 상품을 기획하고, 월별로 테마를 정하는 포트폴리오를 구성하게 된다. 이는 날씨에 따른 소비자의 옷차림과 구입 아이템 변화에 맞추어 상품을 준비한다는 뜻이다. 따라서 패션의류업체는 날씨, 특히 기온에 따른 상품을 기획하지 않을 수 없다. 이미 선진국 패션업계에서는 기획 단계에서부터 날씨정보를 활용하는 것이 보편화되어 있다. 우리나라의 경우는 아직 선진국 단계는 아니다. 패션업체들은 대개 지난해 날씨가 올해도 반복될 것이라는 가정 아래 사업계획을 세우고 집행하는 경우가 대부분이다. 지난 시즌의 판매 데이터를 분석해 각 시즌별로 날씨에 따른 포트폴리오를 구성하는 것은 오늘날 상품 기획 단계에서 당연한 일이 되었다. 그런데 미국의 전략기상제공회사Strategic Weather Services Inc.에서 "지난해 날씨의 불과 35%가량만 올 해 비슷하게 반복된다"라는 분석을 내놓은 적이 있다. 한마디로 말해, 올해 전개될 날씨 패턴 3개 중 2개는 지난해와 다르게 나타날 확

◆ ◆ ◆"경기 30%, 날씨 70%로 의류산업에서는 날씨가 영업상무"라는 말이 있다. 그만큼 의류산업에서는 날씨의 영향이 절대적이라는 뜻이다. 의류업체들은 날씨정보를 상품 생산량 조절, 디자인과 원단 선택, 출하 시기 및 판매 시즌 결정, 연간 프로모션 계획 수립, 세일 기간 결정, 재고 관리 등에 폭넓게 활용하고 있다.

률이 높다는 말이다.

요즘은 일반적인 날씨 패턴이 예측과 다를 확률이 높아지고 있다. 이런 경우 핵심은 두 가지로 정리할 수 있는데, 첫 번째는 예측이고 두 번째는 대응이다. 의류업계에서 말하는 '예측'이란 부채도사처럼 날씨와 기후변화를 정확하게 알아맞히는 것이 아니라, 판매와 관련된 많은 변수 중 실제 기온변화에 따른 구매 증가 및 감소 수치를 정량적으로 정확하게 파악할 수 있는 능력을 말한다. 예를 들어, 오늘로부터 정확히 3개월 후에 평균기온이 2도 떨어져 판매가 감소한다면, 판매 감소 팩터factor를 정확히 알고 있어야 해결할 방법이 생긴다는 뜻이다. 이에 따른 대응은 단순히 한 가지 해결책을 놓고 기다리는 것이 아니라, 시나리오별 대응 전략을 구성하는 것이다. 날씨는 예측은 가능하지만 100% 알아맞히는 것은 불가능하다는 가정 하에 가능성이 높은 시나리오를 세 가지 만들고, 그에 따른 대응 모델을 각 단계별로 적용하는 것이다. 우선, 6개월의 장기예보가 있어야 하고 제품 대응에 필요한 2~3개월 기간을 감안하여 5, 4, 3개월로 해당 시점이 다가올 때마다 예측의 변화 부분을 반영하여 시나리오 모델을 적용하는 것이다. 다시 정리해보자. 예측은 발생되는 결과에 대한 정량적 수치화가 가능해야 한다. 대응은 높은 확률의 발생 사항에 대한 시나리오 플랜이 한 가지가 아닌 여러 가지 모델로 구성되어 있어야 한다. 물론 최상의 시나리오는 장기기상예보가 정확할 경우다.

날씨예측에 따른 대응을 실전에 잘 활용한 대표적인 사례가 제일모직이다. 2010년 겨울 기록적인 한파로 추운 날씨가 장기간 이어졌다. 이때 제일모직은 민간기상정보회사인 케이웨더의 장기예보를 적극 활용해 매출을 크게 올렸다. 제일모직 빈폴 상품기획담당 이충호 과장은 "예측을 정량화하는 데 도움이 필요하던 차에 마침 민간기상사업자인 케이웨더에서 단순한 날씨정보가 아닌 해당 업종의 판매 영향력 계수화 작업에 대한 컨설팅을 제공하고 있어서 협의하게 된 것이 시작이었습니다. 지난해 5월 저희 브랜드 중 남성 캐주얼 브랜드 파트는 '기후대책 태스크포스TF'팀을 꾸리고 케이웨더와 계약을 맺어 지난 5년간 주요 아이템의 일별 매출과 기온, 강수량, 날씨 등과의 연관성을 분석했습니다. 이를 바탕으로 8월부터 2010년 겨울과 2011년 봄 상품 기획에 착수했는데, 당시 '1~2월 3~4회 징도 한파가 있을 것'이라고 예상했죠. 그래서 TF팀은 이를 바탕으로 외투, 점퍼 등의 생산을 늘릴 준비를 했습니다. 특히 한파에 대비해 축열·발열 기능을 가진 특수 소재 개발에도 착수했습니다. 하지만 실제 제품 생산에 들어가야 할 지난해 10월, 케이웨더에서 '1월 장기간에 걸쳐 이상한파가 있을 것'이라고 알려왔습니다. 그래서 저희는 이를 즉각 받아들여 다운·패딩점퍼와 외투 등을 각각 1만 장씩 추가 생산했는데, 결과는 '대박'이었습니다. 겨울 외투 매출은 전년 대비 65%, 간절기 아이템으로 내놓은 내피 탈부착 점퍼와 패딩코트 매출이 94%나 늘었던 것이죠"라고 말한다.

"날씨가 영업상무다"라는 말을 실감나게 하는 사례라 할 수 있다. 제일모직 빈폴은 기후예측팀까지 구성해 전략적인 날씨 마케팅을 펼쳤다. 이에 대해 이충호 과장은 "2010년 시즌 3~4월까지도 영하에 가까운 날씨와 폭설이 내리는 등 이상한파로 계속해서 사람들이 겨울옷을 입고 다니는 상황이 발생해서 해당 시즌 봄과 여름 초두 상품의 주력인 반팔 티셔츠 판매에 있어서 기회손실이 많이 발생했습니다. 그 후에 회사 차원에서 기후변화에 대응할 수 있는 전략의 필요성을 절감했죠. 이례적으로 기후예측팀까지 구성해 본격적인 날씨 마케팅을 펼치게 됐습니다"라고 하면서 "미래 기후의 극심한 변화는 전략기후팀이 필요함을 잘 말해주고 있습니다"라고 덧붙인다.

기상예보는 크게 단기예보short-range forecast*와 장기예보long-range forecast**로 나뉜다. 각각의 활용 용도는 다르다. 상품을 기획하여 만드는 데 걸리는 시간이 필요하므로 대부분은 장기예보를 바탕으로 여러 가지 시나리오 플랜을 만들어 대비한다. 단기예보는 해당 시나리오 모델 중 하나를 선택해 활용하는 정도로 사용하고 있다. 날씨 마케팅의 일환으로 'JITJust In Time' 생산 시스템을 활용하고 있다고 한다. 해당 시점의 날씨에 최적화된 상품을 적기에 생산해서 출시하는 시스템을 JIT라 부른다. 날씨변화에 신속히 대응하기 위해 하루 단위로 생산하고 유통시키는 날씨 마케팅이라고 할 수 있다. 의류상품의 경우 너무 일찍 출시하면 시점이 맞지 않아 판매가 안 되는 동시에 노출이 많이 되기 때문에 소비자들이 다소 지겨워하는 경향이 있고, 또 너무 늦게 출시하게 되면 기회손실이 발생하기 때문에 판매 시점에 대한 촉각을 곤두세울 수밖에 없다. 정해진 시점에 판매가 이뤄지지 못하게 하는 변수 중 가장 큰 것이 날씨라는 요인이기 때문에 오늘, 내일, 모레 날씨예보와 같은 단기예보를 JIT에서는 많이 활용한다.

최근 빈번해진 기후변화는 사람들의 의복문화에도 많은 영향을 주고 있다. 특히 춥거나 더운 날씨가 뚜렷하고, 또 그 일수도 길어지면서 사람들이 선호하는 디자인이나 트렌드에도 큰 변화가 생기고 있다고

---

* **단기예보** 수시간 내지 수일 후의 날씨를 예상해서 알려주는 것.

** **장기예보** 기상청에서는 예보 대상 기간이 11일 이상에 해당하는 기간의 기온, 강수량 등에 대한 개괄적인 예보를 장기예보라 한다. 장기예보의 종류에는 1개월 전망과 3개월 전망이 있다. 1개월 전망은 순별 날씨, 기온 및 강수량을 예보하고, 3개월 전망은 월별 기상변화와 기온 및 강수량을 예보한다.

한다. 의류업계에서는 기온의 변화가 심한 날씨에 대응하기 위해 레이어드 착장이 증가하고 복합기능상품, 즉 탈부착이 가능해 가을부터 겨울까지 착용이 가능한 디테처블detachable 형태의 아우터 등을 만든다. 여름철의 경우, 낮에는 덥다가 아침저녁으로 쌀쌀한 날씨가 증가하면서 휴대가 편한 얇은 바람막이 등도 고객들이 선호한다고 한다. 요즘 가을이라는 단어가 점차 세분화되고 있다. 가을철 간절기 시즌은 여름이나 가을 분위기가 필요한 시점이다. 이때까지는 주로 반팔 상품을 출시하고, 추석 전후한 시즌에는 얇은 긴팔과 아침저녁 쌀쌀한 날씨에 대응하는 카디건류를 집중 판매한다. 아침저녁으로 추워 아우터가 필요한 시점 등으로 세분화해서 전략적 마케팅을 수립한다. 최근에는 크게 두 가지 방향으로 발전해나가고 있다. 우선, 입을 수 있는 기간을 길게 만들어주는 방향이다. 내피나 모자 탈부착 형태로 가을부터 겨울까지 입을 수 있는 제품, 긴팔 셔츠지만 더울 때 접어서 반팔처럼 입을 수 있는 롤업 형태가 이에 해당한다. 두 번째 방향은 경량성 및 신축성 등을 고려한 소재의 기능성 향상이다. 최근 겨울에도 난방이 잘 되고 자가운전자가 많은 상황이라 무조건 두꺼운 옷보다는 경량성에 초점을 맞춘 옷들을 선호하는 경향이 커지고 있기 때문이다. 디자인뿐만 아니라, 소재나 원단을 선정할 때에도 날씨에 따라 고려하는 부분이 점차 많아지고 있다. 예를 들면, 의류의 경량성, 신축성, 방풍성, 흡습속건, 발열기능 등은 필수적인 고려 요소가 되었다.

이런 패턴을 만들어낸 것은 기후변화다. 기후변화가 심해지면서 패션업계는 더욱 힘들어 하고 있다. 업계에선 날씨에 따른 반응생산 시스템을 구축해야 한다고 말한다. 한파, 폭설, 폭염, 집중호우 등 기후변화에 따른 장기전략 수립이 필수적인 요소가 되었다. 그러면서 동시에

이에 대비하는 기능성 의류시장이 확대되기도 한다. 이젠 계절별 의류를 생산하던 과거와 다른 패러다임이 의류업계를 지배하기 시작했다. 예를 들어, SPASpeciality retailer of Private label Apparel 브랜드* 매장은 계절의 구분이 없어진 지 오래다. 여름에도 반팔이나 민소매 상의만 팔지 않는다. 털 코트나 스웨터, 부츠, 털모자 등 겨울 제품도 진열한다. 계절의 구분 없이 다양한 의상들을 디자인해 마케팅하는 것이다. 이처럼 기후변화는 소비 패턴까지 변화시키는 놀라운 힘을 가졌다.

또 다른 패션업체인 스포츠브랜드 엘케이스포츠는 아쿠아 슈즈를 출시해 레저라이프스타일 제품으로 내놓았다. 바캉스 시즌을 겨냥한 것이지만, 아열대 우기 같은 이상기후로 인한 갑작스러운 장마에 많이 팔린다. 물 빠짐 기능과 통풍성을 극대화시켜 기후변화에도 착용감이 뛰어난 게 특징이다. 네파NEPA도 빗물을 막아내는 투습력과 방수력이 돋보이는 기능성 워킹화를 출시했다. 가볍다는 것이 특징으로 장마 때 레인부츠를 대신해 착용이 가능하다. 이젠 방수기능이 더해진 가방이 뜨는 시대다. 태풍이나 갑작스럽게 내리는 폭우 등 기후변화를 고려한 배낭은 현실적 요구다. 레저 용품으로 만든 제품들이 기후변화에 따라 필수품으로 바뀌는 상황이다. 그러다 보니 2013년 겨울 가장 많이 팔린 제품이 어그부츠Ugg Boots**다. 눈이 많이 내리면서 가죽부츠와 높은 굽 구두를 밀어낸 것이다.

날씨가 제품을 만들고 날씨가 마케팅을 하는 시대다. 중요한 것은 어

---

* **SPA 브랜드** Speciality retailer(전문점), Private label(자체 브랜드), Apparel(의류)을 합친 것으로 자사의 기획 브랜드 상품을 직접 제조하여 유통까지 하는 전문 소매점을 의미한다. SPA는 제조사가 정책 결정의 주체가 되어 대량생산방식을 통해 효율성을 추구하여 제조원가를 낮추고, 유통 단계를 축소시켜 저렴한 가격에 빠른 상품 회전을 통해 소비자를 만족시킨다.

** **어그부츠** 원래 호주에서 양털을 이용해 만든 투박한 신발.

떻게 날씨정보를 이용해 날씨경영을 할 것이냐다. 날씨경영으로 매년 대박을 터뜨리는 제일모직 빈폴과 다양한 날씨 마케팅을 활용하는 기업들에게 기후변화는 돈을 벌어주는 좋은 기회가 될 것이다.

02

콜라와 사이다의 운명은 25도에서 갈라진다 _세븐일레븐

●● 장마 뒤에 찾아오는 더위는 습도가 높기에 여름철 기온 1도는 무시할 수 없다. 특히 날씨의 영향을 많이 받는 기업들은 더더욱 1도가 무시할 수 없는 존재감으로 다가온다. 예를 들어보자. 도시를 들끓게 만드는 무더위 속에서 갈증해소에 그만인 콜라와 사이다! 두 탄산음료 속에 숨어 있는 기온 1도의 이야기는 참으로 흥미롭다. 대체적으로 탄산음료는 기온의 영향을 많이 받아 더울수록 더 잘 팔리는 경향이 있다. 기온이 18도가 되는 때부터 팔리기 시작해서 25도가 넘으면 판매량이 급증한다. 콜라와 사이다! 둘의 운명은 바로 25도에서 결정된다. 25도에서 1도씩 올라갈 때마다 콜라는 약 15%가량 매출이 증가하는 반면, 사이다는 이보다 적은 10% 비율로 늘어난다. 참고로, 캔커피의 경우 콜라와 비교해보면 25도에서 1도씩 오를 때마다 무려 18% 비율로 판매량이 증가해서 기온이 30도 가까이 되면 판매가 급증한다. 그럼 무더울수록 사람들은 탄산음료보다 캔커피를 더 좋아하는 걸까? 무더위에 찾게 되는 시원한 아이스크림과 탄산음료! 비 오는 날이면 더욱

입맛 당기는 따뜻한 어묵국물과 컵라면. 각 제품 업체들은 날씨에 따라 선호하는 제품이 달라지는 소비 심리를 반영하여 매출 전략을 짠다.

맑은 날, 흐린 날, 비 오는 날 등 날씨에 따라 고객이 선호하는 상품은 크게 달라진다. 때문에 유통업계에서는 날씨에 따라 변하는 소비자의 심리나 행동 패턴을 파악하는 것은 필수다. 상품의 운명을 결정하는 날씨를 마케팅 전략에 적절하게 활용해 돈을 번 또 다른 대표적 기업이 바로 코리아세븐이다. 코리아세븐은 어떤 날씨경영으로 대박을 쳤을까?

세계적인 편의점 체인 세븐일레븐은 1927년 미국 텍사스 주 댈러스 시의 얼음제조회사에서 태동했다. 수박에 얼음을 넣어 팔기 시작해서 큰 인기를 끈 이후 얼음을 이용한 신선식품으로 확대해 판매를 이어갔다. 당시 상점들의 영업시간이 오전 9시부터 오후 6시였는데, 이 회사는 사람들의 편의를 위해 오전 7시부터 저녁 11시까지는 연장 영업하면서 이 특성을 반영해 1945년 '세븐일레븐'이란 이름을 사용하기 시작했다. '세븐일레븐'은 '얼음제조회사'에서 비롯된 만큼 철저한 온도 관리를 사업의 생명으로 여겼다. 남다른 온도 관리 노하우로 신선식품을 판매하기 시작했고, 곧 전 세계 17개국에서 4만여 개 매장을 운영하는 글로벌 체인으로 성장하게 되었다. 우리나라 편의점의 역사는 세븐일레븐이 열었다고 할 수 있다. 1989년 5월에 업계 최초이자 국내 최초의 편의점이 서울 방이동 올림픽선수촌에 오픈했다. 세븐일레븐은 날씨를 활용한 경영 노하우가 세계적인 기업으로 성장하게 된 원동력이라고 말한다.

현재 우리나라는 집 밖을 나서면 거의 한 가게 걸러 하나꼴로 편의점이 있을 정도다. 도대체 얼마나 많은 편의점이 있는 것일까? 현재 전

◆◆◆ 탄산음료는 기온의 영향을 많이 받아 더울수록 더 잘 팔리는 경향이 있다. 기온이 18도가 되는 때부터 팔리기 시작해서 25도가 넘으면 판매량이 급증한다. 콜라와 사이다! 둘 사이의 운명은 바로 25도의 기온에서 결정된다. 25도에서 1도씩 올라갈 때마다 콜라는 약 15%, 사이다는 이보다 적은 10% 비율로 매출이 증가한다.

국적으로 1만 7,000여 개의 편의점이 있다. 이들 매장에서 2010년 기준으로 총 8조 4,000억 원의 매출을 기록하고 있다. 코리아세븐 편의점의 경우만을 봐도, 전국에 5,000개의 매장이 분포해 있다. 2010년에는 바이더웨이를 통합하면서 더욱 강력한 편의점 체인망을 구축했다. 이를 바탕으로 2010년 기준 총 매출액은 2조 원에 달한다.

편의점업계는 다른 업계보다 날씨를 잘 활용하는 것으로 알려져 있다. 편의점업계의 날씨정보 활용 정도를 알아보려면, 우선 편의점업계만의 특화된 시스템 체계인 POS 시스템Point Of Sales System*을 이해해야 한다. POS 시스템이란 매장의 주문처리 시스템과 관리자의 메인 컴퓨터를 온라인으로 연결해 판매 시점의 정보를 실시간으로 통합·분석·평가해 미래의 고객대응능력을 배가시키기 위한 종합적인 판매관리 시스템이다. 상품에 바코드나 광학식 문자판독기용 가격표인 OCROptical Character Reader** 태그 등을 붙여놓고, 이를 스캐너로 읽어서 가격을 자동 계산하는 동시에 상품에 대한 모든 정보를 입력해 수집하는 방식이다. 백화점, 은행, 대형 서점 등 유통 서비스업계의 매장의 자동화를 가능하게 해주는 핵심적 역할을 한다고 볼 수 있다. POS 시스템 덕분에 많은 상품들의 판매 정보를 체계적으로 관리할 수 있어서 상품 회전율을 높이고 적정 재고량을 유지할 수 있다. 이 밖에도 수집된 POS 데이터는 신제품 및 판촉상품의 판매 경향, 인기상품 및 무매출 사멸품의 동향, 유사품 및 경합품의 판매 경향, 구입 고객별 분석,

---

* **POS 시스템** 판매시점정보관리 시스템이라고 불린다. 팔린 상품에 대한 정보를 판매 시점에 즉시 기록함으로써 판매 정보를 집중적으로 관리하는 체계다. 점포판매 시스템이라고 불리기도 한다.
** **OCR** 광학식 문자판독기라 불리며 인쇄물이나 이미지에 빛을 조사해 반사되는 광선의 양적 차이인 강약을 검출하여 문자를 인식, 판독하는 장치를 말한다.

126 • 날씨 읽어주는 CEO

시간대별 분석, 판매가격과 판매량의 상관 분석, 그 밖에 진열 상태, 대중매체 광고 효과 등을 파악해 생산계획, 판매계획, 광고계획을 세우는 데 큰 도움이 된다. POS 시스템은 1984년에 백화점 유통업계를 통해 우리나라에 처음 도입되었다.

편의점업계의 날씨경영이라 함은 이 POS 시스템에 추가로 전달된 날씨정보를 이용한다는 말이다. 유통되는 상품 대부분이 식음료이다 보니 10여 년 전이라 해도 날씨의 중요성은 무시할 수 없었다. 지금은 기상청에서 제공하는 정보가 장기기상전망부터, 3시간 지역별 동네예보, 1시간별 초단기예보 등으로 많이 세분화되었다. 1990년대 후반에는 지역별로 특화된 날씨정보를 기상청으로부터 얻기 어려웠다. 하지만 민간기상사업자는 가능했다. 당시에도 3시간 단위로 3일간, 최대 72시간 상세예보가 가능했기 때문에 POS 시스템이 본격화된 2001년부터 민간기상사업자를 통해 날씨정보를 구입해 활용했다. 10년이 넘는 세월 동안 차곡차곡 쌓인 날씨경영의 노하우와 다양하게 제공받은 날씨정보는 마케팅에 어떻게 활용되고 있을까? 세븐일레븐에서 활용하는 날씨정보는 단순한 날씨정보가 아니라, 날씨, 기온, 강수 확률 및 지속 시간 등을 담은 아주 상세하고 정확한 날씨정보다. 날씨정보를 좀 더 체계적으로 활용할 수 있도록 만든 것이다. 예를 들어, 비 예보가 있다면 비가 온다는 자체가 중요한 것이 아니라 구체적으로 비가 오는 시간과 얼마나 많은 양이 오는지가 아주 중요하다. 오전에 비가 오면 우산을 집에서 가져오는 사람들이 많은 반면, 오후에 비가 오면 가까운 편의점에서 우산을 급하게 구매하는 사람들이 많아지기 때문에 비가 내릴 것으로 예상되는 시간대의 체크는 재고 확보나 진열에 아주 중요하다.

날씨변화에 따라 상품의 진열 순서를 바꾼다. 움직임이 없어 보이는 작은 편의점 안에서 많은 변화들이 일어나는 것이다. 구체적으로 예를 들면, 여름철 12시부터 오후 4시 사이에 날씨가 맑다가 비가 온다는 날씨정보가 전달되면, 도시락, 김밥, 아이스크림, 음료 등의 발주량을 10~15% 정도 줄여서 재고량과 폐기 물량을 줄인다. 하지만 건물 안에 위치한 매장의 경우는 비 때문에 오히려 실내에서 식사를 해결하려는 사람들이 늘어나는 경향이 있다. 날씨와 함께 매장이 위치한 입지 조건에 따라서도 발주량을 늘릴지, 줄일지 결정하게 된다. 이 밖에도 우산이나 우비의 매출 증가를 위해 눈에 잘 띄는 곳에 진열한다. 기온이 낮은 겨울철에는 편의점 내의 상품 진열 풍경이 또 다르다. 기온이 낮아져 추워질 것으로 예상되면 미리 온장고에 캔커피 등을 많이 넣어두고, 고기가 들어간 샌드위치를 준비한다. 2012년 겨울 기록적인 한파가 오랫동안 지속되었다. 이때 봄철에도 동절기 상품이나 온장고를 예년보다 늦게까지 유지하고, 상품 배치에도 변화를 주었다. 이렇듯 날씨정보 활용은 매출을 극대화하는 동시에 고객의 만족도를 최상으로 끌어올리는 데 큰 역할을 한다. 기후변화 특징 중 하나가 날씨가 급변하는 것인데, 하루에도 날씨가 수차례 바뀔 경우 그때그때마다 상품 종류와 진열 순서를 바꾸는 것은 보통 일이 아니다. 그러나 이런 노력이 수입으로 직결되면 편의점 주인들은 기쁘다고 한다. 날씨에 따라 매장에 진열되는 상품의 운명이 결정되는 동시에, 유통업계의 운명까지도 결정된다는 말이 실감이 날 정도다.

날씨정보는 날씨변화에 따라 최적의 상품 구색을 갖추기 위해 활용되는 것 외에도 상품별 판매량 분석과 연관된 지수를 분석할 때도 널리 활용된다. 세븐일레븐 최민호 홍보과장은 "저희는 날씨정보를 상품별 판매량 분석과 연관된 지수 분석을 위해서도 다양하게 활용하고 있습니다. 매년 실시간 제공되는 날씨정보와 함께 과거 날씨와 상품별 판매량을 분석한 통계자료를 토대로 상품 진열을 수시로 적절한 시기에 바꿔 판매량을 극대화하는 전략을 펼치고 있습니다. 민간기상사업자에게 제공받는 정보 중 상세한 과거 데이터를 받는 것도 날씨 마케팅의 중요한 부분을 차지하고 있는데요, 이렇게 얻은 과거 기상 데이터는 날씨에 따라 영향을 받은 상품별 판매량 분석에 아주 유용합니다. 과거 데이터를 통한 상품별 매출 분석뿐만 아니라, 장기기상전망을 활용해 다가올 날씨에 대한 세부적인 마케팅 전략도 세웁니다. 낮 최고기온이 30도가 넘는 날씨에서는 천 원짜리 얼음컵 아이스음료가 불티나게 판매된 것으로 조사되었습니다. 저희 편의점이 분석한 통계자료에 따르면, 얼음컵 아이스음료가 지난 5월에는 전년 대비 2.5배, 6월에는 2배 증가했는데, 냉장음료보다 더 시원하게 마실 수 있다는 것이 더운 날씨에 인기를 얻고 있는 이유입니다. 6월 한 달 동안 저희 편의점에서 하루에 판매되는 얼음컵 아이스음료는 약 20만 잔인데, 전체 매출에서 차지하는 비중이 3%에 육박할 정도입니다. 그래서 저희는 이와 같은 추세에 맞춰 2009년 4종에 불과하던 얼음컵 아이스음료를 올해 들어 총 25종으로 늘렸습니다. 또한 기존 커피류 일색에서 석류, 키위, 블루베리 등 에이드류를 강화하고 식혜, 수정과와 같은 전통음료 신제품도 내놓은 상태입니다"라며 날씨 전망에 따른 마케팅이 효과를 거두고 있음을 이야기한다.

코리아세븐은 비가 많이 내린 여름에 우산 판매도 순조로웠다고 한다. 지속된 비로 우산 판매가 다른 해보다 3배나 더 팔렸다고 한다. 집중호우의 성격이 강하면 큰 장우산이 인기를 끈다. 접이식 우산은 매

◆◆◆ 유통업계에서는 소비자의 구매 심리와 가장 연관이 높은 제품 고유의 임계온도를 참고자료로 활용하고 있다. 일 최고기온이 18도가 되면 청량감을 주는 유리그릇이 팔리기 시작하고, 19도가 되면 반소매 셔츠의 판매량이 늘어난다. 에어컨은 낮 최고기온이 20도가 되면 판매되기 시작하고, 24도가 되면 수영복이 성수기를 누린다.

출이 약 5배 증가했지만, 장우산은 무려 7배나 판매가 는 것이 그 증거라고 할 수 있다. 장기기상전망을 잘 활용해 미리 주문해놓은 것이 맞아떨어져 판매가 크게 늘었다고 한다. 이 밖에도 장마철 날씨를 통해 소비자의 행동요인과 심리까지도 엿볼 수 있는 흥미로운 매출 결과도 있었다고 한다. 최민호 과장은 "지속적으로 비가 내린 지난 6월 22일부터 26일까지의 매출을 분석한 결과, 부침가루 매출이 전주 대비 약 3배 증가한 것으로 나타났습니다. 이와 함께 식용유 매출도 33% 증가했는데요, 비가 오는 날씨로 인해 집에서 부침개를 먹는 사람이 늘어난 것으로 분석됩니다. 부침개와 궁합이 맞는 소주와 막걸리 매출도 함께 늘었습니다. 같은 기간 저희 편의점 기준으로 맥주 매출은 9% 감소한 반면, 부침개와 잘 어울리는 소주와 막걸리는 17%, 32% 각각 상승한 것으로 나타났습니다. 계속되는 비로 가까운 편의점에서 장을 보는 사람들이 늘어나 관련 상품들의 매출도 뛰었습니다. 조리김, 즉석국, 김치, 덮밥류 등의 식사용품 매출이 22% 증가했고, 우유 1리터와 생수 2리터의 매출도 각각 17%, 14% 증가했습니다"라고 말한다.

일교차가 심한 날씨가 이어지면 시간대별로 편의점의 판매 순위가 크게 뒤바뀌는데, 이것을 통계를 내서 판매에 활용하는 것을 '온도 마케팅'이라고 부른다. 편의점업계에서 하루에도 수시로 변하는 기온을 실시간으로 체크하는 것은 아주 중요한 '온도 마케팅 전략'이라고 한다. 유통업계에서는 소비자의 구매 심리와 가장 연관이 높은 제품 고유의 임계온도*를 참고자료로 활용하고 있다. 일 최고기온이 18도가

---

* **임계온도** 상품의 수요가 급격히 변하는 시점의 기온으로 기온과 판매율의 상관관계를 분석하는 기준이 된다.

되면 청량감을 주는 유리그릇이 팔리기 시작하고, 19도가 되면 반소매 셔츠의 판매량이 늘어난다. 에어컨은 낮 최고기온이 20도가 되면 판매되기 시작하고, 24도가 되면 수영복이 성수기를 누린다. 냉국수와 아이스크림, 주스, 보리차는 25도가 되면 잘 팔리기 시작한다. 더울수록 아이스크림이 잘 팔리는 것은 아니다. 25~30도까지는 기온이 높아짐에 따라 판매량이 증가하지만, 30도를 넘어서면 소비자들은 지방이 많은 아이스크림보다는 수분이 많은 빙수나 셔벗sherbet을 찾게 된다. 26도가 되면 벌레가 많아지므로 살충제가, 27도가 되면 수박이, 28~29도에는 한여름 더위 때문에 양산이 잘 팔리는 것으로 편의점 업계는 보고 있다.

코리아세븐은 1997년 처음으로 도입한 날씨경영 덕분에 2000년까지 서울 지역 점포당 일일 평균 판매액이 급증했다고 한다. 1998년에는 점포당 평균 판매액이 8,500만 원 정도였는데, 2년 후인 2000년에는 1억 8,000만 원 정도로 무려 2.1배나 늘었다. 더욱 놀라운 것은 총매출액 증가율보다 날씨에 민감한 상품의 매출액 증가율이 더 크다는 점이다. 편의점에서 날씨에 가장 민감한 반응을 보이는 품목은 패스트푸드로 김밥은 날씨정보를 활용한 후 2년 만에 4.7배나 많이 팔렸고, 어묵도 마찬가지로 4.7배나 많이 팔렸다. 그 밖에 우산은 2.9배나 많이 팔렸다. 날씨정보를 이용해 많이 찾을 것으로 예상되는 품목을 많이 주문하고 진열한 것이 매출 상승 결과로 고스란히 나타난 것이다. 코리아세븐은 해를 거듭할수록 급변하는 날씨에 맞춰 매출 증대를 위한 전략을 새롭게 준비 중이라고 한다.

미국의 유명 증권사인 메릴린치Merrill Lynch의 한 유통분석가는 "사업에 영향을 미치는 세 가지 주요 요소는 경제 현황과 현재 판매량 추세,

그리고 날씨다"라고 말한다. 특히 유통업은 판매자와 소비자 간의 행위에 의해 매출이 이뤄지기 때문에, 그 어떤 산업보다도 소비자의 행동에 직접적인 영향을 받을 수밖에 없다. 중요한 건 소비자의 행동에 큰 영향을 주는 요인이 날씨라는 점이다. 그만큼 날씨가 유통업계에 미치는 영향력이 대단하다는 뜻이다. 코리아세븐은 기후변화시대에 날씨경영이 앞서 가는 최선의 길이라고 믿고 있다. 이것이 코리아세븐이 앞으로도 승승장구할 수밖에 없는 이유다.

03

예측하기 어려워지는 날씨!
'만약의 1%'에 대비하라 _날씨보험

●● 2012년 여름은 정말 유난했다. 장마가 일찍 끝나면서 기상재해가 적으려니 기대했으나, 곧바로 폭염이 전국을 휩쓸었다. 7월 하순과 8월 초순의 무더위는 2012년 여름을 1994년 여름 이래 가장 무더운 여름으로 만들기에 충분했다. 폭염으로 지칠 대로 지친 한반도를 게릴라성 호우가 강타했다. 전국을 오르내리며 쉬지도 않고 폭우를 쏟아 부었다. 뒤이어 '루사' 급 강력 태풍이 북상했다. '볼라벤'과 '덴빈'과 '산바'로 제주도와 남해안 지역이 엄청난 피해를 입었다. 피해를 입은 농민과 어민들은 태풍, 폭염 등의 자연재해를 천재라고 생각하여 사람의 힘으로는 어쩔 수 없다고 생각한다. 맞다. 발생하는 기상현상은 인간의 힘으로 막을 수 없다. 그러나 강력한 자연재해의 피해에 능동적으로 대처할 수 있는 방법은 있다. 바로 날씨보험이다. 날씨를 단순 정보성 차원에서 활용하는 것뿐만 아니라 날씨로 인한 위험요소를 금융상품을 통해 보상받을 수 있는 장치가 날씨보험인 것이다.

　지구온난화로 인한 심각한 기후변화는 기업들에게 예상치 못한 리스크를 떠안게 만든다. 기업들이 날씨로 인한 피해를 보상받고 리스크를 헤지hedge*할 수 있는 '날씨보험'을 소개하겠다. 날씨보험은 다른 보험과 달리 조건이 날씨라는 것이 틀리다. 날씨보험이란 날씨로 인해 발생할 수 있는 유·무형의 피해를 예방하기 위한 보험으로, 계약 당시 맺은 특정 날씨 조건을 충족할 경우 보험금을 지급받는다. 날씨보험 중에서 가장 대중화된 것이 풍수해보험이다. 2012년 여름은 많은 비로 인해 농민들의 시름이 컸다. 보험업계에 따르면, 풍수해보험에 가입한 농민들은 걱정이 덜했다고 한다. 그러나 외국에 비해서는 보험 혜택이 턱없이 낮다.

"지난해 우리나라 날씨보험 보상액 6%에 불과". 2012년 9월 6일《건설경제》에 실린 기사 제목이다. 기사에 따르면, 2011년에 우리나라에서 기상재해로 발생한 피해액 가운데 날씨 관련 보험으로 지급된 보상액 규모가 6%에 불과하다는 것이다. 기상재해로 발생한 피해액은 7,942억 원이었지만, 풍수해보험이나 농작물재해보험 등 날씨 관련 보험으로 지급된 보상액은 478억 원에 그쳤다고 한다. 2011년에 전 세계 자연재해로 인한 경제적 손실 3,700억 달러(약 444조 원) 가운데 30%가량인 1,100억 달러(약 132조 원)가 보험회사가 지급한 보험손실 insured loss이었던 것에 비해 상당히 낮은 수치다. 이렇게 외국과 차이가 나는 것은 우리나라 국민들의 날씨보험에 대한 인식이 낮기 때문이다. 이는 앞으로 정부가 기상재해로 인한 피해 보상을 날씨보험을 통해 보장받을 수 있도록 관련 정책과 기술을 발전시켜야 함을 의미한다.

---

* **헤지** 다른 자산에 대한 투자 등을 통해 보유하고 있는 위험자산의 가격 변동을 제거하는 것을 말한다. 즉, 확정되지 않은 자산을 확정된 자산으로 편입하는 과정이라 할 수 있으며, 주로 선물 옵션과 같은 파생상품을 이용한다. 이를 통해 체계적 위험을 제거할 수 있다.

풍수해보험이나 농작물재해보험을 제외한 대부분의 날씨보험은 날씨로 인한 피해가 발생하거나, 날씨 조건에 맞춘 날씨 마케팅 등을 진행할 수 있는 사업자 및 법인에게만 판매되고 있다. 자동차사고, 화재 등으로 일상생활에서 발생하는 인적·물적 피해를 보상해주는, 일반인도 가입할 수 있는 일반 보험과는 차이가 있다.

날씨보험은 특정한 날씨 조건이 발생할 경우를 전제조건으로 한다. 때문에 날씨 마케팅을 할 때 전제조건으로 한 특정한 날씨가 실제로 발생할 경우 보상해주는 특종보험에서 날씨보험이 시작되었다. 이후 날씨로 인해 기획된 행사가 취소될 경우 보상해주는 행사취소보험, 날씨로 인해 감소한 매출을 보상해주는 재정손실보험, 농작물이 날씨에 의해 피해를 입을 경우 보상해주는 농작물재해보험, 태풍 및 폭우 등의 풍수해로 주택, 온실 또는 비닐하우스 등의 피해를 보상해주는 풍수해보험 등으로 상품의 범위가 확대되었다. 우리나라에 날씨보험이 처음 등장한 것은 1999년 4월 국내의 한 보험사가 날씨로 인한 기업의 경제적 손실을 보상하는 재정손실보험을 선보이면서부터다. 기업 중에서는 용인 에버랜드가 날씨보험 상품을 처음 도입했다. 에버랜드는 보통 4월부터 6월까지 최대 성수기를 맞는다. 야외에 위치한 만큼 날씨에 아주 민감해서 주말에 비라도 오면 입장객수가 크게 줄어 매출에 직격탄을 맞는다. 에버랜드는 재정손실보험에 가입함으로써 날씨로부터 입게 되는 피해를 사전에 방지할 수 있었다. 에버랜드가 맺은 구체적인 보험 조건을 살펴보면, 최대 성수기를 맞는 4월부터 6월까지 주말에 1밀리미터 이상 비가 오면 일정 금액의 보험금을 지급받기로 했다. 에버랜드는 현재까지도 날씨보험을 적절하게 활용하고 있다.

예전에 하얀 눈이 내리는 배경 위로 "올해 크리스마스이브에 눈이 1

센티미터 이상 내리면, 20만 원이 든 행운의 통장을 드립니다"라는 모 이동통신사의 날씨 마케팅이 있었다. 이런 '성탄절 날씨 마케팅' 역시 날씨보험의 대표적인 예라 할 수 있다. 성탄절과 날씨를 이용한 마케팅 기법이 선보이자, 다른 많은 회사들도 앞 다퉈 성탄절 날씨 마케팅에 뛰어들었다. 한 해외여행전문 여행사가 성탄절에 눈이 내리면 호주 관광 비용의 70만 원을 환불해주겠다고 광고하는가 하면, 또 다른 국내여행사는 성탄절에 눈이 내리면 낙산과 정동진역 해맞이 여행을 계약하는 관광객들에게 여행경비 전액을 보상해주겠다는 마케팅을 한 것이다.

전자제품회사도 에어컨을 팔기 위해 날씨보험을 등에 업고 날씨 마케팅을 한다. 2011년 여름철 평균기온이 평년보다 1.3도 높아 기록적인 더위가 이어졌다. 삼성전자가 이것을 놓치지 않고 진행한 폭염 날씨 마케팅이 대박을 쳤다. 돌풍을 일으킨 '40억 날씨 마케팅'의 자세한 내용을 살펴보면, 행사 기간에 삼성전자 에어컨을 구입한 2만 명 고객 전원에게 여름 한 달간 최고기온이 30도 미만인 날이 24일 넘으면 20만 원을 돌려주겠다는 프로모션이었다. 폭염 날씨 마케팅 진행 결과, 삼성전자 에어컨 판매량이 전년 동기 대비 40% 이상 증가했다고 한다.

추위와 눈과 더위만 날씨 마케팅에 이용하는 것은 아니다. 봄이면 찾아오는 불청객 황사도 한몫한다. 2011년에 40억 날씨 마케팅의 대박을 친 삼성전자가 2012년 봄 황사 마케팅에 다시 도전했다. '황사 마케팅'은 기상청이 발표하는 4~5월 2달간 황사특보 발령 일수에 따라 보상해주는 행사다. 10일 초과 시 10만 원, 14일 초과 시 30만 원을 보상하는 등 구매고객에게 최대 40만 원까지 돌려주는 삼성 스마트 에어컨의 예약판매 프로모션이었다. 삼성전자는 황사 마케팅 역시 대박을 쳤다.

전년 동기 대비 2배 이상 판매량이 늘어났기 때문이다. 황사가 많이 발생하지 않았지만 삼성전자는 판매량 증가와 함께 홍보효과를 톡톡히 봐서 좋았고, 보험사는 보험료를 받고 피해보상금을 지급하지 않아서 좋았고, 행사에 참여한 소비자들은 마치 복권에 응모하고 당첨을 손꼽아 기다리는 것 같은 설렘을 느낄 수 있어 좋았다. 결국 삼성전자, 보험사, 소비자 모두에게 긍정적인 결과를 안겨준 셈이다. 그야말로 "가재 잡고 도랑 치고 건강해진 격"이다.

해외에도 날씨보험을 토대로 한 날씨 이벤트 상품이 많다. 가장 가까운 나라 일본에 재미있는 사례가 있다. 일본 사람들에게 벚꽃은 아주 특별한 의미가 있다. 이른바 황금 주말이라고 불리는 4월 말 벚꽃축제 '하나미花見'가 시작되면 수많은 일본인들이 야외로 소풍을 나온다. 그렇지만 따뜻한 날씨가 너무 일찍 찾아오게 되면 벚꽃이 일찍 피고 지면서 황금주말의 소풍은 물거품이 되어버린다. 일본 북부의 도시 아오모리青森의 택시기사들은 1년 수입의 3분의 1가량을 이 하나미 축제 기간에 벌어들일 정도라고 한다. 때문에 악천후로 인한 손실에 대비하기 위해 많은 택시기사가 날씨보험 상품에 가입한다. 보험사는 3월 22일부터 4월 19일 사이에 한낮의 기온이 섭씨 8도 이상인 날에 대해 보험금을 지급하는 형태로 계약한다.

날씨보험을 취급하는 보험사의 절대적 관건은 얼마나 이익을 남길 수 있느냐는 것이다. 날씨 마케팅을 할 경우 수억 원의 금액이 오가게 되는 만큼 날씨 조건을 어떻게 잡느냐가 관건이다. 날씨보험은 날씨 조건에 따른 발생 조건 위험률을 분석해 보험회사와 계약회사가 위험률을 동등하게 가지는 날씨 조건으로 보험 계약을 체결한다. 예를 들어, 폭염 날씨 마케팅의 경우, 기업이 유리하도록 25도의 기온으로 터

무니없게 낮은 기온을 책정하거나, 보험사가 유리하도록 35도 이상의 터무니없는 높은 기온을 책정하게 되면, 기업과 보험사는 합의를 볼 수 없다. 따라서 민간기상사업자의 통계 수치를 근거로 한 객관적인 날씨지표가 아주 중요한 역할을 하고 있다. 날씨보험 상품을 설계하는 데 있어 기상사업자의 역할이 크다는 이야기다. 보험설계 시 가장 중요한 것이 바로 날씨 조건이다. 이를 위해서는 기상정보의 통계적 분석을 통해 객관적인 날씨지표를 만들고 이에 대한 타당성을 분석하는 것이 필수적이다. 이러한 작업을 통해 산출된 최적의 날씨 조건을 찾아 보험사와 계약대상회사에 제공하는 것이 민간기상사업자의 역할이다. 보상 기준 온도가 너무 높거나 낮을 경우, 또는 기준 일수가 적거나 많을 경우 해당 보험은 날씨보험으로 현실적이고 타당한 상품이 될 수 없기 때문이다.

최근 해외에서는 날씨보험 말고도 날씨파생상품이 인기를 끌고 있다. 날씨보험은 우천 시 야외공연 취소 등 일어날 가능성은 적지만 피해가 클 경우에 필요한 금융상품이다. 날씨파생상품은 이 단계에서 한 단계 더 앞으로 나아갔다. 심기만 하면 거의 확실하게 상품을 수확하는 것이 농작물이다. 그러다 보니 옛날부터 농작물만은 미리 사고파는 거래가 발전해왔다. 우리나라에서는 밭떼기가 이와 비슷한 거래다. 요즘에도 채소 등은 이런 밭떼기가 성행한다. 그런데 문제는 작황에 따라 밭떼기 계약이 파기되는 경우가 많다는 것이다. 예를 들어, 유통업자와 농민이 배추를 밭떼기로 500만 원에 계약했다고 하자. 수확기에 배추 값이 폭락하면 유통업자는 계약금을 잃더라도 인수를 거부해 농민이 피해를 입는다. 그런데 농작물의 작황은 전적으로 날씨에 달려 있다. 그러다 보니 선진국에서는 수확 이전의 농산물 거래에서 날씨변화 등에 따른 손해 위험을 최소화하기 위한 방법을 연구했다. 이렇게 해서 미국 시카고상품거래소CBOT, Chicago Board of Trade가 탄생하게 되었다. 19세기 중반 CBOT가 선보인 농산물 선물거래는 매매 가격과 인도 시점을 미리 정해놓는 점은 밭떼기와 같으나, CBOT가 결제 이행을 보증한다는 점이 다르다. CBOT가 막대한 자금력으로 계약을 보증하기 때문에 농민이나 유통업자나 계약파기의 위험 없이 농작물을 거래하게 되었다. 날씨변동으로 인한 리스크 해지를 위한 농산물 선물거래는 이후 다양한 위험 회피용 금융파생상품 발전의 원형이 되었다. 그러나 농작물 거래에서 날씨 리스크 해지는 실물 양수와 양도를 전제로 한 선물거래에만 의존해왔다. 그러다 1999년 시카고상업거래소CME, Chicago Mercantile Exchange가 순수하게 날씨 · 기후지수를 이용한 선물 · 옵션상품을 상장했다. 이젠 날씨변동 자체가 리스크 해지 거래 대상이 되는 시대가 된 것이다. 현재는 겨울철 기온, 여름철 기온, 강수량 등의 다양한 날씨 요소들을 지수화해 거래하고 있다. 일본의 경우는 1999년 기온에 대한 파생상품 도입 이후, 현재는 700억 엔 이상의 시장이 형성되어 날씨파생상품의 규모가 어마어마하다고 할 수 있다.

우리나라는 최근 이상기후 현상으로 인한 재산피해액이 크게 증가하면서 개발 및 도입 필요성이 다시 제기되고 있다. 현재 기상청이 보험개발원과 함께 다양한 날씨지수를 개발하고 있다. 이를 통해 단기적으로는 지수형 날씨보험, 중장기적으로는 날씨파생상품 도입으로 연결될 것으로 보인다. 만약 날씨파생상품이 도입되면 날씨변화를 예측하기 위한 기상전문가 수요가 늘어 기상정보 분야에서만 2,000여 명의 일자리가 새로 생기고 파생상품을 판매하는 금융 분야에서도 수천 개의 일자리가 창출될 것으로 예상된다. 미국, 일본 등 선진국의 사례에 비춰볼 때 수조 원대의 경제적 가치가 창출될 것으로 기대되는 분야다.

세계 날씨 사업의 약 85%는 기온으로 인한 위험과 관련이 있다고 한다. 그중 10.7%는 비, 1.6%는 바람과 관련이 있다고 한다. 날씨의 중요성이 점점 높아지는 가운데 국내의 한 보험회사와 민간기상사업자인 케이웨더가 손잡고 날씨변화에 따른 비용과 손실을 보상해주는 신개념의 상품인 '날씨연계보험'을 출시했다. 예를 들어, 눈이 오면 10%, 비가 오면 5% 매상이 줄어드는 접객업소가 날씨연계보험을 가입할 경우, 이러한 위험에 대비한 기준을 설정해 해당 기준을 초과하는 일수마다 가입금액을 한도로 보상해주는 상품이다. 날씨로 인해 발생하는 기업의 매출 감소를 막는 돌파구라 할 수 있다. 예측하기 어려워지는 날씨! '만약의 1%'에 대비한 날씨보험이야말로, 앞서 나가는 기업의 차별화된 경쟁력이자 날씨경영이라 할 수 있다.

04

손해보험사들에게
날씨 리스크 관리는
이제 중요한 경영 _현대해상화재보험

●● 2011년 여름 서울을 강타한 호우와 산사태는 그야말로 악몽이었다. 대치동과 강남역 일대는 거짓말처럼 물에 잠겼다. 우면산 산사태는 수많은 사람과 집들을 삼켰다. 속칭 잘나간다는 강남이 물에 잠긴 것은 우리나라의 굴욕이었다. 수많은 대책회의가 열렸다. 반기성 케이웨더 예보센터장은 국무총리실 주관 재난 세미나에서 가장 중요한 것은 미래를 보는 안목이라고 말했다. 날씨는 살아 있는 생물처럼 변화하는 것이기에 현재만 봐서는 안 된다는 것이다. 날씨는 자연뿐 아니라 정치, 사회, 그리고 경제에 엄청난 영향을 미친다. 그러다 보니 날씨에 대한 통찰력을 가진다는 것은 강력한 프리미엄이 된다. 이 이야기는 기업들도 날씨에 대한 통찰력을 가져야 한다는 것이다. 기업들이 기후변화에 대응하기 위한 노력을 게을리 하면 엄청난 리스크로 돌아온다. 다행인 것은 기후변화에 대응하려는 노력이 많은 산업 분야에서 이루어지고 있다는 것이다. 이런 기업들의 노력 가운데 재난 대비라는 측면에서 보험사의 역할이 점차 증가하고 있다. 기후변화에 대비해 교통

기후환경연구소를 만든 보험사가 있다. 바로 현대해상화재보험이 그 주인공이다. 현대해상화재보험은 그 성과를 인정받아 2012년 제7회 대한민국 기상정보대상에서 동상을 수상하기도 했다.

현대해상은 1955년 해상보험 전업회사로 보험업에 진출했다. 이후 손해보험산업의 선두주자로서 해상보험, 화재보험, 자동차보험, 장기보험 및 퇴직연금 등 손해보험 전 부문에 걸쳐 사회안전망 역할을 충실히 수행해오고 있는 손해보험회사다. '최고의 서비스로 고객과 함께 성장하는 보험회사'라는 비전 달성을 목표로 고객, 주주, 지역사회 등 모든 주체가 안전과 행복을 느낄 수 있도록 노력하고 있다고 현대해상 화재보험 교통기후환경연구소 박홍규 팀장은 말한다.

현대해상은 보험업계 최초로 교통기후환경연구소를 설립했고, 날씨보험과 관련해서도 이미 많은 연구들을 진척시키고 있다. 그렇다면 교통기후환경연구소에서 하는 일은 무엇인가? "저희 교통기후환경연구소는 2010년 7월에 설립된 기관으로 기후변화를 위협과 기회로 인식하여 선제적 대응방안을 수립하고, 전통적인 손해보험영역인 교통안전에 대한 연구를 통해 기업의 사회적 책임을 실천하며, 경쟁이 심화되고 있는 시장 환경에 대한 중장기적 연구를 통한 보험산업의 발전을 지원하기 위해 설립된 연구기관입니다. 기후환경, 교통, 금융 등 보험산업의 주요 영역에 대한 전문 연구뿐만 아니라, 각 연구 부문 간의 융합 연구를 통해 현대해상이 차별화된 성과를 창출하는 데 적극적인 역할을 담당할 예정이며 중장기 성장을 견인할 수 있는 전문 연구기관이 되고자 합니다"라고 박홍규 팀장은 말한다.

일반적으로 사람들은 날씨보험이라고 하면 생소해한다. '날씨보험'이란 무엇일까? 날씨보험은 예기치 못한 날씨의 변화 또는 기상악화로 인해 발생하는 위험에 대해 보상을 해주는 보험 상품이다. 최근 지구온난화 등에 따른 기상이변이 세계적으로 문제가 되고 있다. 기상이변은 태풍이나 집중호우 등의 발생에 따른 침수, 파손 등 물리적인 피해를 동반한 자연재해를 일으킨다. 평년대비 강우일수의 증가나 저온현상 또는 고온현상을 발생시킴으로써 물리적인 피해뿐만 아니라 경제적 손실을 일으킨다. 예를 들어보자. 최근 여름철에 자주 나타나는 집중호우는 호우 발생 지역의 가옥, 공장, 농경지가 물에 잠기는 침수 피해를 발생시킨다. 이런 지역은 강우일수가 아니라 비가 짧은 시간에 얼마나 집중해 내리느냐가 중요하다. 그러나 해수욕장, 놀이동산 등의 경우에는 강우량보다 강우일수가 더 큰 문제가 될 수 있다. 7월과 8월에 걸쳐 주말마다 비가 온다면 레저업체 입장에서는 집중호우로 인한 피해보다 더 큰 경제적 손실을 입을 수 있기 때문이다. 집중호우와 같은 악기상에 따른 피해를 보상해주는 보험 상품이 재해보험이라면, 특정 일자 또는 특정 기간에 발생하는 비우호적인 기상현상으로 인한 피해를 보상해주는 상품이 날씨보험이다. 날씨보험은 크게 두 가지 상품으로 분류된다. 첫 번째 상품은 특정 날짜 또는 특정 기간에 특정 날씨 조건을 내걸고 이벤트를 할 경우 특정 날씨 조건이 실현되었을 때 그 비용을 보험사가 보상해주는 컨틴전시형 날씨보험 상품이다. 그리고 강우일수, 평균온도, 태풍 발생 횟수 등을 지수화하여 상품을 설계하는 지수형 날씨보험 상품이 두 번째 상품이다.

　우리나라에 날씨보험이 생겨난 지는 얼마 되지 않았다. 날씨로 인한 자연재해를 보장하는 보험 상품은 오래전부터 판매가 되었다. 특정 날씨 이벤트 시 실제로 특정 날씨 조건이 실현될 경우 보험금을 지급하는 컨틴전시 형태의 날씨보험 상품은 국내에서는 2000년대 초에 처음 판매되었다. 그러나 지수형 방식을 적용하는 신종 날씨보험은 2008년에 처음 판매가 이루어졌다. 기후변화로 인한 보험 상품이 달라질 수 있다는 것을 보여주는 사례다. 최근 기상특보가 주의보 이상으로 발생할 때가 많다. 통상적으로 주의보 이상의 기상특보가 발표되면 날씨의 변동성으로 인한 위험보다는 기상재해로 인한 위험이 더 크다. 따라서 건물이나 구축물의 파손 위험을 담보받기 위해서는 컨틴전시나 지수형 날씨보험보다는 화재보험의 풍수재특약이나 풍수해보험이 적합한 상품이다. 하지만 저온현상 또는 고온현상과 같이 특정 기간에 지속적으로 나타나거나 반복적으로 나타나는 기상현상에 대한 변동성에 대비하기 위해 보험을 가입한다면 지수형 날씨보험이 최선의 선택이라고 할 수 있다.

최근 날씨보험의 경우 개인보다 지자체나 기업에서 더 많은 관심을 갖고 있는 것으로 알려져 있다. 보험 상품은 보험사고로 인해 발생할 수 있는 피보험자의 재산상 손해를 보상한다는 상법 제665조인 실손보상의 원칙*을 지켜야 한다. 이는 보험 상품의 투기적 변질을 막기 위한 조치로 손해의 원인과 그 결과로 인한 손해에 대해 객관적인 입증이 가능해야 한다는 뜻이다. 따라서 손해의 객관적 입증이 가능한 지자체나 기업이 날씨보험의 가입에 적합하기에 나온 말이라고 할 수 있다. 날씨의 변동성으로 인한 위험에 노출된 기업이나 지자체라면 컨틴

---

* **제665조(손해보험자의 책임)** 손해보험계약의 보험자는 보험사고로 인해 생길 피보험자의 재산상의 손해를 보상할 책임이 있다. 즉, 재산상의 불확정한 사고에 대하여 손해보험계약을 체결한 후 보험사고가 발생하면 손해보험사는 계약을 체결한 보험금액의 한도 내에서 실제 재산상의 손해를 보상하게 된다. 이는 손해보험이 보험사고 시 보험에 가입된 재산의 원상회복을 목적으로 하고, 보상으로 인한 이득을 금지하도록 하고 보험계약의 사행화를 방지하여 손해보험의 원칙에 충실하기 위함이다.

전시 방식의 전통형 날씨보험이나 지수형 날씨보험에 가입함으로써 매출액의 감소 또는 비용의 증가 위험을 보험으로 전가하여 안정적인 운영을 모색하는 것이 좋을 듯싶다.

이상기후 피해가 많아지면서 농작물재해보험이나 풍수해보험의 가입이 늘고 있다. 농작물재해보험이나 풍수해보험의 경우 계절마다 품종마다 지자체마다 각기 보험의 특성들이 다양하다. 현재 농작물재해보험은 정책성 보험으로 농협을 통해서만 가입이 가능하고 풍수해보험은 현대해상을 포함한 4개사에서 보험 가입이 가능한 재해보험으로, 날씨의 변동성을 보상하는 날씨보험과는 다소 거리가 있는 상품이다. 날씨보험시장에서 정책성 보험이 언급되는 이유는 지수형 날씨보험을 통해 정책성 보험의 단점인 도덕적 해이를 방지하고 높은 운영비용을 절감할 수 있기 때문이다.

아직까지 우리나라는 날씨보험시장이 부진하다고 한다. 이에 대해 "날씨 변동성에 대한 관심이 증가하고는 있지만, 날씨보험 상품의 가입이 크게 늘어나고 있지는 않은 상황입니다. 그 이유는 날씨보험 상품 구성의 어려움에서 찾아볼 수 있는데요, 실제로 날씨보험 상품은 개별 고객의 특성을 반영한 맞춤형 구조가 필요한데 현재 날씨보험 상품을 구성하기 위해서는 평균온도, 강수량, 강우일수 등 기상요소와 보험담보 대상인 피보험자의 손해와의 연관성을 완벽하게 입증하는 것이 어렵기 때문입니다. 대표적인 날씨위험 노출 기업인 한국전력의 경우에도 여름철 전력 사용량의 감소가 저온현상뿐 아니라 소득 변화 및 정부의 에너지 정책과도 연관이 있어 일 평균온도만으로 설명이 불완전하기 때문입니다"라고 박홍규 팀장은 말한다.

선진국 보험사는 날씨에 대한 위험을 담보로 다양한 날씨보험을 개발하면서 개인과 기업이 입을 피해와 경제손실에 대해 적극 대비해나가고 있다. 현대해상화재는 업계 최초로 첨단 IT 기술과 보험 비즈니스를 접목한 시스템을 만들어서 자동차 침수사고 예방과 조기대응체계를 마련했다고 한다. 최근 들어 해마다 도심지역의 침수피해가 잇따르고 있는 것에 착안한 것이다. 최근 내리는 비는 강우 형태가 짧은 시간에 집중되어, 우수雨水의 흐름이 몰리는 지역에 급격한 침수피해가 발생한다. 특히 도심지는 주택 및 건물 등의 피해와 아울러 자동차의 침수피해가 심각하다. 자동차는 건물과 달리 이동이 가능하므로 침수 발생 이전에 위험 안내를 통해 대피할 수 있다는 특징이 있다. 이에 착안하여 특정 지역의 침수피해 예상 시 GPS를 통해 예상 위험지역 주변에 있는 고객에게 위험을 안내한다. 침수피해를 사전에 방지하는 시스템을 만든 것이다.

교통기후환경연구소의 분석에 의하면, 악기상 발생 시 자동차 사고율이 증가한다고 한다. 가장 영향이 큰 것은 눈이다. 과거 3년간 국내 주요 도시들을 대상으로 눈이 내린 날과 눈이 내리지 않은 날을 구분하여 분석했다. 눈이 온 날은 사고발생건수가 맑은 날 대비 32~59% 증가했다. 눈이 2센티미터 이상 내린 날에는 사고 증가율이 연도별로 37%에서 90%에 이른다는 것이다.

2013년 1월 중부지방을 뒤덮은 폭설로 손해보험사들의 수익성에 빨간불이 켜졌다. 빙판길 사고가 급증하면서 보험료 지급액이 크게 늘어날 전망이기 때문이다. 2013년 1월 6일 손해보험업계에 따르면 폭설과 한파로 인해 올겨울 자동차보험 손해율이 급격히 상승할 전망이라고 한다. "기온이 섭씨 영하 5도 이하일 때는 대중교통을 이용하라." 손해보험업계에 따르면 2013년 12월 손해보험사들의 긴급출동 서비스

는 159만 건으로 이 가운데 80% 이상이 한파로 인한 피해 신고였다고 한다. 특히 영하 5도 이하일 때 긴급출동 서비스 신청이 8만 건으로 가장 많이 접수되고, 기온이 더 떨어질수록 증가하는 것으로 분석되었다. 그런데 영하 4도 때는 4만여 건에 불과하다가 기온이 영하 5도 이하로 떨어지면, 영하 4도보다 2배 증가한다. 그렇다면 영하 5도 이하일 때에는 자가 차량이 아닌 대중교통을 이용하는 편이 경제적이고 안전하고 볼 수 있다. 자동차보험 손해율이 올라가면 곧바로 보험료 지급액이

◆◆◆ 날씨는 보험산업을 움직이는 가장 큰 변수다. 손해보험협회에 따르면, 자동차보험 사고 현황을 분석한 결과 눈이 왔을 때 사고 건수는 평일보다 최고 81.6% 증가한다고 한다.

커지면서 손해보험사들의 수익에 빨간불이 켜진다. 보험업계에 따르면, 2012년 여름 장마에 자동차보험 손해율은 80% 중반 대까지 상승했다고 한다. 통상적으로 겨울철에는 손해율이 더 상승하는데, 폭설과 한파까지 겹치는 바람에 80% 후반까지 높아질 것이라는 것이다. 현대해상 관계자는 "손해율이 1% 상승할 경우 보험금 월 지급액이 16억 원 증가한다고 보면 된다"며 "연간으로 따지면 190억 원의 보험금 지급액 상승이 일어나는 셈"이라고 말했다. 손해보험협회에 따르면, 자동차보험 사고 현황을 분석한 결과 눈이 왔을 때 사고 건수는 평일보다 최고 81.6% 증가한다고 한다. 크고 작은 사고가 증가하면서 보험사들의 긴급출동 신청 건수도 급증하고 있다. 보험업계에 따르면, 1월 초에 내린 폭설로 손해보험사들의 콜센터에는 하루 동안 7만 3,000건이 넘는 긴급출동 요청이 쏟아졌다. 이것 역시 보험사들의 수익을 악화시키는 예다.

현대해상의 교통기후환경연구소는 앞으로 지수형 날씨보험과 날씨 파생상품의 확대를 위해 산업별, 기업별로 세분화된 날씨지수의 설계를 기획하고 있다. 날씨가 자동차보험과 밀접하게 연관되어 있는 만큼 눈이나 비뿐만 아니라 최근에는 겨울철 기온 하락에 따른 시동 불가에 대한 통계를 내서 고객에게 조언을 해주고 있다. 현대해상 관계자는 "기온이 낮아지거나 비가 많이 오면 긴급출동이 많이 발생하는 등 기온과 자동차보험은 밀접한 관련이 있다"며 "기온이 영하 10도 이하로 내려가면 고객들에게 휴대폰 단문메시지를 보내는 등 연구소를 통해 날씨 관련 서비스를 제공 중"이라고 말했다. 이와 함께 현대해상은 신종 날씨보험을 출시해 판매하고 있다. 이 상품은 풍력발전소나 태양광발전소에서 바람의 영향이나 기후변화로 인해 평균치보다 발전량이 줄거나 매출이 감소했을 때 발생한 손해를 보장하는 방식이다. 또한 날씨위험의 전가를 위한 다양한 상품 개발을 위해 내부 전문가 양성 및 날씨지수 개발을 준비하고 있다. 현대해상은 날씨경영의 선두가 되어 국민이나 기업, 지자체에 가장 큰 도움을 줄 수 있도록 최선을 다하는 보험회사가 되겠다는 포부가 대단하다.

급변하는 기후변동으로 날씨에 대한 관심이 늘면서 날씨에 직간접적인 영향을 받고 있는 손해보험사들의 날씨 리스크 관리는 이제 중요한 경영으로 인식되고 있다. 보험에 날씨를 접목한 경영은 현대해상만 하는 것은 아니다. 삼성화재는 방재연구소를 통해 기후연구를 진행 중이다. 주요 업무는 기업체 위험분석이나 보험가입평가이지만, 연구소 내에 지진해일(쓰나미) 전담 연구원을 두는 등 기후위험에 대한 리스크를 연구하고 있다. 삼성화재는 2011년 6월부터 날씨연계보험 판매에 나서고 있다. 이 상품은 기온, 강수량, 강설량 등 일정한 날씨 기준을 설정하고 해당 기준을 초과하는 날씨변화가 발생하는 일수마다 가입금액을 한도로 보상해준다. 다만 보험업계 일각에선 정량적인 기후관리를 위해 '대재해채권CAT Bond, Catastrophe Bond'*과 같은 공통의 평가 모델을 대학들과 공동으로 마련해야 한다는 이야기도 있다. 일본 도쿄해상이 도쿄대학과 함께 기후 시뮬레이션 모델에 관한 공동연구를 진행하고 있고, 스위스리Swiss Re가 콜럼비아대학 지구연구소와 공동으로 인공위성에 기반한 원격탐사를 실시하고 있는 것은 좋은 예라고 할 수 있다. 굴지의 우리나라 보험 선두기업들이 연구하고 경영에 날씨를 활용한다면 세계적인 보험날씨경영의 롤 모델이 될 것이라고 확신한다.

---

* **대재해채권** 9·11 사태나 쓰나미 피해와 같이 엄청난 규모의 재해가 발생했을 경우, 막대한 피해에 대한 보상금이 발생하여 보험사 자체가 부실해질 수 있다. 이를 막기 위한 대재해채권이라는 이름의 채권이 있다. 대재해채권은 자연재해의 피해에 대한 리스크를 투자자가 나누어 감당하는 것이다.

05

날씨정보로 만든 타이어로
세계를 드라이빙하다 _한국타이어

●● "날씨가 경제를 좌우한다." 10여 년 전만 해도 상상도 못했던 말이다. 그러나 이젠 자연스럽게 나오는 말이다. 허리케인 카트리나가 뉴올리언스New Orleans를 강타했다. 세계에서 가장 많은 악어를 사육하는 농장이 폐허화되면서 악어 가격이 폭등했다. 루이뷔통 등 세계적인 명품 회사들이 큰 타격을 입었다. 악어가죽 제품을 만들 수 없었기 때문이다. 칠레에 강지진이 발생했다, 전 세계의 구리 가격이 급등했다. 칠레가 전 세계 구리의 70%를 생산하기 때문이다. 브라질 고원에 비가 내리면 스타벅스 주식이 폭등하고, 볼리비아에 홍수가 나면 마약 값이 정신없이 뛴다. 타이어도 날씨의 영향을 받을까? 물론이다. 말레이시아에 지속적으로 폭우가 내리면 전 세계의 타이어 가격이 오른다. 고무 생산량이 줄어들기 때문이다.

차가 없는 세상은 상상하기조차 어렵다. 자동차는 이제 우리 삶 속에 없어서는 안 될 필수불가결한 존재다. "끼이익" 급브레이크를 밟는다. 차는 앞차의 바로 뒤에 정확하게 정지한다. 최근 모 타이어 광고 장

◆ ◆ ◆ 브라질 고원에 비가 내리면 스타벅스 주식이 폭등하고, 볼리비아에 홍수가 나면 마약 값이 정신없이 뛴다. 타이어도 날씨의 영향을 받을까? 물론이다. 말레이시아에 지속적으로 폭우가 내리면 전 세계의 타이어 가격이 오른다. 고무 생산량이 줄어들기 때문이다.

면이다. 자동차의 안전에서 가장 중요한 부분이 타이어임을 잘 보여준다. 자동차가 완성되기까지 하나하나가 다 소중한 부품이겠지만, 그래도 가장 중요한 부품 중의 하나가 타이어가 아닐까 싶다. 비가 많이 내리는 여름이나 기온이 내려가 길이 꽁꽁 얼어 빙판길이 되기 쉬운 겨울에는 특히 더 그렇다. 그만큼 타이어는 날씨에 아주 민감하기 때문에, 안전운전을 위해 날씨에 따라 타이어를 체크하는 것은 중요하다.

국내에서 타이어 하면, 70년 역사를 자랑하는 한국타이어를 빼놓을 수 없다. 국내 1위 타이어 제조회사인 한국타이어는 지난 10년간 명실상부한 글로벌 타이어 제조업체로 성장하여 지속적으로 브랜드를 발전시켜나가면서 전 세계 유수 자동차업체와 딜러들 사이에서 혁신적이며 탁월한 품질의 고성능 타이어 제조업체로 확고한 명성을 쌓고 있다. 2014년까지 세계 5위의 타이어 회사로 도약하면서 최고의 품질을 소비자들에게 제공하기 위해 최선을 다하고 있다. 타이어 생산업체 중 세계 7위이며 글로벌 시장 점유율은 2010년 기준 약 6%로 매년 증가 추세에 있다. 우리나라가 자랑할 만한 타이어 제조회사다.

타이어는 어떻게 발전해왔을까? 그 역사를 잠깐 들여다보자. 처음에는 목재로 만든 바퀴가 마차의 바퀴로 사용되었는데, 충격에 약하고 쉽게 파손되었으며 승차감이 좋지 않았다. 이런 단점들을 극복하기 위해 사람들은 고무라는 소재에 주목하게 되었다. 고무로만 만든 솔리드 타이어solid tire*를 시작으로 단점을 개선하기 위해 공기를 주입하는 튜

---

* **솔리드 타이어** 통칭 쿠션 타이어라고도 불리며, 고무의 탄성을 이용한 저속 고하중의 물건을 옮기는 지게차 등에 주로 사용된다. 1848년에 R. W. 톰슨(Thomson)이 특허를 냈다. 한국에서는 유일하게 넥센타이어가 제조하고 있다.

브 타입의 타이어를 개발했으며, 지금의 튜브리스 타이어tubeless tire*에까지 이르게 되었다.

차를 몰다 보면 궁금한 것이 많다. 그중 하나가 타이어는 왜 모두 검은색일까 하는 것이다. 타이어는 항상 지면과 접촉하는 부품이다 보니 가장 쉽게 더러워진다. 또한 다양한 색상의 자동차가 출시되고 있어 검은색은 어떤 색과 매치해도 베이직하면서도 심플한 멋을 주는 색상이다. 즉, 다양한 색상의 차량과도 잘 어울리는 색이라는 점도 크게 작용을 한 것이다. 그러나 가장 기본적인 이유는 타이어의 성분이다. 타이어에 카본블랙carbon black이 함유되어 있어 검은색을 띠는 것이다. 앞으로 다양한 컬러의 타이어가 개발되겠지만, 그에 앞서 오염 방지 기술 개발이 먼저 선행되어야 컬러풀한 타이어가 나올 수 있다니 조금 더 기다려야 할 것 같다.

타이어는 날씨에 민감하다. 따라서 계절에 맞는 타이어를 장착해줘야 할 필요가 있다. 타이어는 크게 여름용 타이어와 겨울용 타이어, 그리고 사계절 모두 사용이 가능한 사계절용 타이어로 구분된다. 여름용 타이어는 봄과 가을철에도 좋은 성능을 발휘하는 타이어로, 타이어 표면의 패턴이 크다. 이는 타이어와 지면의 접지성을 높이고 조향 성능을 높이기 위해서다. 겨울용 타이어는 그와 반대로 패턴이 잘게 쪼개져 있어 타이어가 눈이나 빙판 표면을 잡아주며 주행하게 된다. 또한 타이어 고무 성분도 차이가 있다. 여름용 타이어에 사용된 고무는

---

* **튜브리스 타이어** 자동차의 고속화에 따라 고속 주행 중 펑크 사고의 위험으로부터 운전자와 차를 보호하고자 하는 목적으로 개발되었다. 튜브리스 타이어는 튜브를 사용하지 않는 대신 타이어의 내면에 공기투과성이 적은 특수고무[이너라이너(inner liner)]를 사용해 타이어와 림으로부터 공기가 새지 않는 구조로 되어 있어, 주행 중에 못에 찔려도 공기가 급격히 빠지지 않는 특징이 있다.

영상 7도 이하로 내려가면 딱딱해지는 성향을 가지고 있다. 겨울용 타이어에 사용되는 고무는 영하의 기온에서도 고무의 유연성을 유지하여 타이어가 제 성능을 발휘할 수 있도록 해준다. 일반적으로 영하가 아니더라도 영상 7도 이하에서는 겨울용 타이어가 여름용 타이어보다 좋은 성능을 발휘할 수 있다. 사계절용 타이어란 여름용 타이어에 비해 패턴이 잘게 나눠져 있으며 최소한의 겨울철 성능을 발휘하는 타이어라고 보면 된다. 그렇지만 겨울용 타이어에 비해 눈길 주행 성능은 확연히 차이가 난다. 모나지 않고 모든 성능을 적정한 선에서 두루두루 만족시킨 타이어가 사계절용 타이어다. 타이어의 관리법은 따로 있는 건 아니다. 규정된 공기압을 가능하면 한 달에 한 번 확인하는 게 바람직하다. 최소한 계절이 바뀔 때는 꼭 공기압을 점검하고, 타이어 표면에 상처나 파손 부위, 그리고 마모한계선 등을 확인하는 것이 안전운전에 도움이 된다.

2011년 전남 영암에서 열린 F1 그랑프리Formula 1 Grandprix*에서 비 때문에 많은 접촉 사고가 있었다. 수막현상 때문에 일어난 일이었다. 비가 내리면 자동차의 안전에 영향을 주는 수막현상hydroplaning은 무엇일까? 수상스키를 떠올리면 수막현상을 쉽게 이해할 수 있을 것이다. 수상스키는 물 위에 떠간다. 자동차 타이어도 마찬가지다. 타이어가 신제품일 때는 타이어 표면의 홈 깊이가 보통 8밀리미터 정도 된다. 이는 물이 고인 곳을 주행할 때 이 홈을 통해 물을 타이어 밖으로 배출하는 역할을 한다. 물을 빠르게 밀어내고 그 물 밑에 있는 노면과 접지하기

---

* **F1 그랑프리** 유럽, 아시아, 북미, 남미, 호주 등 전 세계를 투어하는 초대형 모터스포츠 이벤트다. 오늘날은 시대를 앞서 가는 첨단기술과 연간 관람객 400만 명, 188개국 6억 명의 시청자, 기업후원 약 4조 원의 흥행성을 담보로 월드컵, 올림픽과 더불어 세계 3대 인기 스포츠로 평가받고 있다.

위해서다. 그러나 이 홈이 거의 다 닳아 없어질 때까지 타이어를 사용하게 되면 빗길을 주행할 때 정말 위험하다. 타이어와 노면 사이의 물이 배수되지 못하면서 타이어가 노면으로부터 떠버린다. 이것을 수막현상이라고 부른다. 일단 수막현상이 발생하면 조향도 정지도 되지 않고 차가 미끄러진다. 여름철에 빗길에서 차가 미끄러져 발생하는 교통사고 뉴스를 많이 접하게 된다. 이들 대부분은 마모된 타이어를 사용하여 수막현상에 의해 발생되는 사고들이다. 이를 방지하기 위해서는 타이어 홈 깊이가 2.6밀리미터 이상은 남아 있는 타이어를 사용해야 한다. 또한 물이 고인 웅덩이는 가급적 피해 주행하는 것도 요령이라고 할 수 있다. 그러나 물웅덩이를 항상 피할 수는 없으니 타이어의 상태를 최상으로 유지하는 것이 좋다.

"세계에서 가장 비싼 자동차는? 가장 많은 돈을 버는 스포츠선수는? 좁은 공간에 붙인 광고 수익으로 최고는?" F1 자동차와 F1 드라이버와 F1차에 붙인 광고다. F1 그랑프리는 올림픽, 월드컵과 더불어 세계 3대 스포츠라 불린다. 무려 6억 명이 중계를 시청한다. 르노팀이 가진 F1 머신은 무려 120억 원짜리다. F1의 영웅 페르난도 알론소Fernando Alonso의 연간 수익은 무려 2,250억 원이나 된다. F1 자동차에 붙인 광고 수익만 1,500억 원이다. 서구에서는 우리의 상상을 초월하는 놀라운 인기 종목이 F1 자동차경주다. F1에서 최고의 드라이버가 우승하기 위해서는 많은 조력자가 필요하다. 최고의 팀워크를 자랑하는 9명의 팀원과 700여 명의 연구요원이 뒷받침해준다. 경주 중 급유, 정비, 타이어 교체에 단 16명이 8초에 해내야만 한다. 그런데 세계 최고의 스포츠인 F1 자동차경주에서 중요한 것이 바로 타이어다. 그리고 타이어의 선택에 영향을 주는 것은 바로 '날씨'다.

F1 그랑프리에서 사용하는 타이어의 종류

초록색   파란색   빨간색   노란색   회색   오렌지색

색깔	타이어 종류
오렌지색(Orange)	하드 타이어(Hard tire)
회색(Grey)	미디엄 타이어(Medium tire)
노란색(Yellow)	소프트 타이어(Soft tire)
빨간색(Red)	슈퍼 소프트 타이어(Super soft tire)
초록색(Green)	인터미디어트 타이어(Intermediate tire)
파란색(Blue)	웻 타이어(Wet tire)

　　F1 머신에서 운동 성능에 직접적으로 영향을 미치는 것은 '그립grip*'
이라고 부른다. 그립에 가장 큰 영향을 미치는 것이 바로 타이어다. 타
이어는 경기장의 온도나 날씨에 따라 성능의 차이가 난다. F1 그랑프
리에서 사용하는 타이어의 종류로는 마른 노면에서 사용하는 4가지
종류의 타이어와 젖은 노면에서 사용하는 2가지 종류의 타이어가 있

---

* **그립** 타이어가 지면과 마찰을 일으키는 과정에서 얼마나 손실이 일어나는가를 나타내는 것이다.
그립이 나쁘다는 것은 마찰력 손실이 크다는 것이다. 즉 가속 및 감속의 효율성이 떨어진다는 것으로
가속 및 감속이 더 느리고 코너에서 방향전환이 힘들어진다.

다. 마른 노면에서는 홈이 없는 평평한 타이어를 이용하여 높은 마찰력으로 빠른 가속 및 감속을 할 수 있고 코너링 시 방향전환을 빨리 할 수 있게 해준다. 젖은 노면에서는 웻 타이어wet tire를 이용하면 빗물의 배수를 원활하게 해주어 경기력이 향상된다. F1 그랑프리에서 사용하는 타이어는 색깔만 봐도 어떤 타이어인지 알 수 있다.

한국타이어는 타이어 테스트를 체계적으로 하는 것으로 유명하다. 한국타이어 상품기획팀 이정학 팀장은 "타이어 테스트에는 수많은 테스트가 있습니다. 우선 고속에서도 안전한 주행이 가능한지 알아보는 고속내구 테스트, 마른 노면과 젖은 노면에서의 성능을 알아보기 위한 드라이Dry/웻Wet 종합평가, 승차감과 정숙성을 알아보는 테스트도 있으며, 최근에는 친환경성능이 부각되고 있어 연비성능에 영향을 끼치는 회전저항 테스트를 많이 실시하고 있습니다. 그리고 눈이 많이 오고 빙판일 경우에 기본적으로 스노타이어에 관심을 갖는데요, 그러나 체인을 한번 장착해보신 경험이 있는 운전자라면 잘 아실 텐데, 아무리 장착이 쉽다고 해도 어렵습니다. 특히나 여성 운전자나 연세가 많으신 분들의 경우 힘이 드는 건 사실입니다. 저조차도 힘이 드니까요. 그리고 눈이 다 녹은 길로 접어들게 되면 다시 해체하는 것도 상당히 번거롭고요. 겨울용 타이어를 사용하면 그 자체만으로 충분히 어떤 겨울 노면에서도 주행이 가능하고 차에서 내려서 체인을 장착하는 번거로움도 없습니다. 스프레이 체인은 긴급용으로는 유용한 방안이 될 수도 있겠지만, 1회성이 짙고 지속 시간도 길지 않습니다"라고 밝힌다.

운전자들도 알고 있으면 유익한 용어는 무엇이 있을까? 많이 듣는 용어 중 사이드월sidewall을 들 수 있다. 이는 자동차에 장착되어 있을 때 보이는 타이어의 옆면을 말한다. 이 부분에서 펑크가 발생했을 때는 수리가 불가능하다. 또 타이어의 옆면에 보면 205/65/R14 91H와 같이 숫자와 알파벳이 적혀 있다. 가장 앞에 있는 숫자 205는 타이어 트레드의 폭을 의미하며, 65는 타이어 단면 폭에 대한 단면 높이의 비를 의미하는 편평비, 그리고 R은 타이어 내부 구조를 나타내며, 그 뒤에 있는 14는 타이어의 휠 지름을 나타낸다. 이렇듯 간단한 타이어 지식만으로도 보다 안전하고 즐거운 드라이빙을 즐길 수 있다.

자동차 주행 중에 차량 결함 사고의 주요 원인 중 하나가 타이어 파손이라고 한다. 타이어 파손의 가장 큰 원인은 적정한 공기압이 되어 있지 않아서다. 공기압을 적정상태로 유지하면 주행 중의 타이어 파손은 대부분 예방 가능하다고 차량전문가는 말한다. 공기압이 규정치보다 낮을 경우 지면과 접지한 후 지면과 떨어질 때 타이어 접지면이 파도처럼 출렁이게 된다. 이를 스탠딩 웨이브standing wave 현상이라 부르는데, 이러한 현상이 오래 지속되면 과열이 되어 타이어가 견디지 못하고 터지게 된다. 또한 타이어 외관에 깊은 상처가 나 있는 걸 모르고 장거리 고속주행을 하게 되면 그 부분에 피로가 누적되어 파손되는 경우가 많이 발생한다.

앞에서 살펴본 것처럼 타이어의 성능, 수명, 안전에 가장 큰 영향을 미치는 것이 바로 날씨다. 한국타이어는 날씨와 계절에 따라 타이어를 생산함으로써 날씨경영의 좋은 모델이 되고 있다. 아울러 전 세계 각 지역별 날씨정보를 파악하고 그 기후에 맞는 타이어를 개발하여 공급한다. 한국타이어는 저연비, 친환경 타이어 개발 부문에서 3년 연속 녹색상품 위너로 선정되었다고 한다. 이에 대해 이정학 팀장은 "최근 전 세계적으로 친환경 타이어 사용을 권장하는 규제들을 도입하는 추세이며, 우리나라도 타이어에 에너지소비효율등급제를 도입했습니다. 전기전자제품이나 자동차에 붙어 있는 스티커가 타이어에도 붙게 된 겁니다. 이에 당사는 국내 최초로 현존하는 최고 에너지소비효율등급 1등급 타이어인 앙프랑 에코를 연구 개발하여 정부에 인증 및 신청을 완료했으며 곧 판매에 들어갈 예정입니다"라며 자랑스럽게 소개한다. 타이어의 생산계획에서부터 시험, 그리고 판매에 이르기까지 날씨를 적극적으로 활용하는 한국타이어의 날씨경영은 앞으로 더욱 빛을 발하리라고 생각한다.

06

차수막 개발로
날씨 울상에도 웃는 강소기업 _DMC코리아

●● "1896년 15미터짜리 쓰나미 악몽 … 이와테현 후다이 어촌 구했다" 2011년 4월 4일 《국민일보》 기사 제목이다. 장지영 기자가 쓴 기사를 보자.

"지난달 11일 쓰나미로 태평양 연안의 일본 이와테岩手현 산리쿠三陸해안가까지 궤멸되는 피해를 입은 상황에도 이곳의 한 어촌에서는 인명피해가 거의 발생하지 않아 화제다. 이와테현 북부 인구 3,000명의 후다이普代 어촌이 화제의 장소다. 《요미우리》 신문은 4일 후다이 마을에 높이 15.5미터, 길이 155미터의 방조제와 높이 15.5미터, 길이 205미터의 수문이 설치된 덕에 쓰나미로부터 마을을 지킬 수 있었다고 전했다.

후다이 마을의 방조제는 1967년 5,800만 엔, 수문은 1984년 35억 엔을 들여 완성됐다. 건설 당시 일본에서 '만리장성'으로 불리던 같은 현의 미야코宮古시 방조제 높이(10미터)를 크게 넘어 '너무 높다'는 비판이 많았다. 하지만 고故 와무라 유키에 당시 촌장은 절대 양보하지 않았다. 1896년과 1933년 두 차례 쓰나미로 이곳에서 439명의 희생자가 났었기 때문이다. 특히 1896년 쓰나미는 높이 15미터 이상이었던 것으로 전해지는 터라 그는 15미터 이상의 방조제를 세울 것을 주민들에게 관철시켰다.

물론 이번 쓰나미로 방조제 바깥의 항구가 파괴되고 당시 배를 보러 나갔던 주민 1명이 행방불명되는 피해를 입었다. 하지만 이와테현 전체에서 사망자와 행방불명자가 8,000명을 넘어선 것에 비하면 미미할 정도다. 후카와타 히로시 촌장은 '조상의 쓰나미 방재에 대한 열의가 주민을 구했다'고 말했다."

가끔 고집스런 사람들 덕에 수많은 사람들이 구원받는다. 촌장의 고집스러움이 일본 대지진과 쓰나미에서 수많은 인명을 구한 것이다. 우리나라에서도 비슷한 이야기가 있다. 물이 넘쳐 들어오는 장면은 같다. 그 물을 막아내는 것도 비슷하다. 하나는 제방으로 사람을 구했고, 다른 하나는 차수막으로 침수될 차를 구했다.

서울 사람들은 2011년 여름을 '폭우의 기억'이라고 부른다. 영화의 한 장면이 아닐까 할 정도로 엄청난 폭우가 쏟아져 내렸다. 서울 관악 지역에서는 시간당 100밀리미터 이상의 폭우가 내렸고, 강남이 물난리를 겪었고, 우면산이 처참하게 무너져 내렸다. 2011년은 도저히 기후를 예측하기 힘들 정도로 변화무쌍한 한 해였다. 이 때문에 해수욕장은 조기에 폐장하는 곳이 많았고, 수많은 업체들이 여름에 예년만큼 매출을 올리지 못해 아우성을 쳤다. 한편 그런 와중에도 날씨정보를 경영에 도입한 회사들은 놀랍게도 매출이 쑥쑥 올랐다고 한다. 날씨는 울상이지만 날씨경영으로 웃는 기업들이 여기저기 많아졌다는 이야기다. 날씨를 읽고 돈을 버는 방법을 터득한 것이다. 여기 폭우 아이템을 이용하여 연 매출 100억 원대까지 올린 중견기업을 소개하겠다. 기후변화와 함께 자연재앙에 대처하는 방법을 터득한 회사로도 주목받는 회사, 기후변화시대의 유망기업으로 꼽히는 DMC코리아가 바로 그 주인공이다.

DMC코리아는 1998년 설립하여 22년 된 회사다. 물류운반기계·일반 작업용 리프트·화물용 엘리베이터·자동화설비 제조업체이며, 소형 배터리 지게차·쓰레기처리용 컨테이너·리프트·차수막 등을 생산하는 친환경사업체다. 그동안 제품을 생산하는 데 날씨의 영향과는 좀 거리가 멀었다. 그런데 이제는 차수막 하나로 날씨의 도움을 가장 많이 받는 기업이 되어버렸다.

기후변화가 극심해지면서 예전에는 상상하지도 못했던 차수막 같은 제품들이 등장하고 있다. 이 회사가 처음으로 차수막 사업에 뛰어든 계기가 재미있다. 강남에 있는 모 빌딩에서 문의가 들어왔다고 한다. 비가 많이 오면 지하주차장이 물에 잠겨서 배수펌프를 작동해도 역부족이었다고 한다. 그래서 지하주차장 입구에 물을 차단하는 설비가 필요하다며 이것을 만들어줄 수 있느냐고 물었다. 그래서 차수막을 만들게 되었고, 이것이 2011년 강남 물난리 때 이 빌딩에 물이 안 들어오게 막는 큰 역할을 했던 것이다. 수많은 빌딩들이 지하실에 물이 차면서 많은 배상금을 물었는데, 차수막을 설치한 빌딩은 물 한 방울도 들어오지 않았던 것이다. 이 이야기는 누리꾼들 사이에서 널리 퍼져 이 회사는 어느 날 갑자기 유명한 회사가 되어버렸다. DMC코리아는 앞으로 심각해지는 기후변화로 인해 집중호우가 더 자주 발생할 것으로 예상하고 차수막을 좀 더 적극적으로 홍보하고 사업을 확장할 계획을 가지고 있다고 한다. 다양한 재해에 대처하기 위해 여러 종류의 차수막을 개발하고 있는데, 2011년 차수막이 효과를 보면서 주문도 많이 늘고 있다고 한다. 이 회사의 예측처럼 우리나라의 호우 빈도와 강수량은 증가하고 있다.

"80년 뒤 홍수 방어능력 절반으로 뚝". 《동아일보》 정임수 기자가 2011년 11월 3일 작성한 기사의 제목이다. 잠시 기사 내용을 살펴보자.

"2090년이면 하루에 100밀리미터가 넘는 집중호우가 쏟아지는 날이 지금보다 3배 가까이 늘면서 전국 강둑의 홍수 방어능력이 절반 수준으로 감소할 것으로 전망됐다. 이에 따라 정부는 지방 도심 하천의 홍수 방어능력을 대폭 강화하고 친환경 중소댐 건설을 확대하는 방안을 검토하기로 했다. 국토해양부는 2일 이런 내용의 '2011~2020년 수자원장기종합계획안'을 마련해 의견수렴을 위한 공청회를 열었다고 밝혔다. 수자원장기종합계획은 하천법에 따라 20년마다 만드는 물관리에 대한 최상위 계획이다. 이번 계획안은 2001년 만든 '2001~2020년 수자원장기종합계획'의 2차 수정안으로, 연말까지 중앙하천관리위원회 심의를 거쳐 본 계획으로 확정될 예정이다. 계획안에 따르면 2090년까지 1일 강수량 100밀리미터 이상인 집중호우의 발생 횟수가 지금보다 2.7배 늘고, '100년 이래 가장 비가 많이 오는 날'의 강수량도 20% 증가할 것으로 예상됐다. 이에 따라 홍수 피해가 클 것으로 예상되는 도심 하천을 중심으로 우선 정비에 들어가기로 했다. 특히 지방 하천의 도심 구간은 현재 50년 빈도의 홍수에 견딜 수 있게 설계 기준을 100년 빈도로 강화해 보강하기로 했다. 또 기후변화에 대비해 친환경 중 소형 댐을 추가로 건설하는 방안도 검토한다."

기후변화 예측자료를 경영에 활용하는 DMC코리아의 식견이 너무나 놀랍다. 사실 만든 물건이 대박이 날 것인가를 결정하는 요소 중 가장 중요한 것이 차수막을 설치한 고객의 평가다. DMC코리아 기술영업부 김경원 부장은 "평상시에는 잘 모릅니다. '기계가 좀 비싸다.' 이 정도로만 생각하고 큰 관심이 없다가 비가 많이 와서 일대가 다 피해를 보면 우리 건물만 피해를 보지 않았다, 몇 십 억을 차수막 덕분에 벌었다, 좀 와서 기계 점검도 해주고 이상 유무를 확인해달라고 합니다"라고 말한다. 차수막이 설치된 빌딩 주변의 건물주들이 차수막의 위력을 보고 주문을 해서 주문이 밀려든다는 것이다. 중요한 것은 제품의 질이다. 다른 회사의 차수막은 물이 새는데, 이 회사의 차수막만 물이 새지 않는다는 것이 입소문이 나면서 주문이 밀려든 것이다. 신축 건물의 경우는 아예 DMC코리아의 차수막을 설계에 반영해 설치하고 있을 정도다.

DMC코리아는 차수막 제조로 매출이 상당히 증가했다고 한다. 차수막 덕분에 연 매출이 20% 정도 향상되었고, 매출 실적만큼 이익도 늘어났다고 한다. 소규모 중소기업의 경우 조그마한 기계도 만들기가 어려워 아예 기술 개발을 하지 않으려고 한다. 그러나 DMC코리아는 과감하게 도전했다. 처음에는 수압에 밀려 새어 들어오는 물을 막지 못해 기술진들이 많은 어려움을 겪었다고 한다. 120킬로그램 이상의 압력을 사용하는 유압기계의 노하우를 이용하여 수압에 밀려 물이 새어 들어오는 것을 막는 장치를 개발하여 기밀성을 유지하는 데 성공했다. 이것이 다른 회사의 차수막과 다른 점이었고 성공의 밑거름이 되었다고 한다.

이 회사에서 자랑하는 차수막의 원리는 무엇일까? 차수막이 설치되는 곳은 저지대로, 지하주차장 입구나 지하창고 등 차량이 운행되는 곳이다. 평소에는 차수막 위로 차량이 지나 다닐 수 있게 하고 비가 많이 오면 차수막을 올려서 물이 지하로 들어오는 것을 막아야 한다. 따라서 입구 바닥에 차수막이 숨겨져 있다가 올라오는 형태여야 한다. 차수막은 유압의 힘으로 작동하여 수압을 차단하고 닫힐 때 건물 벽과의 기밀성 유지를 위해 블록형 패킹 처리를 하는 최신 공법을 이용한다. 김경원 부장은 "그간 기술 개발에 참여해서 고생한 우리 기술진의 자부심이 대단하고 생산근로자들도 생기가 넘쳐 흐릅니다. 작지만 자연재해를 우리 기계로 막아냈다는 사실이 그간 고생한 전 직원에게 큰 힘이 되고 있습니다"라고 은근히 자랑한다.

물난리가 나면 가장 큰 피해를 입는 곳이 저지대의 반지하주택이다. 매년 피해가 급증하자 정부에서는 반지하주택 건설 허가를 내주지 않기로 했다. 그런데 빌딩은 저지대에 있다고 건축 허가를 내주지 않을 수 없다. 2011년 물난리 때 차수막이 없었다면 큰 피해가 있었을 텐데 차수막 덕분에 피해가 없었다는 건물주들의 말처럼 이제 우리나라의 저지대에 있는 건물은 꼭 필요한 것이 차수막이 아닐까 한다. 왜냐하면 요즘은 건물 지하에 건물을 관리하는 설비나 창고 주차장이 있어서 지하가 물에 잠기게 되면 많은 피해를 보기 때문이다. 차수막은 이런 자연재해로부터 피해를 줄이기 위해서는 꼭 필요한 설비인 것이다.

DMC코리아는 차수막이 정작 필요할 때, 즉 비 오는 날 고장에 대한 대책도 강구하고 있다. 정전이나 기계 고장으로 차수막이 자동으로 닫히지 않을 때 전기 없이 수동 펌프를 손으로 작동하여 차수막을 닫을 수 있도록 만들었다. 감전 위험이 없도록 모든 전기재료는 방수 재료를 사용하고 있다. 감전 시에는 전기를 내리고 수동으로 작동하도록 했고, 사전에 A/S를 실시해 점검하고 있다.

DMC코리아가 차수막 사업을 시작한 동기를 들어보면 날씨경영에 대한 마인드가 대단함을 알 수 있다. 김경원 부장은 처음에 차수막 사업을 시작하게 된 동기에 대해 다음과 같이 말한다.

"처음에 저희들은 극심한 기후변화로 빙하가 녹아서 육지의 일부가 수면 아래로 가라앉는다고 할 때 대처할 수 있는 방법이 무엇이 있는가를 놓고 많이 토의했습니다. 인간으로 인해 환경재해가 닥친다면 우리 인간의 힘으로 이를 극복해야 한다고 생각합니다. 그래서 친환경사업으로 소형 배터리 지게차, 쓰레기 처리용 컨테이너, 리프트, 친환경 설비 등을 개발하는 데 투자하고 있습니다. 차수막도 이 일환으로 개발하게 되었습니다."

한마디로 기후변화에 대한 선견이 있었던 것이다. 결국 차수막은 기상이변을 새로운 사업 기회로 본 선견에서 비롯된 것이다. DMC코리아는 차수막 같은 기상이변에 관련된 또 다른 기반시설을 만들 계획이라고 한다. 차수막을 저지대 입구에 설치하여 물이 차오르면 동력 없이 자연 부력으로 인해 문이 열리고 닫히는 기계를 개발하고 있다. 또 신에너지 정책으로 배터리를 이용한 전기자동차를 개발하고 있으며, 여름과 겨울이 길고 봄가을이 짧게 변하고 있는 것에 착안하여 신사업을 계획하고 있다. 예를 들어, 공장 내부 벽에 열을 차단하는 내화 보호막을 설치하는 것이다. 이렇게 하면 외부 온도에 의해 공장 내부의 온도가 쉽게 변하지 않아서 20% 이상의 에너지 절약 효과를 볼 수 있다.

기후변화는 앞으로 더 심해질 것이다. 차수막을 설치하면서 그 빌딩은 스마트한 빌딩이 될 수 있었다. 따라서 빌딩을 짓고 난 후에 차수막을 설치할 것이 아니라 애초에 빌딩을 지을 때 기상이변에 대비한 다른 대책들을 마련하고 차수막을 함께 설치하면 어떨까 하는 생각을 해본다. 앞으로 기후변화와 함께 성장할 기업으로서 계획이나 포부에 대해 묻자, 김경원 부장은 "지금 지구 곳곳에서 이상기후로 인해 많은 피해를 보고 있는 게 현실입니다. 태국에서는 대홍수로 인해 방콕 시내가 물에 잠겨버렸습니다. 군인들을 동원해 벽돌로 방호벽을 쌓아 물을 차단하려고 애쓰는 모습을 뉴스를 통해 보면서 차수막을 설치해 물을 차단했더라면 이 재앙을 어느 정도 막을 수 있었을 텐데라고 생각했습니다. 우리가 이상으로만 생각했던 것들이 현실로 다가오고 있습니다. 이제는 이상이 아닙니다. 현실입니다. 우리나라 중소기업들은 대부분 열악해서 기술 개발을 하기에는 힘이 많이 드는 것이 사실입니다. 그러나 저희 회사는 여기서 안주하지 않을 것입니다. 열심히 노력해서 환경변화에 대처하는 기계들을 계속해서 개발하겠습니다. 많은 분들이 기후변화로 인한 재해가 증가하고 있다는 사실에 관심을 가져주셨으면 합니다"라며 야무진 각오를 밝힌다. 기후변화시대에 날씨경영으로 성공한 DMC코리아 같은 강소기업이 있기에 우리의 미래가 밝은지도 모르겠다.

07

기상위성영상으로 돈 번다 _솔탑

●● 태풍이나 집중호우 등 자연재해를 일으키는 기상현상을 관측하거나 예측할 때 가장 유용한 자료가 위성자료다. 예보의 정확도를 향상시키는 데 가장 중요한 부분을 차지하기 때문에 우리나라의 기상청도 위성자료를 확보하기 위해 계속 노력해왔다. 우리나라 기상청은 1970년부터 외국의 기상위성자료를 받아서 활용해왔다. 그러다가 2000년대에 들어서 우리도 독자적인 통신해양기상위성COMS, Communication, Ocean and Meteorological Satellite인 천리안*을 개발하고 그 자료를 처리하여 서비스하기 위한 기관을 창설했다. 국가기상위성센터가 바로 그것이다. 국가기상위성센터는 우리나라에서 개발된 천리안 위성이 우주 공간에서 기상을 관측하면 그 자료를 수신하고 분석하여 전 세계 사용자가 이용할 수 있는 다양한 기상정보로 가공하여 분배하는 역할을 주로

---

* **천리안** 2010년 6월, 남미 프랑스령 기아나의 쿠루에서 발사되었으며, 지구 적도 상공 3만 6,000킬로미터 고도, 동경 128.2도에 위치하여 기상관측·해양관측·통신서비스 임무를 수행하는 우리나라 최초의 정지궤도복합위성이다.

담당한다. 일기예보, 기후변화 감시, 환경, 방재 등 다양한 분야에 활용할 수 있는 자료를 제공하고 연구 활동을 수행하고 있다. 약 12개의 외국 위성이 관측한 자료를 수신해 분석하고, 일기예보 등에 활용할 수 있도록 제공하는 일도 한다. 또한 2013년 태양활동 극대기極大期를 대비한 우주기상 예·특보 정규 서비스를 실시할 예정이다.

기상위성이란 무엇일까? 기상위성은 말 그대로 우주 공간에서 기상현상을 관측하는 위성이다. 1960년대부터 현재까지 전 세계적으로 수많은 기상위성이 지구를 관측하고 이를 일기예보 및 기후 연구에 사용해왔다. 기상위성은 지구 적도 상공 약 3만 6,000킬로미터 고도에서 지구와 함께 회전하면서 기상상태를 관측하는 천리안 위성과 같은 정지궤도기상위성과 약 850킬로미터 고도에서 남북 방향으로 지구 주위를 돌면서 기상상태를 관측하는 미국의 NOAA 위성과 같은 극궤도기상위성이 있다. 현재 국가기상위성센터에서도 우리나라 천리안 위성뿐 아니라 약 12개의 다른 외국 위성의 자료들을 수신하여 분석하고 기상예보 등에 활용하고 있다. 대표적으로 태풍, 강수, 황사, 안개, 해수면 온도, 바람의 이동 등 다양한 기상현상에 대한 위성자료들을 분석해 예보관에게 전달하고 있다. 또한 총 16종의 기상산출물을 산출하는 시스템을 자체적으로 개발하여 활용하고 있다.

얼마 전 기상청은 천리안 위성 기상자료 수신 시스템 국산화에 성공했다고 밝혔다. 지금까지 활용 중인 기상위성자료 수신기는 전부 외국 제품이었다. 그런데 이번 국산화로 기상위성자료 수신과 처리에 대한 원천 기술을 확보할 수 있게 된 것이다. 기상청에 따르면, 이번에 개발된 장비는 기상위성 하나의 자료만 수신할 수 있는 외국 제품과 다르다고 한다. 필요한 경우 환경설정만 하면 일본, 중국 등 다른 나라의

◆◆◆ 2002년 6월 24일 미국 캘리포니아 주 밴덴버그(Vandenberg) 공군기지에서 발사된 NOAA-M 극궤도기상위성. NOAA 극궤도기상위성은 약 850 킬로미터 고도에서 남북 방향으로 지구 주위를 돌면서 기상상태를 관측한다.

위성이 보내오는 기상위성자료를 수신할 수 있고, 성능과 가격 면에서 외국 제품보다 우수해 충분히 경쟁력이 있다는 것이다. 현재 공군기상단이나 서울종합방재센터, 국립중앙과학관은 천리안 기상위성자료 수신 시스템을 통해 각종 자료를 받아 재난재해 방재활동과 연구에 활용하고 있다. 2013년부터는 사용 기관도 확대되고, 향후 베트남, 필리핀 등 개발도상국에 이 시스템을 구축할 예정이라고 한다. 앞으로 우리나라도 기상기술 선진국으로 한 발 더 앞서 나가게 될 것으로 전망하고 있다. 그런데 이런 쾌거 뒤에는 1997년 설립 이후 기상위성자료 수신 시스템 국산화를 위해 지금까지 달려온 벤처기업이 있다. 바로 위성 시스템과 위성영상 개발 전문업체 솔탑SOLETOP이 그 주인공이다.

솔탑은 우주항공 전문기업으로 1995년에 설립되었다. 설립 이후 지금까지 우주항공 분야에서 정부기관 및 정부 출연 연구소와 더불어 우리나라 우주개발 프로젝트를 함께 수행해오고 있다. 일반인에게는 다소 생소하지만, 주요 사업은 위성영상수신처리 시스템을 개발·공급하는 것이다. 이외에도 인공위성의 개발에 필요한 지상시험 시스템, 위성이 발사되어서 정상 궤도에 안착한 후 운영에 필요한 위성관제 시스템을 개발·공급하는 일을 하고 있다. 최근의 가장 큰 성과로는 우리나라 최초의 기상위성인 천리안 위성의 기상영상자료를 수신해 처리할 수 있는 수신 시스템을 세계 최초로 개발하여 상용화한 것을 들 수 있다. 이 회사는 대전에 있는 대덕 벤처단지에 있다. 인근에 한국항공우주연구원이나 전자통신연구원 등 관계된 연구원들이 많이 있기 때문에 서로 윈-윈할 수 있는 이점이 있다고 한다. 솔탑이 위성 분야에 발을 들이기 시작한 것은 1997년경이다. 그때 우리나라 최초의 다목적 실용위성인 아리랑 1호 위성을 개발하고 있었다. 당시 전자통신연구원의 위성관제 시스템 개발 사업에 참여한 것이 계기가 되었다. 초기에는 위성에 대한 지식이 부족해서 기술이전 등을 통해 연구원들의 도움을 많이 받았다고 한다. 우리나라 우주개발 프로그램에 따라 다른 연구원과 함께 아리랑 1·2호 및 천리안 위성의 위성관제 시스템과 영상수신처리 시스템 개발 등을 진행했다. 그리고 이미 발사에 성공한 아리랑 3호 개발 관련 프로젝트에 참여했고, 발사 예정인 아리랑 5호와 3A 위성 개발과 관련한 다수의 프로젝트에 참여하고 있다.

무엇보다도 아리랑 2호 위성의 경우 솔탑에게는 많은 의미가 있다고 한다. 전자통신연구원과 함께 위성관제 시스템을 성공적으로 개발하고 이 과정에서 연구원으로부터 핵심 원천 기술들을 이전받을 수 있는 기회가 되었으니 말이다. 또한 한국항공우주연구원과 함께 위성시험자동화 시스템을 처음으로 국산화한 것도 자랑할 만한 성과다. 아리랑 1호를 개발할 때만 해도 해외 기술에 의존했던 것을 100% 국내 기술로 개발했기 때문이다. 한국항공우주연구원의 아이디어로 고속위성 영상수신처리 시스템 개발에 참여할 기회를 갖게 된 것도 솔탑의 성장에 큰 도움이 되었다. 당시만 하더라도 위성에서 촬영한 정보를 확인하는 데 상당한 시간이 소요되어서 정보의 신속성 측면에서 꼭 필요한 연구였다. 당초 목표는 연구 모델 수준의 시스템을 개발하는 것이었지만, 촬영과 동시에 영상을 확인할 수 있는 기대 이상의 성과를 달성하게 되었다. 그 결과로 탄생한 시스템들이 북극에 위치한 노르웨이 스발바르Svalbard와 오슬로Oslo 그리고 프랑스 툴루즈Toulouse에 설치되어 운영되고 있다. 또 아랍에미리트에 수출하는 성과도 달성했다.

첨단 위성으로 좋은 영상을 얻더라도 소프트웨어로 제대로 가공하지 않으면 자료로서 쓸모가 없다. 그런데 솔탑은 이런 위성에서 보내

오는 영상의 상품 가치를 높여주는 데 한몫하고 있다. 솔탑의 사공영
보 사장은 "여러 가지 다양한 기술이 필요합니다만, 저희 회사는 주로
고속화 기술에 집중하고 있습니다. 하드웨어 비용을 최소화할 수 있는
소프트웨어를 이용한 고속 처리 기술과 관련된 특허를 보유하고 있고,
영상 품질 향상과 관련해서는 기상청과 연구소의 도움을 많이 받고 있
습니다. 지금까지 저희 회사가 이런 성과를 거둘 수 있었던 것도 다양
한 분야에 계신 많은 분들의 도움 덕분입니다"라고 말한다. 우리나라
는 천리안 위성을 발사하면서 세계 일곱 번째 기상위성 보유국이 되었
다. 천리안 위성이 발사되기 이전까지는 해외 기상위성, 특히 일본 및
중국의 기상위성 영상자료에 의존하고 그 자료를 받기 위해 해외 수
신 시스템을 수입해온 상황이었다. 그러나 현재는 독자 위성을 보유하
고 수신 장비를 국산화함으로써 급변하는 기상재해에 대비할 수 있는
독자적인 체계를 갖추게 되었다. 기상청에서 천리안 위성을 통해 새로
운 기상 서비스를 제공하거나, 국내 학계 및 연구소 등에서 더 나은 새
로운 영상 처리 알고리즘을 개발했을 때 신속히 적용할 수 있는 장점
이 있다. 만약에 국산 장비가 없다면 우리 위성임에도 불구하고 해외
업체에 업데이트를 부탁해야 하는 상황이 발생할 수도 있다. 솔탑은
2009년부터 기상청과 함께 국산 장비를 개발했다. 2011년 하반기에
기상위성 영상 수신 장비를 개발한 이후로 현재까지 기상청, 서울종합
방재센터, 국립중앙박물관, 군부대, 수자원공사 등 다양한 기관에서 솔
탑의 제품을 통해 천리안 위성 영상을 수신하고 있다. 이외에도 학교,
해양, 선박, 방송 등을 비롯한 다양한 산업 분야에서 장차 널리 활용될
것이다. 2012년 4월에는 한국국제협력단KOICA의 ODAOffical Development
Assistance(공적개발원조) 사업을 통해 스리랑카에도 설치되어 운영 중에

있다. 기상청은 필리핀, 베트남 등 개발도상국에 위성수신 시스템을 지원하겠다고 한다. 사실 기상청이 개발도상국에 위성수신 시스템을 지원하는 것은 대단히 뜻깊은 일이다. 2011년 방콕이 물에 잠긴 것을 비롯해 최근 들어 동남아 지역에 기상재해가 많이 발생하고 있다. 이런 때에 우리 위성과 우리 기술이 당사국의 인명과 재산 피해를 줄여줄 수 있다면 국가 이미지와 위상을 높일 수 있을 것이다.

사실 이 모든 일들이 벤처기업이 해낸 일이라고 하기엔 믿기 어려울 정도다. 솔탑의 사공영보 대표는 기술에 관한 특허 인증도 받았다면서 "중소기업청의 구매조건부 사업을 통해 기상청과 2년간 개발했습니다만, 사실 그 전부터 한국항공우주연구원 등과 함께한 기술이 모여서 이루어낸 결과라 생각합니다. 모든 벤처기업이 그러하듯 임직원들의 열정 하나로 모든 어려움을 극복해온 것 같습니다. 결실을 맺기까지 도움을 주신 기상청과 한국항공우주연구원에 감사하게 생각하고 있습니다"라며 공을 돌린다. 조그만 벤처기업이 이뤄낸 업적이라고 하기엔 믿기지 않을 만큼 정말 대단한 일을 해낸 것이다.

솔탑의 시스템들도 호우나 태풍, 강한 바람, 뇌우 등에 예민하다고 말한다. 그래서 설치를 위한 옥외 작업을 할 때는 항상 기상예보를 확인하고 일정을 잡는다고 한다. 천리안 기상위성이 발사되고 2011년부터 본격적인 천리안 기상위성 서비스가 개시되었다. 천리안 기상위성을 보유하기 전까지 우리나라는 기상위성정보를 주로 일본 위성에 의존하여 1시간 간격으로 기상정보를 받았다. 이러한 사정으로 인해 태풍, 호우 등 악기상 발생 시 관측 영역 및 관측 시각의 조절이 불가능하여 기상이변에 대비하기 위한 정보 획득에 어려움이 있었다. 하지만, 천리안 위성이 발사되면서 관측 주기가 종전 1시간 간격에서 15분

간격으로 단축되어 더 많은 정보의 획득이 가능해졌다. 여기에 더해서 향후 기상청이 제공하는 다양한 수치예보정보 및 해양정보 등의 부가 정보도 받아볼 수 있다.

솔탑은 지구온난화로 인해 발생하는 기상이변과 관련하여 위성 시스템 장비를 더욱 정교하고 편리하게 이용할 수 있도록 하는 시스템을 구상하고 있다. 위성영상수신 시스템은 고가이고 유지와 운영에도 많은 비용이 들어간다. 그래서 솔탑은 천리안 위성 영상뿐만 아니라 극궤도 기상위성 영상 등을 수신·처리해서 인터넷을 통해 배포할 수 있는 체계를 구축 중에 있다. 재난과 재해를 대비하기에는 다소 미흡한 점이 없지 않지만, 저렴한 비용으로 위성 영상을 이용할 수 있도록 할 계획이다. 그리고 일반 사용자들이 쉽게 이용할 수 있는 저가의 제품을 개발해서 작은 어선 등도 기상정보를 확인하고 활용할 수 있도록 널리 보급할 계획이라고 한다.

우주항공산업에 꼭 필요한 기업으로서 솔탑의 계획과 포부에 대해 사공영보 대표는 "그동안 국민들의 관심과 정부의 지원 속에서 우주항공 분야는 괄목할 만한 기술적 성과를 이루어왔습니다. 이러한 성과의 결과로 국가 위상 및 국민적 자부심 고취에도 많은 기여를 했다고 생각합니다. 특히, 천리안 위성을 통해 보다 정확한 기상예보로 국민의 편익을 도모하고 인명과 재산을 보호하는 데 많은 기여를 하고 있습니다. 그러나 산업적으로는 아직 기대에 미치지 못하고 있습니다. 사실 국내 시장만으로는 성장하는 데 한계가 있고 그동안 선진 해외 업체들이 점유한 해외 시장 진출도 만만치가 않습니다. 다행히 세계 최초로 천리안 기상위성 영상 수신 시스템을 개발한 덕분에 작년 유명 해외 업체와 공동으로 기술개발 및 마케팅을 하기로 협약을 체결함으로써 더 우수한 제품 개발 및 해외 시장 진출의 기틀을 마련했습니다. 끝으로 그동안 축적한 기술을 통해 경제적 가치를 창출하여 위성산업 발전과 국가 우주 개발에 일조할 수 있도록 혼신의 노력을 다하겠습니다"라며 야무진 포부를 밝힌다. 쏠탑이 수행하는 위성 사업은 전형적인 녹색산업이다. 기후변화시대에 명분과 실리를 함께 얻을 수 있는 에코그린스마트 산업인 것이다.

"녹색이 돈이 된다!Green is green!"라는 말이 있다(그린은 친환경을 뜻하는 동시에 녹색의 미국 지폐를 상징한다). 녹색제품으로 850억 달러를 번 글로벌 그린 기업 GE가 얼마 전 만든 슬로건이다. 제프리 이멜트Jeffrey Immelt GE 회장은 2005년 친환경 사업을 집중적으로 육성하며 그린과는 거리가 먼 회사의 이미지를 환경과 생태 그리고 상상력을 합친 에코매지네이션ecomagination* 전략을 탄생시켰다. 이후 6년간 약 5조 7,000억 원을 에코매지네이션 기술과 제품 개발에 쏟아 에너지 효율을 높인 가전제품, LED, 풍력발전기, 녹색금융을 만들어냈다. 이런 제품이 처음엔 17개로 시작해 지금은 140여 개나 된다고 한다. 친환경적이면서 비용도 줄여주는 장점이 부각되면서 이들 제품의 매출은 쑥쑥 늘어났다. 더욱 중요한 것은 이산화탄소 배출과 물 사용량 등 기업 활동이 환경에 미치는 악영향이 무려 20%나 줄었다는 사실이다. 이러한 성과로 GE는 글로벌 친환경 기업으로 꼽히면서 브랜드의 이미지도 매우 높아졌다고 한다. 최근 기업의 사회적 책임이라는 말이 우리 기업들에게도 부각되면서 "돈이 들더라도 할 일을 하자"라는 모토가 생기고 있

---

* **에코메지네이션** 환경을 의미하는 Ecology의 'Eco'와 GE의 슬로건 'Imagination at work'의 'Imagination'이 합쳐진 말로, 환경 문제를 해결하기 위한 친환경 전략이다.

다. 좋은 일도 하고 돈도 버는 것이 글로벌 기업들이 새로운 지평을 찾아가는 방법 중 하나라는 것이다.

제4장

식품산업이 짝사랑하는 날씨

날씨는 이제 우리 삶의 중심에 들어와 있다.
날씨가 제품을 만들고, 가격을 결정하고,
마케팅을 하는 시대가 되었다.

날씨정보는 제품 생산이나 판매, 홍보에 이르기까지 안 쓰이는 데가 없을 정도로
이제는 아주 중요한 경영의 요소가 되었다. 제품 생산, 판매, 홍보, 날씨 관련 정
보들을 무조건 모으는 것만으로는 안 된다. 무엇보다도 이 정보들로부터 제품 생
산, 판매, 홍보와 날씨의 유의미한 상관관계를 이끌어내는 것이 중요하다.

01

기온별, 계절별 상품 차별화로 매출 업! _파리바게뜨

●● "온도 1도가 대박을 가른다." 기업들의 '온도 전쟁'이 한창이다. 1 도의 작은 차이로 시장에서 사랑을 받거나 외면을 당한다. 이젠 소비 자의 선택이 냉정하고 꼼꼼해졌기 때문이다. 다른 제품과의 차별성이 중요하고 또 실용적이며 과학적이어야 한다. 예를 들어보자. 코오롱스 포츠의 '라이프 텍 재킷'은 등반 중 조난을 당해 저체온의 위험이 있을 때 버튼을 누르면 2분 안에 옷의 온도가 35~40도의 온도까지 올라간 다. 이후 이 온도를 꾸준히 유지하기에 조난을 당해도 생명을 구할 수 있는 것이다. 열을 내고 유지할 수 있는 비밀은 '히텍스HeaTex'라는 스 마트 섬유다. 섬유 안에 0.24밀리미터 두께의 전도성 고분자가 들어 있다.

가전제품회사 로벤타Rowenta의 '디지털 엘리트'는 자신의 머리 상태 에 맞게 온도를 조절할 수 있는 스타일링기다. 이 제품은 머릿결이 상 하지 않도록 120~200도 사이에서 적당하게 온도를 맞출 수 있다. 머 릿결이 상하는 것을 방지해주는 스마트한 기기다. 닥터브라운 센서 젖병은 온도에 따라 색깔이 변한다. 센서가 수유에 적당한 온도인 36~38도에서는 젖병에 달린 빨대가 보라색을 띠도록 했다가 38도가 넘으면 분홍색으로 바뀌게 한다. 테팔은 온도 감지 기능이 있는 붉은색 최첨단 코팅 소재를 2중 처리했다. 냄비의 온도가 200도에 가까워질수록 둥근 모양의 센서가 점점 붉게 변하도록 했다. 바로 이때 재료를 넣고 요리를 시작하면 된다. 온도로 멋을 살리는 경우도 있다. 패션브랜드 '드레스 투 킬Dressed to Kill'은 온도에 따라 색이 변하는 '트랜스 포머 티셔츠'를 내놓았다. 특수 염료로 염색한 원단을 써서 사람 손이 닿거나 인체 온도가 올라가면 하얀색으로 변한다. 온도가 내려가면 원래 색으로 되돌아간다. 온도의 미학이라고 해야 할지 온도의 과학이라고 해야 할지 정말 대단한 세상이다.

최근 한류 베이커리 바람을 불러일으킨 SPC 그룹은 60년째 식품업계의 성공가도를 달리고 있는 기업이다. SPC 그룹은 1945년 설립 이후 지난 66년간 축적한 기술과 경험을 바탕으로 식문화를 선도하고 있다. 현재 파리크라상, 비알코리아, 삼립식품 등의 계열사를 통해 프랜차이즈사업과 브랜드 빵 사업을 전개하고 있다. 삼립식품은 브랜드 빵 부문, 파리바게뜨는 베이커리 부문, 배스킨라빈스는 프리미엄 아이스크림, 그리고 던킨도너츠는 도넛 부문에서 각각 1위를 차지하고 있다. 창립 60주년을 맞은 지난 2005년 매출 1조 원을 돌파한 이후 2011년 매출 3조 원을 넘어섰으며, 총 20여 개 브랜드, 전국 5,000여 개 매장을 운영하고 있다. SPC 그룹은 지난 2004년 중국 상하이上海에 첫 파리바게뜨 매장을 연 이래 현재 상하이, 베이징北京, 톈진天津, 난징南京 등에 총 70여 개 매장을 운영하고 있다. 현지에서 고급 베이커리로 포지셔닝하여 각종 베이커리 기업에게 수여하는 상들을 휩쓰는 등 성공적으로 중국 시장에 안착했다. 또한 미국에도 2005년 LA에 첫 점포를 열고 미 동부와 서부에 걸쳐 20여 개 점포를 운영하고 있다. 교민뿐 아니라 현지인들 사이에서도 좋은 반응을 얻고 있어 미국 전역으로 점포를 확대해나갈 계획이라고 한다. 2012년에는 동남아와 중동 지역에 진출 하는 등 글로벌 기업으로 도약하고 있는 대표적 한류 기업이다.

"비 올 땐 피자빵을 준비하라!" 2013년 1월 24일 《동아일보》 박창규 기자가 쓴 기사 제목이다. 박창규 기자는 기사에서 파리바게뜨의 날씨 경영을 다음과 같이 소개한다.

"파리바게뜨 서울 강남 본점의 정재엽 점장(30)은 오후 6시가 되면 어떤 제품이 많이 팔렸는지, 남아도는 물량은 없는지 일일이 확인하느 라 정신없이 바빠진다. 본사 구매 시스템에 이를 입력한 뒤에는 이틀 뒤 받을 재료도 신청한다. 지난 주말 정 점장은 피자빵 재료를 평소보 다 많이 주문했다. 평소에는 35개 정도를 만들었지만 이번에는 50개로 늘리기로 했다. 21일부터 비가 온다는 예보가 있어 피자빵의 매출이 늘 것이라고 알려준 날씨판매지수 코너의 조언을 충실히 따른 결과다. 비가 오면 집에서 부침개를 만들어 먹는 사람들이 많은 것처럼 매장에 서도 기름기가 있는 피자빵이 잘 팔리기 때문이다. 그는 2주 전 한파寒 波가 닥쳤을 때에는 차가운 샌드위치 대신 따뜻한 샌드위치 비중을 늘 리기도 했다. 보통 9 대 1로 차가운 제품을 많이 만들지만 날씨가 추워 지면 따뜻한 것을 찾는 이들이 많아질 것이라는 날씨판매지수의 제언 에 따른 것이다. 정 점장은 '날씨판매지수를 활용하면서 팔지 못해 버 리는 제품이 크게 줄어들었고, 오후 늦게 매장에 왔다가 찾는 빵이 없 어 헛걸음을 하는 고객도 거의 사라졌다'고 말했다. 파리바게뜨를 운영 하는 파리크라상이 이처럼 날씨판매지수를 도입한 것은 지난해 6월이다. 날씨판매지수를 한 달간 운영한 뒤 피자빵, 소시지빵 등 조리 빵을 샘플로 삼아 판매량을 집계해보니 전년 같은 기간보다 30% 늘어난 것으로 나타났다. 파리크라상 관계자는 '가맹점의 90% 이상이 날씨판매지수를 점포 운영에 활용하면서 매출이 늘고 영업 이익도 개선되고 있다'고 전했다."

날씨를 이용한 마케팅이 수익을 확 올려주었다는 것이다.

SPC 그룹은 2011년 성공적인 글로벌 진출과 각종 히트상품 출시, 그리고 최근 우리 사회의 큰 화두 중 하나인 '동반성장'을 위해 적극적으로 노력한 공로로 2011년을 빛낸 그룹으로 선정되었다. SPC 그룹은 2011년 회사와 가맹점, 대리점, 협력회사의 상생과 동반성장을 위해 부단한 노력을 기울여왔다고 한다. 2011년 8월에는 '동반성장전략'을 발표하고 가맹점, 대리점, 협력업체와의 소통과 지원을 위한 다양한 방안을 마련했다. 공채 인원의 10% 수준을 SPC 그룹 매장에서 근무하는 아르바이트 학생 중에서 선발했다. 매년 100명에게 대학등록금 반액을 지원하는 제도를 신설하는 등 상생을 위한 경영 활동이 큰 호응을 얻고 있다. 우리나라 빵과 아이스크림의 대표적 기업인 SPC 그룹의 경우 크리스마스 같은 이벤트 날에 매출은 급상승한다. 파리바게뜨는 작년과 비교해 10~15% 정도 매출이 늘어났다. 선물 문화의 확대에 따라 쿠키, 롤케익 등 선물류 제품이 신장세를 이끌었고 시크릿케이크와 같은 신제품과 캐니멀, 디즈니카 등 아이들이 좋아하는 캐릭터 케이크 판매가 두드러졌다고 한다. 배스킨라빈스는 연중 크리스마스 시즌이 아이스크림 케이크 최대 성수기인데 특히 2012년에는 세계 최초로 출시한 조각 아이스크림 케이크 '와츄원'의 인기에 힘입어 전년 대비 30% 가까이 높은 신장세를 기록했다고 한다.

크리스마스와 같은 특별한 날이나 행사를 위해 다양한 신제품들을 출시한다. 신제품 출시 기획은 언제부터 시작하고 기획 단계에서 어떤 부분에 가장 중점을 둘까? 크리스마스와 같은 큰 규모의 시즌 이슈는 시즌이 종료되자마자 내년 시즌을 준비한다. 제품 기획부터 마케팅 활동까지 꼼꼼하게 오랜 준비 기간을 거친다는 뜻이다. 제품 기획 단계에서는 시즌 이슈를 고려하여 고객의 니즈에 부합하는지, 시장에서 차별화되는 제품인지 등을 철저히 조사한다.

최근에는 빵에 방부제를 사용하지 않는다. 그렇다 보니 유효 기간이 지나면 빵을 팔 수 없다. 날씨에 따른 재고 관리가 필수라는 이야기다. 파리바게뜨의 경우 체계적이고 효율적인 본사의 생산 시스템과 가맹점에서 전날 주문을 하면 다음날 생산 배송하는 주문 시스템을 통해 재고 관리를 철저히 한다. 본사에서 생산하는 반제품 상태의 냉동 휴면생지를 매장에서 필요한 만큼 주문하고 이를 고객의 수요에 따라 매장 내에서 직접 구워내는 베이크오프 시스템으로 각 매장에서 신선한 제품을 유지하기 위해 노력한다. 뿐만 아니라, 당일 판매되지 않은 제품은 어려운 이들을 돕는 푸드뱅크 지원 사업으로 연결하여 지역사회 공헌 활동에 적극 참여하고 있다. 그럼 유통 과정에서 날씨로 인해 변질되는 위험성에는 어떻게 대응할까? SPC 그룹의 식품안전관리 시스템은 원료 구매부터 생산, 유통, 판매에 이르기까지 모든 과정에서 위해 요소를 사전에 감지하고 상시 예방할 수 있도록 구축되어 있다. 이는 동양 최대 규모의 첨단 설비와 식품안전 시스템을 자랑하는 파리바게뜨 평택 공장에 잘 나타나 있다. 파리바게뜨 평택 공장은 사전 협의를 통해 허용된 인원만 현장 진입이 가능할 정도로 까다롭다. 첨단 과학이 적용된 식품안전 설비를 통해 엄격한 원료 이물 선별 단계와 제조 공정을 거친 제품만 소비자에게 제공하고 있다. 물론 이런 과정에서 날씨정보의 활용은 필수적이다. 이러한 결과로 SPC 그룹에서 생산하는 빵류 전 품목과 빙과류가 HACCP 인증을 받아 소비자의 신뢰를 더욱 높였다. 또한 그룹 차원의 SPC 식품안전센터를 운영하여 연 1만 5,000회 이상의 사업장 위생 점검과 연 1만 2,000여 건의 분석 평가를 실시하는 등 현장의 위생환경 개선에 적극 노력하고 있다고 한다.

비가 오는 날이면 커피가 생각나고, 눈이 오면 케이크가 생각나는 등 날씨에 따라서 고객들이 선호하는 것들이 다르다. SPC 그룹이 벌이는 날씨 마케팅은 무엇이 있을까? SPC 그룹 김범호 전무는 "저희는 가맹점과의 커뮤니케이션 채널인 POS 시스템을 통해 온도, 습도 등의 날씨정보를 제공하고 있습니다. 뿐만 아니라 이러한 계절지수에 따른 객수, 유형별 매출 등을 기간별로 다양하게 분석하고 있습니다. 이처럼 지금까지 축적해온 날씨와 판매 관련 빅데이터를 분석해 도출한 가이드를 가맹 대표님들에게 제공하여 날씨에 따른 실제적인 판매 활성화를 위해 노력하고 있습니다. 그러나 미처 예측하지 못한 날씨로 웃지 못할 에피소드가 발생하기도 합니다. 신제품 출시 후 외부에서 대대적인 홍보 행사를 기획한 적이 있었는데, 하필 그날 황사가 심해서 길거리에 사람이 별로 없을 뿐 아니라 행사 제품에 황사가 쌓여 행사를 중단한 적이 있었습니다"라고 말한다. 이처럼 제품 생산이나 판매, 홍보에 이르기까지 날씨정보는 안 쓰이는 데가 없을 정도로 이제는 아주 중요한 요소가 되었다. 제품 생산, 판매, 홍보, 날씨 관련 정보들을 무조건 모으는 것만으로는 안 된다. 무엇보다도 이 정보들로부터 제품 생산, 판매, 홍보와 날씨의 유의미한 상관관계를 이끌어내는 것이 중요하다. 그러기 위해서는 전문적으로 이를 컨설팅해줄 수 있는 민간기상

◆◆◆ 날씨정보는 빵 생산이나 판매, 홍보에 이르기까지 안 쓰이는 데가 없을 정도로 이제는 아주 중요한 요소가 되었다. 제품 생산, 판매, 홍보, 날씨 관련 정보들을 무조건 모으는 것만으로는 안 된다. 무엇보다도 이 정보들로부터 제품 생산, 판매, 홍보와 날씨의 유의미한 상관관계를 이끌어내는 것이 중요하다. 그러기 위해서는 전문적으로 이를 컨설팅해줄 수 있는 민간기상정보회사의 도움을 받는 것이 좋다.

정보회사의 도움을 받는 것이 좋다.

빵을 선호하는 주 고객층은 젊은 사람들이 많을 것 같은데 실제 구매고객의 특성은 어떨까? 빵이 대중화되면서 베이커리는 전 연령층이 즐기는 식문화로 자리 잡았다. 다만 다양한 제품이 출시되면서 각각의 연령층이 선호하는 제품이 차별화되고 있는 추세라고 한다. 치즈케이크와 같은 디저트류가 젊은 여성에게 어필하고 있다면, 식사 대용으로 먹을 수 있는 샌드위치는 직장인들이 자주 구매하는 품목이라고 할 수 있다. 이러한 구매층의 특성도 매출에 영향을 주지만, 무엇보다 날씨 역시 무시 못 할 요소다. 예를 들어 2012년 겨울처럼 추운 겨울에는 어떤 상품이 가장 잘 팔릴까? 날씨가 추운 겨울에는 핫브레드를 많이 찾는다. 따뜻하게 데워먹는 핫브레드 중 간편하게 한 끼 식사를 해결할 수 있는 불고기브리또와 같은 제품이 바쁜 직장인들에게 특히 인기를 끌고 있다고 한다.

우리나라는 4계절이라 각 계절에 따라 상품 기획 전략도 달라진다. 의류처럼 먹을거리도 계절에 앞서 출시해야 하기 때문에 계절이 오기 서너 달 전부터 상품 기획에 들어간다. 기획 단계에서 특히 신경을 쓰는 것은 각 계절에 적합한 원료를 차별화하는 것이다. 파리바게뜨의 경우 계절별로 가장 신선한 원료를 적극 사용하고자 봄엔 딸기, 가을엔 사과나 단호박 등의 제철 원료를 사용한 제품을 개발하고 있다. 또 여름에는 시원한 느낌의 과일 필링 도넛이나 셔벗 아이스크림, 겨울에는 선호도가 높은 초콜릿 도넛이나 치즈가 많이 들어간 아이스크림 제품과 같이 계절별 집중 상품군 비중을 높이기도 한다. 계절별, 기온별로 차별화를 한다는 것이다. 날씨와의 연관성을 무시할 수 없는 식품업계의 경우는 그날그날의 날씨정보뿐만 아니라, 계절별 장기전망에

보까지 정보 수집이 아주 중요하다. SPC 그룹에서는 민간기상정보회사인 케이웨더를 통해 상세한 날씨정보를 확보하여 내부 데이터베이스에 축적해 활용한다.

SPC 그룹은 인천공항에서만 24개 매장을 운영하고 있다. 인천공항에 24개 매장이 있다면 이용하는 고객만 해도 엄청난 규모다. 한국의 첫인상을 알리는 데 한몫하고 있다고 자부한다는데, 인천공항 매장을 찾는 해외 고객들의 반응은 어떨까? SPC 그룹은 2007년부터 인천공항 식음료 사업자로 선정되어 매장을 운영하고 있다. 월평균 30만 명 이상의 이용객들이 매장을 이용하고 있으며, 세계적인 수준의 품질과 세련된 이미지로 외국인들에게도 좋은 반응을 얻고 있다고 한다. 특히 최근에는 중국인 고객들이 급격히 늘고 있어 메뉴판 및 각종 홍보물에 중국어 표기를 더하고 있다. 떡 카페 브랜드인 '빚은'의 경우 외국인들에게 한국 전통 떡의 맛과 멋을 알리는 데 앞장서고 있으며, 외국인들의 귀국 선물로도 각광받고 있다.

빵 사업에 있어 날씨 활용은 엄청난 이익을 가져온다는 것이 이젠 정설이다. SPC 그룹에서도 2012년 여름 장기간 높은 기온이 지속되면서 아이스크림 제품과 아이스 아메리카노, 쿨라타 등 아이스 음료의 판매량이 예년에 비해 높은 판매 비중을 보였다. 2013년에도 기상예보 데이터를 참고하여 미리 원료 수급량을 조절하는 등 제품 공급과 재고 관리에 이상 없도록 준비할 계획이라고 한다.

SPC 그룹은 1983년 제빵업계 최초로 식품기술연구소를 설립, 식품의 품질 향상과 안전을 위한 체계를 구축했다. 2005년에는 식품안전 전반에 관한 업무를 수행하는 기구인 'SPC식품안전센터'를 발족해 식품안전 체계를 구축했다. 또한 같은 해 설립한 'SPC식품생명공학연구소'를 통해 원천 기술 확보와 미래성장동력 창출을 위한 연구뿐 아니라 식품 안전에도 크게 기여하고 있다.

2013년 SPC 그룹의 경영 화두는 '정도경영, 품질경영, 글로벌 경영'이다. 고객들로부터 신뢰받는 기업이 되기 위해 임직원 모두가 원칙을 준수하고 투명하고 공정한 기업 활동을 통해 브랜드 가치를 높이는 것이 목표라고 한다. 또한 베이커리 업계 1위에 자만하지 않고 '맛'과 품질에 대한 끊임없는 노력을 기울여 항상 최고의 제품을 소비자에게 제공할 수 있도록 노력하겠다고 약속하고 있다. 성공적으로 진행되고 있는 글로벌 진출에도 박차를 가하여 글로벌 기업으로 성장하겠다고 한다. 마지막으로 'SPC해피봉사단'을 통해 도움의 손길이 필요한 사회 곳곳을 돌보고 나눔의 정신을 실천하여 '행복한 세상'을 만들기 위해 노력할 것이라고 다짐한다. 날씨경영의 선구자가 미래기업의 선구자가 된다는 것을 잘 보여준 기업이 바로 SPC 그룹이다.

02

맛있는 날씨를 잡아라! _CJ푸드빌

●● 가을 하면, '천고마비天高馬肥'의 계절이라고 부른다. 하늘은 높고 말은 살찌는 계절이라는 뜻이다. 가을이 식욕의 계절이 된 데는 단순히 먹을거리가 풍성해지기 때문만은 아니다. 식욕은 여러 가지 요인에 의해 결정되지만, 가을철 왕성해지는 식욕은 날씨의 영향을 무시할 수 없다. 도대체 가을 날씨의 어떤 요소가 식욕을 왕성하게 만드는 것일까? 첫 번째 요소는 쌀쌀한 기온이다. 음식을 먹으면 체온이 올라가고, 높아진 체온은 곧바로 포만중추를 자극해서 식욕을 억제시킨다. 하지만 가을철 쌀쌀한 날씨는 몸이 일정한 체온을 유지할 수 있도록 해서 에너지 소비를 늘리게 만든다. 동시에 식사를 통해 올라간 몸의 체온을 떨어뜨리기 때문에 식욕 중추에 "나는 계속 배고파요" 신호를 보내면서 식욕을 계속 증가하게 만든다. 두 번째 요소는 가을철에 감소하는 일사량이다. 일사량이 감소하면 체내의 '세로토닌serotonin'이라는 신경전달물질의 분비를 감소시켜 계절성 우울증을 유발시킨다. 계절성 우울증 환자들은 식사량이 급격하게 늘고, 당분이 많이 들어 있는 단

음식을 많이 먹게 되어 살이 찐다. 이처럼 음식은 날씨와 밀접한 관계가 있기 때문에 가을만 되면 신나는 업체가 있다. 살찌기를 겁내는 선남선녀에게 맛있는 음식을 마음껏 먹으면서도 다이어트 효과가 있는 음식을 제공해 사랑받는 우리나라 외식업계의 대표주자 CJ푸드빌이 바로 그 주인공이다.

우리나라에 외식문화가 도입된 것은 언제일까? 국내 외식산업의 시작은 1970년대로 거슬러 올라간다. 1970년대는 사람들이 가정식에서 외식으로 눈을 돌리기 시작한 외식산업의 태동기였다고 할 수 있다. 1980년대는 본격적인 기업형 레스토랑들이 등장하면서 패스트푸드가 팔리기 시작했다. 1990년대는 패밀리 레스토랑이 한국에 상륙하면서 피자가 등장했다. 2000년대가 되면서 오늘날과 같은 패밀리 레스토랑이 성장하기 시작했다. 외식문화가 확산되는 데는 사회적 변화가 큰 영향을 미쳤다. 소득 수준의 향상, 여성의 활발한 사회 진출, 주 5일제 근무, 핵가족의 보편화, 삶의 질에 대한 니즈가 커진 것 등이 외식산업을 급속하게 성장시켰다. 이제 외식이란 한 끼 식사를 때우는 개념이 아니라, 즐거움과 행복을 추구하는 음식 문화로 자리 잡아가고 있다. 우리나라의 패밀리 레스토랑은 대부분 해외 브랜드 도입으로 자리 잡았다. 그러나 CJ푸드빌은 국내 독자 브랜드로 출발했다. 1997년에 성공적인 패밀리 레스토랑을 개점한 이후 꾸준히 성장하면서 현재는 외국 진출까지 진행하고 있다.

사계절이 뚜렷한 우리나라의 기후 특성 때문에 계절마다 사람들이 선호하는 음식 문화가 다르다. 봄이면 봄, 가을이면 가을 등 각 계절마다 제철 식재료가 나오는 시점이 명확하다. "건강하려면 제철 음식을 먹어라"는 말이 있는 것처럼 계절마다 제철 식재료를 써야 몸에도 건강에도 좋다. 또한 우리나라는 세시풍속이나 절기에 따라 즐기는 음식이 발달되어 있다. 따라서 CJ푸드빌은 한국 문화에도 맞고 제철에 나는 음식을 선보이는 데 주력하여 계절과 날씨에 따라 그에 맞는 전략 상품을 선보인다. 봄은 새로움을 머금은 식재료가 많은 계절인 만큼 야채 중심의 샐러드를 새롭게 선보인다. 고객들이 겨울에 움츠렸던 몸에 활력을 주고 입맛을 돋우어주기 위해서다.

여름은 방학 및 휴가철로 패밀리 레스토랑의 최대 성수기라고 할 수 있다. CJ푸드빌은 가족이 함께 즐길 수 있는 이벤트 및 프로모션을 많이 준비한다. 2011년 여름의 경우, '썸머 인 플로렌스Summer in Florence'라고 해서 이탈리아의 한 지방인 플로렌스(이탈리아 피렌체Firenze)의 여름이라는 테마로 신 메뉴 출시와 함께 프로모션을 진행했다. 플로렌스 지방에서 가장 사랑받는 인기 스테이크 메뉴인 '포터하우스Poter House'를 재구성해 여름의 맛을 선보인 것이다. 토스카나 지방을 대표하는 메뉴 '딸리아따 스테이크Tagliata Steak'와 구운 잣, 토마토, 볶은 버섯을 넣은 숏파스타 샐러드 '페스토소스 펜네 샐러드' 등도 새로 선보였다. 여름철 신 메뉴를 접한 고객들은 마치 이탈리아로 휴가를 온 듯 요리를 즐기는 동시에 이벤트에 응모하면 이탈리아 여행권의 행운까지 잡을 수 있는 기회가 제공되자 너무 행복해했다고 한다. CJ푸드빌은 2011년 여름 소비자들의 달라진 휴가 패턴을 활용하고 날씨 마케팅을 적절하게 적용해 매출 증대 효과를 톡톡히 누렸다고 한다. 예를 들어, 7월부터 여름이 끝나는 8월 말까지 유난히 길었던 장마철에 레인마케팅을 했다. 비 오는 날 샐러드바를 특별 할인해주는 이벤트를 벌인 것이다. 매출뿐만 아니라 지루한 장마에 답답해진 고객들에게 할인과 재미 요소를 더해주면서 폭발적인 반응이 있었다. 2012년 여름은 평년보다 무더위가 빨리 찾아오면서 고객들이 시원한 것을 찾는 것이 큰 특징이었다. 그래서 7~8월 2달간 '생맥주 1+1' 이벤트를 진행했다.

가을은 수확의 계절로 먹거리들이 풍성한 계절이다. CJ푸드빌에서는 햇곡식과 계절과일을 이용하여 풍성한 가을의 느낌을 살릴 수 있는 샐러드바를 제공한다. 겨울에는 연말연시 모임, 행사 등 외식이 잦아지는 시기이므로 모임에 어울리는 메뉴 혹은 추운 겨울을 이길 수 있는 따뜻한 메뉴 위주로 선보인다. 예를 들면, 쌀국수 메뉴는 여름에는 차가운 소스에 시원하게 먹을 수 있게 준비하는 반면, 겨울에는 뜨거운 육수로 즐길 수 있도록 준비한다. 아울러 연말 모임에 지인들과 즐거운 한때를 보낼 수 있도록 풍성한 세트메뉴를 구성한다. 스테이크와 잘 어울리는 와인을 시중보다 저렴한 가격으로 제공하여 고객들의 기분을 업시킨다. 날씨를 경영에 적극적으로 이용한 것이다.

CJ푸드빌 빕스사업부 임채균 본부장은 외식업의 경우 날씨는 매우 중요한 요소라면서 "날씨에 따라 고객들의 소비 패턴이 달라지고, 계절별 입맛이 달라지기 때문에 외식업에서 날씨라는 요소는 결코 배제할 수 없는 부분입니다. 따라서 신 메뉴 기획, 개발, 이벤트 및 프로모션을 진행할 때 날씨는 항상 고려하는 요소입니다. 날씨만 잘 봐도 맛있는 맛, 고객들이 원하는 맛을 찾아낼 수 있다고 해도 과언이 아니죠. 지난여름의 경우는 비가 많이 와서 도심에서 휴가를 보내는 사람들이 많아지다 보니, 패밀리 레스토랑을 찾는 고객들이 많았습니다. 항상 신선한 샐러드 재료를 공급해야 하는 저희로서는 궂은 날씨와 예측하기 힘든 날씨 때문에 수급과 품질관리에 어려움이 많았습니다. 날씨라는 부분이 식재료의 수급과 품질관리에 큰 영향을 미친다는 것을 깊게 인식한 만큼 앞으로는 이런 이상기후 패턴까지 고려해 신선한 식자재의

◆◆◆ 외식업의 경우 날씨는 매우 중요한 요소다. 항상 신선한 샐러드 재료를 공급해야 하는 외식업체의 경우 날씨가 궂으면 식재료 수급과 품질관리에 어려움이 많다. 그만큼 외식업에서는 날씨가 식재료의 수급과 품질관리에 큰 영향을 미친다. 따라서 이상기후 패턴까지 고려한 세세한 날씨경영을 할 필요가 있다.

수급 및 관리에도 날씨경영을 접목할 예정입니다. CJ푸드빌은 날씨경영을 하기 위해 SNS나 인터넷 사이트 등 날씨를 확인할 수 있는 다양한 매체들을 통해 기상정보를 확인합니다. 기상청 예보를 우선적으로 참고하고 있고요. 앞으로는 민간기상사업자의 예보도 활용할 계획입니다. 어쨌든 날씨정보를 토대로 비가 예상되는 날에는 고객들이 비에 대한 불편을 최소화할 수 있도록 인원 충원 등 사전 준비를 철저히 하고 있습니다"라고 말한다.

어떻게 보면 외식업계에서는 단기예보보다는 계절별 장기예보가 더 중요할 수 있다. CJ푸드빌은 장기전망, 특히 계절예보를 많이 참고한다. 오늘 내일의 날씨나, 주간예보 같은 경우는 매장을 운영하는 데 많이 참고한다. 계절별 예보 같은 장기기상전망은 주로 계절별 신 메뉴 개발이나 식자재 유통 및 관리에 주로 활용한다. 2011년 여름처럼 무더위와 장마가 계속되고 2012년 겨울 혹한 예보가 들리면 CJ푸드빌은 긴장한다. 그에 따른 식재료의 수급이나 변화, 물가 변동과 고객 성향 변화 등에 따라서 즉각적으로 대응해야 하기 때문이다.

CJ푸드빌은 날씨경영뿐 아니라 친환경을 바탕으로 한 그린 경영도 실천하고 있다. 임채균 본부장은 "저희 회사는 어떤 기업보다도 고객들과의 접점이 많은 기업입니다. 그만큼 친환경을 바탕으로 한 그린 경영에 대한 소비자들의 수요와 기대치가 높을 수밖에 없기 때문에 매장에서 자칫 간과하기 쉬운 작은 부분에서 그린 경영 실천을 강조하고 있습니다. 더불어 소비자들과 직접 소통할 수 있는 다양한 사회활동과 캠페인을 진행함으로써 의식 변화에도 앞장서고 있습니다. 저희 매장과 같은 샐러드바 레스토랑에서는 고객들에게 음식을 남기지 않도록 유도하려고 최선의 노력을 다하고 있습니다. 그러려면 무엇보다도 음식을 맛있게 만들어야겠지요. 또한 일회용 컵이나 일회용 종이타월 같은 일회용품의 사용을 제로화하는 운동도 함께 추진해나가고 있습니다"라고 말한다.

　과거에 "맛있는 온도, 즐거운 미각"이라는 내용으로 다양한 외식업계에서 '온도 레시피' 마케팅을 펼친 적이 있다. 음식의 기본은 뜨거운 음식은 뜨겁게, 차가운 음식은 차갑게 하는 것이다. 대표적인 예로, 얌스톤 스테이크의 경우는 300도로 가열된 돌판 위에 스테이크를 제공해 스테이크 본연의 온도를 유지할 수 있도록 한 것이다. 이를 위해 CJ푸드빌에서는 스테이크 전용 '천연 돌판'을 개발했다고 한다. 강원도산 편마암으로 만든 이 돌판은 무게만 해도 1킬로그램이 넘는다. 무엇보다 열 전도성과 내열성이 일반 철판보다 뛰어나 한번 달궈놓으면 스테이크를 가장 맛있게 먹을 수 있는 온도인 70도를 1시간가량 유지시켜준다. 예전에는 일반 접시에 스테이크를 내놨는데 금방 식어서 이 돌판을 고안하게 됐다는 것이다. 특수 레이저 온도계를 사용해 스테이크가 처음 올려질 때의 돌판 온도를 정확히 섭씨 300도에 맞춤으로써 스테이크 육즙이 빠져나가 맛이 저하되는 것을 방지한 것이다. 얌스톤 스테이크는 특히 인기가 많다. 고객들이 스테이크가 뜨거운 돌판에서 지글지글 구워지는 것을 보는 즐거움이 있다. 식사가 끝날 때까지 유지되는 풍부한 육즙과 따뜻한 온도로 더욱 맛있는 스테이크를 즐길 수 있는 점이 가장 큰 인기 요인이라고 한다. 더불어 샐러드바의 경우 신선도를 위해 얼음을 지속적으로 샐러드바 내부에 공급하여 일정 온도를 유지하는 것도 CJ푸드빌 '날씨 마케팅'의 한 기법이다.

　2012년 겨울은 유난히 춥고 눈도 많이 내렸다. CJ푸드빌은 겨울철 고객들의 입을 행복하게 해줄 날씨 마케팅 전략을 준비했다. 임채균

본부장은 "가을은 풍성하고 신선한 가을 식재료로 샐러드바 개정이 있는 시기인데, 올해는 길어진 늦더위로 가을 메뉴 개정이 다소 늦춰져서 가을과 겨울 메뉴 개정이 함께 진행되어 10월 후반부터 고객들께 선보이게 되었습니다. 날씨의 영향을 받은 것이지요. 올해는 세계의 여러 지방을 테마로 새로운 메뉴들을 선보이고 있는데, 봄에는 지중해, 여름에는 플로렌스 지방을 테마로 잡아 밝고 경쾌한 계절 분위기에 적합한 여러 가지 메뉴를 선보였습니다. 이번 가을, 겨울의 테마는 '뉴욕'인데요, 단풍이 완연한 가을과 눈이 많이 오는 겨울에 가장 아름답기로 유명한 뉴욕의 정취를 물씬 느낄 수 있도록 이번 가을과 겨울 테마를 뉴욕으로 정하게 되었습니다. 샐러드바를 5종류의 섹션으로 나누어 뉴욕의 각 지역과 연결해 꾸며 보았습니다. 또한 채끝등심의 잘린 모양이 마치 뉴욕 주의 모양과 비슷하다고 하여 '뉴욕 스테이크'라고 이름 붙인 스테이크에 빅애플이라는 닉네임으로 불리는 뉴욕을 상징하면서 가을, 겨울이 제철이라 가장 신선하고 맛이 좋은 '사과'를 결합하여 '애플 얌스톤 뉴욕 스테이크'라는 신 메뉴를 선보여 계절 변화에 따른 재미 요소를 더했습니다. 여기에다가 가을, 겨울은 와인이 어울리는 계절이라는 점에 착안해 뉴욕 스테이크와 와인에이드를 함께 세트 메뉴로 출시해 프로모션할 예정입니다. 그리고 날씨가 좀 더 추워져서 패밀리 레스토랑 최대 성수기인 겨울철이 되면 다시 파티에 어울리는 세트메뉴나, 시즌에 어울리는 가니쉬를 더한 메뉴 등을 선보일 겁니다"라며 고객들이 너무 좋아할 것이라고 말한다. 날씨에 따라 그에 맞는 날씨 마케팅을 끊임없이 모색하는 CJ푸드빌의 날씨경영은 마치 모범답안을 보는 듯하다.

날씨경영은 꼭 기업에만 적용되는 것일까? 물론 아니다. 어디서든지 날씨를 잘 이용하여 매출을 증대시키는 것이 날씨경영이다. 예를 들어 보자. 전남 장흥군의 한 농가를 운영하는 농민이 날씨를 잘 활용해 억대의 매출을 올려 화제다. 날씨경영을 통해 표고버섯 재배만으로 올린 매출이 무려 1억 5,000만 원에 달한다고 한다. 농작물은 날씨의 영향에서 결코 벗어날 수 없다. 불편한 진실 중 하나다. 그중에서도 표고버섯은 일기변화에 특히 예민한 작물로, 버섯의 빛깔이 가격을 결정한다. 좋은 품질의 표고버섯을 생산하려면 빛과 습도를 섬세하게 잘 맞춰줘야 한다. 일조량과 온도는 버섯의 크기와 두께에, 습도는 버섯 등의 색깔과 갈라짐에 큰 영향을 미치기 때문이다. 그런데 장흥군의 억대 매출을 올린 농민의 고소득 비결은 바로 날씨경영이었다. 비닐하우스에 차양막을 덮어 일조량을 조절하고, 날씨와 계절 변화에 따라 물주는 시기도 조절했다. 그리고 표고버섯의 출하 시기를 11월에서 이듬해 4월까지로 맞췄다. 이 농민은 "여름에 나는 표고도 있지만 겨울에 나는 것이 상품성이 더 좋아요. 온도가 낮아 버섯갓의 두께가 더 도톰하고, 여름보다 습도가 낮아 버섯 등이 거북 등처럼 갈라짐이 뚜렷하기 때문입니다"라고 말한다. 날씨 전문가가 따로 없다는 생각이 들 정도다. 그렇다. 날씨란 개인이라도 잘만 활용한다면, 수익을 최대 몇 십 배까지 늘릴 수 있다. 급변하는 날씨! 얼마나 능동적으로 대처하느냐, 또 활용하느냐에 따라 주머니에 들어오는 돈의 부피가 틀려지는 것이다.

최근 식품안전산업이 뜨고 있다. 여기서 주목해야 할 것은 첫째, 날씨와 식품안전 간의 부적 상관관계negative correlation다. 여기에는 식품의 생산부터 소비에 이르는 전 과정에 미치는 날씨의 직간접적인 영향이 포함된다. 예를 들어, 기후변화로 인한 기온 상승은 식품안전 위협 요인인 병원균과 같은 미생물 증식을 초래하고, 동물의 고온 스트레스 및 곤충 매개 질병 또는 해충 증가의 원인이 되어 동물 및 사람의 건강에 영향을 미친다.(FAO, WHO)* 폭염, 한파, 가뭄 등의 기상재해는 사료작물 및 축산물 수확량 감소를 가져온다. 평균기온이 3도 이상 증가하면 모든 지역에 영향을 주어 동물 급여사료 생산량이 25% 감소한다.(IPCC**, 2007) 또한 해수 생태계의 변화로 인한 수산물의 안전성 위협이 확대된다. 적조현상으로 인한 패독 증가 및 기생충 등 어류 질병 증가가 대표적이다.

둘째, 기후변화에 따른 식품산업의 적응 방안이다. 비위생적인 식품 제조·유통 환경을 개선하고, 제조공장, 원재료 정보 등 각 단계별 모니터링을 통해 식품안전을 관리하는 식품이력제도를 확대하는 방안이 있다. 또 콜드 체인 시스템cold chain system*** 구축을 통해 단계별로 잠재적 오염에 대응한다.

셋째, 식품 부문의 기후변화 적응도 유망 산업이 된다는 점이다. 냉장식품 유통 시스템 및 설비 관련 산업이 각광받는 이유는 식품 가공 중이나 운반 과정에서 얼음이나 불결한 트럭, 온도 조절 실패 등으로 인해 음식물이 오염될 수 있기 때문이다. 위해 요인으로부터 식품 변질 예방을 위해 제조·유통 과정에서 식품을 안전하게 유지할 수 있는 식품 운송차량 및 냉장장치 수요가 증가할 것이다. 이런 경향은 방충

---

* FAO(세계식량기구), WHO(세계보건기구).

** **IPCC(Intergovernmental Panel on Climate Change)** 기후변화에 관한 정부 간 패널. 기후변화와 관련된 전 지구적 위험을 평가하고 국제적 대책을 마련하기 위해 세계기상기구(WMO)와 유엔환경계획(UNEP)이 공동으로 설립한 유엔 산하 국제 협의체다.

*** **콜드 체인 시스템** 신선도 유지를 위해 냉동 냉장해서 생산자로부터 최종 소비자에게 공급하는 저온유통 시스템.

포장*산업의 확대를 가져올 것이다. 해충 방지를 위한 기구, 용기, 포장 등에 대한 관심이 증가할 것이며, 저장 및 유통 과정에서 해충의 침입을 방지할 방지책이 개발될 것이다. 이와 함께 식품 위생 관련 인증 사업이 각광을 받게 될 것이며, 식재료의 수급 불안정은 가격 폭등의 결과를 가져오기 때문에 생산 불안정에 대비하기 위한 1차 가공산업**이 활성화될 것이다.

* **방충포장** 식품의 제조 공정 및 유통 과정, 소비 단계에서 해충 유입을 방지하는 포장 방법.
** **1차 가공산업** 채소 재배 면적 감소 등으로 인한 수급 불균형에 대비해 연간 수요량을 충족시킬 수 있도록 채소를 1차 가공하는 산업.

03

명품김밥도
날씨로 만든다 _봉달이 명품김밥전문점

●● "날씨를 잘 이용하면 자장면도 대박이지요." 예전에 한 중국집 주인의 기발한 날씨경영이 화제에 오른 적이 있다. 비가 온다는 방송이 나오면 중국집 주인은 인력시장에서 주방요리사와 배달 아르바이트생을 고용한다고 한다. 비가 오면 직장인들이 사무실 밖으로 나와 식사를 하지 않고 안에서 시켜먹는 경우가 많다. 거기에다 비가 오면 면 종류의 음식을 많이 찾는다. 주문이 오면 가장 빠른 시간에 정확하게 배달해주었다. 그랬더니 다음부터는 이 중국집만 찾더란다. 중국집 주인은 비만 오면 신난다. 비가 돈을 벌어주기 때문이다. 비 오는 날 중국집의 사장은 바로 '비'다.

2012년은 6월 초부터 낮 최고기온이 30도를 훌쩍 넘으면서 아이스크림의 수요가 폭주했다. 때 이른 땡볕더위에 신이 난 곳이 바로 빙과업계다. 한 아이스크림 공장은 24시간 풀가동을 할 정도로 매우 바빴다고 한다. 이처럼 빙과류업체가 예년보다 보름 정도 앞당겨 공장을 풀가동했고, 맥주 판매도 늘면서 주류업체들도 특수를 톡톡히 누렸다

고 한다. 빙과류업체들은 2011년에 비해 판매량이 20~30% 늘었다고
한다. 통상 빙과류업체들은 여름 성수기에 대비해 3~5월에 제품을 집
중 생산해 비축한다. 그러나 2012년에는 비축량을 6월부터 풀었다고
하니 빙과류업체들은 때 이른 더위가 참 반가웠을 것 같다.

어디 빙과업계뿐이겠는가? 날씨를 잘 읽어야 제품의 적정량을 미리
생산해서 제때 판매할 수 있고 재고가 많이 남지 않게 된다. 날씨를 기
막히게 잘 읽어서 제7회 대한민국 기상정보대상 시상식에서 은상을
수상한 요식업체가 있다. 규모는 작지만 체계적인 기상정보 활용을 통
해 나들이철 매출액을 3배 이상 올리며 소상공인으로서 날씨경영의
진수를 보여준 대전에 있는 봉달이 명품김밥전문점을 소개하겠다.

봉달이 명품김밥전문점은 대전광역시 서구 둔산동의 조그마한 10제
곱미터(3평) 매장과 정림동의 25제곱미터(8평) 매장에서 영업을 하고
있다. 주요 메뉴는 김밥으로 야채김밥, 불고기김밥, 참치김밥, 치즈김
밥, 김밥멸치땡초김밥, 고추장불고기김밥 같은 기존 메뉴 외에도 우엉
김밥, 족발김밥, 돈가스김밥 등 신 메뉴를 개발해 판매한다. 대전 지역
에서는 엄선된 재료와 차별화된 맛으로 고객들로부터 좋은 평가를 받
고 있다. 왜 봉달이라는 상호를 붙였는지 궁금했다. 알고 보니 원가절
감 차원에서 포장용지로 비닐봉지를 사용한다 해서 봉달이(봉지의 사
투리)라는 이름을 붙였다고 한다. 상표는 대한민국의 토종 음식인 김밥
을 상징하고자 태극기에 사용된 흰색, 파란색, 빨간색, 검은색을 기본
으로 사용했다. food의 스펠링을 사용하여 봉달이란 별명을 가진 마라
톤선수 이봉주를 형상화했다. 흰색은 쌀을, 파란색은 야채를, 빨간색은
고추를, 검은색은 김을 상징으로 하여 도안 후 상표등록을 했다고 한
다. 봉달이 명품김밥전문점은 "이 세상엔 절대로 공짜가 없다"라는 말

을 신조로 삼아 "맛없으면 공짜"라는 홍보문구를 내걸었다. 그만큼 맛에 대해서는 자부심과 긍지를 가지고 있다는 뜻이다.

봉달이 명품김밥전문점은 소상공인으로서는 독특하게 제7회 대한민국 기상정보대상에서 은상을 수상했다. 대기업도 받기 힘든 상을 어떻게 받게 되었을까? 김봉자 사장은 불경기에 힘들어하는 소상공인들에게 희망과 용기를 주기 위해 상을 받고 싶었다고 한다. 평상시 날씨정보를 이용하여 실생활 및 가게운영에 활용해온 것들을 차근차근 정리하여 기상정보대상에 응모했다고 말한다. 김봉자 사장이 날씨정보를 이용하는 것을 보면 전문가들도 놀란다. 그녀는 새벽 4~5시경에 일어나서 바로 131 기상콜센터에 전화하여 날씨정보를 가장 먼저 파악한다고 한다. 여기에는 이유가 있다. 가게가 상가 지하에 있고 좁아서 날씨정보가 없으면 날씨를 파악할 수 없다. 밤인지 낮인지 구분 못할 뿐더러 춥고 더운 것조차 알 수가 없다. 또 손님들이 우산을 들고 오면 비가 오는구나 생각할 정도로 날씨를 피부로 느낄 수 없다. 그런데 날씨정보를 활용하면서부터 확 달라졌다. 날씨정보의 활용 가치는 상당했다. 날씨정보를 파악하여 그날그날 식재료를 준비하면서 재고가 줄어들기 시작했다. 비가 올 때는 사전 주문 취소를 최소화하여 나들이철 매출액을 평소 매출액 1,000만 원에서 3,000만 원 이상으로 3배 넘게 증가시킬 수 있었다. 그야말로 대박이었다.

김봉자 사장은 "처음에 날씨정보를 알기 위해 날씨 아이콘을 이해하는 게 너무 어려웠어요. 그래서 전화로 날씨를 알 수 있는 131 기상콜센터를 이용하기 시작했어요. 131 기상콜센터의 날씨정보를 특히 매출 관리에 매우 유용하게 활용했습니다. 매일 영업 시작 전에 131 기상콜센터에 전화를 걸어 둔산동과 정림동의 기온 및 우천 여부, 나들이

지수에 대한 상세한 정보를 제공받습니다. 이것으로 그날의 매출을 예상하여 식재료를 주문하고 김밥 생산량을 조절합니다. 주말에 날씨가 맑다고 하면 식재료 주문량을 평소보다 70%가량 더 주문하고, 비가 온다고 하면 사전 취소건과 현장판매 감소분을 산정하여 재료 주문을 약 50% 줄임으로써 재료 폐기로 인한 손실을 줄이면서 원가절감 효과를 보았습니다. 기상콜센터 상담원들의 친절하고 알기 쉬운 날씨 해설로 기상에 대한 이해도 높아지면서 날씨정보를 업소 경영에 효과적으로 활용할 수 있었습니다. 날씨정보를 활용하기 시작한 가장 큰 이유는 개업 당시 하루 예상판매액을 둔산점이 20만 원으로 책정하여 김밥 재료를 준비했는데, 날씨변화에 대한 판매 전략 부재로 인해 잦은 당일 주문 취소 등으로 일 매출이 10만 원을 밑돌아 예상 매출액의 50%에도 미치지 못했고, 남은 재료를 모두 폐기처분하여 매출이 갈수록 줄어들어 경영에 어려움을 겪게 되었기 때문입니다. 변화무쌍한 날씨만큼이나 변동 폭이 큰 매출액을 안정적으로 유지하기 위해서 찾은 것이 날씨정보였습니다"라고 소상하게 말한다.

봉달이 명품김밥전문점이 날씨정보를 활용하기 전과 활용한 후의 매출은 얼마나 차이가 났을까? 날씨정보를 활용하기 전과 활용한 후의 매출은 3배 이상 큰 차이를 보였다고 한다. 김밥은 대표적인 국민 편의식품이자 날씨 민감 식품으로, 날씨에 따라 매출이 크게 변한다. 봉달이 명품김밥전문점은 기온 및 강수 여부에 따라 변하는 김밥 매출을 분석하여 업소 경영에 반영하기 시작했다. 김밥은 일 최고기온 약 15도 이상부터 매출이 상승하기 시작하며, 30도를 넘어서면 피서객의 증가 등으로 매출이 다소 줄어든다. 또한 기온 외에도 날씨의 맑음 정도에 따라 매출이 변한다. 맑은 날에는 사전 주문 외에도 현장 판매 증가로 인해 매출이 70% 이상 늘어난다. 흐린 날에는 사전 주문 취소 건은 적어 이에 대한 매출 변화폭은 작으나 현장 판매는 다소 줄어든다. 비가 올 때는 라면과 같은 따뜻한 음식에 대한 수요로 김밥이 부가적으로 판매되면서 매출 하락폭이 다소 완화되었다. 이런 사실을 영업에 적용하고부터 놀랍게도 이익이 급속히 증가했다고 한다.

요식업은 무엇보다 재료의 신선도가 중요하다. 더운 날 봉달이 명품김밥전문점은 재료의 신선도를 어떻게 관리하고 있을까? 봉달이 명품김밥전문점이 주목한 김밥에 대한 날씨의 또 다른 영향은 바로 위생이었다고 한다. 여러 재료가 사용되는 김밥의 특성상, 기온과 습도가 높아지게 되면 변질의 위험이 있다. 특히 기온이 30도 이상일 경우, 김밥이 상할 위험이 더욱 커져 이에 대한 대책이 필요했다. 따라서 여름철 일 최고기온 30도 또는 최저기온이 25도 이상인 열대야 예보가 있을 경우, 위생에 각별히 신경을 썼다. 시금치는 상하기 쉬운 식재료로서 변질 위험이 큰 날씨에는 가급적 오이, 부추 등으로 대체하여 김밥을 만들었다. 매장을 방문하는 고객들에게는 2시간 이내에 반드시 먹도록 안내했다. 덥고 습한 날에는 재료를 볶는 시간을 늘려 열을 가함으로써 상하는 것을 방지했다. 아울러 항균 성분이 함유된 매실 엑기스와 과일식초를 첨가했다. 식재료를 철저하게 냉장 보관함으로써 식중독 등의 사고 방지에 만전을 기했다. 김봉자 사장은 김밥 식재료 준비는 자신이 직접 준비한다고 한다. 새벽 4시경에 일어나서 식자재물류센터 및 농수산물 공판장에 가서 신선한 재료를 구입하고, 기타 식자재는 원산지에 주문하여 배송을 받는다고 한다. 김봉자 사장이 들려주는 재미있는 이야기가 있다. 날씨가 고객들의 음식 선호도에도 영향을 미친다는 것이다. 예를 들면, 비 올 때 사람들이 기름기 있는 음식을 많이 찾는다는 걸 알고 나서 집중적으로 기름기 있는 김밥을 주로 만든다. 김밥 메뉴 9개 중에서 족발김밥과 참치김밥, 치즈김밥은 비 오는 날 특히 많이 팔린다고 한다.

매장이 좁아도 판매액이 큰 것은 테이크아웃 김밥이 많다는 것이다. 더운 여름날 바로 먹지 않고 음식을 가지고 이동하게 되면 김밥이 상할 우려가 있다. 봉달이 명품김밥전문점은 김밥 변질 가능성이 큰 날에는 단체로 주문한 김밥을 가져갈 때 아이스박스를 가져오도록 부탁한다. 또 냉장 보관해야 하는 음식들은 실온에 10분 이상 방치하지 않는 것이 좋으며 항상 냉장 보관을 해야 한다는 것을 당부하고 판매한다.

YTN 웨더 방송을 인터넷 시작 페이지로 설정해놓을 정도로 김봉자 사장에게 날씨정보 파악은 하루 일과 중에서 가장 중요한 일이라고 한다. 생활기상지수에서 편의식품인 김밥 매출과 관련된 식중독지수* 및 체감온도를 활용하고, 불쾌지수가 높은 날에는 고객들에게 보다 더 친절을 베풀기도 한다. 날씨에 대해 잘 알다 보니 매출에 도움이 되는 경우가 많다고 한다. 김봉자 사장은 "지난 5월경 연구단지의 모 기관에서 직원단합대회로 속리산 등반을 하기로 했다가 비가 온다는 말을 듣고 행사를 취소할 뻔한 일이 있었어요. 그래서 날씨정보를 늘 접하고 있던 저희들은 오전에 잠깐 이슬비가 오락가락하겠지만 흐린 날씨가 계속될 거라고 조언하여 단합대회가 순조롭게 진행된 적이 있죠. 그 이후로 주변 연구소를 소개받아 거래가 대폭 늘어났습니다"라며 자랑한다.

봉달이 명품김밥전문점은 대기업의 프랜차이즈 요식업체도 하지 못

---

* **식중독지수** 기상청에서 과거 3년('04~'06)간 식중독 발생지역의 온도와 습도를 기초로 개발한 예측모델을 이용하여 특정 온도와 습도에서의 식중독 발생확률을 백분율로 수치화한 지수다.

한 날씨경영의 진수를 보여주었다. 겨우 10평 남짓한 김밥전문점에서 말이다. 김봉자 사장은 "비좁은 3평 지하 공간에서 조리를 하다 보면 공기순환도 안 되고 온도조절이 안 되어 식자재가 쉽게 변질됩니다. 날씨정보를 이용하고부터는 로스율을 줄여 원가절감을 할 수 있었어요. 저는 항상 외칩니다. '날씨는 하늘에서 떨어지는 돈이다. 날씨정보를 알면 돈이 떨어지는 곳을 알 수 있다. 날씨정보는 사업 성공의 지름길이다'라는 마음자세를 가지고 일하면 반드시 성공한다고 말입니다. 여기에 더해 고객을 만족시키려고 노력하면 어려운 환경에 처한 소상공인들도 희망찬 사업을 이룰 수 있습니다"라며 다른 업체도 날씨경영을 할 것을 적극 권한다. "날씨는 하늘에서 떨어지는 돈이다. 날씨정보를 알면 돈이 떨어지는 곳을 알 수 있다. 날씨정보는 사업 성공의 지름길이다." 얼마나 기가 막힌 말인가! 진짜 경험에서 우러나온 말이라 감탄이 절로 나온다.

봉달이 명품김밥전문점 김봉자 사장은 기후변화가 경제의 패러다임을 바꾸는 메가트렌드라는 것을 몰랐을 수도 있다. 그러나 작은 김밥집도 날씨경영을 하면 대박이 날 수 있다는 것을 우리에게 보여주었다. 김봉자 사장의 성공적인 날씨경영 사례는 큰 감동을 준다. 김봉자 사장의 시대를 앞서가는 날씨경영에 큰 박수를 보낸다.

04

족발집 노하우에 숨겨진 날씨 _장충동왕족발

●● 지구온난화 현상으로 우리나라 기후도 변하고 있다. 현재 추세라면 2010년과 2099년 사이에 한반도 평균기온은 약 6.0도, 강수량은 20.4% 정도 증가할 것으로 예상된다고 한다. 서해안 수온도 매년 0.03도씩 상승하면서 아열대 수역에서나 볼 수 있는 해파리가 최근에는 군산, 부안 등 전북 앞바다에서도 잡히고 있다. 전주와 군산 간 번영로 벚꽃 개화 시기도 매년 빨라지고 있다. 사람들은 큰일 났다고 말한다. 그러나 지구온난화가 나쁜 영향만 주는 것은 아니다. 생태계에 좋은 영향과 나쁜 영향을 모두 미친다. 기후변화로 북극의 빙하가 녹으면서 북극곰은 슬프다. 그러나 바다 온도가 올라가면 돌고래는 신난다. 그렇다. 기후변화도 승자와 패자, 이익과 손실의 양면을 가지고 있다. 예를 들어보자. 점점 따뜻해지는 우리나라의 기후는 경제 혼란을 초래할지 모른다. 그러나 난방비와 제설비, 도로 결빙을 방지하기 위해 뿌리는 제설용 소금 사용을 줄일 수 있다. 더욱 건조해지는 날씨 때문에 미대륙 중앙부의 옥수수 농사는 타격을 받을 것이다. 그러나 미국 북부

◆◆◆ 지구온난화로 북극의 빙하가 녹고 있다. 그러나 지구온난화가 꼭 나쁜 영향만 주
는 것은 아니다. 지구온난화로 누군가는 한숨짓고, 누군가는 이득을 본다. 기후변화도 승
자와 패자, 이익과 손실의 양면을 가지고 있다. 날씨는 누구의 편도 아니다. 누가 더 잘
이용하느냐가 승패를 가른다.

와 러시아의 밀 재배 환경은 더 좋아질 것이다. 빙하가 녹으면서 해수면이 상승해 물에 잠기는 남태평양 섬들은 슬프다. 그러나 북극 빙하가 녹으면 자원 채취가 쉬워지니 인근 국가는 대박이다. 또 아시아에서 유럽으로 가는 항로가 열리면 수에즈 운하 개통 이후 최고의 물류 혁명이 될 것이다. 동북아시아의 허브 항으로 주목받는 부산의 경우 왕대박이다. 명태나 대구와 같은 한류성 어종을 잡던 어부는 한숨을 쉬지만, 다랑어, 멸치, 오징어와 같은 난류성 어종을 잡는 어민들은 신난다. 날씨는 누구의 편도 아니다. 누가 더 잘 이용하느냐가 승패를 가른다.

기후변화로 인해 기상예보는 점점 어려워지고 있지만, 다행히도 정확도는 높아지고 있다고 한다. 이러한 배경에는 위성사진으로 전 지구적인 기상현상을 파악하기 쉬워진 점, 기상레이더를 통해 상세한 비구름 확인이 가능해진 점, 자동기상관측장비를 통해 15킬로미터 이내 기상상황을 확인할 수 있는 점 등이 작용했다. 하지만 아무리 좋은 관측장비를 갖췄다고 하더라도 이를 분석하는 예보관의 경험이 부족하다면 정확한 기상예측은 어렵다. 제대로 된 예측을 할 수 있는 베테랑 예보관이 되기 위해서는 보통 10년 이상 기상예보 업무를 맡아야 한다고한다. 어떤 일이든 오랫동안 훈련이 필요하다는 말이다.

최근 기상이변이 잦아지면서 기상청의 예보관만큼이나 매일같이 날씨에 관심을 갖는 사람들이 많아지고 있다. 이번에 소개할 업체도 오랫동안 날씨에 관심을 갖고 경영에 날씨를 적극 활용해온 업체다. 얼마 전 날씨경영인증식에서 요식업계에서는 유일하게 날씨를 경영에 잘 활용해 인증을 받은 곳이기도 하다. 바로 우리나라에서 족발로 가장 유명한 장충동왕족발이다.

장충동왕족발은 전국 물류 네트워크 시스템을 갖춘 160여 개 가맹점을 운영하는 프랜차이즈 본사다. 2012년에 제1회 날씨경영인증을 받았는데, 어떻게 왕족발집에서 날씨경영인증을 받게 되었을까? 장충동왕족발은 하루가 다르게 변하는 식품시장에서 단순히 제품과 서비스를 제공하는 것만으로 경쟁력을 갖추기가 어렵다고 생각했다. 그래서 날씨정보와 가맹점의 매출 상관관계에 대해 연구하기 시작했고, 놀랍게도 경영 성과와 날씨가 밀접한 연관성이 있다는 것을 알게 되었다. 2011년 11월에 기상청은 날씨정보로 부가가치를 창출하는 기업을 조사하고 있었다. 장충동왕족발은 날씨경영인증을 받기 위해 날씨와 매출에 대한 데이터 분석 자료 등을 준비했다. 그리고 날씨인증을 받았다. 장충동왕족발은 날씨경영인증을 받고 난 후부터 날씨정보에 더 관심을 가지고 매출 계획과 원자재 매입 등 경영 전반에 활용하고 있다고 한다. 아울러 가맹점에도 주간 날씨 동향 등 날씨정보를 알려주고 날씨에 따라 제품을 주문할 때 활용할 수 있도록 정보를 제공하고 있다.

장충동왕족발은 족발 배달 차량의 온도를 날씨예보를 통해 조절하고 있다. 족발이 신선하게 배달될 수 있도록 어떻게 온도를 조절해서 배달하고 있는 것일까? 장충동왕족발은 직접 냉장 시스템이 갖추어진 차량으로 주 3회 각 가맹점에 제품을 배송하고 있다. 화물자동화운수사업법에 따라 차량마다 운행기록장치인 GPS 추적장치를 달아 배송 시 차량 위치, 냉장 온도를 실시간 본사에서 확인할 수 있다. 가장 적합한 온도로 가맹점에 제품을 전달하고 가맹점에서도 철저한 온도 관리로 고객에게 안전하고 맛있고 신선한 제품을 공급한다는 것이다. 이들은 임직원회의 자료에 날씨정보가 담겨 있을 정도로 경영에 날씨를 적극 활용한다.

30년 이상 족발집을 운영해온 신신자 대표에게 명성을 지켜온 비결을 물었다. "그동안 우리 장충동 왕족발은 '내가 만든 음식은 나와 내 가족이 먹는다'는 신념으로 청결한 환경에서 최고의 품질과 맛을 지닌 제품을 생산하고 그에 걸맞은 서비스를 제공하기 위해 업계 최초로 HACCPHazard Analysis and Critical Control Point*인증을 획득했습니다. 최첨단 생산설비를 갖추고 우수한 원료, 신선한 국내산 무와 고랭지 배추, 국내산 최고급 천일염을 원료로 사용함으로써 좀 더 좋은 제품을 생산하기 위해 끊임없이 노력하고 있습니다. 특히 날씨와 연관된 경영에 주력하고 있습니다. 날씨가 추운 날에는 배달음식의 매출이 많이 오르거든요. 날씨가 추웠던 지난해 겨울에는 전년 대비 20% 이상 매출 신장이 이루어졌습니다. 날씨가 고객들의 음식 선호도에도 영향을 미친다는 거지요. 장마철에도 매출이 더 오르는 경향이 있어요. 그래서 날씨에 따라 항상 대비를 하고 있습니다. 아울러 족발의 경우 월마다 계절마다 매출의 차이가 많거든요. 날씨에 따라서 고객 분들의 활동 경향이 다르기 때문에 매출과 연관이 많습니다"라고 말한다.

날씨와의 연관성을 무시할 수 없는 식품업계의 경우는 그날그날의 날씨정보뿐만 아니라, 계절별 장기전망예보까지 정보를 수집하는 것이 아주 중요하다. 장충동왕족발은 주로 기상청 홈페이지를 통해 정보를 수집하고, 가맹점에는 주 단위로 날씨정보를 SMS 문자서비스로 통보하고 있다. 가맹점도 YTN 같은 뉴스정보채널을 통해 정보를 수집하고 있다.

---

* **HACCP** 식품의 원료관리 및 제조·가공·조리·유통의 모든 과정에서 위해한 물질이 식품에 섞이거나 식품이 오염되는 것을 방지하기 위해 각 과정의 위해 요소를 확인·평가하여 중점적으로 관리하는 과학적인 선진식품 관리제도다.

장충동왕족발은 냉동족이 아닌 생족만을 사용한다. 그렇다면 족발 재료 구입량이나 판매 수요량을 사전에 예측하는 일이 매우 중요하다. 그래서 월별로 재료 구입량에 신중을 기하고 있다. 족발 수요량을 사전 예측하는 데 한파나 장마 등의 날씨요소가 크게 작용하기 때문이다. 그리고 HACCP 인증을 받기 위해 식품안전에 저해되는 유해요소를 사전에 차단했다. 기준에 맞는 식품제조공정과 설비를 도입하고 생산작업원들을 고용하는 등 안전한 식품을 생산할 수 있는 시스템을 구축해 운영했다. 이런 노력에 힘입어 결국 식약청으로부터 HACCP 인증을 받았다.

재미있는 것은 족발도 사계절이 뚜렷한 우리나라의 계절적 특성에 따라 상품 기획이나 마케팅 전략이 달라진다는 것이다. 계절별로 주로 판매되는 제품은 각기 다른데, 여름철에는 시원한 냉채족발이 많이 팔리고, 겨울철에는 매콤한 양념족발이 많이 팔린다고 한다.

우리나라에도 이제 외국인 관광객이 해마다 증가하면서 한국의 전통음식을 찾는 사람들이 많아졌다. 세계인들에게 한국 특유의 족발을 알리기 위해 장충동왕족발은 여러 노력을 하고 있다고 한다. 장충동왕족발이 직접 생산한 김치를 일본 대형 마트에 납품하는가 하면, 일본 대형 유통업체에 족발을 납품하기 위해 협의 중이며, 곧 성사될 전망이라고 한다.

족발 이외에도 날씨에 민감한 식품은 우리 주위에서 많이 찾아볼 수 있다. "황태, 이보다 더 좋을 순 없다". 2012년 12월부터 2013년 2월까지 지속적으로 추위가 이어졌다. 이런 날씨는 황태에게 더 없이 좋은 날씨다. 황태는 한류성 생선인 명태를 겨우내 말린 것을 말한다. 강원도 미시령, 진부령 등지에서는 흰 눈 쌓인 대형 덕장마다 빽빽이 걸려 있는 명태를 쉽게 볼 수 있다. 이 지역 주민들은 올 겨울 신이 났다. 매서운 추위와 많은 눈 덕분에 올해 황태가 최상품이 될 것으로 보고 있기 때문이다. 최상품 황태를 만들려면 추위, 바람, 눈, 햇빛이 중요하다. 그런데 올해는 모든 날씨 조건이 최상이다.

황태는 스펀지 조각 같은 쫄깃한 살결을 갖추어야 제 맛이 난다. 뽀송뽀송하게 말려 살결마다 공기층이 숨어 들어가야 한다. 씹는 맛도 중요하지만 찜, 구이 등의 요리를 만들 때 겹겹이 양념이 잘 배어 들어가 맛을 한층 높이는 역할을 하기 때문이다. 맛있는 황태를 만들려면 반드시 '얼어 있는' 상태에서 말려야 한다. 물이 수증기로 바뀌는 기화 과정이 아닌, 얼음이 바로 수증기로 변하는 '승화' 과정을 거쳐야 하기 때문이다. 그래야 모양은 그대로 유지한 채 속은 바삭하고 쫄깃하게 마른다.

김영명 한국식품연구원 박사는 "황태 건조작업은 차가운 날씨가 최우선"이라며 "날씨가 추우면 공기 중의 습기까지 얼어붙고, 혹시 날씨가 나빠도 비가 아니라 눈이 내리게 된다"고 말한다. 추위와 함께 올해처럼 눈도 많이 내리면 더욱 좋다. 바닥에 깔린 흰 눈이 햇볕을 반사시켜 황태가 골고루 마르게 해주면 맛이 더욱 좋아지기 때문이다. 그래서 황태사업자들은 날씨정보를 이용해 황태말리기를 하고 있다.

장충동왕족발의 날씨를 이용한 마케팅이나 황태사업자의 날씨경영은 백화점이나 식료품업체의 날씨 마케팅을 벤치마킹해 경영에 도움을 받은 사례다. 백화점에서는 의류와 화장품, 식품 등 매장별로 온도를 다르게 맞춘다. 판매를 올릴 수 있는 최적의 온도를 이용하는 것이다. 에어컨이나 선풍기를 판매하는 가전매장의 경우엔 다른 매장보다 실내온도가 섭씨 1~2도가량 높다. 모피를 파는 매장에 가면 다른 매장에 비해 서늘하다. 식품매장도 일반 매장에 비해 실내온도를 약간 낮추는 전략을 사용하고 있다.

이외에도 식음료업체가 날씨를 이용하면서 마케팅 전략도 달라지고 있다. 오리온은 여름 시즌 동안 케이크류 대표브랜드인 '초코파이情'을 냉장매대에 전시판매하기로 했다. 소비자들이 시원한 초코파이를 즐길 수 있도록 선택한 온도 마케팅 전략이다. 크라운제과도 '초코하임' 패키지 겉면에 "여름엔 하임 1℃ 냉장고에 넣어서 드세요"라는 문구를 삽입했다. 마케팅 관계자는 "온도와 매출은 아주 밀접한 관계가 있다"면서 "기온에 따라 진열 품목과 주력 품목을 달리하는 온도 마케팅을 통해 고객의 니즈를 충족시키는 전략을 사용하고 있다"고 말한다. 예를 들어, 아침 기온이 5도까지 내려가면서 어묵, 핫바, 가래떡 등 겨울 간식을 재빨리 준비한다. 온라인 장터 옥션은 강한 한파가 내려올 때 겨울철 대표적 간식인 핫바와 우동 판매가 급증한다고 한다. 이 밖에도 찹쌀순대, 고구마, 호빵, 만두 등 간편하게 쪄 먹을 수 있는 간식들도 판매량이 부쩍 늘어난다고 한다. 겨울이 아닌 10도 이상 일교차가 벌어지는 날씨에 환절기 난방가전도 예상외로 많이 팔린다. 전기매트, 전기방석, 온풍기 등 난방가전 판매량이 급증한다. 날씨변화에 따라 생뚱맞은 상품의 매출이 급증하면 마케팅 관계자들은 스트레스를 받는다고 한다. 그러나 날씨변화에 따라 소비자가 그 상품을 많이 구매한 이유를 파악하고 날씨와 소비자의 심리를 연구하여 상품을 개발하고 마케팅 전략을 세운다면 날씨변화는 오히려 또 다른 좋은 판매 기회가 될 수 있다.

기후변화가 지속되면 어쩌면 우리의 식문화가 바뀔지도 모른다. 2011년 기상청 주최로 열린 '제9회 기후변화와 미래 포럼'에서 기후변

◆◆◆ 지구온난화로 인해 이미 아열대 기후로 바뀐 제주도에서는 지중해 연안이 원산지인 아티초크와 망고 등 아열대과일을 들여와 환경적응성을 평가하고 있다고 한다. 기후변화가 우리 농산물 생산과 식문화를 바꾸고 있는 것을 실감하게 만드는 사례다.

화에 따른 우리 식문화에 대한 발표가 있었다. 원광대학교 이영은 교수는 기후변화가 농산물 생산과 우리의 식문화를 변화시킬 수 있다고 내다봤다. 이미 아열대 기후로 바뀐 제주도에서는 지중해 연안이 원산지인 아티초크와 오키나와의 특산물로 알려진 여주 그리고 망고 등 아열대과일을 들여와 환경적응성을 평가하고 있다고 한다. 기후온난화로 인해 아열대 작목이 유망 작목으로 부상하고 우리 식탁이 다양해진다는 긍정적인 변화도 있다. 그러나 기온이 지속적으로 오를 경우 생산이 어려운 작물이 생겨나게 되고 그로 말미암아 식생활 비용을 감당하기 어려워지는 상황까지 연출될 수 있다는 것이다. 김장은 우리 식문화의 대표적인 먹거리지만 기후변화로 인해 배추를 비롯한 채소의 가격이 급등하면 우리네 식생활에 커다란 문제가 될 수도 있다는 것이다.

"전주비빔밥이 없어진다?" 내륙지방의 온난화 현상은 식문화에도 커다란 영향을 줄 수 있다. 특히 전주비빔밥은 주재료들이 모조리 바뀌게 되는 수모를 겪을지도 모른다. 전주 10미味로 간주되는 식재료로 열무, 황포묵, 애호박, 모래무지, 무, 미나리, 콩나물 등이 들어가지만 이것이 변할 수 있다는 얘기다. 전주비빔밥은 한 그릇 안에 30여 가지 이상의 다양한 재료들이 들어가며, 특히 콩나물, 애호박, 황포묵, 무 등은 전주 10미 중 필수재료다. 그러나 지구온난화가 가속화된다면 전주비빔밥에는 콩나물 대신에 숙주가, 미나리 대신 피망이 들어가야 할지도 모른다.

05

자연이 낳고
날씨가 키운다 _홍천한우클러스터

●● "가축 996만 마리 몰살된 지난 겨울의 악몽 … 올해는 어떨까?"
《동아일보》2011년 11월 기사의 제목이다. 기사에 의하면, 2010년 겨울에 발병했던 AI Avian Influenza*와 구제역 foot-and-mouth disease**으로 매몰된 가축 수는 소와 돼지, 닭 등을 포함해 총 996만 마리에 이른다고 한다. 축산업 종사자들 사이에서는 날씨가 추워지는 겨울만 되면 공포에 싸인다. 우리나라는 2010년의 악몽을 되풀이하지 않기 위해 소와 돼지에게는 백신 주사를 접종했다. 그러나 닭 등에게 다 백신을 접종한다는 것은 불가능하다. 박봉균 서울대 수의학과 교수는 "중국이나 대만에서는 백신을 맞혀도 구제역이 계속 발생했지만, 한국처럼 일시에 모든 가축을 대상으로 백신 접종을 한 곳은 없다. 국내에서 당분간 구제

---

* **AI** 조류 인플루엔자는 조류가 걸리는 전염성 호흡기 질병이다. 현재까지 알려져 있는 모든 조류 인플루엔자는 하나의 종(種)인 'A형 인플루엔자'에 속한다. 인플루엔자는 종을 넘어 적응할 수 있고, 특히 사람이 감염될 수 있기 때문에 문제가 된다.

** **구제역** 소, 돼지 등 우제류(偶蹄類) 동물에 대한 전염성이 높은 급성 바이러스성 전염병의 하나다.

역이 일어나지 않을 것으로 보이지만 현장에서 백신 접종을 기피할 경우 소규모 구제역이 발생할 가능성은 있다"고 말한다. 물론 모든 소, 돼지에게 백신을 접종했어도 100% 안전한 것은 아니다. 우선 구제역 유형에 따라 백신 효력이 없는 구제역이 있다. 국내에서 접종한 백신은 아시아에서 발생한 이력이 있는 3가지 구제역(A형, O형, 아시아 1형)을 한꺼번에 방어할 수 있는 3종 혼합백신이다. 하지만 구제역은 총 7가지 유형이 존재한다. 주로 아프리카에서 발생하는 나머지 4가지 유형(SAT 1형, SAT 2형, SAT 3형, 아프리카 C형)이 유입될 경우 백신은 무용지물이 된다. 또 간혹 예방접종을 소홀히 하거나 예방접종을 중단한 사이에 구제역이 발생할 가능성은 남아 있다. 백신 접종을 '하다 말다'를 반복해 구제역 재발이 잦았던 대만의 경우를 참고해야 한다는 지적이다. 통상적으로 구제역 바이러스는 온도가 낮을수록 활동이 활발해진다. 겨울이 되면 축산인들이 전전긍긍하는 이유가 바로 여기에 있다. 농림부에 따르면, 2011년 6월 현재 전국에서 닭은 총 1억 1,684만 마리, 오리는 1,353만 5,000마리가 사육되고 있다고 한다. 하지만 소, 돼지와 달리 닭이나 오리에 대한 백신 접종은 이뤄지지 않았다. AI의 경우, 종류가 144개나 되기 때문에 백신 접종이 불가능하기 때문이다.

2012년 겨울은 시작부터 추웠다. 2011년 겨울은 12월이 평년보다 따뜻했지만, 2012년은 정반대로 11월부터 때 이른 추위가 닥쳐왔다. 때 이른 추위로 축산인들은 긴장했다. 소나 돼지가 혹한의 영향을 받기 쉽고 구제역이 혹시 발생하지 않을까 해서다. 그러나 추워지면 좋은 점도 있다. 추위로 방목 기간은 줄어들지만 좋은 한우를 만들 수 있기 때문이다. 약 900톤의 건초와 1.3톤의 옥수수사료를 준비하고 약 730마리의 소들이 긴 겨울을 잘 보낼 수 있도록 보살피는 '홍천한우클러스터'는 한우사업에 날씨를 활용하는 기업이다. 이들이 날씨경영을 하는 것은 축산에서 가장 중요한 것이 날씨이기 때문이다. 대규모로 사육하는 축산 농가의 경우는 이익을 더 내야 하기 때문에 날씨에 더욱 민감할 수밖에 없다.

홍천한우클러스터 사업단 이종헌 단장은 한우도 사람처럼 날씨의 영향을 받는데, 사람이 가장 활동하기 좋은 계절이 봄과 가을이듯 한우 역시 마찬가지라고 말한다. 기온으로 따지면 15~25도 정도이며, 바람이 없는 맑은 날을 한우가 가장 좋아한다고 한다. 홍천한우클러스터는 기상청의 날씨정보, 각 방송국 뉴스의 날씨정보 등을 주로 활용한다. 날씨정보를 활용하여 소에게 민감한 한여름 뜨거운 날씨나 지루한 장마 등에 대처하고, 추운 겨울에 대비하여 한우가 편안하게 자랄 수 있는 환경을 만들어주고 있다. 한우는 사람이 두껍고 따뜻한 옷을 입는 것과 같이 겨울에는 부드러운 솜털이 났다가 5월경이 되면 솜털을 벗고 시원한 털로 갈아입는다. 이를 통해 스스로 추위나 더위에 적응하지만, 한계를 넘는 무더위나 혹한에는 사람들이 보살펴주어야 한다.

우리나라 소비자들은 한우를 좋아하고 그중 특히 마블링(근내지방)이 우수한 한우를 좋아한다. 마블링이 좋은 최고 상품은 추운 겨울에 만들어진다. 특히 가을부터 일찍 추워지는 해의 한우는 유난히 맛있다고 한다. 소의 자기방어 덕분이다. 추워지는 날씨에 대비해 미리 먹이를 많이 먹기 때문이다. 즉, 한우는 추운 겨울에 대비해 몸속에 지방을 많이 축적해놓음으로써 마블링이 증가하는 것이다. 특히 고급 마블링이 생기는 이유는 소들이 겨울에는 풀보다는 볏짚, 건초, 영양가 많은 곡물 사료를 많이 먹기 때문이다. 우리가 들깨, 참깨도 그냥 짜지 않고 볶아서 수분을 없앤 다음 짜면 고소한 들기름, 참기름이 되는 것처럼

◆◆◆ 대규모로 가축을 사육하는 축산 농가는 날씨에 민감할 수밖에 없다. 날씨가 추워지면 축산인들은 긴장한다. 소나 돼지가 혹한의 영향을 받기 쉽고 구제역이 혹시 발생하지 않을까 해서다. 그러나 추워지면 좋은 점도 있다. 추위로 방목 기간은 줄어들지만 마블링이 좋은 한우를 만들 수 있기 때문이다.

영양가 높은 사료를 충분히 먹으면 질 좋은 마블링이 많이 생긴다.

늘푸름 홍천한우 클러스터는 최상의 한우 고기를 생산하기 위해 다양한 방법을 사용한다고 한다. 온도가 맛의 차이를 만들어낸다는 데착안하여 겨울철에 한우가 축사에서 잘 보내도록 기온은 물론 습도나강수, 바람 등의 영향을 체크하여 관리하는 것이다. 겨울철에는 가급적찬바람을 막아주어서 한우가 먹는 에너지(열)를 빼앗기지 않도록 노력한다. 북쪽이 막히고 남쪽이 튄 방향으로 축사를 짓는 것도 겨울철 햇볕이 많이 들어오게 하기 위한 것이다. 그 밖에도 겨울철에는 따뜻한물을 공급하고 열량이 높은 사료를 먹인다.

최근 기상청 자료에 의하면, 우리나라는 겨울이 점점 짧아지고, 여름이 길어지면서 2050년경에는 기온이 지금보다 3.7도 상승하면서 아열대 기후구로 변할 것이라고 한다. 기후변화는 축산업뿐만 아니라 농업,수산업 등에도 많은 타격을 줄 것으로 예상된다. 이는 우리나라뿐만아니라 전 세계적인 문제이기도 하다. 예를 들어, 옛날에는 남부지방에서 재배하던 사과가 북쪽으로 점점 올라오고 있으며, 명태, 오징어 등어획되는 수산물 어종에도 변화가 오기 시작했다. 특히 우리나라는 옥수수, 밀기울 등 소에게 먹이는 중요한 사료 대부분을 미국, 캐나다 등외국에서 수입해온다. 따라서 국내뿐만 아니라 전 세계의 기후변화에도 매우 민감하다.

가축의 최고 생산성을 높이는 온도가 비육우의 경우에는 15~25도다. 온도가 이보다 높거나 낮게 되면 생산성이 떨어진다. 소의 경우 추위에 견디는 힘은 강하지만, 여름철 덥거나 습도가 높을 때 식욕이 없어지면서 생산성이 떨어진다. 강원도 지역에서 명품한우 브랜드가 많은 것은 바로 이런 기상 요인 때문이다. 즉, 여름의 평균기온이나 최고

기온이 높지 않기 때문이다. 온도와 한우 고기와의 관계는 명확히 밝혀진 것은 아니지만 과일도 일교차가 큰 곳에서 생산되는 것이 맛있듯이 소고기도 같은 이유 때문일 수도 있다고 이종헌 단장은 말한다.

홍천한우클러스터는 소고기 생산부터 최종소비자가 섭취하기 전까지 각 단계에서 위해 물질이 해당 식품에 혼입되거나 오염되는 것을 방지하기 위한 위생관리 시스템인 HACCP 인증을 받았다. 강원도 지역에서 한우 명품화 사업을 실시하면서 중요하게 생각하는 것 중 하나가 농장 HACCP이라고 한다. 전 세계적으로 발생하는 질병(광우병, 구제역 등)에 소비자들은 매우 민감하게 반응한다. 그래서 무항생제 인증 한우, HACCP 인증 농장 등을 많이 지정받아 소비자가 안심하고 먹을 수 있는 안전한 고기를 만드는 노력이 필요하다는 말이다.

명품 한우를 만들기 위해 홍천한우클러스터는 재미있게도 소의 체감온도를 과학적으로 체크한다. 과학적인 실험에 의해 풍속의 변화와 체감온도를 나타내는 공식을 가지고 축사 안의 기상장비를 통해 환산하는 것이다. 이들은 소비자들이 좋아하는 한우를 생산해내기 위해 끊임없이 아이디어를 개발하고 적용한다. 예를 들어, 혈통이 좋은 소들을 계획 교배하기도 하고, 알콜발효사료를 만들어서 한우에게 먹이기도 한다. 또 사람이 먹어서 몸에 좋은 기능성 한우 고기를 만들기도 하는데, 이는 일본에서 소에게 맥주도 먹이고 마사지도 해주는 등 좋은 소고기를 얻기 위해 모든 수단을 동원하는 것을 보고 이에 착안한 것이다.

홍천한우클러스터는 한우를 키우면서 걸림돌이 되는 이산화탄소 배출 문제, 환경오염 문제에도 많은 관심을 가지고 있다. 발효사료나 소화를 촉진하는 먹이를 개발해서 이산화탄소의 배출량을 줄이고, 축사의 바닥에 톱밥이나 볏짚을 충분히 깔아서 소의 배설물과 잘 섞이게 하여 유기농 비료를 만들고, 고추 재배 등 농작물에 필요한 거름을 만들어서 환경오염 문제를 줄여나가도록 노력을 기울이고 있다. 아울러 앞으로는 한우 고기의 생산에 그치지 않고 먹고 놀며 즐길 거리를 만들고 스스로 체험하는 장소도 만들 계획이라고 한다. 1차 산업의 생산에는 한계가 있기 때문에 1·2·3차 산업을 같이 하는 융복합 산업으로 나아갈 계획이다. 해외연수를 통해 일본 등 외국의 선진 사례를 배우고, 프랑스의 와인, 스위스의 치즈·관광산업을 벤치마킹하고 있다. 프랑스의 와인이나 스위스의 치즈산업이 기후변화에 고전하고 있기 때문에 미래 기후변화에 대비한 좋은 대비책도 찾아내려고 노력하고 있다.

"공룡 방귀가 과거 지구온난화를 유발했을 것"이라는 기사가 얼마 전 일간지에 실렸다. 영국 리버풀 존 무어스 대학Liverpool John Moores University의 데이비드 윌킨슨David Wilkinson 교수는 2012년 9월 7일 《현대 생물학Current Biology》지에 실린 논문에서 "1억 5,000만 년 전 중생대中生代에 살았던 초식공룡들은 오늘날 방출되는 양보다 더 많은 메탄가스를 방귀로 내뿜었을 것"이라고 주장했다. 이들은 공룡들이 방귀로 내뿜는 메탄은 연간 5억 톤에 달했다고 주장한다. 오늘날 지구의 가축 전체가 내뿜는 메탄의 양 5,000만~1억 톤보다 5배 이상 많았다는 것이다.

곤충학자들은 공룡보다 개미의 방귀가 더 심각하다고 주장한다. 흰개미들이 배출하는 메탄은 연간 50.7테라그램Tg(1테라그램=10그램)에 달한다고 한다. 지구에서 생산되는 메탄의 약 10%가 흰개미 엉덩이에서 나오는 셈이다. 지구에는 흰개미 외에 엄청나게 많은 곤충이 살고 있다. 곤충학자들이 공룡과 비교되지 않는 작은 곤충들이 내뿜는 메탄가스가 오히려 지구온난화에 더 크게 작용한다고 주장하는 이유는 바로 이 때문이다.

메탄가스는 이산화탄소보다 온실효과가 25배나 될 정도로 지구온난화에 더 큰 영향을 미친다. 과학자들은 소 4마리가 방귀로 방출하는 메탄가스의 온실효과는 자동차 1대가 내뿜는 이산화탄소에 맞먹는다고 본다. 그러다 보니 메탄가스를 줄이기 위해 뉴질랜드에서는 소들의 방귀세를 도입할 정도다.

흰개미의 방귀를 줄일 수 있는 방법은 없어 보이지만, 소의 방귀에서 나오는 메탄가스의 양은 줄일 수 있다. 축산과학원은 사료에 첨가해 메탄가스 발생량을 줄일 수 있는 천연물질을 찾아 상용화에 나섰다. 축산과학원 영양생리팀은 2010년부터 사료에 첨가하면 메탄 발생량을 줄일 수 있는 천연물질을 찾았다. 5가지 후보물질 중 뽕잎 등에서 나오는 항균성 물질인 레스베라트롤resveratrol은 메탄가스 발생량을 최대 64%까지 줄였다고 한다. 레스베라트롤 외에 배추 추출물, 유기황화합물을 함유한 갓 추출물, 야자유에서 얻을 수 있는 중쇄 지방산, 인삼 등 사포닌을 함유한 식물 추출물이 최종 후보로 뽑혔다. 이들 물질은 57%, 56%, 47%, 10%씩 메탄가스 발생량을 낮췄다고 한다. 외국에서도 소의 위에서 배출되는 메탄가스를 줄이기 위한 노력을 계속해왔으나, 큰 성과를 거두지 못했다. 이들은 소의 위에서 메탄가스를 발생시키는 미생물만 골라 죽이거나 특정 미생물을 주입하는 방식으로 메탄가스를 줄이는 연구를 했다. 그러나 이 경우 소의 소화 능력과 영양 상태에 문제가 생길 수 있다고 한다. 그래서 마늘을 사료에 섞는 방법을 생각해냈는데 소가 잘 먹지 않자, 축산과학원은 새로운 첨가물

Green Growth

◆◆◆ 축산업에서 날씨경영으로 최고의 한우를 만들어 높은 수익을 올리는 홍천한우클러스터의 노력은 너무나 놀랍다. 저탄소 녹색지속성장에도 기여하는 다양한 방법을 개발하고 기후변화에 선제적으로 대응하는 녹색 마인드는 그야말로 화룡점정이다.

질을 찾았다. 이들은 살아 있는 한우의 위에서 위액을 뽑아내 배양액을 만들고 50가지 천연물질을 넣은 뒤 24시간 배양해 후보 물질을 찾았다. "현재는 사료에 5종의 후보 물질을 섞어주면서 메탄 저감 정도와 부작용 여부를 실험 중"이라고 했다. 축산과학원은 올해 안에 개발을 끝내고 2015년까지 우리나라 전체 사료 사용량의 5%를 이 사료로 대체할 계획이라고 한다. 이런 사료들이 많이 개발되어 우리나라 소들의 방귀에서 메탄가스가 대폭 줄었으면 좋겠다. 그래야 최악의 날씨가 덜 발생할 테니 말이다. 돈도 벌고 날씨 문제도 해결하고 그야말로 일석이조가 아닐 수 없다.

그래서인지 축산업에서 날씨경영으로 최고의 한우를 만들어 높은 수익을 올리는 홍천한우클러스터의 노력은 너무나 놀랍다. 저탄소 녹색지속성장에도 기여하는 다양한 방법을 개발하고 기후변화에 선제적으로 대응하는 녹색 마인드는 그야말로 화룡점정이다.

06

수온 상승으로 인한 수산업계 위기,
날씨경영이 해답 _국립수산과학원

●● "남해안 수온 상승 … 멸치가 사라졌어요." 2012년 8월 13일《세계일보》의 기사 제목이다. 한여름 폭염으로 어군이 형성되지 않으면서 어민들이 그야말로 울상이었다. 보통 7월에서 10월까지가 본격적인 멸치 어획기인데 폭염으로 어획량이 예년의 20~30%에 그친 것이다. 멸치는 바다 수온이 23~24도일 때 어군을 형성하는 특성을 지니고 있다. 그런데 폭염으로 바다 수온이 27~28도로 상승하자 멸치가 아예 어군을 형성하지 않은 것이다. 급격한 기후변화로 인해 어민들이 큰 피해를 입은 예다.

2012년 4월 1일이 제1회 '어업인의 날'이었다. 어업인들만을 위한 기념일이 부활한 것은 39년 만의 일이다. 1969년 '어민의 날'이 제정되었다가 1973년 '권농의 날'(매년 11월 11일)로 통합되면서 사실상 폐지되었다. 1996년에는 '권농의 날'이 '농어업인의 날'로 변경되었으며, 옛 해양수산부 출범 후인 1997년에는 '바다의 날'(매년 5월 31일)에 어업인이 참여하는 형태로 바뀌어 겨우 명맥만 유지해오다가 2012년 4월

1일 '어업인의 날'이 부활한 것이다. 수산업에 대한 어업인의 위상과 권익을 높이고 정부의 지원과 국민의 관심을 높이자는 취지에서다. 이 날 농림수산식품부 주관으로 유공자에 대한 포상과 기념행사가 있었고, 지자체 및 수산업 관련 기관별로 풍어제, 종묘 방류 행사, 사진전, 지도선 견학과 같은 다양한 행사가 펼쳐졌다.

그런데 '어업인의 날'을 맞는 어업인의 마음은 편치 않았다. 지구온난화로 인한 기후변화로 어획량이 줄어들고 있기 때문이다. 우리나라 인근 바다의 수온 상승은 심각하다. 동해의 경우 수온 상승이 전 지구 해양 평균보다 1.5배 빠르다. 그러다 보니 난류 어종이 많아지고 한류 어종은 점점 줄어들고 있다. 수산 전문가들은 앞으로는 서해와 남해가 동해보다 더 많은 영향을 받을 것이라는 우울한 전망을 하고 있다.

수온 상승은 어획에 큰 변화를 가져오고 있다. "멸치 금어기를 조정해야 합니다." 2012년 전라남도 지역 해안의 어부들은 수온 상승으로 멸치의 알 낳는 시기가 앞당겨지면서 어족 자원 보호를 위해 산란기에 멸치를 잡을 수 없도록 하는 기간인 '금어기'를 조정해야 한다고 주장하고 나섰다. 금어기는 자원 보호를 위해 수산동식물의 포획이나 채집을 금지하는 기간을 말한다. 국립수산과학원은 16개 시·군의 의견을 모아 변경된 멸치 금어기를 적용하겠다고 밝혔다. 국립수산과학원이 하는 일은 멸치 금어기의 시기 조정뿐만 아니라, 바다 수온의 변화가 해양 생태계에 미칠 영향에 대해 연구하고 대책을 세운다. 이처럼 바다에서의 경제적 이익을 만들어내는 첨병이 바로 국립수산과학원이다.

국립수산과학원은 역사가 90년이 넘는 국내 유일의 수산해양 관련 국가 연구기관이다. 수산과학 기술력 확보를 위하여 생명자원 확보와 생태계 보존, 수산물 생산력 기술, 수산식품 개발, 수산물 안전성 관리 등의 일을 한다. 이와 더불어 기후변화 대응 기술 개발과 같은 수산업 전반의 연구와 기술 개발을 수행하고 있다. 국립수산과학원 내에 있는 기후변화 관련 연구과는 급속도로 진행되고 있는 기후변화와 수온 상승에 어떻게 대처하는 것이 국가적 이익을 가져올 수 있는지에 대해 연구한다. 기후변화시대에 수산업을 통해 더 많은 이익을 만들어내야 한다고 믿기 때문이다. 이를 위해 기후변화에 따른 수산업의 적응 방향과 대책, 기후변화에 따른 이상기상 현상 대비, 수산업 재해 예방 기술 개발 등과 같은 일들을 주로 한다. 계절별로 발생하는 여러 이슈들, 예를 들면 봄철의 패독 발생, 여름철의 적조, 해파리 대량 발생, 가을철의 주요 부어류의 자원 관리, 겨울철의 이상해황 발생 대비 등과 같은 일들을 중점적으로 연구하고 대책을 세운다. 기후변화로 인한 피해를 최소화하는 것이 많은 돈을 버는 길이기 때문이다.

우리나라 연근해 바다는 계절에 따라 피해를 일으키는 현상들이 다르게 나타난다. 이런 현상들은 국민들의 건강을 해칠 뿐만 아니라 어민들의 수익에 찬물을 끼얹는다. 봄이 되면 가장 먼저 나타나는 것이 마비성 패류 독소의 수치가 기준치를 초과하는 현상이다. 왜 봄이 되면 이런 현상이 발생할까? 오염된 조개류를 먹게 되면 건강에 해가 될까? 패독 현상은 유독성 플랑크톤을 먹은 패류를 섭취함에 따라 나타나는 식중독을 말한다. 패독에 감염된 패류를 섭취했을 경우, 소량인 경우에는 부분적 마비현상이 일어나고 다량 섭취했을 경우에는 생명이 위험해진다. 패독은 대개 3월에서 6월 사이에 주로 발생한다. 최근 기후변화로 인한 겨울철 수온 상승으로 패독 발생 시기가 계속 조금씩 앞당겨지고 있다. 국립수산과학원에서는 패독 발생 해역에 대한 상세 모니터링을 실시한다. 패독 발생 시에는 채취 금지 등의 조치를 내려

국민 건강에 해가 없도록 한다.

여름이 되면 수산업에 큰 피해를 일으키는 적조가 자주 발생한다. 그럼 적조현상은 왜 발생하고 어떤 피해를 줄까? 적조는 1990년대 중반부터 우리나라 수산업에 가장 많은 피해를 끼치는 해양 현상이다. 여름철 수온 상승과 함께 많은 비가 내리는 해에는 육지로부터 다량의 영양염류가 바다로 흘러들어와 발생한다. 우리나라에서는 과거 십 수년간 코클로디니움 폴리크리코이데스Cochlodinium polykrikoides가 주요 적조 원인 생물이었다. 이들의 대량 발생으로 남해 연안을 중심으로 양식어류의 대량 폐사가 발생했다. 매년 수백억 원대의 피해가 발생하면서 어민들의 시름이 깊었다. 2008년 이후에는 적조에 의한 대량 피해는 발생하지 않고 있다. 2012년에도 적조가 발생하기 시작할 무렵 태풍 볼라벤이 북상하면서 바다를 휘저어놓아 적조 발생을 잠재웠다. 그러나 연근해 양식장 어민들은 수온 상승으로 적조 발생 시기가 길어지고 더 다량으로 발생할 확률이 높아지는 것에 대해 우려하고 있다. 국립수산과학원은 기후변화에 따른 적조 발생 예측 및 피해 최소화를 위해 다양한 연구를 하고 있다. 적조 피해를 최소화하기 위해 적조 발생 현황을 모니터링한다. 아울러 적조에 오염된 해수가 어느 쪽으로 이동할지를 파악하여 어민에게 정보를 제공한다. 정부 및 지자체와 공동으로 적조 방제작업, 적조생물 제거기술 개발과 같은 일들을 수행한다.

국립수산과학원은 위성을 이용한 바다 연구도 더욱 강화하고 있다. 인공위성은 거의 실시간으로 광역의 해양 현상을 파악하는 데 매우 유용한 관측장비다. 우리나라에 위성정보가 사용된 것은 지금으로부터 약 23년 전이다. 수온정보의 경우 약 23년간의 자료가 축적되어 있는 셈이다. 또한 바다 먹이생물의 정보나 탁도의 정보를 알 수 있는 위성정보는 15년 전부터 활용하고 있다. 최근에는 어선의 야간 불빛을 이용해서 야간 어선 분포 현황도 파악하고 있다. 이 중 가장 중요한 것은 위성을 통한 수온정보다. 우리나라 해역의 온난화 정도도 파악할 수 있고, 먹이생물의 대량 발생 시기의 변화도 파악이 가능하다. 아울러 멸종위기의 해양 동물들에게 위성추적장치를 부착해 상태를 파악하는 새로운 연구도 시작했다. 수년 전부터 국립수산과학원에서는 멸종위기 생물종 보호와 수산자원 관리를 위해 해양 동물에 위성추적장치를 부착해 이동경로를 파악하는 연구를 수행하고 있다. 멸종위기종으로 알려진 서해 잔점박이물범과 바다거북에 위성장치를 부착하여 이동경로를 확인하고 있다. 멸종위기종뿐만 아니라 상업어종인 대구와 홍어에도 위성추적장치를 부착하여 어떤 메커니즘으로 이들 어류가 이동하는가를 현재 연구하고 있다.

자원회복 연구는 물론 어민들의 소득증대와 관련한 많은 연구들도 하고 있다. 어업인의 소득증대와 관련한 연구 중 대표적인 것은 상업성이 높은 양식어류 개발이다. 대표적인 양식어류인 넙치의 경우 육종기술을 통해 속성장 넙치를 개발했다. 이외에도 내온성, 내병성의 다양한 양식품종들을 개발하고 있다. 농림수산식품부와 국립수산과학원에서는 2012년 10대 수출전략 품종을 선정하여 넙치, 전복, 참다랑어 등 고부가가치 양식품종의 수출 확대를 위한 연구를 하고 있다. 여기에 환경보호는 필수적이다. 국립수산과학원에서는 5년 전부터 바닷속에서 2년이 지나면 자연분해되는 통발, 해양 미생물에 의해 자연분해되는 환경친화적인 그물과 같은 '생분해 어구'를 개발하여 보급하고 있다. 이를 통해 수산생물의 산란 및 서식장을 보호함으로써 수산자원 회복과 어업인의 소득증대에 큰 도움이 되고 있다.

국립수산과학원의 한인성 박사는 이런 연구에 기상자료가 필수적이라고 말한다. "해양기상정보는 어업인뿐만 아니라 선박을 운항하는 모든 분들에게 가장 기본적인 자료입니다. 저희는 2년 전부터 기상청과 MOU를 맺고 해양기상정보와 해양 및 수산정보를 공유하고 있습니다. 기상청에서 제공하는 파고 및 기온 자료뿐만 아니라, 국립수산과학원에서 제공하는 수온 및 수산정보가 결합된 종합상황정보는 국립수산과학원 홈페이지에서 확인하실 수 있고, 이를 통해 해무 발생 등 해상 조업에 필요한 유용한 정보를 얻을 수 있습니다." 여기에 더해 한인성 박사는 "우리나라 주변 해역은 전 세계 평균에 비해 훨씬 더 높은 수온 상승률을 나타내고 있습니다. 우리나라 해역의 수온 상승률이 최근 40년간 1.3도 정도인 반면, 전 세계 평균은 최근 100년간 0.5도 정도에 머물고 있죠. 또한 수온의 연 변동 및 계절 변동이 심화되어 어느 해는 아주 차갑고, 어느 해는 아주 더운 수온이 나타나곤 하죠. 작년 상반기의 경우에는 평년에 비해 2~3도나 낮은 수온이 우리나라 해역에 나타났고, 이는 양식 어류의 대량 폐사나 난류성 어종의 어획 부진으로 이어지고 있습니다. 위성정보에 의한 수온 모니터링은 현재 우리나라 주변 수온을 아는 데 가장 유용한 수단이고, 이를 통해 실제 조업하시는 분들이 상황에 맞는 판단을 하실 수 있는 가장 객관적 자료라고 말씀드릴 수 있겠습니다." 우리나라 수산업에 있어서 날씨의 모니터링 및 적용이 수익을 크게 올릴 수 있는 중요한 요소라는 것이다. 특히 기후변화가 심각한 상황에서 날씨정보를 적용한 수산업이 절대적으로 필요하다고 한 박사는 말한다.

우리나라 사람들은 수산물을 즐겨 먹었던 민족이었다. 울산 반구대 암각화에는 고래를 잡는 모습이 그려져 있다. 부산의 신석기시대 패층에서는 조개껍데기와 함께 물고기뼈가 발견된다. 그 옛날부터 해산물을 식량자원으로 이용해온 민족이었음을 보여주는 증거다. 요즘에는 어떨까? 해산물을 식용으로 해왔던 습관은 오늘날까지도 이어져서 우리나라는 세계적으로 수산물을 많이 소비한다. 국제농업기구FAO의 2004년 통계자료에 의하면, 우리나라 국민 1명이 1년에 소비하는 해산물의 양은 무려 50킬로그램으로, 세계 평균 소비량 16.4킬로그램과 비교하면 약 4배나 많다. 선진국들의 평균 소비량인 23.5킬로그램에 비해서도 2배나 많다. 그러다 보니 수산업은 우리 국민들에게 매우 중요한 산업이다.

우리나라의 경우 서해와 남해는 낮은 수심으로 대기 기상의 변화에 많은 영향을 받는다. 반면, 동해는 깊은 수심과 동해로 유입되는 쓰시마 난류의 영향으로 변화가 심한 해역이다. 서해와 남해는 대부분의 열 공급이 해양 표층에서 대기와 해양 간 열 교환으로 이루어진다면, 동해 특히 쓰시마 난류가 흐르는 해역에서는 대기뿐만 아니라 쓰시마 난류의 열 공급이 중요한 역할을 한다. 따라서 동해의 수온 변동 경향을 이해하는 데는 해양 내부적인 요소를 많이 고려한다. 특히나 이렇게 동해의 수온이 계속 상승할 경우 한류성 어종이 급격히 감소하게 될 것이다. 심화되고 있는 기후변화를 인위적으로 막는 것은 거의 불가능하다. 따라서 국립수산과학원은 기후변화에 따른 우리나라 주변 해역이 어떻게 변화할 것이라는 과학적인 예측 결과를 바탕으로 이에 적절한 적응대책을 마련하는 작업을 하고 있다. 어민들의 새로운 부가가치를 창출할 가능성이 높은 수산자원에 대한 어획 기법을 개발한다든지, 수온 상승에 따라 각 품종별 양식 적지를 새롭게 산정한다든지, 현재 아열대 해역에서 발생하는 수산 질병을 분석하여 미래를 위한 백신을 개발한다든지 하는 연구 등이 대표적이다.

한인성 박사는 "수산업이나 농업과 같은 1차 산업의 경우, 기후의 영향을 직접적으로 받기 때문에 기후변화가 산업 전반에 미치는 영향은 아주 크죠. 수산업에 미치는 전반적인 기후변화 영향에 대한 대책을 세우기 위해서는 해양예측, 적응대책, 적응기술, 경제성 분석, 온실가스 등 다양한 분야의 인력이 필요한 것이 현실입니다. 저희 국립수산과학원뿐만 아니라, 국가적으로도 관심이 많은 분야이기 때문에 긍정적인 방향으로 나아가리라 기대하고 있습니다"라고 하면서 "최근 수산업은 기후변화와 유류비 인상 등 부정적 요소로 인해 크게 위축되어가고 있습니다. 수산업 종사자 및 여러 경영지표도 축소되고 있는 것이 현실이고요. 하지만 수산자원은 국민의 먹거리 제공 및 식량 안보 측면에서 중요한 역할을 하고 있고, 최근 웰빙 열풍과 함께 소비량이 크게 늘고 있는 것도 현실입니다. 국립수산과학원은 저희들이 가지고 있는 역량과 열정을 쏟아 침체기에 있는 수산업 발전을 위해 최선을 다할 생각이고, 수산업을 새로운 고부가가치 산업으로 발전시키도록 노력할 것입니다"라며 각오를 다지고 있다.

2011년 유엔식량농업기구FAO, United Nations Food and Agriculture Organization 는 '피시플레이션fishflation'*을 경고하고 나섰다. 전 세계적으로 물고기의 지속적인 남획과 지구온난화로 어족 자원이 고갈되고 있기 때문이다. 기후변화가 물고기의 다양성에 위기를 가져오고 이는 곧 수산 물가 상승으로 이어질 것이라는 것이다. 이런 현상은 우리나라에서도 이

---

* **피시플레이션** 지속적인 '물가 상승'을 의미하는 'Inflation'과 '수산물'을 의미하는 'Fisheries'라는 단어가 결합된 것으로, 수산자원의 부족으로 인한 수산물의 지속적인 가격 상승을 뜻한다.

◆◆◆ 바다생물에게 수온 1도 상승은 육지 기온 10도 상승과 같은 영향을 미친다고 한다. 해수 온도의 급격한 상승은 연근해 어업에 의존하는 우리나라 수산업계에 커다란 위기다. 그러기에 기후변화에 적극적으로 대응하는 날씨경영이 수산업에 더욱더 필요하다. 날씨경영이야말로 새로운 수산업의 기회를 만들어내고 더 큰 이익을 창출해줄 해답이다.

미 나타나고 있다. 우리나라 근해의 수온 상승으로 주로 남해안에서 형성되던 오징어 어장이 동해로 올라가는 등 어장이 바뀌었다. 난류성 어종이 주류를 이루면서 생선 가격도 희비가 엇갈린다. 한류성 어종은 구경하기도 힘들어지면서 대표적인 한류성 어종인 명태는 1980년 9만 6,000톤이던 생산량이 2010년 1톤 미만으로 줄었다. 반면, 난류성 어종인 오징어는 1980년 4만 8,000톤에서 2010년 15만 9,000톤으로 3배 이상 늘었다. 생선 가격은 더 심하다. 명태 가격은 1980년 대비 2010년에는 39배 넘게 뛰었다. 반면, 난류성 생선인 멸치 가격은 7배 늘어나는 데 그쳤다. 한류성 어종의 피시플레이션의 속도가 훨씬 빠른 것이다.

해양기후 전문가들은 바다생물에게 수온 1도 상승은 육지 기온 10도 상승과 같은 영향을 미친다고 말한다. 해수 온도의 급격한 상승은 연근해 어업에 의존하는 우리나라 수산업계에 커다란 위기다. 그러기에 기후변화에 적극적으로 대응하는 날씨경영이 수산업에 더욱더 필요한 것이다. 날씨경영이야말로 새로운 수산업의 기회를 만들어내고 더 큰 이익을 창출할 것이다.

07

기후변화에
덜 취약한 종자를 개발하라 _아시아종묘

●● 농가에서는 겨우내 묵혀두었던 농기구를 정리하고 거름을 만드는 때가 입춘이다. 양지바른 둔덕에서는 초록 새싹이 움터 올라오면서 가장 먼저 봄을 알린다. 이맘때쯤이면 농부들은 걱정이 앞선다. 올해는 어떤 씨앗을 심어야 기후변화에도 가장 손해를 덜 볼까? 예년에 심었던 종자가 빠르게 변해가는 기후변화에 제대로 적응하지 못하는 경우가 많기 때문이다. 농민들에게 가장 반가운 소식은 무엇일까? 기후변화에도 최고의 생산량을 가져다주는 종자일 것이다.

  사람들의 삶을 이루는 3대 요소인 의식주衣食住에서 가장 중요한 것은 '식食'이다. 옷이 없어도 집이 없어도 살 수 있지만, 음식이 없으면 살 수 없다. 그러기에 인류는 탄생된 그 순간부터 무엇인가를 끊임없이 먹어왔다. 고기, 생선, 채소 등 인간이 먹는 음식의 종류는 거의 무한하다. 각각의 음식은 인간의 몸에서 중요한 역할을 한다. 균형 잡힌 섭취를 하지 않으면 허약해지고 병에 걸리기 쉽다. 최근 의학자들은 무병장수하는 데 가장 중요한 식품으로 채소를 꼽는다. 녹색 음식이

다른 무엇보다 중요하다는 것이다. 그러다 보니 질병의 예방은 물론 건강한 삶이 화두가 되면서 채소가 환영을 받고 있다.

우리나라 소비자들도 친환경 채소를 많이 찾는 추세다. 친환경 채소를 사서 먹는 사람들도 많지만 채소를 직접 키우는 사람도 늘어나고 있다. 도시 근교 텃밭채소 농업이 점차 확대되고 있다. 도시농사꾼, 도시농업포럼 등 도시 근교 주말농장, 텃밭뿐만 아니라 아파트 베란다, 옥상 등을 활용하여 채소를 직접 재배하는 모임이 증가하고 있다. 채소 종자 판매도 소봉지 가정원예용 매출이 증대하고 있다고 한다. 외국의 경우도 마찬가지다. 우리나라나 외국이나 한결같이 친환경 채소를 찾는 이유는 웰빙well-being 바람 때문이다. 그런데 문제가 있다. 시장성 있는 성숙한 채소를 생산하고자 할 경우 농약을 사용하지 않고 재배하기는 매우 힘들다. 이 문제를 해결할 방법을 아시아종묘가 찾아냈다. 농약과 해충에서 자유로운 채소를 생산하려면 어린잎채소Baby leaf를 키워 먹으면 된다는 것이다. 어린잎채소는 해충이 생기기 전에 빨리 수확하기 때문에 농약을 살포할 필요가 없다. 여기에 새로운 시장이 만들어질 것을 예견한 아시아종묘는 야심 찬 계획을 세웠다. 채소 재배가 쉬우면서 기능성 물질과 각종 영양소가 함유된 채소 품종을 만들어 전 세계인이 먹도록 하겠다는 것이다. 이미 10여 품종을 새롭게 육성해 영국, 이탈리아, 독일 등 유럽과 미국, 캐나다와 일본, 대만 등에 연간 50만 달러 이상의 종자를 수출하고 있다고 한다. 놀랍게도 어린잎채소 종자 시장은 매년 약 2배씩 늘어나고 있어 앞으로 종자 수출액이 많이 늘어날 전망이다. 기후변화시대에 최고의 웰빙 블루오션 산업이 채소 종자 산업이라고 아시아종묘는 말한다.

채소 종자 한류를 꿈꾸는 '아시아종묘'는 기후변화에 대응할 수 있는 종자를 개발하기 위해 끊임없이 연구와 노력을 기울여온 국내 토종 종묘회사다. 국내에 처음으로 쌈채소를 보급하고 새싹채소를 기획해 널리 알렸다. 특수·희귀채소 씨앗을 공급하여 외국 종묘회사가 독점해온 씨앗시장에서 틈새시장을 공략하고 있다. 이와 더불어 국내외 시장에 부가가치가 높은 다양한 채소 종자를 끊임없이 연구·개발·보급해왔다. 현재는 세계 최고 수준의 양배추, 브로콜리 씨앗을 바탕으로 해외시장을 활발하게 개척하여 한국에서 만든 씨앗으로 세계인이 채소를 즐길 수 있게 하는 믿을 수 있는 씨앗 전문회사로 발전하고 있다.

아시아종묘는 우리나라보다 해외에서 더 유명하다고 한다. 종자업의 경우 해외시장을 개척하는 데 최소한 2~3년이 소요된다. 시험 종자sample seed for the trial를 보내서 그 나라 각 지역에 시험 재배를 해야 한다. 각 위도별 지역 적응성 검정을 끝내야 자신 있게 판매할 수가 있다. 아시아종묘는 해외 종자회사들과 1년에 5~6회 만나 회의를 한다. 아시아태평양종자회의APSA, 국제종자회의ISF, 미국종자교류회ASTA 등을 통해 전 세계에 퍼져 있는 종묘회사를 상호 방문하기도 한다. 이때 아시아종묘의 우수한 제품들을 소개하고 친밀한 관계를 맺는다. 처음 만나도 30분 정도만 종자 이야기를 하게 되면 10년 지기 친구처럼 친숙해지는 것이 종자 거래seed business의 특징이라고 한다. 이것이 아시아종묘가 전 세계 종자회사들과 가족처럼 친밀하게 지내는 비결이고, 세계적인 종자회사가 된 밑바탕이라고 한다. 아시아종묘가 처음 종자를 수출했을 당시 해외시장에서 인정받기가 너무 힘들었다고 한다. 국내 경쟁업체들이 해외시장에서 영업하면서 아시아종묘에는 종자를 만들수 있는 기술자가 없다고 흑색선전을 했기 때문이다. 해외에서 종자를 매입해 자기들이 만든 것처럼 수출한다고 악선전을 하기도 했단다. 그러나 제품만 좋으면 외국 업체들이 사줄 것이라는 믿음으로 최상의 종자를 개발하고 해외시장을 적극 개척했다. 이런 노력들이 열매를 맺어 현재는 외국 바이어들이 아시아종묘의 씨앗을 가장 많이 수입해가고 있다고 한다.

아시아종묘는 지속적인 종자 개발을 통해 상당히 많은 품종을 보유하고 있다. 국립종자원에 신고된 품종만 해도 1,000여 가지 품종이 있다. 아시아종묘의 육종 전문가 12명은 수십 년의 육종 경험을 통해 세계 각국에서 재배되고 있는 수백, 수천 가지의 다양한 채소작물의 씨앗들을 수집하고 분석한다. 이들은 활용 가능한 900여 종 이상의 유전자원을 확보하여 우수한 신품종을 만들어낸다. 2010년 11월에는 생명공학육종연구소를 창설했다. 경기도 이천에 약 55억 원을 투자해 1만 5,000평 규모의 생명공학육종연구소 문을 연 것이다. 아시아종묘에는 7년 이상의 육종 경험이 있는 육종가를 8명이나 보유하고 있다. 이들을 통해서 새로운 육종 기술을 터득하고 전수받고자 젊은 생명공학 전공자 8명(박사 2명, 석사 1명, 학사 5명)이 땀 흘려 신품종 개발에 매진하고 있다. 20여 명의 연구원들이 컬러수박, 매운 맛이 적고 식미가 좋은 풋고추 등 뛰어난 기능성 과채류를 만들어냈다.

채소나 화훼 종자를 생산하는 종묘회사들에게 날씨는 매우 중요하다. 씨앗을 파종해서 수확할 때까지 날씨의 영향을 많이 받기 때문이다. 그래서 아시아종묘는 어느 지역에서 종자를 생산하고자 할 경우 최소 최근 3년간의 기상 데이터를 참고한다. 예부터 곡식 생산은 하늘과의 싸움이라고 했다. 날씨가 종자 생산의 70% 이상을 좌우하기 때문이다. 사람이 아무리 뛰어난 기술을 가지고 있더라고 날씨는 당할 수 없기에 종자 생산에 날씨를 적극적으로 고려하는 것은 너무나 당연

◆◆◆ 채소나 화훼 종자를 생산하는 종묘회사들에게 날씨는 매우 중요하다. 씨앗을 파종해서 수확할 때까지 날씨의 영향을 많이 받기 때문이다. 그래서 아시아종묘는 어느 지역에서 종자를 생산하고자 할 경우 최소 최근 3년간의 기상 데이터를 참고한다. 예부터 곡식생산은 하늘과의 싸움이라고 했다. 날씨가 종자 생산의 70% 이상을 좌우하기 때문이다.

하다. 그러나 농가와 계약을 맺어 씨앗을 생산하게 되면 각 지역의 날씨 특성이 다르기 때문에 날씨 위험에 그대로 노출된다. 태풍이나 장마, 한파 등 이상기후로 인해 피해가 발생하기도 한다. 아시아종묘의 류경오 대표는 "일반적으로는 기상 데이터를 참고하여 사전에 지주를 박는다든지 병충해 방제를 철저히 하여 피해를 극소화하려고 노력합니다. 예를 들어 2011년처럼 무 종자를 예취하고 수확해야 하는 시기인 7~9월에 계속해서 비가 온다면 종자 생산량은 70~80% 이상 감소하게 되어 생산에 막대한 차질을 가져옵니다"라고 말한다. 날씨로 인해 종자 부족 현상이 일어나면 곧바로 국내 종묘 생산량이 부족하게 된다. 그러면 해당 종자의 소비자 가격도 올라간다. 이런 문제를 해결하기 위해 아시아종묘는 생산지를 다변화하고 있다. 국내뿐만 아니라 중국, 태국, 인도, 이탈리아, 남아프리카공화국 등 세계 여러 나라에서 채소 종자를 생산해서 종자 부족 현상이 일어나지 않도록 하고 있는 것이다. 특히 기후변화와 관련하여 가뭄에 견디는 종자 육성이라든지, 기후변화에 덜 취약한 종자 연구를 활발하게 진행하고 있다고 한다. 아시아종묘는 오래전부터 내한성, 내서성, 포장저항성 등 기후변화에 대처할 수 있는 내성을 가진 품종들을 육성하고 있다고 자랑한다.

기후변화가 심각해지면서 종자 기업들은 기후변화에 덜 취약한 종자를 개발하거나 수입처를 다변화하는 방식으로 대처하고 있다. 세계적 종자기업인 바스프BASF는 혹한, 폭염 등 기후변화에 대한 해결책으로 1998년부터 기후변화의 영향을 덜 받는 품종을 개발하고 있다. 또다른 세계적 종자기업인 몬산토Monsanto도 가뭄 저항성 유전자 기술을 통해 물이 부족한 극한 상황에서도 수확량을 안정적으로 유지할 수 있는 옥수수를 개발했다. 2008년 미국에서 시험 재배를 실시한 결과 건조한 환경의 미 서부 대평원에서도 수확량이 68% 증가한 것으로 나타났다고 한다.

지금은 웰빙 음식으로 불리는 쌈밥과 새싹비빔밥은 류경오 대표의 아이디어에서 나왔다고 한다. 류 대표는 "한국에 없는 종자시장을 혼자서 개척한다는 것은 참으로 힘든 과정이었습니다. 첫 번째가 허브Herb 종자 시장이었으나 큰 성공을 거두지 못하고 끝났지요. 두 번째로 찾아낸 신규 종자 사업이 쌈밥집을 전국에 만들어보는 것이었는데요, 치커리를 한 상자 들고 가락시장에 가서 홍보를 하는데 가락시장 상인들로부터 문전박대를 당하기 일쑤였습니다. 하는 수 없이 종자를 팔려면 농사를 직접 지어 내가 직접 시장에 납품을 하든지, 식당에 직접 찾아다니면서 식당 주인에게 무료로 채소를 나눠주면서 한국에 새로운 쌈채소 시장을 만들 수밖에 없다는 생각을 하게 되었습니다. IMF 위기가 몰려오면서 식당들이 장사가 안 되어 문을 닫는 곳이 속출할 때였습니다. 낮에는 사무실에서, 오후 5시 넘어서는 농장에서, 밤에는 가락시장 채소가게에서 1인 몇 역을 하는 나날이 계속되었는데, 그렇게 역경을 겪는 중에 KBS 농업 PD부장 신동헌 씨를 만나게 되었고 허브와 쌈채소가 MBC, SBS 등에 방송을 타면서 씨앗이 팔리기 시작했습니다. 이때 작은 자금이 만들어지면서 해외시장을 개척할 수 있는 종잣돈이 생겼습니다. 쌈채소 재배 농가들이 매출이 눈에 띄게 늘어나 작은 중소기업 정도의 규모로 커지면서 신규 아이템을 찾아내라고 아우성이었습니다. 이때가 하늘이 준 절호의 찬스였지요. 새로운 먹거리 새싹채소로 채소 틈새시장을 공략한 것이 적중한 것이지요. 종자 매출은 나날이 늘어갔고, 비밀리에 진행했던 해외시장 개척도 답이 오기 시작했습니다. 끊임없는 노력이 결실을 맺는 순간이었습니다"라며 감회가 새롭다고 말한다.

류경오 대표는 아직 한국의 종자기업의 규모가 너무 작은 것이 안타깝다고 말한다. 국내에 들어와 있는 다국적 종자회사들은 몬산토(구 흥농·중앙종묘), 시젠타Syngenta(구 서울종묘), 바이엘 크롭사이언스Bayer Cropscience(구 시덱스SeedEx), 사카타Sakata(구 청원종묘), 다키Takii 종묘 등이 있다. 이들 다국적기업은 자본력이 대단하다. 전 세계 각국의 큰 종묘시장을 선점해서 매출 극대화를 꾀하고 있으며, 매년 또 다른 새로운 나라의 종묘회사를 인수·합병해가고 있다. 이들은 채소 종자 시장뿐만 아니라 곡물, 사료, 식량 작물 등 모든 분야에 손을 뻗치고 있다. 그러다 보니 우리나라 기업의 시장점유율은 너무나 작다.

류경오 대표는 정부의 육성대책이 시급하다고 말한다. 정부의 2020 종자산업 육성대책의 하나인 민간육종연구단지Seed Vally 사업은 김제시 백산면 부지(54헥타르)에 2015년까지 국비 750억 원을 투자해 연구단지를 조성할 계획이다. 20개 종자업체를 입주시켜 종자육종 연구와 종자 수출 강국을 실현하기 위한 국책사업이다. 이 사업을 통해 민간종묘회사들이 한 단계 더 성장할 수 있는 기반이 되었으면 좋겠다고 류 대표는 말한다. 아시아종묘는 민간육종연구단지에 종자품종육성 및 종자생산연구소를 설립하여 신품종 육성 및 채소 종자 안정 공급을 위한 연구를 수행할 계획이라고 한다. 또 2020 종자산업 육성대책의 하나로 향후 10년간(2012~2021년) 총예산 8,140억 원(국고 6,540억 원)이 투입돼 글로벌 수출 전략 품종 20개 이상을 개발하는 것을 목표로 하고 있다. 아시아종묘는 강점을 가지고 있는 양채류(양배추, 브로콜리 등), 어린잎채소뿐 아니라 기능성 고추, 수박 등의 작물에도 참여하겠다고 한다. 현재 인도 법인 설립을 추진 중인데, 유럽과 러시아, 남미 등에도 법인을 설립해 우리나라의 독보적인 다국적 글로벌 기업이 되고자 노력하겠다고 다짐한다. 새로운 아이템인 새싹채소 종자 산업에 뛰어들어 날씨경영으로 최상의 결실을 맺어가는 아시아종묘가 더없이 자랑스럽다.

2012년 초겨울은 무척 추웠다. 피부 미용에 관심이 많은 여성들에겐 부담스러운 겨울이었다. 56년 만에 찾아온 12월 상순 기습 한파에 비타민 공급원인 채소, 과일 가격이 많이 올랐다. "먹지 말고 피부에 양보하라"고 하던 화장품 광고와 달리 얼굴에 바르기는커녕 먹기에도 부담스럽게 느껴질 정도였다. 한파로 지표면이 얼어 작업이 어려워지고 출하량도 줄고 상품 상태도 좋지 않아 채소 가격이 계속 올랐다. 오이 가격이 올라 얼굴 마사지를 못 하는 여성분들에게 혹시 새싹이 대용품이 될 수는 없을까 하는 생뚱맞은 생각을 해본다.

웰빙시대에 친환경 채소 시장은 상상할 수 없는 큰 시장으로 성공하고 있다. 어느새인가 친환경 식품이 우리 생활 깊숙이 들어왔다. 대형마트에서나 볼 수 있었던 유기농 상품을 이제는 작은 슈퍼에서도 쉽게 찾을 수 있다. 게다가 최근에는 동네마다 하나씩 유기농 전문 마트가 생겨나고 있다. 이렇듯 친근해진 유기농 식품은 이제 하나의 트렌드를 형성하면서 제법 큰 시장으로 자리 잡았다. 건강한 웰빙 먹거리와 식탁 안전을 위해 비싸고 번거롭더라도 친환경·유기농 제품을 구입하려는 소비자가 증가하고 있기 때문이다. 경기침체에도 불구하고 친환경 식품 시장은 해마다 성장하고 있다. 농림수산식품부에 따르면, 2011년 국내 친환경 농산물의 시장 규모는 3조 9,876억 원으로 2000년 이후 10배 이상 성장했다고 한다. 농촌경제연구원은 2012년 국내 친환경 농산물 시장 규모가 지난해보다 약 13% 늘어난 4조 4,836억 원인 것으로 추정했다. 채소나 종자 산업은 이제 최강의 블루오션 산업일 수밖에 없는 시대적 트렌드로 부상한 것이다.

08

총성 없는 전쟁 '식량전쟁'에서
살아남기 위한 무기 _농촌진흥청

●● "농업의 생산성은 '리비히의 최소율의 법칙Lisbig's law of the minimum' 이 적용되는 분야지요." 1843년 독일의 생물학자인 리비히는 식물의 성장에 필요한 여러 가지 요소 중 필수적인 요소가 빠지거나 부족할 경우 그 요소에 의해 성장이 좌우된다고 말했다. 그 후 리비히의 최소 율의 법칙은 농업의 생산성에 관해 말할 때 가장 많이 사용되는 법칙 이 되었다.

농업에 영향을 주는 것으로는 토양, 영농기술, 비료 등 여러 가지가 있다. 그러나 농업은 다른 어떤 분야보다 기상에 민감하다. 식량 생산 에 가장 크게 영향을 주는 요소가 날씨라는 이야기다. 그리고 날씨는 예측 불가능한 존재이기도 하다. 유엔식량농업기구FAO는 지난 10년간 자연재해로 입은 농작물 피해가 5조 2,000억 원에 달했다고 밝혔다. 문 제는 앞으로의 전망은 더 비관적이라는 것이다. 전문가들은 지구온난 화로 인한 농업 피해는 2100년까지 700조 원에 이를 것으로 추정하고 있다. 전 세계적인 이상기후 현상으로 식량 감산이 이루어지고 있다.

애그플레이션agflation*과 함께 세계적인 식량대란까지 거론되는 실정이다. 미래학자들은 총성 없는 전쟁인 '식량전쟁'이 조만간 일어날 것이라고 예측한다. 식량위기에 어떻게 대응해야 할까? 그런데 우리 옆에 미래 기후변화와 농업위기에 적극적으로 대처하는 기관이 있다. 바로 농촌진흥청이다.

농촌진흥청은 농업과학기술의 개발 및 보급을 통해 농업의 발전과 농업인의 복지 향상을 도모하기 위해 1962년 4월에 설립되었다. 현재는 '동북아 농식품 R&D허브 구축'이라는 비전을 가지고 'G7 수준의 세계 일류 농업 강국 달성'을 목표로 하고 있다. 농촌진흥청의 핵심 역할은 무엇일까? 품종 개발과 재배기술 개발, 농가 기술지도 및 교육, 국제기술협력 및 교류다. 이러한 기술협력을 통해 제3국에 농사기술을 지원하는 동시에 선진국과의 교류를 통해 최신의 다양한 정보를 획득하고 있다.

2012년 여름은 유난히 무덥고 비가 자주 내렸다. 이러한 기상현상은 농작물에 많은 영향을 준다. 먼저 비는 매우 다양한 형태로 농작물에 영향을 미친다. 첫째로 토양에 과다한 수분이 계속 공급되면 뿌리에 산소 공급이 안 되어 뿌리가 호흡을 못하게 된다. 뿌리가 호흡하는 과정에서 물과 양분이 흡수되는데, 호흡이 안 되니까 물이 많이 있어도 흡수가 안 되고 양분도 흡수가 안 된다. 이런 현상이 오래 지속되면 뿌리가 썩게 된다. 둘째로 비가 오게 되면 햇빛이 나지 않기 때문에 식물의 광합성이 일어나지 않게 되고, 결국 생장이 안 된다. 광합성이 이

---

* **애그플레이션** agriculture(농업)와 inflation(인플레이션)의 합성어로, 농산물 가격 급등으로 일반 물가가 상승하는 현상을 뜻하는 신조어다. 2007년 메릴린치(Merrill Lynch)가 '세계 농업과 애그플레이션(Global Agriculture & Agflation)'이라는 보고서를 발표하면서 널리 알려졌다.

◆ ◆ ◆ 유엔식량농업기구(FAO)는 지난 10년간 자연재해로 입은 농작물 피해가 5조 2,000억 원에 달했다고 밝혔다. 문제는 앞으로의 전망은 더 비관적이라는 것이다. 전문 가들은 지구온난화로 인한 농업 피해는 2100년까지 700조 원에 이를 것으로 추정하고 있다. 전 세계적인 이상기후 현상으로 식량 감산이 이루어지고 있다. 애그플레이션과 함께 세계적인 식량대란까지 거론되는 실정이다. 미래학자들은 총성 없는 전쟁인 '식량전 쟁'이 조만간 일어날 것이라고 예측한다.

루어지지 않는 상태에서는 식물체가 연약하게 되어 웃자란다. 다시 날씨가 좋아지더라도 병이나 바람 등에 매우 취약하게 된다. 특히 비닐하우스나 유리온실에서는 평상시에도 햇빛이 일부 차단되는데, 비가 오는 날에는 햇빛이 부족한 상태가 되므로 더욱 심각하다. 강우 패턴은 농작물의 종류를 결정짓는다. 여름철 강수량이 많은 동아시아 지역은 벼농사가 발달한 반면, 미주 지역에서는 콩과 옥수수 농사가 발달한 것은 이 때문이다. 집중호우는 농경지 침수로 토양의 과습을 일으켜 농산물 생산에 피해를 준다.

일조량은 농작물의 광합성에 큰 영향을 미친다. 최근 잦은 강수로 다겹 비닐하우스 재배지대에서는 농작물이 연약해지면서 병해충에도 취약해지고 있다. 농작물은 비뿐만이 아니라 온도에도 많은 영향을 받는다. 온도는 작물별 최적 온도에서 재배하도록 농작물의 파종과 이앙 시기를 결정한다. 온도가 상승하면 동식물의 호흡량이 증가하고 식물의 잎으로부터 증산량이 크게 증가하여 수분 부족에 의한 잎 말림 현상이 유발된다. 저온에서는 과수의 동사, 서리 피해 등으로 과실의 성숙이 지연된다. 공기 중의 이산화탄소CO_2는 식물 광합성의 원료 물질로서, 이산화탄소 농도가 높으면 광합성이 증가하는 한편 식물의 숨구멍(기공)이 닫히는 현상이 발생하며, 밀폐된 시설하우스와 같이 이산화탄소 농도가 낮으면 광합성 효율이 저하된다.

최근 지구온난화로 우리나라뿐만이 아니라 전 세계적으로 혹한이나 폭설, 가뭄, 폭우 등 극단적인 기상현상들이 발생하고 있다. 이런 극단적인 기상현상들이 작물에 미치는 예를 들어보자. 우리나라의 경우 2009년 12월부터 2010년 4월까지 이상저온과 일조량 부족으로 인해 시설재배지 전체 면적(5만 1,000헥타르)의 28%인 1만 4,000헥타르에 피해가 발생해 채소류 가격이 급등했다. 배추는 1.93배, 대파 1.85배, 시금치 1.6배 가격이 올랐다. 2010년 6월에는 고랭지 채소 재배 지역에 비가 평년 대비 15% 정도만 내리는 바람에 극심한 가뭄 현상이 나타났다. 8월 평균 기온은 평년보다 3.2도가 높은 이상고온 현상이 발생했다. 9월 중순 150밀리미터 이상의 폭우가 내리면서 배추 출하량이 줄었다. 이로 인해 배추 값이 한 포기당 1만 6,000원까지 치솟으면서 배추대란이 벌어졌다. 농산물은 GDP(국내총생산)에서 차지하는 비율이 3%에 불과한데도 조금만 부족해도 가격이 급등하고 다른 물가에도 영향을 크게 미쳐 국민들에게 큰 심리적 부담을 안겨준다.

최근 빈번해진 이상기후는 한반도의 '농산물 지도'까지 바꿔놓았다. 1980년대와 2010년을 비교해보면, 많은 농작물의 재배지가 북상했다. 사과 주산지의 경우 대구에서 영주, 충주, 최근에는 강원도 영월, 양구까지 재배가 확대되었다. 진도에서 재배되던 강황(카레의 원료)이 지금은 파주에서도 재배되고 있다. 재배지의 북상은 기온 상승에 따른 자연스러운 현상이기는 하지만 피해의 위험도 있다. 2011년 재배지가 북상한 복숭아를 비롯한 많은 과수가 겨울 한파로 인해 동사하는 큰 피해를 입었다. 과수는 한곳에 심게 되면 최대 20~30년 동안 과실을 따기 때문에 이 기간에 한 번이라도 이상한파를 만나게 되면 큰 낭패를 보게 된다. 따라서 최소 30년 동안 재배한계온도를 벗어나는 이상한파가 1회 이상 나타나지 않는 지역에 과수를 심게 하는 것이 필요하다. 이런 이유로 농촌진흥청에서는 과종별 농업기후지대 구분을 만들어 농가에 실질적인 도움을 주고자 노력하고 있다.

또 기후변화에 맞는 작물이 개발되어야 한다. 지금은 전 지구적으로 기온 상승의 시대다. 우리나라의 기온 상승 속도는 놀랄 정도로 빠르다. 현재의 벼 품종을 그대로 심었을 때 기온이 올라가게 되면 벼 수확량이 감소하고 밥맛도 떨어진다. 과수 및 채소의 경우는 재배 적지가 상당히 줄어든다. 젖소는 우유 생산량이 감소하고, 돼지들의 폐사율도 증가한다. 따라서 기후변화에 대응한 농업기술 개발의 핵심은 '고온'에 강한 품종 및 다른 대처 방법을 개발해 농업 생산성을 유지하는 데 있다. 1970년대 이전에는 태풍이 오면, 어김없이 벼가 쓰러져서 피해를 많이 입었다. 벼의 키가 큰 것이 원인이었다. 당시 농업기술 개발의 핵심 중 하나가, 키가 작은 품종을 만드는 것이었다. 농촌진흥청에서 키가 작은 품종을 만드는 데 성공해서 태풍의 피해를 줄이는 녹색혁명을 달성한 적이 있다. 이것은 농업 생산성이 감소되거나 품질이 저하되는 것을 막기 위해 불가결한 것이다.

현재의 품종을 그대로 심으면, 벼는 5도 정도 온도가 올라가면 수확량의 15% 정도 감소한다고 한다. 최근 재분석해본 결과, 2071~2100년경 4~5도 증가 시 최대 35% 감소, 1도 상승할 때마다 쌀 수확량이 8%씩 감소하는 결과가 나왔다. 그런데 고온에 적응하는 품종을 새로 개발하면 5% 이내로 수확량 감소를 줄일 수 있다고 한다. 기후변화에 대응하는 농업기술의 힘이 얼마나 큰가!

우리나라의 기후변화 시나리오에 따르면, 21세기 말에는 강우량이 17% 증가하는 것으로 예상되고 있다. 토양의 총 유실량은 2003년(28,305천 톤) 대비 2070~2090년대는 18.1% 증가할 것으로 예측된다. 이로 인한 농산물 생산 감소에 어떻게 대비하느냐가 시급한 과제다. 최근 갈색여치, 꽃매미 등 아열대성 해충이 문제가 되고 있다. 병해충은 온도가 올라가면 세대수가 많아져서 개체수가 급속히 증가한다. 미래 농업에 큰 타격을 줄 가능성이 높기에 이에 대한 대비 연구도 농촌진흥청에서 하고 있다. 이상기후에도 안정적으로 고품질의 농산물을 재배할 수 있는 품종 개발도 시급하다. 농촌진흥청 온난화대응농업연구센터에서는 최근 한반도 기후변화에 대비한 15종의 열대 · 아열대 작물을 도입해 국내 적응기술을 개발했다.

　다른 나라에서도 기후변화에 따른 '농업 개발'에 엄청난 노력을 기울이고 있다. 일본은 웹기반 농업기상정보 서비스와 기상감시를 통한 냉해 경계경보 발령 및 벼 안전 정보를 제공하고 있다. 미국은 주별로 환경감시네트워크GAEMN를 구성하여 생장도일生長度日, Growth Degree Days과 수분수지水分收支 등을 웹서비스하고 있으며, 기상관측정보를 작물의 생장 모델과 연계하여 작황을 예측하고 있다. 유럽연합EU은 전자기후도와 위성영상, 그리고 작물 모형을 이용하여 주요 농작물의 작황예측 사업MARS을 실시 중에 있다. 독일은 주요 작물 및 병해충에 대한 시뮬레이션 기술AMBER을 확보하여 작황 진단 및 병해충 관리 의사지원체계를 운영하고 있다. 우리나라에서도 선진국 기상 시스템에 못지않은 기상정보 시스템을 활용하고 있다. 농촌진흥청은 기상청에서 관측하여 제공하는 일반기상자료와 농촌진흥청에서 전국 100여 개 농업기술센터 및 농촌진흥기관과 협력해 자체 관측한 농업기상자료를 활용하고 있다. 이러한 정보들을 토대로 독자적인 농업기상정보를 생산하여 농업인들이 기상정보를 쉽게 활용하고 영농활동에 실질적으로 도움이 될 수 있도록 '인터넷 농업기상정보 시스템'을 운영하고 있다. '인터넷 농업기상정보 시스템'에서는 전국 103지점의 농업기상의 실시간 자료를 표나 그림의 형태로 제공하고 있다. 지나간 기상자료를 비교 · 분석할 수 있는 콘텐츠와 누적온도, 증발산량, 가뭄지수, 영농지수 등 농업기상응용정보를 웹서비스하고 있다. 최근에는 10일 간격으로 21개 농업기후지대별 기상경과 · 특징을 분석한다. 또 주간농사정보 및 병해충 발생정보를 웹서비스를 통해 농민들에게 제공하고 있다. 현재 농민들에게 21개 농업지대별 농업기상정보 제공 주기를 월 3회 실시하고 있다.

농림수산식품부는 국가농림기상센터를 중심으로 농업기상예보 서비스를 강화할 계획이다. 농촌진흥청은 이 정보를 농업인들이 잘 활용할 수 있도록 기술 지도에 주력하고 있다. 또한 농업기상 서비스 산업의 활성화를 위한 농업기상컨설팅, 재해보험, 농업기상관측장비 유지보수 등이 원활히 진행되도록 농업인과 산업체를 지원하는 기술 개발과 보급에도 최선의 노력을 기울이고 있다. 농촌진흥청의 농업기상정보 활용은 많은 농민들에게 실질적인 도움을 주고 있다. 예를 들어, 제주도농업기술원에서 농작물 서리방재사업의 일환으로 서리 방지 SMS 서비스를 하고 있다. 이를 통해 2010년 20억 원 이상의 경제적 이득을 얻은 것으로 추산되고 있다. 강원도 영월군 하동면 예밀리 일대에서는 가을철 주야간 온도 차이가 큰 지역적 특성을 활용하여 평균 당도 16~17브릭스brix*의 포도를 생산한다. 2008년 농촌진흥청 탑푸르트top fruit에 선정되어 매년 축제를 개최하면서 지역 경제 활성화에 기여하고 있는 것은 날씨를 적극 활용한 결과다.

점차 극심해지는 기후변화에 효과적으로 대응하기 위해서는 농업 개발이 신속하게 이루어져야 한다. 기술적으로는 무엇보다 기상재해는 사전 예방이 중요하므로 정확하고 상세한 기상정보를 농민들에게

---

* **브릭스** 과일이나 와인과 같은 어떤 액체에 있는 당의 농도를 대략적으로 정하는 단위로, 독일 과학자인 아돌프 F. 브릭스(Adolf F. Brix)가 역시 당의 농도를 결정하는 볼링(balling) 척도를 개선한 것이다. 당이 있는 어떤 용액 100그램에 1그램의 당이 있으면 1브릭스, 2그램의 당이 있으면 2브릭스, x그램의 당이 있으면 x브릭스가 된다.

제공할 수 있는 기상정보예측기술을 개발해야 한다. 기상재해로부터 안전한 기술을 만들고, 온난화를 새로운 기회 요인으로 활용하기 위한 연구도 필요하다. 여기에는 장기적 기후변화 영향평가를 위한 연구시설 투자, 전문인력 확대가 중요하다. 정책적으로는 R&D지원, 새로운 녹색기술에 대한 재정지원, 적응기술의 확산을 위한 농가지원대책 마련, 안정적인 생산 활동을 지원하기 위한 지속적인 재해보험 확대, 농업기반시설의 재정비 등 장기적으로 인프라를 구축하는 정책을 추진하는 것이 필요하다. 제도적·법적으로는 기후변화에 대한 투자, 농지 보전 등 기후변화 적응 노력을 지원하기 위한 제도의 개선이 필요하다. 기후변화에 대한 적응력을 강화할 수 있도록 교육 및 기술지도 시스템의 개선도 필요하다. 마지막으로 식량위기에 대비하기 위한 국제 공조체제를 마련하고, 저개발국가에 대한 기술지원 등 국제사회에 기여하도록 우리 기술자들을 해외에 파견하는 등 활발한 국제교류가 필요하다. 날씨경영이야말로 농촌진흥청의 상징이다.

2013년 1월 우리나라는 혹한에 시달리고 있을 때 남반구인 호주는 영상 50도 이상의 폭염이 닥쳐 수많은 가축과 사람들이 죽어갔다. 지구촌 곳곳에서 이상기온과 온난화로 몸살을 앓고 있다. 더 이상 놀라고만 있을 수는 없다. 기후변화에 즉각적으로 대응하고 기술을 개발하는 것은 이제 선택이 아닌 필수가 되어버렸다. 농업은 인류의 먹거리를 책임지고, 식·의약소재, 바이오에너지 등 다양한 고부가가치를 창출하는 신성장동력산업이자 생명산업의 기초다. 문제는 기후변화에 얼마나 능동적으로 발 빠르게 대응해 농업 분야를 개척하느냐다. 미래를 열어가는 동시에 선진국으로 거듭나기 위한 발판은 농업이 될 것이다.

"날씨는 유가, 환율, 금리만큼 중요한 경영 변수"다. 대한상공회의소가 최근 국내 300개 기업을 대상으로 '기상변화가 기업경영에 미치는 영향'을 조사했다. 조사 결과를 보면 매출 증대나 비용 절감을 위해 날씨정보를 기업경영에 활용한다는 기업이 50.5%로 절반 수준에 그쳤다. 업종별로 보면 항공·운송업이 92.9%로 가장 비율이 높았고, 문화콘텐츠업 88.9%, 건설업 75.0%로 집계되었다. 하지만 날씨정보를 활용하는 기업(151개)조차 89.9%가 "기상청 날씨정보만 확인하는 수준"이라고 답했다. 나머지 10.1%는 날씨별 매출·생산·재고 관리 시스템 구축(6.9%), 민간기상업체 활용(3.2%) 등을 통해 날씨정보를 적극 활용하고 있는 것으로 조사되었다. 이번 조사에 참여한 기업 중 "올겨울 한파와 폭설로 피해를 입었다"고 답한 기업은 전체의 46.7%였다. "혜택을 봤다"고 응답한 기업은 5.0% 수준이었다. 전체 응답 기업들의 74.8%는 기상이변 대응을 놓고 고심하고 있지만, "마땅한 대비책을 마련하지 못했다"고 응답했다. 대한상공회의소의 관계자는 "기상이변이 자주 발생하면서 날씨는 유가나 환율, 금리만큼 중요한 경영 변수가 되었다"며 "날씨경영을 통해 기상이변 피해를 최소화하고 새로운 수익 기회도 창출해나가야 한다"고 지적했다. 정부가 기업들로 하여금 기상정보를 다각적으로 활용할 수 있도록 정책적 대응을 강구해야 하는 이유가 바로 여기에 있다. 특히 이상기후에 가장 큰 영향을 받는 농업 분야는 더욱더 그렇다.

노벨경제학상 수상자인 사이먼 쿠즈네츠Simon Kuznets 박사는 "농업, 농촌의 발전 없이는 선진국으로 갈 수 없다"고 말했다. 이상기후에 따른 피해를 최소화하고 미래 농업의 가치는 높이는 일은 우리 세대를 지나 후손에게 물려줘야 할 위대한 유산을 지키는 일이다. 우리나라

◆◆◆ 노벨경제학상 수상자인 사이먼 쿠즈네츠 박사는 "농업, 농촌의 발전 없이는 선진국으로 갈 수 없다"고 말했다. 문제는 기후변화에 얼마나 능동적으로 발 빠르게 대응해 농업 분야를 개척하느냐다. 기상이변이 자주 발생하면서 날씨가 유가나 환율, 금리만큼 중요한 경영 변수가 된 지금, 날씨경영을 통해 기상이변 피해를 최소화하고 새로운 수익 기회를 창출해나가야 한다.

농업을 책임지고 있는 농촌진흥청의 기후변화에 대한 대응 노력이 더욱 소중하게 느껴지는 것은 바로 이런 이유 때문이다.

제5장

레저 · 스포츠와
날씨는 연인

"레저 · 스포츠 · 여행 · 항공산업에서
날씨경영은 최고의 경영이다!"

우리나라에 본격적으로 주 5일 근무제가 도입되면서 스포츠, 레저, 여행, 항공, 숙박 등의 산업이 각광을 받고 있다. 이런 업종들은 주로 야외 활동과 관련이 있기 때문에 날씨의 영향을 직접적으로 받는다. 따라서 날씨경영에 대한 마인드를 가지고 사업에 임할수록 성공할 확률이 높다. 날씨정보를 수익 창출뿐만 아니라 고객 감동 마케팅 전략에도 활용할 수 있다면 금상첨화다.

01

골프 스코어도 날씨로 _ 스카이72 골프클럽

●● "그는 왜 양동이를 썼을까?" 2013년 1월 8일 《중앙일보》 최창호 기자가 쓴 기사 제목이다. 그 기사를 살펴보자.

"골프에서 최대의 적은 악천후다. 지난 5일(한국시간) 하와이에서 열릴 예정이었던 미국프로골프PGA 투어 2013 시즌 개막전 현대토너먼트 오브 챔피언스가 악천후로 사흘째 경기를 열지 못했다. 폭우와 시속 60킬로미터에 달하는 강풍 때문이다. 미국 골프채널이 이때를 놓치지 않고 7일 홈페이지에 '악천후 속의 골프Bad weather golf'란 주제로 포토 갤러리방을 열었다. 사진으로 감상하는 역대 악천후 골프의 명장면이다.

1977년 디 오픈 챔피언십 3라운드 때 우승을 다투는, 당시 28세의 톰 왓슨(64, 미국)과 37세의 잭 니클라우스(73, 미국)가 폭풍우를 피하기 위해 암벽 뒤에 몸을 숨긴 모습이 인상적이다. 골프채널은 이 장면을 '한가로운 결투?'라고 명명했다. 공동 선두로 출발한 왓슨은 대회 마지막 날 65타를 쳐 합계 20언더파로 니클라우스에게 1타 차 우승을 차지했다. 대이변이었다. 왓슨은 7승의 젊은 선수였고, 니클라우스는 64승의 초특급 골프 황제였다.

이어 2011년 유러피언골프 투어 던힐 링크스 챔피언십 2라운드 때 폭우로 경기가 중단되자 이언 폴터(37, 잉글랜드)가 머리에 양동이를 뒤집어쓰고 비를 피하는 모습이 재미있다. 이 밖에 2000년 호주 퍼스의 하이네켄 클래식 마지막 날 번개를 동반한 폭풍우로 대회가 지연되면서 갤러리가 몸을 피하는 장면이다."

골프는 이처럼 날씨에 절대적인 영향을 받는다. 그래서 날씨경영 마인드가 없으면 골프장 경영이 어렵다는 말이 나오는 모양이다.

최근 가장 많이 사용되는 단어가 녹색경영이다. 녹색경영이란 기업이 경영활동에서 자원과 에너지를 절약하고 효율적으로 이용하고 온실가스 배출이나 환경오염의 발생을 최소화하면서 사회적·윤리적 책임을 다하는 경영을 말한다. 이것이 바로 저탄소 녹색성장의 기본이기도 하다. 녹색성장위원회는 녹색성장 정책을 온실가스 감축, 에너지 자원 절약, 기후변화 적응과 녹색기술산업, 녹색국토·생활의 다섯 가지 항목으로 분류하고 있다. 그중 녹색경영은 녹색기술산업에 해당한다. 우리나라에서도 녹색경영에 공감하는 많은 기업들이 환경친화적인 경영을 펼치는 노력을 보이고 있다. 이들은 기업의 비전부터 제품의 기획, 설계, 공정과 판매에 이르는 모든 경영 과정에서 환경친화적인 개념을 도입하고 있다.

2012년 1월 '녹색경영골프장'에 선정되어 환경부 장관 표창을 받은 기업이 있다. 생태계를 복원한 새로운 친환경 골프장 운영의 대표적인 사례로 평가받은 결과다. 스카이72 골프클럽이 그 주인공이다. 스카이72 골프클럽은 인천국제공항 옆에 자리한, 단일 퍼블릭 골프장으로는

◆ ◆ ◆ 골프는 날씨에 절대적인 영향을 받는다. 날씨경영 마인드가 없으면 골프장 경영이 어렵다는 말이 나오는 것은 바로 이 때문이다. 스카이72 골프클럽은 민간기상사업자인 케이웨더의 전담 예보 서비스를 지원받아 적극적으로 날씨경영을 하고 있다. 1시간 단위로 72시간 후까지의 기온, 풍향, 풍속, 강수확률 등을 제공받는 3일 상세예보 서비스와 주간예보, 주간예보 이후 30일까지 일일 기온, 강수확률 등을 알 수 있는 중장기예보를 제공받고 있고, 전담 예보관을 통한 중장기 날씨 상담, 악기상 예상 시 사전에 전화 및 SMS까지 지원받음으로써 고객에게 사랑받는 골프장으로 자리매김하게 되었다.

국내 최대 규모다. 누구에게나 열려 있는 골프장으로 연 80만 명의 골퍼들이 찾는 곳이다. 국내에서 유일하게 열리는 미 LPGA 대회를 5년 연속 개최하고 있어 세계적인 골프 스타들을 직접 만나볼 수 있는 곳이기도 하다. 일반적으로 골프장은 환경 파괴 시설로 비난을 받곤 한다. 하지만 그렇지 않은 곳도 있다. 스카이72 골프클럽 부지는 인천국제공항을 건설하기 위해 파헤친 채석장과 토취장으로 마치 버려진 폐염전이나 나대지 같은 땅이었다. 생명이 살 수 없던 그곳에 골프장을 건설하면서 잔디와 나무, 꽃을 심고 가꾸었다. 이후 생태계가 복원되어 많은 동식물들을 볼 수 있게 되었다. 건설현장을 새롭게 골프장으로 만들기까지 쉽지 않았다고 한다. 식물을 키우는 데 가장 필요한 물조차 공항의 지반 침하 우려로 상수를 사용하는 등 많은 비용이 들었고 많은 사람들의 땀과 노력이 투입되었다.

날씨에 따라 골프장 내장객 수에 큰 편차가 있다. 2011년 겨울에는 12월부터 2월 초순까지 성수기 대비 40% 정도의 내장객으로 코스가 운영되었다. 1~2월에 지속적인 한파가 적은 덕분에 전년도에 비해 17% 정도 매출이 증가했다. 봄 시즌이 시작된 3월 첫 징검다리 연휴에는 예약률이 90% 이상을 기록했다. 날씨가 골프장 운영에 큰 영향을 미친다는 것을 알게 된 스카이72 골프클럽은 민간기상사업자인 케이웨더의 전담 예보 서비스를 지원받아 날씨경영을 하기 시작했다. 예약영업팀 박석철 팀장은 "기상청 예보보다 18시간 더 긴 상세예보로 1시간 단위로 72시간 후까지의 기온, 풍향, 풍속, 강수확률 등을 제공받는 3일 상세예보 서비스가 가장 중요한 정보이며 주간예보, 주간예보 이후 30일까지 일일 기온, 강수확률 등 중장기예보를 제공받고 있습니다. 또한 전담 예보관을 통해 중장기 날씨 상담, 악기상 예상 시 사전에 전화 및 SMS까지 지원받고 있습니다"고 말한다.

골프는 날씨에 직접적인 영향을 받는 운동이다. 기온이 내려가면 골프공이 날아가는 비거리가 줄어드는 것이 대표적인 예다. 골프공이 제 기능을 최대한 발휘할 수 있는 최적의 온도는 통상 영상 24도 내외다. 영상 24도에서 6도 떨어질 때마다 2야드 정도씩 비거리가 감소한다. 기온이 낮으면 낮을수록 볼의 중심코어가 더 딱딱해지고 탄력을 잃게 되기 때문이다. 골프공 생산업체 실험 결과, 영상 24도와 영상 0도에 동일한 스윙머신으로 타구했을 경우 평균 20~24야드 정도 줄어든다는 결과가 나왔다. 또한 겨울 필드에서 골퍼들이 느끼는 비거리 감소는 훨씬 큰데, 볼 자체 탄력이 떨어지는 데다가 추위로 근육까지 경직되어 비거리가 많이 줄어들기 때문이다. 프로골퍼들은 날씨가 경기 성적에 큰 변수가 되기 때문에 날씨에 민감하고 날씨를 매우 중요하게 생각한다. 비가 오는 것은 물론이고 바람의 방향, 세기 등에 따라 홀 공략 방법이 달라지기 때문이다. 상황에 따라 선택할 클럽이 달라지고 대회 출전 시 비가 오면 골프화, 우의 등 준비해야 할 것들이 달라진다. 이런 사소해 보이는 것들이 승패를 가르는 경우가 많다.

골프가 날씨에 많은 영향을 받다 보니 골프장의 경우 날씨경영은 필수다. 골프를 좋아하는 골퍼들은 궂은 날씨에도 필드를 찾는 경우가 많다. 이런 고객들을 위해 스카이72 골프클럽은 스마트한 날씨경영을 한다. 겨울 시즌의 경우는 추위가 가장 큰 문제다. 그래서 겨울에는 포근한 라운드를 즐길 수 있도록 목토시, 손토시, 바람막이, 핫팩 서비스 등을 하고 있다. 또한 온도 그린피라는 이벤트를 통해서 차가운 날씨에 운동하는 회원들에게 온도에 따라서 그린피 할인을 하고 있다. 동계 시즌이 아니더라도 비가 올 때 라운드하는 회원들에게는 우비, 핫팩 대여는 기본이고 라운드하는 5시간 누적 강수량에 따라서 그린피 50% 할인 등 다양한 할인 이벤트를 운영하고 있다. 눈이나 비 때문에 라운드를 중도에 중단할 경우 이용한 홀만큼 코스 사용료를 부과하는 레인 첵rain check 요금도 골프장 최초로 도입해 운영 중이다. 겨울에는 '겨울 온도 그린피' 제도를 운영한다. 동계 시즌이 시작되면 기존 그린 피에서 할인된 동계 그린피를 운영한다. 기상청 발표 09시 온도가 영 하로 떨어지면 단계별로 그린피를 할인해준다.

스카이72 골프클럽은 마케팅의 일환으로 골프장 현재 날씨를 인터 넷에서 직접 확인할 수 있도록 화상중계 서비스를 제공하고 있다. 국 내 골프장으로서는 최초다. 골프장에 가기 전에 알아야 하는 가장 중 요한 정보가 바로 날씨정보다. 골프장에 일일이 전화를 해서 현재 비 가 오는지, 날이 흐린지 바람이 많이 부는지 물어보지 않아도 직접 화 상으로 볼 수 있으니 골퍼들이 좋아할 수밖에 없다. 여기에다가 스카 이72 골프클럽의 자랑이라고 할 수 있는 골프장 날씨정보를 전문으로 알려주는 모바일 앱이 있다. 예보는 물론이고, 홀별 코스 공략법까지 다양하게 구비되어 있다. 휴대폰으로 골프장의 날씨정보를 쉽게 확인 할 수 있을 뿐 아니라, 골프장 예약도 편리하게 할 수 있다. 골프장 요 금이나 이벤트, 행사 등의 정보도 간편하게 볼 수 있고 고객 개개인의 핸디 정보도 관리해주고 있어 그 내용도 확인할 수 있다. 이외에도 고 객들을 위한 서비스를 200가지 넘게 운영한다. 스카이72 골프클럽이 고객을 모시는 서비스 모토는 '어머니의 마음'이다. 고객이 춥지 않게, 그리고 목이 마르거나 배가 고프지 않게 미리미리 준비한다. 겨울에는 골프를 치는 데 춥지 않게 겨울용 목토시, 손토시, 바람막이 등을 직접 디자인하고 제작해서 서비스하고, 코스 곳곳에서 핫팩, 붕어빵, 어묵국

물, 꿀차 등을 준비해 서빙한다. 여름에는 아이스크림, 냉오미자차, 냉오이 등을 제공한다. 이처럼 계절별로 다양한 서비스를 제공하니 골퍼들이 좋아할 수밖에 없다.

골프장 속성상 비가 오거나 눈이 내리면 내장객 수가 줄어드는 것은 어쩔 수 없다. 박석철 팀장은 "골프 코스에 눈이 많이 쌓여 있는 경우는 영업이 힘들겠지요. 저희는 전 코스의 그린을 모두 피복하여 눈이 조금 내렸을 경우에는 피복지만 치우면 라운드에 전혀 지장이 없습니다. 2012년에는 큰 눈이 거의 없어서 한파주의보가 내려졌던 4~5일 정도만 휴장했지만, 2011년 1월에는 거의 열흘 이상 휴장한 적도 있습니다. 비가 오는 경우에는 강수량에 따라 많은 편차가 있는데 집중호우 수준의 강수량이 아니면 골프장이 휴장하는 경우는 거의 없습니다"라고 자신 있게 말하면서 날씨로 인한 리스크를 잘 관리하면 예상보다 큰 도움을 받는다고 한다.

스카이72 골프클럽은 골프장 건설을 통해 생태계가 복원된 첫 사례다. 2010년부터 2011년까지 2년에 걸쳐 경남과학기술대와 상명대학교, LET연구소 등 환경 및 조경학과 교수진으로 구성된 연구단을 출범해 스카이72 골프클럽의 생태계를 조사해왔다. 그 결과 정말 다양한 동식물이 다시 찾아와 함께 살아가고 있음을 알 수 있었다. 이와 관련된 『스카이72 생태계 복원 연구서』도 최근 발간했고, 앞으로는 이를 기반으로 생태계 보호와 친환경 골프장 경영을 위한 다양한 방법을 모색해갈 예정이라고 한다. 박석철 팀장은 "스카이72 골프클럽은 오픈 이후 지금까지 '골프'는 상류층의 사치성 스포츠라거나, 비즈니스 운동 등이라는 기존의 이미지를 깨고, 골프 자체의 재미와 즐거움을 알리고 대중과 친숙해지고자 힘써왔습니다. 이제는 한발 더 나아가 골프장의 담을 허물고 문을 열어 누구나 찾아와 자연을 함께 즐길 수 있는 열린 골프장이 되고자 합니다. 올해 새해에도 일반인 분들께 오픈하고 하늘 코스에서 해돋이 축제를 열었는데, 날이 흐려 해가 잘 보이지 않았는데도 엄마, 아빠 손을 잡고 온 아이들, 연인들을 포함해서 총 400여 분이나 오셨습니다. 정말 즐거운 시간이었습니다. 앞으로 그렇게 다양한 기획을 통해 골프를 하지 않는 분들도 친환경적인 골프장을 누리실 수 있도록 운영해갈 계획입니다"라며 한국의 대표적 친환경 골프장의 포부를 밝힌다. 스카이72 골프클럽은 날씨를 이용한 골프장 관리부터 기후를 이용한 생태 관리까지 모든 부분에 날씨경영을 하고 있다. 여기에다 고객들을 섬기는 자세까지 갖추었으니 최고의 골프장으로 자리매김할 수밖에 없을 것이다.

　그런데 골프장에는 어떤 잔디가 자라고 있을까? 여기에는 기후, 토양, 환경 등이 절대적이다. 국내 코스의 그린은 서양 잔디인 벤트그래스bent grass로 이루어져 있다. 외국의 경우 벤트그래스만 사용하지 않고 버뮤다그래스bermuda grass를 사용하는 곳도 많다. 일본에서는 한국 남부지역에서 자라는 금잔디를 사용하는 곳도 있으며, 북미지역에서는 포아poa를 사용하고 있다. 해안에 위치한 골프장에서는 시쇼어패스팔럼seashore paspalum 잔디를 사용한다. 홀의 출발지인 티잉그라운드에 사용하는 잔디는 켄터키블루그래스Kentucky bluegrass를 많이 사용한다. 물론 이 잔디들은 그 지역의 기후에 가장 적합한 잔디들이다. 골프장 잔디에 비료 주는 시기나 물 주는 것 등 잔디에 관한 모든 것은 전적으로 날씨에 달려 있다.

02

실내골프장도
날씨를 이용한다? _씨티지아이앤씨

●● "6개월 만에 다시 6만 원대, 4분기 영업이익도 청신호". 2012년 11월 23일 《매일경제》 기사 제목이다. 손일선 기자는 골프존 주가에 날씨가 영향을 미쳤다는 기사를 올렸다.

"'겨울효과'와 사업구조 개편으로 골프존 주가에 훈풍이 불고 있다. 골프존은 22일 전날에 비해 9.60% 오른 6만 2,800원에 거래를 마쳤다. 4거래일째 상승세를 지속하며 6개월 만에 다시 6만 원대로 올라선 것이다. 일단 투자자들 매수심리를 자극하는 가장 큰 이유는 '겨울효과'다. 수익성이 높은 골프존의 '네트워크 서비스'는 4분기와 1분기인 동절기가 최대 성수기다. 골퍼들이 추워진 날씨 때문에 골프장 대신 스크린골프장을 찾는 경향을 보이기 때문이다. 한승호 신영증권 연구원에 따르면 '예년보다 한파가 일찍 닥치면서 지난 1개월간 골프존 주가는 4.6% 상승했고, 코스닥 대비 초과수익률은 10.2%를 기록했다.' 한 연구원은 '4분기 매출액은 전년 동기 대비 47% 늘어날 것으로 기대되며 영업이익은 68.1% 증가할 것'이라고 진단했다."

겨울효과로 골프존 주식이 훈훈하다는 것이다.

'2011 채리티 하이원리조트 오픈'이 국내 프로골프대회 사상 초유인 1라운드짜리 대회로 마감되면서 사실상 대회가 무산되었다. 앞을 볼 수 없는 비구름과 나쁜 시계, 그리고 폭우가 대회 취소의 원인이 된 것이다. 그런데 대회가 취소된 후 갑자기 날씨가 좋아졌다. 날씨정보를 활용하지 않아 일어난 해프닝치고는 너무나 아쉬운 결과였다. 이처럼 골프는 날씨의 영향을 많이 받는 대표적인 스포츠다.

2011년 여름은 유난히 비가 많이 내렸다. 쉬지 않고 비가 내렸을 뿐만 아니라 호우도 자주 내렸다. 골프업계의 희비도 엇갈리면서 골프장들은 개점휴업상태를 이어갔다. 그러나 골프를 즐기려는 사람들이 스크린골프장으로 대거 몰리면서 실내골프장은 대박이 났다. 2011년 말부터 2012년 초까지 겨울에 계속되는 혹한과 폭설로 야외골프장들은 죽을 쒔다. 그러나 실내골프장들은 웃음을 참느라고 혼날 정도였다고 한다. 겨울 한파와 여름 폭우로 뜻하지 않게 호황을 누리고 있는 스크린골프업체의 날씨경영에 대해 알아보도록 하자.

요즘은 '골프 대중화'란 말이 어색하지가 않지만, '귀족 스포츠'로 인식되었던 때가 불과 얼마 되지 않는다. 이런 배경에는 스크린골프의 확대가 골프 대중화에 일조했다고 전문가들은 말한다. '스크린골프'라는 용어가 대명사처럼 되었지만, 사실은 '골프 시뮬레이션 시스템' 혹은 '골프 시뮬레이터'라고 하는 것이 더 정확한 표현이다. 골프 클럽 제조사들이 자사 제품을 사용했을 때 탄도를 분석하기 위해 연구용으로 시뮬레이션 시스템을 개발한 것이 스크린골프의 시초가 되었기 때문이다. 1990년 초반에 기술적으로나 골프 대중화 면에서 앞서 있던 미국, 독일, 일본을 비롯한 선진국들은 자국의 시뮬레이션 기술을 바탕으로 시뮬레이션할 수 있는 분야를 넓혀가고 있었다. 때마침 1990년대 후반 들어 한국의 IT 기술이 눈부신 발전을 하고 있었다. 이러한 IT 기술을 등에 업고 골프 시뮬레이션 시스템이 우리나라에서 뿌리를 내리게 되었다. 국내에 골프 시뮬레이션 시스템이 처음 도입되던 1990년대 후반만 해도 일반인들은 골프에 쉽게 접근할 수 없었다. 시뮬레이션 기술도 안정되지 않아 골프 대중화에 어려움이 컸다. 그러던 차에 '씨티지아이앤씨CTG Inc.'가 2000년에 국내 최초로 자체 기술을 이용해 골프 시뮬레이터를 개발하고 스크린골프시장을 개척했다. 스크린골프는 물론이고 일반 필드마저도 대중화되지 않았던 2000년부터 골프 시뮬레이터를 개발해 보급해온 우리나라 스크린골프의 살아 있는 역사라 할 수 있다.

현재 국내에서 운영되는 스크린골프장 수는 6,000여 개 정도다. 스크린골프장 이용객 수는 하루 20만 명에 이르고 있고, 누적 내장객 수는 약 3,000만 명에 달하고 있다. 실제 골프장을 이용하는 고객의 몇 배가 되는 셈이다. 2007년 말에는 900여 개에 불과했던 것이 매년 2,000여 개씩 증가해서 2011년 말 6,000여 개를 넘어서게 되었다. 해를 거듭할수록 스크린골프장 이용객이 늘어나는 추세다 보니 향후 2~3년 정도는 시장이 더 커질 것이라는 관측이 많다. 실내골프장이 1만 개를 돌파하면서 이용자도 2013년에는 170만 명을 넘을 것으로 예상되고 있다.

실내골프가 급격히 성장한 이유는 무엇일까? 무엇보다 골프가 '귀족 스포츠'라는 인식에서 일반 사람들도 쉽게 즐길 수 있는 스포츠라는 인식으로 바뀌었기 때문이다. 이 밖에도 1인당 2~3만 원 정도면 시간과 날씨에 구애받지 않고 언제든지 누구나 쉽게 골프를 접할 수 있

◆◆◆ 바람의 세기와 풍향, 비, 눈, 안개 등의 날씨 효과라든지 고객의 오감을 만족시키는 실내 골프 시뮬레이터들이 끊임없이 개발되고 있다. 풍향, 풍속 외에 실제와 가장 흡사한 날씨 환경 구성을 추가한 골프 시뮬레이터들은 실제와 아주 비슷한 라운딩 환경을 실내에서 맛볼 수 있게 해줄 것이다.

다는 장점이 있다. 국내 골프 시장에 다양한 골프 시뮬레이션 시스템이 급속하게 퍼져나가면서 굳이 필드에 나가지 않아도 생생한 현장감을 느끼면서 골프를 즐길 수 있다는 점도 일조했다. 골퍼들의 스크린골프에 대한 인식도 많이 좋아졌다. 초창기에는 성공 여부에 대해 회의적인 의견들이 많았다. 그러나 골프방은 노래방, PC방, DVD방, 플레이스테이션방과 같이 우리나라 현대인들의 정서에 잘 맞는 새로운 문화 코드로 자리매김했다. 3, 40대 직장인들은 퇴근 후 여가생활이나 친목모임을 위해 골프방을 애용한다. 최근에 다양한 동호인들의 활동 등을 통해 골프방의 이용 횟수가 늘어나고 있는 것은 그만큼 골프 문화가 대중화되었음을 의미한다. 기존 골프는 고급 스포츠로서 필드에 나가야 하는 시간적인 제약과 비용적인 부담 때문에 일반 대중들이 쉽게 접하기 어려운 비인기 종목의 스포츠였다. 주로 4, 50대가 비즈니스를 위해 많이 하는 스포츠, 일부 부유층이 즐기는 스포츠였다. 회원권 없이는 부킹도 힘들 정도였으나 스크린골프의 등장으로 골프에 대한 쉬운 접근성과 관심도가 높아지면서 수요층이 해가 다르게 늘어나고 있다.

또 다른 이유도 있다. 지난겨울처럼 추위와 많은 눈, 여름의 무더위와 호우가 골프 마니아들을 실내로 끌어들이고 있다. 예를 들어보자. 2011년 겨울 지속된 한파와 폭설로 인해 골프 이용객들은 날씨에 구애받지 않아도 되는 실내골프장을 많이 찾았다. 한국골프장경영협회가 발표한 자료에 따르면, 2011년 골프장 이용객은 2,572만 명으로 내장객이 전년보다 10% 가까이 준 것으로 나타났다. 약 18만 명가량 준것이다. 외환위기 직후인 1998년 이후 처음으로 마이너스를 기록했다. 여름의 비도 많은 영향을 미쳤다. 유난히 주말에 꼭 비가 빠지지 않고 온 탓에 골프장의 예약자 30%가 라운드를 포기하거나, 당일 비가 내리면 남은 예약의 절반가량이 취소하는 사태가 빚어졌다. 예전보다 비 오는 날 취소율이 20%가량 더 높아졌다고 한다. 이에 반해, 스크린골 프장은 입장이 달랐다. 유독 강추위가 심했던 1월 평균 라운드 수는 무려 17%가량 증가한 것으로 조사되었다. 비 오는 날에는 주말 기준으로 하루 평균 시스템당 이용객이 1.5~2명가량 늘었다고 한다. 필드라 운드가 무산된 골퍼뿐만 아니라, 나들이 등 야외활동 계획을 취소한 가족 단위 이용객들이 스크린골프장을 찾았다는 것이다.

이 회사는 국내 순수 기술로 골프 시뮬레이션을 개발했다. 이 회사 제품은 크게 실내용과 실외용으로 나뉜다. 실내용 중 가장 대표적인 것이 '알바트로스 3'이다. 기존의 스크린골프 제품을 업그레이드한 제품으로, 볼의 운동 정보를 정확하게 측정해 실측 제작한 3차원 골프장 화면에서 라운딩을 할 수 있다. 독자적으로 개발해 적용한 3차원 센서 기술이 정확한 탄도를 구현하는 것으로 이름이 높다. 실외용 스크린골 프 제품인 '알바트로스 C.C'는 "정상의 자리에 머무르지 않고 소비자의 욕구를 충족하는 스크린골프 제품을 개발하겠다"는 진취적인 기업 정신을 잘 보여주는 제품이다. 스크린골프이면서도 실외 드라이빙레인지를 그대로 느낄 수 있는 것이 특징이라고 할 수 있다. 골프연습장과 스크린골프의 장점만 절묘하게 조합해 연습장에서 볼이 날아갈 때의 거리감을 느낄 수 있다. 동시에 정밀 센서가 파악한 공의 구질과 진행 경로 등이 별도의 화면에 나타나 초보자는 물론이고 중·상급자의 골프 레슨까지 가능하다. 여기에다가 라운드 시 입력된 모든 데이터와 분석사항을 회사 홈페이지 내의 '나의 기록실'에서 직접 확인할 수 있어서 자신의 골프 능력을 향상시키는 데 큰 도움이 되고 있다.

또 다른 특징으로는 날씨를 활용한 기술도 선보였다는 것이다. 이 회사는 실제 국내외 유명 골프장을 실지 측량한 것을 촬영해 골프장을 제작하고 있다. 필드를 그대로 옮겨놓은 것처럼 최상의 현실감을 제공한다. 필드의 광활한 대지를 느낄 수 있는 뛰어난 3차원 랜더링 방식과 풀Full 3D로 제작해 나무와 잔디가 바람결에 흔들리는 등 사실적인 환경을 재현하는 데 중점을 두고 있다. 이 밖에도 바람의 세기와 풍향, 비, 눈, 안개 등의 날씨 효과라든지 고객의 오감을 만족시키는 제품을 개발하기 위해 끊임없이 연구하고 있다. 앞으로 지속적인 개발 연구를 통해 향후 풍향, 풍속 외에 실제와 가장 흡사한 날씨 환경 구성을 추가해 더욱 개선된 라운딩 환경을 제공할 계획이라고 한다. 날씨를 피해 실내골프장으로 왔는데, 실제 날씨 상황을 스크린을 통해 체험할 때의 고객들의 반응은 어떨까? 씨티지아이앤씨 알바트로스 정진숙 이사는 "저희가 초창기에 비, 안개, 안개비 등 날씨를 함께 구현했는데, 스크린골프를 이용하는 분들이 날씨에 대한 프로그램을 좋아하지 않았습니다. 그 이유는 날씨를 접목했더니 점수 차가 있고 실력이 늘지 않는다는 것이었지요. 그러나 점차 실력이 향상되고 어느 순간 스크린골프를 즐기다 보니 실제 필드에서의 환경을 원하는 분들이 늘어나기 시작했습니다. 이 밖에도 실제 필드에 나가기 전에 각 날씨 상황에 대비해 연습하려는 분들이 많이 활용하기도 합니다"라며 날씨를 실내골프장 경영에 활용하니 더욱 효과적이라고 말한다. 현재는 시뮬레이션 기술에 날씨를 적용하는 부분에만 그치고 있지만, 향후 날씨예보를 활용한 마케팅 전략도 계획하고 있다. 4G 시대가 도래하면서 기술적인 부분은 누가 먼저 실행하느냐, 그에 따른 서비스 기반을 누가 잘 갖추느냐에 초점을 맞춰 대비하고 있다. 스크린골프를 이용하는 고객들이 실제 필드에서 치는 것 같은 느낌을 원하고 있는 만큼 비, 안개, 눈 등 실제 필드에서 경험할 수 있는 다양한 기상 상황을 스크린골프를 이용하면서 간접 체험할 수 있도록 끊임없이 연구와 개발을 해나갈 계획이라고 한다.

2010년 지식경제부에서 주관하는 '10대 유망 서비스 해외진출 지원사업' 스크린골프 부문에서 평점 1위의 지원사업자로 선정된 것도 큰 자랑이라고 정진숙 이사는 말한다.

"선진국의 여러 나라들은 골프 마니아층이 이미 우리나라보다 두텁게 형성되어 있는 편입니다. 미국과 캐나다, 유럽 등에서는 스크린골프가 한층 더 업그레이드되어서 가정에까지 설치하는 마니아층이 크게 늘고 있는데, 저희는 이와 같은 고객층을 대상으로 골프 시뮬레이션 시스템의 홈 버전을 개발했습니다. 영화, 게임, 노래방, 골프 등 가상현실에서 추구할 수 있는 모든 것들을 하나의 시스템으로 구현할 수 있는 멀티 엔터테인먼트 공간이죠. 해외 시장에서 이미 운용되고 있는 각종 골프 시뮬레이션의 A/S 문제점을 보완할 수 있는 방법과 더불어 지사 사업과 총대리 사업 등을 통해 좀 더 안정화된 운영 책임까지 고려해 전개하고 있습니다."

씨티지아이앤씨는 필드 못지않은 생생함을 살려 스크린골프대회까지 열고 있다. 2009년부터 APGA, 즉 알바트로스PGA대회를 진행하고 있다. 스크린상에서 벌이는 아마골프 랭킹전으로 12월부터 1년간 열리는 대회다. 총 3억 원의 상금 규모로 치러지는 만큼 참가 열기도 뜨겁다. 2013 APGA 챔피언십은 작년 12월에 시작해 계속해서 진행되고 있다. 다양한 사업에 날씨를 접목시켜 성공적인 날씨경영을 해나가는 씨티지아이앤씨에 박수를 보낸다.

03

700만 관중 동원의 일등공신은
정확한 날씨정보다 _한국야구위원회(KBO)

●● "영국 런던의 기후변화가 런던 올림픽 '위협', 성화 꺼지면 어쩌나
… '전전긍긍'". AP통신은 올림픽이 열리기 전 영국에 많은 비가 계속
내리자, 기후가 올림픽의 새로운 걱정거리로 떠올랐다고 보도했다. 올
림픽이 시작되기 전부터 날씨가 세계인의 관심 대상으로 자리 잡은 것
이다. 런던의 2012년 6월 강수량은 145.3밀리미터로 1910년 이래 최대
치를 기록했고, 7월 들어서도 그치지 않고 많은 비가 내리고 있다는 것
이었다.

런던의 날씨는 정말 평년과 다른 이상기후를 보였던 것일까? 런던은
한국보다 약 1,400킬로미터 북쪽에 위치해 있지만, 바다로 둘러싸여
기후가 온화하다. 대서양에서 불어오는 남서풍 때문에 비가 많고 날씨
가 자주 변한다. 영국 신사들의 휴대 필수품이 우산인 것은 이 때문이
다. 그러나 강수량 자체는 그리 많지 않다. 런던의 8월의 날씨를 보면
평균 최고기온은 22.6도, 최저기온은 13.3도, 강수량은 47.3밀리미터
정도다. 그런데 2012년에는 평년보다 3배 이상 많은 비가 6월에 이어

7월에도 내렸다. 최고기온도 평년보다 높은 28도 정도였다. 걱정할 만도 했다. 최근 영국이 기후변화의 중심축에 서 있다 보니 날씨변화가 매우 변덕스럽다. 비치발리볼 마니아들이 비가 내려 제대로 관람 못할까 봐 걱정한다는 외신 보도가 충분히 이해가 갔다. 날씨는 이처럼 스포츠에 많은 영향을 준다.

포환, 원반, 창던지기 선수들은 베이징 올림픽 때보다 런던 올림픽 때가 더 불리하다. 무게에 영향을 미치는 지구의 중력이 베이징보다 런던이 더 강하기 때문이다. 수직으로 뛰어오르는 높이뛰기나 장대높이뛰기도 투척경기와 마찬가지 영향을 받는다. 야외 경기인 육상에서 기온은 중요한 변수다. 폭염은 마라톤을 비롯한 중장거리 선수들에게는 기록을 방해하는 적이다. 반면, 단거리의 경우에는 고온이 오히려 유리할 수 있다. 고온에서는 공기밀도가 낮아지고 공기저항도 줄기 때문이다.

2012년 700만 관중을 돌파하면서 프로야구는 우리나라 국민에게 가장 사랑받는 스포츠로 자리매김했다. 비가 정신없이 내리는 장마철에도 프로야구의 열기는 식을 줄 모른다. 궂은 날씨도 마다하지 않고 프로야구의 열기를 현장에서 직접 느끼려는 사람들의 발길이 끊이지 않기 때문이다. 관중들을 야구장으로 끌어들이기 위한 다양한 스포츠 마케팅도 활발해지고 있다. 그중 식음료업계의 스포츠 마케팅이 활발하다. 야구장을 찾는 20, 30대의 소비자층을 공략하기 위해서 한 음료회사는 특정 야구구단과 업무제휴를 맺고, 그 구단의 경기가 있는 날에 구장 내 업계에서 지정한 좌석에 앉으면 신제품 음료를 제공하는 이벤트를 진행했다. 뿐만 아니라, 맥주업계도 프로야구 마케팅에 아주 적극적이다. 한 맥주회사는 프로야구 6개 구단과 함께 야구장에서 프로모션을 진행하기도 했다. 6개 구단 홈경기 때 관람객들이 이 업계의 제품 맥주를 즐길 수 있도록 시음행사와 관중 이벤트를 펼치는 것이다. 경쟁상대인 다른 맥주회사는 국내 최초의 프로야구 선수 통합 포인트 제도를 도입해 프로야구 마케팅에 뛰어들었다. 이 포인트 제도는 경기 기록만으로 포지션에 상관없이 프로야구 선수들의 통합 순위를 결정하는 제도다. 야구팬들은 경기뿐 아니라 다양한 업계들의 스포츠 마케팅 전략 전쟁 덕분에 야구장을 찾는 재미가 더욱 쏠쏠해졌다고 한다.

우리나라 프로야구를 관장하는 기관은 한국야구위원회KBO, Korea Baseball Organization다. 한국야구위원회는 한국 프로야구를 총괄하고, 야구경기를 기록하고, 관련 자료의 수집과 조사를 비롯해 분석까지 하고 있다. 이 밖에도 국제 야구 활동 교류 추진 및 야구 기술의 개발, 지도 보급 등 아주 다양한 활동을 하고 있다. 이진형 한국야구위원회의 홍보팀장은 2012년 프로야구가 700만 관중 동원에 성공한 것은 날씨정보를 이용한 덕분이라고 말한다. 정확도가 높아진 기상예보 덕분에 취소되는 야구경기가 많이 줄었기 때문이란다. 날씨는 경기 취소의 결정적인 요인이 될 뿐만 아니라, 선수들의 컨디션, 경기를 풀어나가는 전략, 그리고 야구 과학에 이르기까지 영향을 미친다. 2011년에는 191경기를 할 때까지 23경기가 취소되었지만, 2012년에는 17경기만이 취소되었다. 취소 경기가 많이 줄은 데에는 좀 더 정확해진 기상예보가 일등공신 역할을 했다. 이들은 기상청 홈페이지에 나오는 동네예보를 참고하며, 3시간 단위로 지역별로 상세한 날씨 요소를 상시 체크한다.

날씨는 경기 일정을 잡는 데 매우 중요한 요소다. 선발투수의 경우에 한 번 경기에 나올 때마다 5일에서 많게는 7일 정도 쉬고 경기에 나선다. 때문에 이에 맞는 컨디션 조절이나 몸 관리를 하게 되는데, 비로 인해 경기가 취소될 경우 주기적으로 조절해온 몸의 균형이 깨지기 쉽다. 따라서 경기가 취소되는 횟수가 줄어들면 들수록 야구팬에게도, 야구선수에게도 좋다. 그러다 보니 한국야구위원회는 출범한 이후 각 지역 구장의 날씨를 상세하게 기록하고 있다. 이렇게 그날그날의 경기 기록뿐만 아니라 경기 시작 시 온도, 습도, 풍향, 풍속, 일기 현상 등을 상세하게 기록하여 참고자료로 활용한다.

야구에는 날씨 과학이 숨어 있다. 온도가 높으면 공기밀도가 낮아지기 때문에 비거리는 더 늘어난다. 온도가 10도 높아지면 홈런 확률은 무려 7%나 올라간다. 때문에 공기의 저항이 작은 가을철이 습한 여름철보다 홈런이 터질 확률이 높다. 기압이 낮아도 공기저항이 덜하기 때문에 보통 때보다 홈런 확률이 높아진다. 미국의 홈런 공장으로 유명한 쿠어스 필드Coors Field 구장이 대표적이다. 이곳은 해발 1,676미터에 위치해 있는데, 기압이 낮은 고지대에 위치하다 보니 홈런이 많이 난다. 메이저리그 최다 득점 구장으로 기록된 것은 이 때문이다. 우리나라 최다 홈런 양산 구장은 대구 구장이다. 대구 구장은 다른 구장보다 작을 뿐만 아니라 분지 지형이 홈런 공장을 만드는 데 일조하고 있다. 여기서는 고도에 따른 낮은 기압이나 낮은 공기밀도가 아니라, 여름철 분지의 높은 기온에 따른 낮은 공기밀도의 영향 때문이다. 높은 온도로 인해 낮아진 공기밀도가 타구의 공기저항을 감소시켜 홈런을 많이 만들어내는 것이다. 프로야구 역사 22년 동안 9명의 홈런왕이 모두 대구 구장을 홈으로 사용했던 삼성 라이온즈에서 배출되었을 정도다. 이승엽이 홈런왕이 된 것도 이 때문이라고 말하는 사람도 있다.

홈런 치기 나쁜 날씨가 있다. 비가 오거나 비 오기 직전의 습한 날씨가 그렇다. 습도가 높고 흐린 날 야구공의 비거리는 10% 감소한다. 이런 날씨는 타자에게는 불리하지만, 투수에게는 그야말로 짱이다. 공을 잡을 때 감이 더 잘 살기 때문이다. 습한 날씨에는 공이 잘 감겨서 구속도 올라가고 변화구도 잘 먹힌다고 한다. 이것은 가죽과 실로 만들어진 야구공의 특징이 한몫을 하기 때문이다. 습한 날씨에는 가죽과 실이 더 말랑말랑해지게 되면서 투수로서는 손가락에서 채는 힘을 더 줄 수가 있게 되고, 그러면 공에 회전이 잘 먹게 된다. 한마디로 말해 투수가 마음먹은 대로 공을 던지는 제구가 잘 된다는 말이다. 2011년 7월 초 롯데의 외국인 투수 라이언 사도스키Ryan Sadowski가 일을 냈다. 두산과의 경기에서 7이닝을 1실점(4피안타)으로 막고 승리했다. 재미있는 것은 이 날 그가 던진 공 95개 중 직구는 하나도 없었다는 것이다. 슬라이더(35개)와 싱커(33개), 커브(18개), 체인지업(7개)만 던졌다. 왜 그랬을까? 습도가 높고 간간이 비가 내리는 7월 초의 날씨는 직구보다는 변화구가 위력을 발휘하기 때문이다.

날씨를 잘 이용하면 야구에서 큰 도움을 받을 수 있다. 포수 쪽으로 바람이 많이 불면 강속구 투수가 유리하고, 궂은 날은 변화구 투수가 더 유리하다. 물론 날씨 요인이 100% 경기 성적을 좌우하지는 않지만, 선수들의 역량과 당일 컨디션을 제외한다면 날씨의 영향은 상당히 크다고 할 수 있다. 예를 들어, 초속 5미터 이상의 바람이 타석에서 외야 쪽으로 불 때는 플라이 타구가 홈런이 되기도 한다. 공이 바람을 타고 더 힘을 받아 멀리 날아가는 것이다. 반대로 바람이 역방향으로 불었을 때는 공이 멀리 날아가지 못하고 평범한 플라이볼이 될 확률이 높다. 롯데 자이언츠의 전준우 타자는 어떤 날씨에 컨디션이 좋으냐는 질문에 "구름 끼고, 시원한 날씨가 좋아요. 무더운 날씨에는 경기를 하기 힘들고, 햇빛이 강하면 피로가 쉽게 오기 때문입니다"라고 말한다.

롯데 자이언츠의 임경완 투수는 "투수의 경우, 부슬부슬 비가 내리는 날 경기가 취소되지 않고 진행되었을 때 시야 확보가 어려워 공을 던지기 참 어렵습니다. 또한 라운드도, 공도 미끄럽기 때문에 공을 놓치는 경우도 많고요. 아마 다른 야수들도 마찬가지일 겁니다"라고 하면서 날씨가 경기에 영향을 많이 준다고 말한다.

야구감독들도 경기 당일 날씨에 따라 야구 전략을 바꾸는 경우가 종종 있다. 비 때문에 울고 웃은 대표적인 사례를 소개해보겠다. 2012년 6월 11일 대구 구장에서 열린 한화와 삼성의 경기 당시 삼성이 4회 무사 만루 찬스를 잡은 상황에서 빗방울이 굵어지자 경기가 잠시 중단되었다. 앞서 한화 선발 장민제의 제구력이 흔들리는 가운데 3회 말까지 9 대 1로 삼성이 일찌감치 승부를 낸 상태였다. 삼성 입장에서는 자칫 비로 경기가 취소될 경우 허탈감에 빠질 수도 있었고, 한화 입장에서는 내심 '비가 많이 와서 경기가 취소되었으면……'하고 바랐을 것이다. 하지만 이 날 하늘은 삼성 편이었다. 비가 잦아들면서 경기가 속개되었고, 19 대 5로 완승을 거둔 것이다. 이처럼 매 시즌 야구장을 찾아오는 날씨 불청객은 각 팀의 희비를 가르는 변수가 되곤 한다.

"삼성이 우승을 하는 것은 무더위 때문이다." 야구 관계자들이 농담으로 하는 말이다. 삼성은 2011년과 2012년 통합우승의 쾌거를 이루었다. 그런데 재미있는 것은 날씨가 추운 3월과 4월에는 성적이 신통치 못하다가 더워지는 7월부터는 엄청난 상승세를 보인다는 것이다. 2011년 시즌에도 때 이른 더위가 찾아오자 무서운 상승세로 선두에 올라섰다. 6월엔 5할 승부에 그쳤던 삼성은 7월 한 달간 무려 0.857의 승률을 기록했다. 그 기세가 8월까지 이어져 승률 0.619로 펄펄 날았다. 2009년에도 6월에 0.458로 부진했지만 7월 승률은 0.650이었다. 2008

년에는 6월에 3할대에 머물던 승률이 7월에 0.565로 치솟았고, 2007년에도 8월 승률이 0.632로 가장 높았다. 2012년에는 더 극적이었다. 삼성의 성적은 해마다 7~8월이면 어김없이 정점에 오른다. 삼성 선수들은 유난히 더위에 강한 체질을 타고난 것일까? 한 전문가는 대구가 우리나라에서 가장 더운 도시라는 것을 생각해보라고 한다. 대구 수성구는 지난해까지 '폭염 축제'를 열었을 정도다. 그러니 무더운 대구 날씨에 적응된 삼성 선수들은 무더워야 펄펄 난다는 것이다.

요즘 많은 구단들이 야구장에서 다양한 날씨 마케팅을 펼친다. 돔 야구장이 없는 우리나라 프로야구는 절대적으로 날씨의 영향을 받는다. 각 구단의 홍보팀은 다양하게 준비한 퍼포먼스를 통해 관람객들의 호응을 이끌어내고, 야구를 활성화하는 데 많은 노력을 하고 있다. 그런데 비가 오는 날은 달갑지 않다고 한다. 준비한 여러 가지 퍼포먼스를 보여주지 못하기 때문이다. 하지만 비가 내리더라도 이를 적극 활용하는 것이 또 요즘 날씨 마케팅 전략의 추세다. 예를 들어, 선수들의 홈슬라이딩 세레모니를 보여줌으로써 구장을 찾은 관중들과 교감한다. 황사가 있는 날에는 관중들에게 황사마스크를, 한여름에는 무더위를 이겨낼 수 있는 아이스 목도리를, 쌀쌀한 가을철에는 무릎담요를 판매해 관중들에게 좋은 반응을 얻기도 한다. 또 있다. 최근 한국야구위원회는 구장별로 날씨예보를 바로 확인할 수 있는 애플리케이션을 개발해 론칭했다고 한다. 아직까지는 전천후 경기를 할 수 있는 돔구장이 없는 우리나라 여건상 경기가 예정된 구장별로 날씨정보를 알려주는 '야구장 날씨' 애플리케이션은 야구 마니아들에게 엄청난 인기를 끌고 있다고 한다. 또 야구가 개막되면서 야구 중계 애플리케이션이 인기순위 6위에 올랐다고 한다. 한국야구위원회의 날씨를 활용하는 노력이

.NI 9

눈부시다.

　프로야구와 날씨! 이 둘은 악어와 악어새처럼 서로 공생하는 관계다. 모두가 야구를 좋아해서 한 장소에 3만 명 이상의 사람들이 3시간 이상 함께 숨 쉬고 있는 곳이 바로 야구장이다. 적극적인 날씨경영으로 연간 8억 원 이상의 이익을 보고 있다는 한국프로야구위원회에 박수를 보낸다. 자, 야구장을 직접 찾아 야구 속에 숨겨져 있는 날씨 비밀들을 몸소 느끼고 체험해보면 어떨까?

04

기상대가 있는 유원지 _남이섬관광

●● 봄이 되면 뭔가 새로워지고 싶다. 한낮에 따사로운 햇빛이 비치면 숨어 있던 먼지들이 보이고, 얼룩투성이 창문이 눈에 거슬리기도 한다. 추위를 핑계로 미뤄뒀던 대청소를 슬슬 시작할 때다. 날이 풀리면 집 안뿐만 아니라 사람들이 많이 찾는 유원지나 행사장 곳곳에서도 손님을 맞기 위해 겨우내 묵은 때를 없애는 봄맞이 대청소를 한다. 그런데 친환경적인 독특한 방식으로 봄맞이 대청소를 하는 곳이 있다고 한다. 바로 춘천에 있는 남이섬이다. 과연 남이섬의 봄은 어떤 모습일지 살펴보도록 하자.

남이섬은 우리나라뿐만 아니라 세계적인 관광지로 주목받고 있다. 1965년 남이섬 창립자인 민병도씨가 나무를 심고 가꾸기 시작했다. 이후 사람들에게 유원지로 알려지고 강변가요제로 유명했던 시절을 지나 2001년 강우현 대표이사 취임 후 재창업을 시작으로 유원지에서 관광지로 변화하는 계기를 맞았다. "문화예술 자연생태의 청정정원"으로 다시 태어난 남이섬은 "동화나라 노래의 섬"을 컨셉으로 다양한 문화

◆◆◆ 야외 관광지일수록 날씨의 영향을 많이 받는다. 그런데 남이섬에는 독특하게도 기상대가 있다. 그 덕분에 남이섬 관광객들은 실시간으로 남이섬의 구체적인 날씨를 알 수 있게 되었다. 또 남이섬은 섬을 관리하는 데 기상 자료를 많이 이용한다. 게다가 남이섬의 생태환경을 연구하고 보존하는 데도 기상 자료는 매우 유익하다.

행사, 콘서트 및 전시를 꾸준히 개최해오고 있다. 어린이들에게는 꿈과 희망을, 연인들에게는 사랑과 추억을, 문화계 인사들에게는 창작의 터전과 기반을 마련해주고 있는 것이다.

야외 관광지일수록 관광객의 수는 날씨와 밀접한 관계가 있다. 날씨의 영향을 많이 받는다는 말이다. 기후변화는 인간 생활에 많은 영향을 미친다. 지구온난화의 예를 들어보자. 기온이 상승하면서 봄이 일찍 찾아오기 시작했다. 자연히 꽃이 피고 꿀벌과 곤충이 활동하는 시기가 앞당겨졌다. 기후변화는 동식물에게만 영향을 미치는 것이 아니다. 사람들의 일상생활에도 영향을 미친다. 예를 들어, 지난 30년간 지구온난화로 인한 기온 상승으로 미국인의 휴가도 앞당겨졌다고 한다. 미국 노스캐롤라이나대학 생물학과 로렌 버클리Lauren Buckley 교수는 1979년 이후 30년간 국립공원의 연중 관람객 수 변화를 분석했다. 봄철 평균 기온의 상승이 뚜렷이 나타난 9곳 중 7곳에서 최대 관람객 방문 일자가 앞당겨졌다는 것이다. 1979년 그랜드캐니언 국립공원Grand Canyon National Park에서 관람객이 가장 많았던 날짜는 7월 4일이었는데, 2008년에는 6월 24일로 앞당겨졌다. 메사버드 국립공원Mesa Verde National Park의 경우 최대 관람객 방문 일자가 7월 10일에서 7월 1일로 앞당겨졌다. 7곳의 국립공원 최대 관람객 방문 일자가 평균 4일 앞당겨졌다. 지구온난화로 인한 기온 상승이 휴가 일자를 앞당기고 있다는 것이다. 버클리 교수는《국제 생물기상학 저널International Journal of Biometeorology》최신호에 발표한 논문에서 "국립공원의 관람객 수에는 인구 변화나 경제 상황, 여행 경비 등도 영향을 미칠 수 있다"면서도 "하지만 그런 요인들은 이번 연구에서 나타난 것과 같은 계절이나 월별 관람객 수, 방문 일자보다는 연중 총 관람객 수에 더 영향을 미친다. 국립공원을 일찍 찾

◆◆◆ 미국 노스캐롤라이나 대학 생물학과 로렌 버클리 교수는 1979년 이후 30년간 국립공원의 연중 관람객 수 변화를 분석한 결과, 1979년 그랜드캐니언 국립공원에서 관람객이 가장 많았던 날짜는 7월 4일이었는데 2008년에는 지구온난화로 인해 6월 24일로 앞당겨졌다고 밝혔다. 그는 국립공원을 일찍 찾는 것이 큰일은 아니라고 할 수 있지만, 이것은 지구온난화로 인한 더 심각한 인간 행동의 변화를 알리는 신호로 볼 수 있다고 분석했다.

는 것은 큰일이 아니라고도 할 수 있지만, 지구온난화로 인한 더 심각한 인간 행동의 변화를 알리는 신호로 볼 수 있다"고 밝혔다고 한다.

지금까지 지구온난화가 인간의 행동에 미치는 영향에 대해 언급할 때는 주로 태풍, 가뭄, 홍수와 같은 강한 기상 재난에만 관심을 보였지만, 이제는 공원이나 레저 시설에 몰리는 관람객에게도 관심을 보이는 시대가 된 것이다.

남이섬의 경우에는 특히 야외 관광지이다 보니 관람객 수에 더 민감할 수밖에 없다. 아무래도 사람들이 덜 찾게 되는 추운 겨울에 관람객 수가 가장 적다고 한다. 그러나 최근에는 겨울에도 예전보다 관람객 수가 늘었다고 한다. 겨울에는 외국 관람객이 국내 관람객보다 많을 때도 있다고 한다. 특히 겨울에 동남아 관람객이 늘어나고 있는 것은 겨울이라는 계절이 없기 때문에 춥고 흰 눈이 내리는 겨울을 느껴보기 위해 찾는 것 같다고 남이섬 관계자는 말한다. 겨울이라는 계절이 그들에게 새로운 경험을 선사하기 때문이다. 관람객 수를 늘리기 위해 다양한 전략을 사용하는데, 그중 가장 중요한 것은 우리나라가 가지고 있는 독특한 기후를 이용하는 것이다. 김현식 팀장은 "4계절이 있다는 것은 우리나라의 행운이 아닐까 생각합니다. 4계절은 같은 곳에 있더라도 매번 다른 곳처럼 새롭게 느껴지도록 해주는데요, 남이섬 역시 계절마다 여러 색 옷을 입습니다. 저희는 그저 남이섬이 입는 옷에 따라 약간의 단장을 더할 뿐이죠. 꾸민 모습보다 그 자체 모습을 보여준다고 해야 할 것 같습니다. 그러니까 관람객이 남이섬에서 그 계절에 맞는 기후와 날씨를 가장 잘 느끼게 만드는 것이지요"라고 말한다.

남이섬에는 독특하게도 기상대가 있다. 2011년에 춘천기상대가 남이섬에 기상대를 세워준 것이다. 기후변화의 트렌드를 먼저 읽은 남이섬이 기상청과 협조한 결과다. 김현식 팀장은 남이섬 관광객들이 실시간으로 기상정보를 제공받을 수 있는 기상대가 세워졌다는 데 대해 "이제는 실시간으로 남이섬의 날씨를 받아볼 수 있습니다. 스마트폰으로도 검색할 수 있고, 남이섬 내 관광청(안내소)에서도 확인하실 수 있습니다. 남이섬에 오고 싶은데 날씨가 궁금하신 관광객들은 미리 정보를 확인해보고 오실 수 있으니 참 편리하죠? 기상대가 세워진 후 하나의 관광명소로 자리 잡았고, 무엇보다도 관광객들에게 남이섬의 구체적인 날씨를 제공할 수 있다는 점이 가장 좋아진 것 같습니다. 사실 기상대를 직접 가까이에서 보는 것이 흔한 기회는 아니죠. 남이섬에 실제 기상대가 있으니 관광객들이 많이 신기해하고 좋아하십니다. 가족 단위로 놀러 오신 분들은 아이들에게 좋은 학습이 된다고도 하시고요. 직접 온도계도 확인해보고 사진으로도 담아가면서 또 하나의 새로운 추억을 쌓아가시는 것 같아요. 앞서 말씀하셨다시피 남이섬은 육지와는 또 달리 외부와 날씨가 약간 다른 경우가 있거든요. 그런데 이제는 남이섬만의 날씨를 따로 알 수 있으니 관광객들이 오시기 전에 좀 더 대비할 수 있게 되었어요. 또 남이섬을 관리하는 데 기상 자료는 정말 많은 도움이 됩니다. 게다가 남이섬의 생태환경을 연구하고 보존하는 데도 매우 유익한 것 같습니다"라며 기상대 설립을 자랑스러워한다.

남이섬에는 기상대 말고 '나미나라 공화국'이 있다. 공화국이라고 하니 왠지 대통령도 있을 것 같고 어떤 나라를 상징하는 것 같기도 하다. 그러나 나미나라 공화국은 한국 속의 동화적인 상상의 나라, 창의적인 동화나라다. 문화적인 독립을 이루었고 누구든지 와서 꿈꾸고 상상의 자유를 펼칠 수 있는 나라다. 독자적인 국기와 애국가도 있고 화폐와 여권도 있고 국민도 있다. 정말 웃기는 조그만 나라다. 관람객을 끌어들이기 위한 기발한 아이디어라고 할 수 있다. 남이섬은 천연염색 체험, 유리공예 체험, 머그컵 그리기 체험 등 다채로운 체험을 연중 실시한다. 또한 환경운동연합 부설 환경학교와 YMCA 녹색가게에서도 재활용 및 친환경 소재로 다양한 체험이 진행 중이다. 그중에서 생태도 관찰하고, 환경오염도 감시할 수 있는 생태자연환경 체험도 진행하고 있다. 기후변화와 관련된 체험으로 상당히 많은 사람들이 관심을 갖는다고 한다.

남이섬은 기후변화시대에 가장 앞서가는 유원지다. 관광객이 많은 것에 비하면 쓰레기가 거의 나오지 않는다고 할 만큼 친환경적이다. 이런 노력으로 환경부 장관상도 받았다고 한다. 그 비결에 대해 김현식 팀장은 "저희는 '쓰레기를 쓸애기로'라는 슬로건을 내세우고 거의 모든 것을 재활용하고 있는데요, 그중에서도 특히 유명한 것이 소주병 재활용이죠. 소주병으로 꽃병도 만들고 컵받침도 만들고 벽도 만들고 차임벨도 만들고 다양한 아이디어로 재활용을 하고 있어요. 남이섬에 오시면 곳곳에서 재미를 찾을 수 있답니다. 그뿐 아니라 자투리 나뭇조각 하나도 버리는 것이 없답니다. 잘 다듬어서 그림을 그려넣기도 하고 벽장식으로 붙이기도 하고 버려진 것들도 다듬어놓으면 훌륭한 물품이 되거든요. 재활용은 비법이라기보다는 애정과 관심인 것 같습니다"라며 독특한 비법을 알려준다.

남이섬은 섬의 전반적 관리, 시설물 관리, 생태계 보전, 관람객 유치 등 상당히 많은 부분에 날씨를 이용한다. 남이섬은 특별히 날씨나 기후변화와 관련된 축제나 행사도 치른다. 2012년 3월 23일 기상의 날을 맞아 기상사진전을 열었고, 나미나라 기상대 개소 1주년이 되는 9월 7일에는 날씨와 지혜를 주제로 한 일러스트전을 열기도 했다. 또 날씨와 관련된 책을 발간하기도 했다.

새로운 봄이 찾아오면 관람객은 급증한다. 2012년에는 나미나라 공화국 독립 6주년 행사 일환으로 다문화 가족을 위한 무료입장을 기획하는가 하면, 일러스트 페스티벌, 교토기모노협회 패션쇼, 레인보우페스티벌, 클래식페스티벌 등 다채로운 축제와 함께 상설 색소폰 공연을 기획하기도 했다. 조그만 섬 관광지에서 날씨를 이용해 관람객을 맞을 준비를 하고 시설물을 점검하며 관람 계획을 세우고 기상대를 유치하여 날씨경영을 하는 것을 보면서 우리나라의 더 많은 유원지에서 남이섬을 본받았으면 한다. 날씨경영이 엄청난 이익을 가져다준다는 것을 잘 보여준 남이섬 관계자들에게 박수를 보낸다.

최근 세계적인 관광 트렌드는 녹색관광이다. 녹색관광이란 녹색의 자연을 바탕으로 하는 관광 형태를 넘어 더 구체적으로 수요와 공급 측면에서 저탄소를 추구하고, 녹색기술을 활용하여 녹색성장을 추구하는 관광이라고 할 수 있다. 심각해지는 기후변화는 지리적 · 계절적으로 자연적 관광자원을 재분배하게 만든다. 동계스포츠 관광지의 경우, 적설량 감소로 기능 상실이 심해지고 있다. 해안형 관광지의 경우에도 해수면의 상승으로 해안가 리조트의 입지가 위협받고 있다. 야외활동이 많은 레저 분야는 날씨가 고객의 레저 활동 종류와 장소를 정하는 중요 요인이 되고 있다. 297쪽 그림은 『관광학연구』 제33권 제4호(2009)에 나온 녹색관광과 기후변화의 관계를 설정한 영향-반응 모형이다.

기후변화에 적응하면서 녹색관광을 이루기 위해 민간기상업체를 활용하는 방안이 있다. 민간기상업체의 도움으로 기후변화에 능동적으로 대처하고, 기상정보를 활용하여 입장객 수, 매출액, 에너지 사용량

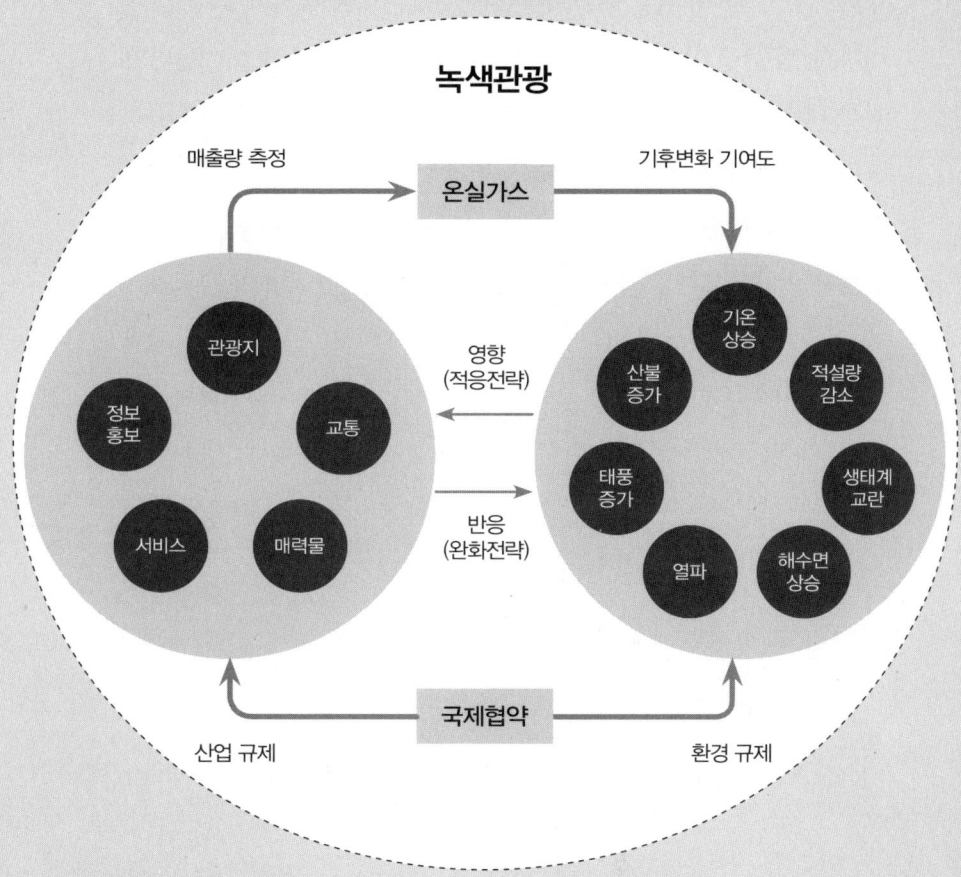

녹색관광

매출량 측정

온실가스

기후변화 기여도

관광지

정보
홍보

교통

서비스

매력물

영향
(적응전략)

반응
(완화전략)

산불
증가

기온
상승

적설량
감소

태풍
증가

생태계
교란

열파

해수면
상승

국제협약

산업 규제

환경 규제

등을 예측하는 전산 시스템을 구축하여 미래에 대비하는 것이다.

민간기상사업체의 제안에 따라 기후조건 등을 고려하여 여행사가 만든 재미있는 관광이 있어 소개한다. 아이슬란드의 휴면화산인 트리누카이우르Thrihnukagigur 화산 내부를 탐험하는 '화산여행'이 바로 그것이다. 모험을 즐기려는 관광객들은 거대한 화산 분출구 속으로 들어가 화산 내부를 탐험하게 된다. 트리누카이우르 화산은 이미 4000년 넘게 휴면 상태이고 최근 한 차례 분화 과정에서 분출된 마그마가 분화구에서 냉각되지 않고 화산 내벽에 응고되는 희귀한 지질현상을 보였다. 여행사는 기후조건상 가장 폭발이 일어날 가능성이 적으며 관람하기에 적합한 시기인 6월 15일부터 7월 31일까지 매년 화산여행을 기획했다. 관람객들은 로프를 타고 화산 꼭대기의 4미터×4미터 분화구를 거쳐 120미터 지하의 화산열곡까지 깊이 들어가 성당 같은 기묘한 화산 분화구 내부의 장관을 체험한다. 신청 후 몇 년을 기다려야 할 정도라니 그 인기를 가히 짐작할 수 있다.

05

관광의 반은 날씨다 _투어익스프레스

●● "기온 상승으로 제주 한라산 눈꽃축제 사라져!" 관광업에서 기후변화는 심각한 리스크로 작용할 수 있다. 기후변화로 인한 직접적인 피해 사례 중 하나가 기온 상승으로 인해 겨울 관광 시즌에 개최되던 한라산 눈꽃축제가 사라진 것이다. 또한 기온 상승에 따라 수온도 상승하여 제주시에 위치한 이호해수욕장의 경우 해수욕장 개장일이 2007년에는 7월 1일, 2008년에는 6월 28일, 2009년에는 6월 20일로 변경되었다. 2년 동안 무려 열흘 이상 앞당겨진 것이다. 기온과 수온 상승으로 인해 2009년에는 최초로 해수욕장 야간 개장을 했다. 제주의 아름다운 해안으로 손꼽히는 용머리해안의 경우 해수면 상승으로 해안절경이 훼손되고 관광객 입장에 어려움을 겪고 있다. 이는 외국에서도 마찬가지다. 그래서 세계적인 여행사들은 기후변화에 살아남기 위해 새로운 관광 코스를 개발하는 데 힘을 쏟는다. 기후변화시대에 관광업계가 최고의 수익을 올리기 위해서는 날씨와 기후변화를 능동적으로 활용하려는 마인드가 필수적이다.

휴가철이 되면 온 프랑스는 난리다. 파리에 있는 사람들은 파리 사람이 아니고 외국인들만 가득 차 있다는 말이 나올 정도다. 파리 사람들은 차에 짐을 잔뜩 싣고 무조건 떠난다. 우리말로 '휴가'로 번역되는 '바캉스vacance'는 "집을 비우고 멀리 떠나 휴식을 갖는다"는 뜻의 프랑스 말로 원래는 '텅 비우다'라는 의미를 가진 라틴어 '바카티오vacatio'에서 유래했다. 여름 휴가철이면 집을 텅 비우고 떠나는 프랑스 사람들을 보면 이 단어가 '딱'이라는 생각이 든다. 프랑스 노동자들은 보통 여름이면 한 달 가까이 바캉스를 즐긴다. 일 년 중 연차유급휴가는 15일에 불과한 우리나라 노동자들에게는 꿈 같은 이야기다.

비록 며칠밖에 안 될지라도 여행을 떠나는 것은 즐겁고 설레는 일이다. 생활 수준이 높아지면서 해외여행이 증가하고 있다. 2012년 7월에는 해외여행객 수 상반기 최다 기록을 세웠다. 사상 최다 기록을 갱신하면서 여행업계는 연방 웃음을 날린다. 해외여행객 수가 증가한 것에 대해 여행업계는 경제성장과 함께 국민들의 생활수준이 향상된 것을 가장 큰 이유로 꼽는다. 해외여행에 대한 사람들의 관심이 매우 높아졌다는 것이다. 특히 주 5일 근무제와 휴가분산제 확산, 자유로운 연월차 사용은 이러한 경향을 더욱 부추기고 있다. 여기에 저렴한 가격의 해외여행상품이 나오면서 국내로 여행 계획을 잡았던 사람들도 비용을 좀 더 보태서 근거리 위주의 동남아 지역으로 여행 계획을 변경하는 경우가 많아졌다. 그러다 보니 해외여행객 수는 매년 늘어가는 추세다. 2012년 상반기 해외여행객 수는 2011년보다 4% 많은 1,955만 명으로 집계되었다. 이는 사상 최대치로 앞으로 해외여행객 수는 더욱 늘어날 것으로 전망되고 있다. 해외여행이 활성화되면서 급격히 떠오르는 여행사가 있다. '투어익스프레스'다. 이 회사는 날씨를 경영에 적극적으로 활용하기로 소문이 났다. 다음은 투어익스프레스 최인선 차장의 말이다.

"저희 회원을 대상으로 휴가 계획에 대해 설문조사를 했습니다. 가족 단위 여행의 경우 여름방학을 맞아 가족과 함께하는 휴가상품이 인기가 좋았는데요, 매년 꾸준히 인기를 얻고 있는 베스트 해외여행지는 태국입니다. 이 때문에 항공 노선이 가장 활발하게 운영되는 곳이기도 합니다. 그리고 올해 인기 지역은 괌과 사이판이었습니다. 대지진과 원자력 발전소 사고 이후 일본 여행객은 작년 같은 기간에 비해 80% 이상 감소한 것으로 나타났지만, 개인의 경우로는 일본 오사카 지역을 찾는 분들도 종종 계셨습니다. 이 밖에도 최근 동남아 지역 및 남태평양이 인기를 얻고 있습니다."

우리나라에서 가장 선호하고 전 세계 여행객 중 43%가 여행하는 지역이 바로 동남아 지역이다. 그러나 여름에는 괌이나 사이판 등 남태평양 지역을 선호하는 관광객이 늘어난다. 이 지역을 선택하는 이유는 생뚱맞게도 우리나라의 무더운 여름을 피하기 위해서다. 이들 지역은 덥긴 하지만 습하지 않은 날씨 덕분에 푸른빛 투명한 바다와 함께 느껴지는 시원함은 달콤한 휴식을 취하는 데 최적이다. 다음으로는 우리나라와 정반대의 계절을 보이는 호주나 뉴질랜드도 인기다. 여름철에는 무더위를 피해 약간의 추위를 경험하고자 떠나는 여행객들이 주로 찾는다. 그렇다면 추운 겨울을 피해 가장 많이 찾는 곳은 어딜까? 겨울에 선호하는 여행지는 동남아 지역이다. 2011년 기록적인 한파가 이어지면서 추위에서 탈출하려는 해외여행객들이 동남아로 향했다. 겨울여행의 대세라고 할 수 있는 스키나 온천을 포기하고 '따뜻한 곳'을 찾아 떠난 것이 가장 큰 이유였다. 전년 같은 기간에 비해 50% 이상 여행객이 급증한 것으로 나타났을 정도다. 여행의 파급효과는 놀라웠다. 기록적인 한파와 폭설이 이어지는데, 때아닌 여름 상품이 특수를 누렸다. 동남아 등으로 떠나는 해외관광객이 증가하면서 대표적인 여름 상품인 비키니의 매출이 17% 늘었고, 선글라스 매출도 전년보다 86%나 증가한 것이다.

투어익스프레스의 최인선 과장은 우리나라 사람들이 겨울에 많이 찾는 곳으로 필리핀을 든다. 필리핀 기후는 건기와 우기로 나뉜다. 우리나라가 겨울철일 때 필리핀은 건기를 맞는다. 필리핀의 건기는 기온이 25~26도 정도로 우리나라 초여름의 날씨를 보인다. 보통 비가 거의 오지 않고 항상 날씨가 맑다. 때문에 골프와 같은 레저 활동을 하기에 아주 좋다. 저렴한 비용과 최적의 날씨 때문에 겨울철에 골프여행객과 가족여행객이 필리핀을 많이 찾는다. 이런 것들을 보면 여행사는 날씨와 매우 밀접한 관계가 있고, 따라서 날씨경영을 하지 않을 수가 없다.

계절적 날씨 요인을 본다면 해외여행객들이 선호하는 것은 무척 다르다. 때문에 여행사들이 상품 구성을 짤 때, 가장 날씨가 좋을 때를 여행 상품으로 구성하는 경우가 많다. 대표적으로 북유럽이나 러시아 상품의 경우 백야현상 또는 그 지역의 계절로 인해 여름에만 상품 판매가 가능한 경우가 있다. 인도나 네팔 등은 트래킹을 위한 여행 상품이 한시적으로 11월 정도까지만 판매된다. 인도는 넓은 땅 때문에 다양한 기후를 보인다. 히말라야 고산지대는 한대성 기후, 서북부 사막지대는 건조 기후, 중부 지역과 동부 지역은 온대성 기후, 남부 지역은 열대성 기후다. 계절은 크게 건기와 우기로 나뉘며, 3월경부터 우기로 들어가기 직전의 3개월은 연중 기온이 가장 높이 올라가는 기간이다. 4월경이면 인도 중부 평야는 기온이 50도에 육박한다. 그래서 건기에 접어

PHILIPPINES
COLOMBIA
U.S.A
BRASIL
ISLAS CAIMAN
AFRICA
NICARAGUA
EUROPA
PANAMA
CANADA

드는 9월이 인도를 여행하기에 가장 적합하다. 우리나라의 선선한 가을 날씨 정도로 비가 적고 무더위가 없기 때문에 쾌적하게 여행을 할 수 있다. 하지만 북부는 쌀쌀한 초겨울 날씨이다가, 11월에서 2월까지는 일교차가 상당히 심한 겨울 날씨를 보이기 때문에 이때 북부 여행은 불가능하다. 그래서 항공사들은 9월부터 11월까지 항공편을 집중 배치한다.

　여행사에서는 여행 상품을 개발·기획할 때, 여행객들의 선호도와 함께 여행지에 대한 정보수집에 열을 올린다. 이때 얼마나 많은 여행 정보를 수집하느냐에 따라 여행객들의 성공적인 여행이 판가름 나기 때문이다. 최근에 많은 여행사들이 그 나라의 기후를 고려한 옷차림과 더불어 준비물 등을 세심하게 알려준다. 이것은 여행객들이 여행 계획을 세울 때, 짧게는 2일 전부터 길게는 한 달 전까지 여행지의 날씨를 미리 알아보고 계획을 세우기 때문이다. 여행을 할 때 모든 것이 완벽하게 준비가 되어 있다 하더라도 날씨가 뒷받침해주지 않으면 즐거운 여행이 되기 어렵다. 그래서 여행사들은 특별기획 상품의 경우에는 날씨정보를 미리 확인한 후, 상품을 기획·판매한다. 투어익스프레스는 날씨정보를 2008년부터 민간기상사업자를 통해 유료로 제공받고 있다. 주간별 국내 날씨 및 일본, 중국, 태국 등 주요 관광지의 날씨를 홈페이지를 통해 제공하고 있다. 해외 각국의 주요 도시들의 주간날씨와 예상 기온 등을 상세하게 확인할 수 있다. 여행사의 트위터와 페이스북을 통해서 긴급히 들어온 날씨 상황에 대해서는 새로운 정보를 제공한다. 이 이야기는 여행객들이 날씨정보를 아주 중요하게 생각한다는 의미다. 투어익스프레스의 특정 VIP 고객들에게는 여행 출발 1주일 전과 3일 전, 하루 전에 각각 해외여행지의 날씨정보를 문자 또는 이메일로 보내주는 서비스를 실시한다. 날씨에 맞춰 여행 옷차림이나 그 밖의 준비물 등을 체크할 수 있도록 서비스하는 것이 무엇보다 중요하다고 믿기 때문이다.

여행사는 날씨와 매우 밀접한 관계가 있고, 따라서 날씨경영을 하지 않을 수가 없다. 투어익스프레스는 날씨정보를 2008년부터 민간기상사업자를 통해 유료로 제공받고 있다. 주간별 국내 날씨 및 일본, 중국, 태국 등 주요 관광지의 날씨를 홈페이지를 통해 제공하고 있다. 또 여행사의 트위터와 페이스북을 통해서 긴급히 들어온 날씨 상황에 대해서는 새로운 정보를 제공한다. 이 이야기는 여행객들이 날씨정보를 아주 중요하게 생각한다는 의미다.

독특하게 투어익스프레스는 민간기상업체와 협력해 여행정보와 함께 세계 여행지 날씨정보를 결합한 방송 콘텐츠를 제작해 유통하고 있다. '투어익스프레스와 함께하는 세계 날씨'라는 방송 콘텐츠가 바로 그것이다. 기존의 세계 날씨정보를 알려주는 방송 콘텐츠와 차별화하기 위해 투어익스프레스에서 제공하는 다양한 여행정보를 함께 전달하고 있다. 예를 들어, 한 주간의 인기 여행지를 알려주고 이렇게 순위 안에 들 수 있었던 인기 여행지의 날씨 요소를 팁으로 알려준다. 방영 시기에 나온 다양한 여행 상품 중에 저렴하게 구입할 수 있는 운항 정보나 여행 패키지 정보 등도 함께 제공한다. 해외여행의 경우 현지의 날씨가 가장 중요하다. 투어익스프레스는 고객들이 주로 방문하는 관광지에 대한 정확한 날씨정보를 제공함으로써 보다 차별화된 여행 서비스를 제공하는 것이 무엇보다도 자랑스럽다고 말한다.

해외여행을 계획하고 있는 사람들은 지구온난화로 인해 각종 전염병이 증가하고 있는 것을 반드시 염두에 두어야 한다. 콜레라와 말라리아 등은 각별한 주의가 요구된다. 특히 인도네시아와 베트남 등 아열대 지방에서 콜레라와 장티푸스 등 각종 수인성 전염병이 많이 발생하고, 아프리카에서는 말라리아 등의 모기 매개 감염병이 유행하고 있다. 때문에 적어도 출발 10일 전에는 각종 질병에 대한 예방접종을 하고 출발하는 것이 좋다. 국가별 여행지에 따른 예방접종 종류는 해외여행질병정보센터 홈페이지에서 확인할 수 있다. 이 밖에도 해외여행 시에는 끓이거나 봉해져 있는 안전한 물 마시기, 흐르는 물에 비누로 손 씻기, 불결하거나 익히지 않은 음식은 먹지 않기, 해충기피제 사용하기 등 개인건강수칙을 잘 지키는 것이 건강하고 안전한 해외여행의 기본이라는 점을 꼭 잊지 말아야 한다.

미래 관광산업의 키워드는 무엇일까? 아마도 기후를 염두에 둔 여행traveling with climate in mind이 아닐까? 이는 기존의 대중 관광 형태에 대한 대안으로 제시된 녹색관광green tourism의 형태다. 기후변화에 대응하고 온실가스를 완화하기 위한 저탄소관광이라고 할 수 있다. 이러한 트렌드 변화는 지구온난화와 기후변화에 대한 사람들의 관심이 커지는 데서 기인한다. 이는 지구온난화와 기후변화에 적극적으로 대응하기 위한 능동적 패러다임 전환paradigm shift이라고 할 수 있다. 저탄소관광은 지속성장이 가능한 트렌드다. 따라서 앞으로 관광업계는 기후변화에 따른 관광 행동을 정확하게 파악하기 위한 통계 방법을 모색할 필요가 있다. 문화관광객, 생태관광객, 저탄소관광객에 맞는 관광 대상을 발굴하려는 노력이 최우선적으로 요구된다. 예를 들면, 태양광, 조력, 풍력 등 재생에너지 단지와 연계한 관광자원 개발이 하나의 대안이 될 수 있다. 재생에너지를 활용한 체험 공간으로 에너지 테마파크, 에너지 체험캠프 운영으로 관광객들이 기후변화와 녹색관광을 체험할 수 있도록 하는 것이다. 또한 환경 파괴가 상대적으로 적은 녹색여행 코스를 개발하는 것도 좋다. 이런 관광 아이템을 판매하는 업체에게는 정부가 인센티브를 제공하거나 인증을 해주는 인증제도를 도입하는 방법이 있다. 인증제도는 환경친화적인 관광업체에 대한 인지도를 상당히 증대시키는 효과를 가져올 것이다.

투어익스프레스는 날씨정보를 경영에 잘 활용하여 고객에게 사랑받는 여행사로 자리매김했다. 투어익스프레스가 현재에 안주하지 않고 미래의 기후변화에 적극적으로 대처해 새로운 관광상품을 끊임없이 개발하고 고객에게 더 나은 정보와 서비스를 제공해 세계 최고의 관광회사가 되었으면 한다.

06

전 세계 30만 개 호텔과
날씨정보 제공으로
고객을 만족시키다 _호텔톡

●● "하늘을 쳐다보는 정부 관료들이 늘고 있다는 말 들어보셨습니까?" 2012년 여름 가뭄, 폭염, 폭우, 태풍 등 기상이변으로 인해 물가가 급등락을 반복했다. 그러자 정부 물가 정책을 총괄하는 기획재정부 물가 담당자들이 아예 사무실을 떠나 지방 논밭을 돌아보거나 매일 아침 장관보고서에 날씨 동향을 확인해 보고하는 새로운 업무 영역까지 생겨났다고 한다. 놀라운 것은 2012년 3월 기상청장이 처음으로 물가 관계 장관회의에 참석해 최근 날씨 흐름과 앞으로의 전망을 보고했다는 것이다. 당시 기획재정부의 한 고위 관계자는 기상이변 때문에 물가 정책 업무 트렌드가 완전히 바뀌었다며 날씨에 대한 이해가 없고 직접 현장에 나가지 않으면 물가가 어떻게 움직일지 도저히 예측할 수 없는 시대가 되었다고 말했다. 또한 태풍이나 가뭄과 같은 극단적인 기상현상이 빈발하고 있는 데다가 보고 내용이나 기존 정책 공식이 현실과 맞지 않는 경우가 자주 발생하고 있다. 물가 담당자들이 가장 먼저 확인하는 것이 날씨라고 할 정도로 날씨는 이미 우리 삶의 중심에 들어

와 있다. 정부가 앞장서 날씨의 흐름을 잘 읽고 대응하는 이른바 '날씨 경영'을 도입한다면, 물가 인상으로 잔뜩 찌푸린 민생 경제에도 큰 도움이 되지 않을까 싶다.

2012년 지구온난화로 인한 기후변화가 심상치 않았다. 여름 미국 중남부를 강타한 가뭄, 토네이도 강타, 러시아의 폭염과 산불, 중국의 폭염과 가뭄, 우리나라도 예외는 아니었다. 폭염에 이어 게릴라성 호우, 강력한 태풍의 내습 등으로 엄청난 피해를 입었다. 2013년 초에는 강력한 한파가 북반구를 강타하면서 러시아와 동유럽의 한파, 중국과 한국에도 혹한이 몰아쳐왔다. 반면, 남반구인 호주는 기상관측사상 가장 높은 영상 50도가 넘는 폭염이 휩쓸었다. 이상기후로 인한 기상재해는 경제에 많은 영향을 미치고 있다. 관광업의 경우 홍수, 태풍, 화산, 폭염, 토네이도, 산불 등에 의한 관광자원의 훼손이 늘어나기 때문에 그 영향은 그야말로 상당하다. 기상재해의 영향은 당장 항공기 결항을 증가시키고 관광 인프라를 파괴한다. 여행보험 상품이 증가할 수밖에 없고, 여행 예약 취소 및 분쟁도 증가하게 될 것이다. 다른 한편 기상재해를 일으키는 기상현상을 직접 체험해보려는 사람들이 늘어나면서 특이관광 상품도 새롭게 기획될 것이다. 최근 젊은이들을 중심으로 자유여행을 떠나는 사람들이 증가하고 있다. 기후변화에 따른 관광 트렌드의 변화와 문화적인 변화를 바라보는 새로운 눈이 필요한 때에 시대적인 흐름을 앞서 파악하고 선도하는 관광기업이 있다. 전 세계 호텔 예약 서비스를 하고 있는 '호텔톡'이 바로 그 주인공이다.

호텔톡은 관광업계에서는 비교적 짧은 시간에 성공한 것으로 알려진 회사다. 회사를 창립한 최광수 대표는 대한항공의 여객영업에서 예약, 발권 및 기업체 영업, 여행사 영업을 했고, 경영기획실, 여객마케팅,

호텔사업팀 등에서 근무했다. 회사에 사표를 던지고 나올 때 나름의 독특한 관광 마케팅을 구상했다고 한다. 그 예를 들어보자. 호텔톡의 홈페이지에 들어가 보면 호텔 주변을 볼 수 있는 3차원 지도가 나온다. 이런 서비스는 업계 최초로 제공하는 획기적인 것이라고 한다. 최광수 대표는 "저희는 도시를 인문학적으로 분석하여 3차원으로 구현한 오니온맵을 이용하고 있습니다. 사실 제가 호텔 예약 서비스를 시작하게 된 동기도 이 지도를 이용하면서 너무나 편했기 때문에 호텔 예약 시스템과 연동시켜보려고 시작하게 되었습니다. 구글어스와 비슷하지만 엄격히는 많이 다릅니다. 구글어스는 저희가 서비스를 시작한 이후에 나온 지도입니다. 또한 구글어스는 심도 있게 몇 단계로 계속 줌인할 수 있지만 저희가 사용하는 맵은 그렇지 않습니다. 하지만 대부분 예약자들은 가려는 도시의 근처에 있는 호텔로 예약해달라고 하는데, 그 점에 있어서 호텔톡은 매우 편리하게 예약하실 수 있습니다. 대표적 랜드마크로 해당 지역 근처까지는 저희 3차원 지도로 서비스하고 이후 자세한 정보는 구글맵으로 서비스하고 있습니다. 소득 수준 향상에 따라 앞으로는 자유여행이 대세라고 생각하여 고객들에게 좀 더 편리하고 쉬운 호텔 예약 서비스를 제공하고 싶어서 시작하게 되었습니다. 저 자신부터 모르는 도시로 여행갈 때 항상 숙박이 제일 문제인데 교통이 편리하면서도 도심에 있어서 편리하게 둘러볼 수 있는 호텔, 그러면서도 가격이 합리적인 호텔을 찾게 되니까요"라고 말한다.

해외관광업계의 경우 가장 중요한 것은 환율 상승과 날씨라고 한다. 환율은 서서히 올라가는 경우는 별로 영향을 받지 않지만, 단기간 급상승할 경우에는 고객이 여행을 취소하거나 여행 기간을 단축하는 경향이 있다. 날씨의 경우는 태풍이나 화산폭발 등과 같은 기상재해가 발생하면 항공편이 결항되어 호텔 예약이 취소되는 경우가 많다. 또 현지에 폭우, 폭설 등이 내리는 경우 여행이 취소되는 경우가 있다. 날씨 때문에 예약을 취소하는 사례가 종종 발생하면 매출에도 영향을 미친다. 이런 리스크는 예측하기가 쉽지 않아 대응하기 어렵지만, 조금만이라도 빨리 날씨정보를 알면 영업에 상당한 도움이 된다. 따라서 날씨정보의 파악은 관광업계에서는 필수적이다.

한 여행사의 홈페이지를 보면, 전 세계 450개 지역의 날씨정보가 빠지지 않고 등장한다. 오늘부터 5일 동안의 예보와 함께 세계 각 지역의 기후 자료로 구성되어 있어 여행에 필요한 날씨정보를 쉽게 찾아볼 수 있다. 날씨정보의 중요성을 잘 보여주는 태국의 예를 살펴보자. 태국은 무덥고 비가 많이 내리는 나라다. 그러나 11월 말부터 2월까지는 평균 기온이 우리나라 초여름과 비슷한 25도 안팎이고 비도 적게 내려서 여행하기에 좋다. 반면, 태국의 남부 동해안은 계절풍의 영향을 받아 바람이 강하게 불고 비가 많이 내린다. 이곳은 태국의 다른 지역이 우기인 3월부터 9월까지 맑은 날이 많이 나타난다. 그렇다면 태국의 섬에서 여름휴가를 즐기려면 남부 서해안의 푸켓보다는 남부 동해안의 사무이를 찾는 것이 좋다는 것이다.

최근 인터넷이 대중화되면서 고객이 인터넷에서 여행 상품을 직접 검색하여 여행사로 상담 전화를 하는 것이 여행 상품 구입의 일반적인 형태라고 한다. 따라서 고객이 이용하기 편리한 인터넷 홈페이지를 제작하고 많은 정보와 상품을 소개하는 것이 고객 확보의 비결이다. 최근 민간기상업체인 케이웨더는 세계 3만 개 도시에 대한 일기 실황과 예보 자료를 제공하기 시작했다. 더 많은 나라의 다양한 날씨정보를 요구하는 여행객들 때문이다.

이상기후가 많이 발생하면서 특색 있는 관광 상품이 속속 개발되어 여행객들의 시선을 끌고 있다. '재난 대비 서비스' 및 '토네이도 체험 관광 상품'이 좋은 예다. 모험을 즐기는 사람들의 심리를 꿰뚫어보고 토네이도나 번개 등을 직접 볼 수 있게 하는 관광 상품을 기획한 것이다. 미국에서는 그야말로 번창 일로인 관광산업이다. 관광객들을 토네이도나 번개가 발생하는 장소에까지 데리고 가서 스릴을 만끽하게 해주는 것이다. 현재 이런 관광 사업을 해서 엄청난 수익을 챙기고 있는 회사가 미국에서만 10여 개 가까이 성업 중이다. 그중에서 클라우드나인 여행사Cloud 9 Tours와 실버라이닝 여행사Silver Lining Tours 등이 대표적인 재난관광회사다. 이 회사들의 주력 재난관광 상품은 초고속 강풍이나 태풍, 야구공만한 우박, 토네이도 등 실로 위험천만한 기상현상이다. 이 관광 상품은 비용도 엄청나다. 토네이도나 번개 등의 고위험 관광 상품들은 며칠 단위로 관광 기간이 정해져 있는데, 보통 수천 달러나 든다. 지금은 예약을 하고 몇 달을 기다려야 할 정도로 그야말로 대박인 관광 상품으로 떴다. 이 관광 상품은 토네이도를 따라다니는 것이 아니라 온도, 습도, 풍속, 풍향, 기압, 강수량 등 수많은 측정 데이터를 분석·종합해 토네이도나 폭풍우가 발생할 장소에 미리 가서 기다리는 것이다. 이 관광 상품에서 가장 중요한 것은 날씨정보다.

호텔을 예약할 때 주변 지역이나 환경은 매우 중요하다. 그 외에도 해외로 여행이나 출장을 갈 때 그곳의 날씨를 미리 파악해두는 것은 매우 중요하다. 호텔톡은 구글의 날씨정보를 고객들에게 제공하고 있다. 가려는 도시를 선택하고 호텔 정보를 볼 때 해당 지역의 날씨정보를 함께 제공하여 고객들이 따로 날씨정보를 보지 않아도 되도록 한 번에 서비스하고 있는 것이다. 우산을 챙긴다든지 기후에 맞는 옷가지 등을 준비할 수 있도록 도움을 주고, 또 여행이나 출장 등의 스케줄을 변경하는 데도 큰 도움이 된다고 한다.

호텔톡의 특징은 남들이 상상하지 못하는 것을 이루어간다는 데 있다. 대표적인 것이 항공권을 저렴하게 예약할 수 있는 서비스다. 호텔과 항공권을 같이 이용하면 할인해주는 마케팅도 한다. 호텔톡에서는 항공과 호텔을 같이 묶어 에어텔이라는 이름으로 저렴하게 판매한다. 전 세계 인기도시를 에어텔로 판매하면서 매출이 증가하고 있다고 한다. 외국의 호텔을 저렴하게 이용하는 방법 중 하나가 바로 날씨를 이용하는 방법이다. 예를 들어보자. 동남아시아는 4월부터 9월까지가 우기인 데다가 기온이 높아서 여행객들이 꺼린다. 당연히 호텔 가격은 저렴해질 수밖에 없다. 우기라고 해도 하루 종일 비가 오는 것은 아니다. 정확한 날씨정보를 활용하면 오히려 실용적인 여행도 가능하다. 오히려 이런 날씨 상황을 잘 이용하면 저렴하면서 편안하게 여행을 할 수 있다는 것을 여행사가 홈페이지를 통해서 제공하면 얼마나 좋을까?

호텔톡은 이런 작은 것 하나까지 신경을 쓴다. 사실 물 하나를 사도 인터넷으로 비교하고 사는 세상에서 여행객들이 여행 경비에서 큰 비중을 차지하는 호텔 숙박비를 한눈에 비교할 수 있게 해주면 많은 도움이 된다. 호텔톡은 5성급 호텔부터 별 하나까지 전 세계 30만 개 호텔을 서비스하고 있다. 여행자들에게는 다양한 선택의 기회를 주면서 저렴한 가격으로 여행을 할 수 있도록 최상의 서비스를 제공하고 있는 것이다. 이런 노력으로 호텔톡은 신개념 호텔 예약 시스템 등으로 불황을 정면 돌파하여 중소기업인증을 받았다.

호텔톡의 고객들에 대한 최상의 서비스는 여러 곳에서 증명되고 있다. 2010년에 아이슬란드에서 강력한 화산이 폭발했을 당시 호텔톡은 항공편이 다 결항되는 바람에 귀국하지 못하고 체류를 연장해야 했던 고객들에게 큰 도움을 주기도 했다. 최광수 대표는 "유럽 현지 여러 곳에서 전화가 쇄도했습니다. 고객들이 호텔 연장을 하려고 했더니 현지 프런트 데스크에서 당일 예약으로 간주하여 비싼 요금을 적용하려 하자, 저희에게 전화를 해서 도움을 요청해서 저희가 저렴한 요금으로 연장할 수 있도록 해주었고, 또 이동 중에 비행기 스케줄이 취소되자 공항 근처에서 고객들이 저희에게 호텔 예약을 요청해서 호텔 두세 곳을 알려주고 고객이 직접 선택하도록 했습니다. 저렴한 요금으로 예약을 진행하고 예약번호를 SMS로 보내드려 고객이 직접 호텔 프런트 데스크에서 SMS의 예약번호를 제시하여 체크인 수속을 하도록 도와드렸습니다. 현지에서 저희 도움 없이 직접 하셨으면 상당히 비싼 요금으로 숙박하셨을 겁니다. 이번 홍콩에 태풍이 왔을 때도 호텔 연장을 해드리고 못 가신 분들은 숙박 페널티를 내지 않도록 호텔들과 긴밀히 연락하여 도움을 드렸던 기억이 있습니다"라며 자랑스러워한다.

최근 국내외적으로 불황이 이어지면서 해외여행을 취소하는 경우가 많아지고 있다. 호텔톡은 불황을 극복하기 위해 기업 간 마케팅을 통해 호텔 할인을 할 수 있는 서비스를 펼치고 있다. 경영이 어려운 기업체는 출장비를 절감할 수 있어 좋고, 호텔톡은 비록 박리다매지만 매출을 많이 올릴 수 있어 좋다. 호텔톡은 이외에도 호텔 예약 고객들을 위한 다양한 마케팅을 펼치고 있다. 카드사, 호텔, 면세점과 함께 고객들에게 다양한 할인, 선물, 패키지 프로그램 등을 제공하는 것이다. 호텔톡의 날씨경영과 시대의 흐름을 앞서가는 마케팅은 오늘도 고객 감동을 이어가고 있다.

07
저가항공의 열쇠는 날씨 _이스타항공

●● 2012년 여름의 일이다. 서울의 은평구 북한산에서 50밀리미터 이상의 비가 내리자 비 피해를 우려하는 안내방송이 나왔다. 북한산을 올랐던 주민들이 방송을 듣고 서둘러 산에서 내려와서 다행히 사고가 없었다고 한다. 북한산이 수해위험지대이기 때문에, 은평구는 북한산에 일정량의 비가 내리면 '청개구리 기상예보 시스템'을 통해 경보방송을 내보낸다. 이처럼 일부 자치구들은 수해 등 재난·재해에 대비하기 위해 첨단기술을 응용하고 있다. 지난 2010년 북한산에 내린 집중호우로 인명 피해가 발생했던 은평구는 주말 평균 3만 명이 다녀가는 북한산에 강수량, 풍향, 풍속 등 기상정보를 20분 단위로 수집하는 시스템을 가동 중이기도 하다. 은평구는 앞으로 이런 '청개구리 기상예보 시스템'이 안정적으로 정착된다면, 수집된 정보를 인근의 서대문구와 북한산관리공단에 제공해 재난 대비에 공동으로 대처할 예정이라고 한다. 이름이 청개구리라고 혹시 사람들이 거꾸로 알아들을까 걱정은 되지만, 여름에 기상예보 시스템이 그 역할을 톡톡히 했으면 하는 바

람이다. 이러한 기상예보 시스템은 재난·재해에 대비하기 위해 없어서는 안 될 시스템이기 때문이다. 그런데 땅에서만 정확한 기상예보가 필요한 것은 아니다. 하늘에서도 정확한 기상예보가 필요한 곳이 있다. 바로 항공사다. 항공사들이 하늘의 기상현상을 실시간으로 감시해야 항공기가 안전 운항을 할 수 있다. 항공기 운항에 영향을 미치는 기상현상을 효율적으로 감시하고 활용해서 2012년 기상정보대상 특별상을 수상한 항공사가 있다. 하늘에서 펼쳐지는 날씨경영 이야기의 주인공은 바로 이스타항공이다.

이스타항공은 짜릿한 가격, 짜릿한 추억으로 여행 대중화를 선도하는 국민항공사를 목표로 하는 저비용 항공사다. 차세대 최신 항법장비를 장착한 보잉사의 NG-NEXT GENERATION 계열 항공기 8대를 보유하고 하루 60여 편의 국내선 3개 노선, 국제선 5개 노선을 운항하고 있다. 2012년 6월 말 지구 1,283회를 돌아올 정도의 비행시간 6만 시간 안전 운항을 기록했다. 절대 안전을 목표로 정해진 시각에 쾌적하게 운항하는 항공사로서 여행 대중화를 선도하는 국민항공사로 자리 잡았다. 아무리 최신 IT 기술이 집약된 차세대 항법장비를 장착한 항공기라도 날씨의 위험을 극복하는 전천후 항공기는 아직 없다. 어떤 항공기든 날씨의 영향을 많이 받는다는 이야기다. 날씨변화를 실시간으로 확인하면서 안전 규정과 절차에 따라 안전하게 운항하는 것이 항공기 안전 운항의 목표다. 이스타항공의 날씨경영 철학은 절대 안전 운항 목표에서 비롯되었다. 자연스럽게 안전 규정과 절차 및 시스템, 인적 자원의 교육에 날씨를 반영하게 되었다. 이렇게 날씨경영을 도입해 항공사에 이루어지는 일상적인 일들을 철저하게 관리한 것이 자연스럽게 기상정보대상 특별상을 받는 계기가 되었을 것이다.

이스타항공 종합통제실은 업무 특성상 기상정보를 가장 많이 활용한다. 따라서 기상정보대상을 받았을 때 전혀 이상하지 않았다고 한다. 오히려 기상정보대상 특별상을 받고 난 이후 이스타항공 내부적으로는 기상정보 활용을 더욱 체계적이고 시스템적으로 보완해야겠다는 각오가 더욱 강렬해졌고, 이로 인해 이스타항공 운항 시스템EFOS 2차 개발에 가속도가 붙게 되었다고 한다. 획기적이고 기발한 기상정보 활용 시스템을 개발해나가는 추진력이 된 것이다. 2차 개발이 완료되면, 사람들이 깜짝 놀랄 수준의 실효성 있는 새로운 기상정보 시스템이 탄생할 것이라고 이스타항공 관계자는 기대에 부풀어 있다.

이스타항공 종합통제실은 기상정보를 평소에 가장 적극적으로 활용한다. 이스타항공 종합통제실 직원들은 회사를 떠나서도 잠에서 깨어나면 항공기가 운항하는 공항과 항로, 공역의 날씨를 가장 먼저 확인한다. 농부가 잠에서 깨어나면 들판에 나가서 물꼬를 돌보고 또 돌보는 것처럼, 이스타항공 종합통제실 직원들은 항공기 안전에 영향을 미치는 기상변화를 하루 종일 확인한다. 이스타항공은 취항 초기부터 기상정보를 활용한 항공기 운항 시스템을 개발했다. 저비용 항공사 최초로 자체 개발한 EFOS라는 항공기 운항 시스템을 개발했고, 2차로 추가 개발이 진행 중이다. 항공기 운항에 필요한 기상정보와 운항정보를 실시간 확인하며, 비행 중인 항공기에 실시간으로 전달하는 것을 종합적으로 시스템화하는 계획이다. 항공기는 1~5%가 시간표대로 운항하지 못하는 상황이 발생한다. 시간표대로 운항하지 못하는 사유의 80~90%는 날씨 때문이다. 이스타항공 항공기 운항 시스템의 1차 개발은 기상정보 활용의 모양새만 갖춘 상태다. 2차 개발이 완료되는 2013년 중반이 되면 모든 항공사들이 부러워할 것이란다. 기상정보가

◆◆◆ 이스타항공은 기상 상황에 따라 항공기 스케줄 지연이나 결항 등의 비정상 상황 발생 시 SNS를 통한 고객 안내나 문자서비스(SMS)를 통해 실시간으로 항공기 운항정보를 제공하는 고객 서비스도 잘하기로 소문난 항공사다. 5만 시간 무사고 운항의 배경에는 이처럼 고객들을 최우선하는 마인드가 있었기 때문에 가능했을 것이다.

실시간으로 운항에 스마트하게 반영되는 멋진 시스템이 될 것이라고 이스타항공 관계자는 자랑한다.

항공기 운항은 무엇보다 날씨의 영향을 가장 많이 받기 때문에 기상 정보를 반영한 항공기 스케줄은 필수적이다. 항공기는 예방점검하고 지상에서 준비하는 시간을 제외하고는 항상 하늘에 떠 있어야 한다. 불순한 날씨가 예상되고 2시간 이내에 호전될 것으로 판단되면 지연해서라도 운항하는 것을 1차적으로 검토한다. 지연 예상 시간이 2시간을 초과할 것으로 예상되는 경우는 결항까지 포함하여 검토한다. 특별한 경우에는 다음날로 변경해서라도 날씨 호전을 확인하고 결항하지 않고 운항하는 경우도 발생한다. 최근 들어 집중호우가 잦아지면서 도로 안전을 위협하는 것처럼 항공기 운항도 마찬가지다. 항공기 운항을 위협하는 기상현상에는 어떤 것이 있을까? 시계 제로의 원인이 되는 안개, 돌풍을 동반하는 집중호우, 강한 측풍, 태풍 등은 항공기 운항에 불리하다. 항공기는 상층에서는 무려 항공기 속도의 3분의 1에 해당하는 100KTS 이상의 제트 기류도 타고 운항한다. 이륙과 착륙 단계에서는 25KTS 정도의 측풍, 40KTS 정도의 바람도 강한 영향을 주기 때문에 운항을 중단하는 경우가 발생한다. 강풍이나 시계 제로 등 불순한 날씨 상태에 대비해 강도 높은 모의비행훈련 등을 실시한다.

대형 항공사의 비행기에 익숙한 탓일까? 국내에서는 아직까지 저비용 항공사라는 인식이 고객들로 하여금 불안한 느낌을 주기도 한다. 그러나 지금까지 작은 지상 사고조차 없는 항공사는 대한민국에서 이스타항공뿐이다. 항공기 안전 운항에 관한 규정과 절차는 대기업이나 중소기업이나 모두 동일하게 국제적인 표준과 절차, 대한민국 정부 당국의 표준과 절차에 근거한다. 모든 회사가 동일한 규정과 절차를 적용하지만, 이스타항공 스스로가 안전 규정에 훨씬 더 엄격하고 철저한 이유는 따로 있다. 작은 지상 사고 하나가 회사의 존립 자체를 위협한 다는 생각으로 절대 안전을 위해 철저하게 미리 준비하고 대비하기 때문이다. 얼마 전에는 2012년 소비자 선정 품질만족대상에서 항공 운임과 기내 서비스 등 차별화된 고객 서비스 제공에 높은 평가를 받아 상을 수상했다. 이스타항공은 최신 차세대 첨단기술로 집약된 항공기를 운항하면서도 철저하게 비용 절감을 위해 노력하고 있다. 이스타항공의 항공 요금은 사실상 시내버스나 전철의 기본요금을 거리의 비율로 환산한 것과 비교하더라도 더 실속이 있다고 말할 정도로 충분히 매력적이다. 기내 서비스 면에서도 승무원들은 자발적이고 개성이 넘치는 기발한 서비스를 상황과 여건에 따라서 다양하게 제공하고 있다. 이런 것이 좋은 상을 받게 된 배경이라고 말한다.

이스타항공은 기상 상황에 따라 항공기 스케줄 지연이나 결항 등의 비정상 상황 발생 시 SNS를 통한 고객 안내나 문자서비스SMS를 통해 실시간으로 항공기 운항정보를 제공하는 고객 서비스도 잘하기로 소문난 항공사다. 5만 시간 무사고 운항의 배경에는 이처럼 고객들을 최우선하는 마인드가 있었기 때문에 가능했을 것이다. 이스타항공 김병철 팀장은 "자동차가 도로의 차선을 생명과 같이 여기는 것처럼 여객기는 안전 규정과 절차와 원칙을 철저하게 준수해야 합니다. 이스타항공은 취항 초기부터 정부 당국이 제정한 안전 법규와 표준, 절차, 국제민간항공기구나 국제항공운송협회의 안전 관련 표준 및 절차를 철두철미하게 준수하여 훨씬 더 안전하게 운영하겠다는 경영철학과 자세로 회사를 운영하고 있습니다. 우리나라 항공 역사를 보면, 불행하게도 우리나라 2개 대형 항공사의 경우 항공기 전손 사고, 사망 사고를 많이

도 냈습니다만, 저희 이스타항공은 작은 실수도 없이 지구를 1,283회(6만 3,000시간, 2012년 6월 말) 안전하게 운항하는 비행 실적을 축적해가고 있습니다. 지속적으로 안전 원리와 원칙, 규정과 절차를 철저히 준수할 것입니다. 특별히 이스타항공은 기상정보를 활용하는 회사로서 기후변화 방지를 위해 많은 노력을 기울이고 있습니다. 우선 온실가스 절감을 위해 노력하겠습니다. 현재 약 20개 전문 기술 분야에서 온실가스를 절감해나가고 있습니다. 예를 들어, 순항고도의 제트 기류를 최적으로 활용합니다. 순풍을 타고 더 빨리 가기도 하고, 역풍은 회피해서 오기도 합니다. 항공기는 무게가 가벼울수록 온실가스를 덜 배출하게 됩니다. 무게를 줄이기 위해서 항공기에 탑재할 무겁고 방대한 안전 관련 규정과 책자를 전자문서화해서 무게를 최소화하고 있습니다"라고 말한다.

　이스타항공은 앞으로 항공산업이 성장하고 환경변화에 따라 기술적 업무 영역도 점차 확대될 것으로 예상하고 이에 적극적으로 대응할 계획이라고 한다. 장기적으로 여객기는 관련 기술이 상상을 초월하여 무한대로 발전해나갈 것이다. UFO 수준의 비행 기술 개발이 인류의 미래 꿈이자 목표가 될 것이다. 단기적으로는 항행 기술의 발달로 앞뒤, 상하 항공기 분리 간격이 훨씬 더 정밀해질 것이다. 이런 기술은 동일 항로에서 더 많은 항공기를 처리 가능하게 함으로써 정체현상이 발생하지 않고 원활한 흐름이 가능하도록 해줄 것이다. 활주로에 이착륙하는 항공기의 분리 간격도 더욱 짧아져서 단시간에 더욱 많은 항공기 운항이 가능해질 것이다. 불순한 기상과 관련해서는 조종사가 활주로를 확인할 수 없는 시계 제로의 상태에서도 안전성이 확보되는 수준이 될 것이다. 지구 환경과 관련해서는 항공기 연료 효율이 획기적으로 개선된 엔진이 개발될 것이다. 또한 신소재 개발로 항공기의 자체 중량이 획기적으로 줆으로써 최대이륙중량을 극대화하면서 승객과 화물을 더 많이 탑재할 수 있는 항공기가 개발될 것이다. 국제항공운송의 측면에서는 영공 통과의 자유, 하늘의 자유가 전 세계적인 대세가 될 것이다. 이렇게 되면 독점 노선이 사라지고, 저비용 구조의 항공사들이 세계 하늘을 누비게 될 것이다. 독점 노선이 사라지면 항공사의 요금 횡포가 없어지고, 여행자의 선택의 폭이 다양하게 될 것이다. 이런 시대적 흐름에 선제적으로 대응하는 전략을 세워 꾸준히 실천해나갈 것이라고 이스타항공은 말한다.

폭우나 태풍 같은 항공기 안전에 영향을 주는 기상현상에 대해서도 만반의 준비를 하고 있다고 이스타항공 김수정 팀장은 말한다. "폭우 같은 재난 상황에도 간단히 하수구나 도로의 물 빠짐 정도만 제대로 챙겨도 침수 피해는 발생하지 않습니다. 폭우와 같은 재난 상황에 대처하는 것은 어쩌면 생각보다 쉬울지 모릅니다. 폭우 상황을 시간적·공간적으로 회피하면 되니까요. 저희 이스타항공은 이런 폭우와 태풍, 게릴라성 집중호우와 같은 경우에 대비하여 이미 엄격한 회사의 안전 규정과 절차가 마련되어 있습니다. 안전 규정과 절차를 넘어서는 상황은 시간적·공간적으로 회피할 것입니다. 불순한 폭풍우, 태풍, 집중호우 등 안전 저해 상황은 철저하게 회피하고, 절대 안전을 바탕으로 운영할 것입니다. 항공기 안전에 관련된 규정과 절차는 반드시 그리고 철저하게 준수해야 하는 것들입니다. 안전과 관련된 원리와 원칙을 철저하게 준수하고 안전 규정과 절차를 철벽같이 지켜나가면서 평소 안전 운항을 자연스럽게 실천해나갈 것입니다. 아울러 국제선 운항 노선이 아직은 5개 노선으로 국민 여러분의 여행에 불편이 많습니다. 새로운 노선을 개발할 때 60개 공항 120개 노선의 노선 개설 경험을 바탕으로 안전 사항을 사전에 철저히 점검하고, 회사의 모든 결정은 절대 안전을 바탕으로 체계적으로 이행하도록 할 것입니다. 운항하지 않고 세워둔 항공기의 안전을 생각하는 것은 아무 소용이 없습니다. 국민 여러분께서는 독점 노선에서 불이익과 불편을 많이 느끼셨을 것입니다. 저희 국민항공사 이스타항공은 더욱 많은 노선을, 특히 독점 노선을 공격적으로 개설해서 편리하고 안전하고 실속 있게 이용하실 수 있도록, 서울 시내 전철 요금이나 시내버스 요금으로 환산한 요금에 비유할 수 있는 수준의 실속 있는 요금으로 동남아를 다녀오실 수 있도록 여행 대중화 시대를 열어가겠습니다.”

이스타항공은 꿈이 있다. 환경과 여건은 새롭게 변화한다. 그간의 경험도 도움이 되겠지만, 늘 시작하는 마음으로 새로운 것들을 연구하고 배우고, 변화하는 환경에서 때로는 순응하고, 때로는 환경과 여건을 바꾸어나가면서 동북아 대표 항공사로서 여행 대중화를 선도하겠다고 이스타항공은 다짐한다. 이스타항공은 시작부터 지금까지 그래 왔듯이 미래에도 스마트한 날씨경영으로 우리나라 항공산업을 이끌어나갈 것이다.

이에 덧붙여 이스타항공보다 먼저 기상정보대상을 받은 대한항공의 통제센터를 잠깐 소개하겠다. 대한항공 통제센터는 여객기의 적재중량-항로-기상정보를 꼼꼼이 체크하는 ‘지상의 콕핏’이다. 통제센터의 운항통제 업무는 기본적으로 항공기 출발 48시간 전부터 시작된다. 먼저 기상 상황과 현지 사정 등을 고려해 운항 여부를 결정한다. 만약 날씨가 나쁘거나 파업, 폭동 등의 불안 요소가 있으면 운항을 취소 또는 연기한다. 통제센터는 항공기가 이륙하기 전 기장에게 항공로 날씨를 제공한다. 그러나 운항 중에 부딪치는 악기상은 바로 실시간으로 전달한다. 예를 들어, 기장의 폰에 "20분 뒤 동경 ○○○도에서 △△△도 사이에 천둥번개를 동반한 돌풍 출현"이라는 문자메시지를 보내 상황을 실시간으로 알려준다.

2012년 6월, 칠레에서 푸예우에Puyehue 화산이 폭발했다. 대한항공은 브라질 상파울루São Paulo로 가는 정기편 운항이 지장을 받을까 큰 걱정을 했다. 화산재가 비행기 엔진에 흡착되면 엔진이 멈춰 대형 사고가 발생할 가능성이 크다. 다행히 브라질에는 별다른 영향이 없었다. 그런데 지구 반대편의 호주 항로에 문제가 생겼다. 제트 기류를 타고 온 화산재가 열흘 만에 호주 상공에 나타난 것이다. 예전 같으면 큰 문제가 발생했을 것이다. 그러나 정밀한 기상정보 덕분에 안전한 운항이 가능했다. 대한항공 통제센터는 호주 시드니행 항공기를 화산재의 영향이 없는 2만 1,000피트로 고도를 낮추도록 했다. 대한항공 운항관리사는 날씨정보를 어떻게 활용하느냐에 따라 승객들의 안전은 물론 엄청난 경제적 이익이 있다고 말한다. 항공사에 있어 날씨경영은 최고의 착한 파트너다.

08

국립공원 관리, 조난자 구조, 산불 예방에 날씨정보는 절대적 _국립공원관리공단

●● 우리나라의 국립공원 중 가장 인기가 많은 곳은 어디일까? 바로 북한산이다. 2011년 한 해 동안 북한산에만 850만 명이 다녀갔다. 북한산뿐만 아니라 국립공원에 약 4,200만 명이 방문했다. 2006년까지만 해도 탐방객 수가 2,600만 명 수준이었다. 2007년 국립공원 입장료가 폐지되고 주 5일 근무제의 시행으로 야외휴양문화가 확산되면서 탐방객이 꾸준히 늘기 시작했다. 국립공원 측은 탐방객이 늘어나는 것은 좋은데, 자연자원 보호에는 많은 어려움이 있다고 한다. 이 이야기는 무엇일까? 국립공원을 관리하고 보호하며 자연생태계를 보전해야 하는 국립공원관리공단의 역할이 더 커졌다는 것을 의미한다.

국립공원관리공단은 1987년에 설립되었으며, 지리산, 설악산 등 전국 19개 국립공원을 관리하고 있다. 전국에 28개 사무소가 있고, 약 2,000여 명의 직원들이 근무한다. 공단이 하는 일은 첫째, 국립공원의 자연생태계를 조사하고 연구하며 보호하는 것이다. 둘째, 잘 관리된 아름다운 자연을 국민들이 즐겁게 이용할 수 있도록 각종 탐방 프로그램을 개발하고 운영한다. 셋째, 탐방객들의 재난과 안전을 책임진다. 건강한 생활을 즐기려는 웰빙 문화가 사회 전반으로 확대되면서 등산 인구가 폭발적으로 늘어났다. 이에 대처하기 위해 국립공원관리공단은 자체적으로 등산학교를 운영한다. 국립공원 등산학교는 국민들이 즐기는 등산을 제대로 즐길 수 있도록 돕기 위해 2010년에 개설되었다. 등산학교에서는 산악보행기술, 각종 장비 사용법, 응급처치법 등을 교육한다. 무엇보다도 자연을 훼손하지 않고 등산을 즐기는 방법을 가르친다. 국립공원 등산학교는 북한산 도봉지구에 있는 국립공원 생태탐방연수원에서 운영되고 있으며, 인터넷을 통해 참가신청을 할 수 있다.

국립공원관리공단은 미국이나 호주 등의 국립공원 관리에 뒤지지 않도록 노력하고 있다. 세계적 수준의 공원 관리를 목표로 공원 관리 기법을 발굴하고 적용해오고 있다. 특히 멸종위기종 복원사업에 있어서는 최고 수준이라고 자부한다. 반달곰이나 산양, 여우와 같은 포유류 복원은 세계적으로 최상위라 할 수 있다. 탐방객 관리 분야에서도 높은 수준을 자랑한다. 신속한 조난자 구조 시스템과 맞춤형 체험 프로그램 서비스가 이에 해당한다. 다양한 관리를 위해 IT 기술을 접목하여 국립공원을 관리한다. 2011년부터 스마트폰을 이용해서 국립공원을 안전하게 탐방할 수 있는 산행정보 시스템을 구축했다. 스마트폰으로 원하는 국립공원의 산행정보, 날씨정보, 주변안내 등을 제공받을 수 있다. 특히 통제구역이나 위험지역에 진입했을 경우 경고음이 울리게 되는데, 버튼을 한 번만 누르면 조난신고를 할 수 있도록 했다. 2011년까지 9개 국립공원에 산행정보 시스템을 구축하고, 2012년에는 한라산, 지리산 등 나머지 11개 공원에 대한 시스템을 구축했다. 시스템 구축이 완료되면서 탐방객 편의와 안전사고 예방에 획기적인 도움이 되고 있다고 국립공원관리공단은 자랑한다. 2012년 1월 덕유산에서 이 시스템을 이용한 조난신고가 있었는데, 정확하고 신속한 구조를 할 수 있었다. 조난사고가 발생했을 때 가장 어려운 부분이 조난자의 정확한 위치를 파악하는 것이다. 산행정보 앱에서는 조난신고를 클릭했을 때 조난자의 GPS 좌표가 공단 재난관제 시스템 GIS상에 바로 연결된다. 정확한 위치를 파악할 수 있어서 빠르고 즉시적인 구조가 가능하다. 2011년 11월에 서비스를 개시했는데 몇 달 되지 않아 2만 명이 이 서비스를 이용했다.

국립공원관리공단은 조난신고가 포함된 애플리케이션뿐만이 아니라 국립공원 안에서 그린포인트제도도 운영하고 있다. 그린포인트는 국립공원 청결 문제를 탐방객들이 직접 참여하는 방식으로 해결하기 위한 제도다. 탐방 중에 자기 쓰레기는 물론이고 방치된 쓰레기를 수거해 가면 무게에 따라 일정 포인트를 적립해주는 것이다. 이렇게 적립된 포인트는 국립공원 내 주차장이나 대피소 이용료로 현금 대신 사용할 수 있으며, 후원 기업이 제공하는 선물로 교환해갈 수도 있다. 2010년 8월부터 그린포인트제도를 시작했는데 현재까지 10만 명이 참여하고 있으며, 되가져간 쓰레기량이 36톤이나 된다. 당연히 공원 내 쓰레기 발생량이 상당히 많이 줄었다. 무엇보다도 국민들의 자발적인 참여를 통해 국립공원 청결 문제를 해결하고 있다는 점에서 의의가 있다고 할 수 있다. 기업들도 각종 친환경적인 마케팅 활동에 그린포인트를 활용하고 있다. 아웃도어업체인 트렉스타가 그린포인트 이용자를 위한 선물을 후원하고 있으며, 농협은 이윤의 일정 비율을 그린포인트 운영자금에 기부하는 정기예금을 출시하기도 했다. 또한 국립공원 탐방객들에게 실제적인 도움이 될 수 있도록 그린포인트로 대피소 예약을 할 수 있게 했다. 국립공원 대피소는 대부분 자연생태가 잘 보호되고 있는 지역에 자리하고 있어 인기가 높다. 대피소 이용자는 주로 주말에 몰린다. 그린포인트로 대피소 예약을 하는 사람들을 위해 대피소 정원의 10%를 이들에게 따로 배정한다. 따라서 다른 일반 예약자들에 비해 훨씬 수월하게 예약할 수 있는 셈이다. 그린포인트제도는 자기 쓰레기는 자기가 가져가도록 하자는 취지에서 나온 제도다. 제도 시행을 활성화하기 위해 초기인 지금은 다방면의 보상체계를 시행하고 있지만, 자연보호에 대한 우리 국민의 높아진 의식 수준을 생각할 때 향후에는 보상이 없더라도 제도가 정착되지 않을까? 현재 바다 쓰레기 문제로 골머리를 앓고 있는 해양경찰청이나 부산 해운대구가 국립공원 그린포인트제도를 벤치마킹하고 있을 정도로 효과적인 제도라고 국립공원관리공단은 자랑한다.

최근 세계적인 현상 중의 하나가 기후변화로 추운 곳에서 자라는 식물들이 급격히 감소한다는 것이다. 우리나라의 국립공원도 예외가 아니라면서 국립공원관리공단의 박선규 뉴미디어담당관은 "범지구적인 기후변화는 국립공원에서도 예외가 아닙니다. 설악산 추운 곳에서 살아가는 만주송이풀이라는 식물은 주로 해발 1,300미터 지역에서 살던 것이었는데, 지금은 1,400미터 이상 지역에서만 발견되고 있는 실정입니다. 또한 월출산과 같은 따뜻한 남쪽 지역에서 살고 있는 백나무와 마삭줄 같은 상록활엽수들은 점점 분포지역이 넓어지고 있습니다. 이런 변화들은 한반도 기후변화와 관련이 깊은데 시간이 갈수록 뚜렷해질 것으로 보입니다"라고 말한다.

따라서 국립공원관리공단도 국립공원에서의 기후변화에 대해 관심을 갖고 2010년부터 기후변화가 생태계에 어떤 영향을 미치는지를 모니터링하고 있다. 지리산과 소백산, 덕유산 고지대에서 기상변화를 정기적으로 측정하고 있으며, 기후변화에 민감한 개구리와 같은 양서류와 새들의 산란 시기가 어떻게 변화하는지를 관찰하고 있다. 기후변화는 장기간 관찰이 필요하기 때문에 이러한 시스템을 지속적으로 운영할 계획이라고 한다. 지리산이나 덕유산, 소백산 국립공원의 1,300미터 이상의 지대에서는 기상 상황을 30분 간격으로 수집하는 일도 한다. 아고산대는 해발 1,300~1,500미터 지역을 말하는데, 이 지역에서의 생태계는 기후변화에 아주 민감하기 때문에 기후변화가 어떻게 진행되는지를 분석하는 것이 매우 중요하다. 또한 아고산대 지역의 기상은 수시로 급변한다. 엄청난 비가 쏟아졌다가 갑자기 멈추기도 하고, 일교차가 매우 크게 나타나기도 한다. 특히 강우량은 산 아래 지역과는 많이 다르다. 지리산을 예로 들면 산 아래 남원시 지역은 2010년 여름철 강우량이 787밀리미터였는데, 아고산대 지역인 돼지평전이라는 곳은 1,419밀리미터였다. 산 아래 지역에 비해 아고산대 지역이 2배 많은 강수량을 기록한 셈이다. 기상 상황을 수시로 수집하는 것은 아고산대의 이런 급변하는 기상 여건을 고려한 것이다. 수집 자료는 기온, 습도, 강수량, 토양 수분 등을 망라하는데 국립공원의 생태계를 관리하는 데 매우 중요한 자료라 할 수 있다.

국립공원관리공단에서 가장 주의를 기울이는 것이 산불이다. 최근 10년간 국립공원에서는 59건의 크고 작은 산불이 있었다. 산불은 자연 생태계를 무차별적으로 훼손한다. 특히 봄철 건조기에 발생하는 산불은 계절풍을 타고 동시 다발적으로 확산되며, 평지보다 8배나 빠르게 번진다. 대개 산불이 발생하는 원인은 주변 농경지에서 논두렁이나 밭두렁을 태우다 번지는 경우가 가장 많으며, 담뱃불로 인한 경우도 많다. 대부분의 경우가 작은 실수에서 비롯되는 경우가 많으므로 조금만 주의한다면 산불 발생을 크게 줄일 수가 있다. 산불 예방 기간에 국립공원의 입산을 금지하는 것은 산불이 날 경우 피해가 너무 크기 때문이다. 산불 예방 기간은 국립공원뿐만 아니라 우리나라 모든 산에 적용되는 것으로 매년 가을철과 봄철에 정기적으로 시행하고 있다. 가을철은 11월 15일부터 한 달간이고, 봄철은 2월15일부터 석 달간이다.

우리나라에서도 선진국처럼 친환경 등산 문화가 정착되었으면 좋겠다고 박선규 담당관은 말한다.

"국립공원은 우리 세대뿐만 아니라 다음 세대도 이용해야 하는 자연유산이기 때문에 훼손 없이 국립공원을 이용한다는 것은 매우 중요합니다. 그런데 훼손 없이 국립공원을 이용하는 것은 의외로 어렵지 않습니다. 샛길로 다니지 않고 정해진 탐방로만 이용하는 것, 담배를 피우지 않는 것, 아무데서나 취사하지 않고, 애완동물을 데려오지 않는 것 등……. 이런 상식적인 일들이 국립공원을 훼손하지 않고 올바르게 이용하는 방법들입니다."

국립공원을 관리하는 것은 공단만의 책임은 아닌 것이다. 국립공원은 자연생태계의 보고로서 국토의 핵심적인 자연보전지역이며, 국민 모두가 즐겨 찾는 휴식 공간이다. 그린포인트제도는 소중한 국립공원을 깨끗이 지켜가자는 뜻으로 만들어진 제도인데, 더욱 많은 시민들의 자발적인 참여가 필요하다. 그린포인트제도를 이용하는 탐방객이 점점 늘어날수록 국립공원의 자연환경은 더욱 잘 보전될 수 있을 것이기 때문이다. 우리 국민 모두가 동참할 때 아름다운 공원, 쾌적한 공원, 세계적인 공원으로 자리매김할 수 있을 것이라고 박선규 담당관은 말한다.

우리나라 국립공원에서 날씨정보 활용은 절대적이다. 예를 들어보자. 조난자들을 구조하는 데 날씨정보는 절대적이다. 조난자가 발생하는 경우 나쁜 기상상태일 때가 많기 때문이다. 국립공원관리공단이 야심차게 개발한 조난자 구조 시스템의 산행정보 앱에는 날씨정보가 디폴트로 포함되어 있다. 또한 최근 급격한 기후변화에 대응하기 위한 산림정책에서 날씨정보는 중요한 요소다. 국립공원관리공단은 기상변화를 정기적으로 측정하고 동물들의 날씨에 따른 변화를 관찰해 기록하고, 아고산대지역에 기상장비를 설치하여 30분마다 상황을 수집하고 있다. 산불은 날씨에 가장 많은 영향을 받는다. 앞에서 살펴본 여러 가지 이유로 국립공원관리공단은 날씨를 적극적으로 활용한 날씨경영을 하지 않을 수 없다.

외국의 경우에도 국립공원 관리에 날씨를 적극적으로 활용한다. 미국의 경우, 미 해양대기청NOAA에서는 요세미티 국립공원Yosemite National Park, 옐로스톤 국립공원Yellowstone National Park과 같이 주요한 국립공원 예보는 직접 해주고 있다.

◆◆◆ 국립공원에서 날씨 활용은 절대적이다. 특히 조난자들을 구조하는 데 날씨정보는 절대적이다.조난자가 발생하는 경우 대부분 나쁜 기상상태일 때가 많기 때문이다. 국립공원관리공단이 야심차게 개발한 조난자 구조 시스템의 산행정보 앱에는 날씨정보가 디폴트로 포함되어 있다.

미국 노스캐스케이드 국립공원North Cascades National Park의 날씨예보는 민간기상사업자의 예보를 사용한다. 이들은 국립공원에서 벌이는 각종 행사에 필요한 날씨정보가 필요하기 때문이다. 이 공원에서 벌이는 행사로는 말 타기 체험, 새 및 야생동물 관찰 체험, 강, 호수에서 보트타기 및 낚시 등이 있다. 아울러 축제도 벌이는데, 그중 가장 중요한 축제가 스카짓 이글 페스티벌Skagit Eagle Festival이다. 스카짓Skagit 지역에서 열리는 독수리 관찰 축제로 2013년에는 1월 매주 토요일과 일요일에 열린다. 매년 독수리들이 돌아오는 스카짓 강에서 열리는 이 축제는 날씨예보를 적극 활용하여 관람객에게 편의를 제공한다. 여기에 '회색곰, 야생과 풍경 사진 찍는 방법'에 관한 강연도 곁들인다.

미국의 가장 중요한 국립공원을 제외한 공원의 날씨예보는 민간기상회사가 담당한다. 미국의 날씨전문채널인 웨더채널은 미국 대다수의 국립공원의 날씨예보를 하고 있다. 또 '퀵캐스트Qwikcast'라는 민간 기상회사는 정보료를 받고 미국 전역 50여 개 국립공원에 각 국립공원의 날씨예보를 제공하고 있다.

국립공원을 잘 관리하기로 유명한 호주와 뉴질랜드도 날씨를 적극 활용한다. 호주의 카카두 국립공원Kakadu National Park에서는 관광객을 더 많이 끌어 모으기 위해 다양한 마케팅 전략을 활용한다. 과거와 현재의 인디언 문화를 체험할 수 있는 관광을 제공하고, 세계적으로 가치 있는 카카두의 문화와 자연유산을 소개한다. 아울러 카카두의 6계절을 통해 관광객들에게 다양한 볼거리를 제공한다. 이 지역에 나타나는 독특한 날씨를 활용한 놀라운 마케팅이다. 1월부터 3월에는 몬순(번개), 4월에는 폭풍우, 5월부터 6월 중순까지는 건조한 바람, 6월 중순부터 8월까지는 온화한 날씨, 8월 중순부터 9월 중순까지는 무덥고 건조한 날씨, 10월 중순부터 12월 하순까지는 몬순기의 폭풍우 날씨를 체험하면서 즐기도록 하는 것이다. 이들은 관광객들이 오랫동안 머무를 수 있도록 날씨를 이용한 전략을 세운다.

　뉴질랜드의 통가리로 국립공원Tongariro National Park은 1993년 최초 세계유산목록에 등재되었다. 뉴질랜드에서 첫 번째이자 가장 오래된 국립공원인 이곳은 〈반지의 제왕The Lord of the Rings〉 촬영지로 유명하다. 이 국립공원도 날씨를 적극 활용해 자연재해 예방, 관람객 편의 제공, 자연보호에 큰 도움을 받고 있다. 통가리로 국립공원 내의 와카파파Whakapapa 마을 주변 트랙 따라 걷기, 등산 및 자전거 타기, 국립공원 내에 캠핑할 수 있는 장소를 위한 날씨정보를 관람객에게 제공한다. 뉴질랜드 국립공원의 날씨정보는 메트서비스Met Service라는 기상회사가 전담한다. 이들은 전국 국립공원의 날씨예보뿐만 아니라 해안가, 해변가의 파고, 바람까지 예보하여 국립공원 관람객이 더 많은 곳을 찾을 수 있도록 하고 있다.

　캐나다의 경우 가장 유명한 곳이 알버타 주 공룡주립공원이다. 유네스코 세계문화유산으로 지정된 이곳은 공룡의 온전한 모습을 볼 수 있는 공룡 화석이 지금도 발견되고 있다. 주변에 수천 점의 화석과 재현해놓은 공룡들을 전시해놓았고, 뼈를 채굴할 수 있는 프로그램을 운영한다. 아울러 오랫동안 빙하와 폭우의 침식작용을 받아 형성된 신기한 지형을 볼 수 있다. 이런 프로그램에 필수적인 날씨예보와 정보는 민간기상회사의 예보와 정보를 활용하고 있다.

　우리나라에서는 국립공원 예보를 따로 하는 곳이 없다. 기상청에서는 산악예보를 하는데 서울, 경기도, 강원도, 충청도, 전라도, 경상도, 제주도로 카테고리화하여 약 70개의 산에 대한 산악예보를 한다. 대개

서울과 경기도 지역에 있는 산악예보 지역

산악에 국립공원이 포함되어 있기 때문에 국립공원에서는 산악예보를 활용하고 있다. 위의 그림은 서울과 경기도 지역에 있는 산악예보 지역이다.

산악예보 발표 시각은 매일 아침 8시이며, 발표는 오늘, 내일, 모레 3일간 예보를 한다. 발표하는 예보 요소로는 3시간별 예보, 강수확률, 강수량(적설), 최저/최고, 기온, 풍향/풍속, 습도 등이 있다.

기상청 산악예보 발표의 예

날짜	오늘(25일 금)					내일(26일 토)								모레(27일 일)				
시각	03	12	15	18	21	00	03	06	09	12	15	18	21	00	03	06	09	12
날씨	☀	☀	☀	🌙	🌙	🌙	☀	☀	☀	☀	🌙	🌙	🌙	☀	☀	☀	☀	☀
강수확률(%)	0	0	0	0	0	0	0	0	0	0	0	0	0	0	0	0	0	0
강수량(적설)	-		-			-								-				
최저/최고(℃)	-/-10					-20/-8								-18/-				
기온(℃)	-13	-11	-13	-11	-17	-18	-18	-17	-12	-9	-11	-14	-15	-16	-17	-15	-11	
풍향/풍속(m/s)	3	4	5	4	3	2	2	2	2	2	2	2	2	2	2	2	2	2
습도(%)	25	20	30	35	40	45	45	35	25	20	30	35	45	50	50	45	30	

제6장

웰빙은 날씨로부터

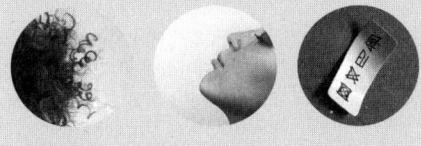

기후변화로 누군가는 한숨짓고, 누군가는 이득을 본다.
기후변화는 승자와 패자, 이익과 손실의 양면을 가지고 있다.
날씨는 누구의 편도 아니다.
누가 더 잘 이용하느냐가 승패를 가른다.

날씨는 헤어스타일부터 메이크업, 옷차림, 라이프스타일에까지 우리의 삶에 많은
영향을 미친다. 날씨변화에 따른 고객의 심리와 행동을 연구하고 날씨정보를 이용
해 마케팅 전략을 세운다면 날씨변화는 오히려 좋은 기회가 될 수 있다

01

헤어스타일도 날씨를 탄다 _플레이 헤어로지

●● 봄을 여성의 계절이라고 부른다. 그럼 남성의 계절은? 단연코 가을이다. 그런데 왜 가을이 남성의 계절인가? 남성들이 가을의 주인공이 되는 이유는 날씨에 따라 반응하는 우리 몸속에 비밀이 숨어 있다. 가을이 되면, 일조 시간이 줄어들고 낮과 밤의 기온차가 심해지면서 인체의 호르몬 분비에 불균형을 초래한다. 때문에 남성의 경우, '테스토스테론testosterone'의 분비가 증가하게 된다. 테스토스테론은 남성을 더욱 남성답게 해주는 남성호르몬이다. 이 호르몬은 하루 중 새벽에, 1년 중 가을에 가장 많이 분비된다. 그러기에 "가을에는 연애 좀 해!"라고 이 호르몬의 지령을 받는 남성들의 마음이 싱숭생숭해지는 것이다. 의류전문가나 헤어전문가들은 유독 가을만 되면 남성 고객들이 증가한다고 말한다. 가을이면 남성들이 패션이나 헤어 등 외형적인 부분에 더 신경을 쓴다는 것이다. 무언가 텅 빈 마음을 채우고 싶다는 심리에서 이러한 행동을 하게 된다고 심리학자들은 말하기도 한다.

'플레이 헤어로지'의 이명은 원장은 가을이 되면 유독 헤어스타일을 바꾸는 사람들이 많은 이유에 대해 다음과 같이 말한다.

"밤낮으로 심해지는 일교차와 사람들의 옷차림, 헤어스타일, 메이크업 등의 변화를 통해서 가을이 한 발짝 우리 곁에 다가왔음을 알 수 있습니다. 가을이 되면 대부분의 사람들은 헤어스타일에 변화를 주고 싶어하죠. 여름 내내 강한 자외선에 상한 모발을 회복시키기 위한 것은 물론, 보통 '가을을 탄다'고 하잖아요. 이 같은 이유로 헤어스타일을 변화시킴으로써 마음을 달래려는 심리적인 이유로 헤어숍을 찾는 경향이 있는 것 같습니다. 경험상 계절이 변하는 시기에 대체로 헤어숍을 찾는 이들이 많은 편인데요, 특히 가을로 접어드는 때에는 가을 분위기에 맞게 여성들은 굵은 웨이브가 가미된 헤어스타일로 가을 여인의 분위기를 연출하는 경우가 많고, 남성들 역시 웨이브와 염색으로 가을 남자로 변신을 시도하는 경우가 많은 것 같습니다."

모발에 영향을 주는 기상 요소로는 습도가 있다. 모발습도계에 많이 사용되었던 사람의 머리카락은 습도를 상당히 정확하게 측정해준다. 과거 르네상스시대에는 모발습도계를 가지고 날씨예보에 활용했다. 이탈리아를 대표하는 천재 미술가이자 과학자인 레오나르도 다빈치Leonardo da Vinci가 처음으로 머리카락의 이런 성질을 이용해 모발습도계를 만들어 사용했다. 이후 1780년 스위스의 과학자이자 등산가인 소쉬르Horace-Bénédict de Saussure가 실용화에 성공했다. 지금은 날씨예보에는 활용하고 있지 않다. 우리나라에서는 기상 관측 체험 캠프에서 실습 용도로 모발습도계를 만들어보기도 하는데, 재미있는 것은 동양인의 머리카락보다는 서양인의 머리카락이 습도에 더 민감하다는 것이다. 모발습도계에 사용할 수 있는 가장 좋은 머리카락은 15, 16세의 프랑스 금발 여인의 머리카락이라고 알려져 있다.

사람의 모발은 이처럼 날씨에 상당히 민감해서 사람들은 비 오는 날 파마를 꺼린다. 비 오는 날이 맑은 날보다 약 30% 정도 파마 손님이 감소하는 경향이 있다고 한다. 물론 비가 내리면 복장도 간편하게 하는 경우가 많다 보니 긴 머리카락을 가진 사람은 파마를 하기보다는 머리를 단정하게 묶는 경우가 많다는 것도 원인이 된다. 그러나 비 오는 날 파마하는 것을 꺼리는 가장 큰 이유는 습도 때문이다. 우리 몸 중에서 날씨변화에 가장 민감한 부분은 머리카락이다. 머리카락은 공기 중의 습도가 높아지면 늘어나고, 낮아지면 줄어드는 특징이 있다. 비 오는 날이나 비 오기 전 대기 중의 습도가 높아지면 가로로 약 14%, 세로로 약 12% 늘어난다. 습도가 높은 날씨에는 머리가 쉽게 헝클어지는 것은 습기 때문이다. 날씨와 머리카락의 이러한 연관성 때문에 사람들은 겨울보다는 여름에 이발을 더 자주하게 된다. "머리가 헝클어지면 비 올 징조"라는 속담도 과학적 지식을 바탕으로 한 근거 있는 말인 것이다.

미용실에서 파마를 할 때 날씨에 직접적인 영향을 받게 되는 것은 어떤 이유 때문일까? 모발의 수분 양과 웨이브의 관계 때문이다. 습도가 높으면 모발이 수분을 많이 머금어 웨이브의 결합력이 약해진다. (열)파마는 환원작용-탈수축합반응+공유결합-산화작용에 의해 컬이 형성된다. 모발은 탈수축합반응을 거쳐 모발이 마르면서 고유의 모발 질감을 얻게 되는 것이다. 습도가 높은 날에는 모발의 수분량이 많아지니까 결합력이 약해진다. 모발의 3대 결합인 S-S결합, 수소결합, 이온결합이 습도에 따라 변화하기 때문에 결합력이 약해지는 것이다. 그리고 모발의 주쇄결합인 단백질결합이라는 것이 있는데 습도가 높으면 주쇄결합의 결합력도 약해진다. 습도가 높으면 파마약이나 염색약도 희석되니 약효에 약간의 영향을 주는 부분도 있다. 모발이 물에 젖

◆◆◆ 우리 몸 중에서 날씨변화에 가장 민감한 부분은 머리카락이다. 머리카락은 공기 중의 습도가 높아지면 늘어나고, 낮아지면 줄어드는 특징이 있다. 비 오는 날이나 비 오기 전 대기 중의 습도가 높아지면 가로로 약 14%, 세로로 약 12%가 늘어난다. 그래서 파마가 잘 안 나온다는 이유로 비 오는 날 사람들은 파마를 꺼린다. 실제로 비 오는 날이 맑은 날보다 약 30% 정도 파마 손님이 감소하는 경향이 있다고 한다.

으면 1~1.5배 늘어나는 것은 주쇄결합인 단백질결합이 끊어지기 때문이다. 수분이 날라가면서 스프링처럼 모발의 단백질이 꼬이면서 곱슬기 등 모발의 특성이 나타나는 것이다.

그런데 요즘 파마약이 많이 발전하고 있다. 지금까지 많은 사람들이 "비 오는 날 파마를 하면 잘 안 나온다"고 생각하는 상식을 깨는 기술이 발달하고 있다. 냉난방기와 건축 기술의 발달로 습도 조절이 가능해진 것이다. 그래서 헤어숍에서 시술 시에 날씨의 영향을 덜 받게 되었다. 약제의 나노화 기술과 더불어 열기구라든지 세팅기, 디지털펌기 등으로 열을 균등하게 주어 수분의 영향을 최소화할 수 있다. 그러기에 요즘은 시술할 때 날씨의 영향은 예전처럼 많이 받지는 않는다고 한다.

남성들이 가을이면 머리에 더 신경을 쓰는 것은 탈모의 영향도 있다. 동물의 털과 비슷하게 사람의 모발도 성장기-발생기-이행기-퇴화기 등 4단계의 사이클에 따라 생성과 퇴화를 반복한다. 인체의 모발은 여름에 가장 활발하게 성장하고 겨울이 되면 성장이 둔해진다. 바로 그 중간인 가을에 퇴화기의 모발이 많이 빠지게 되는 것이다. 그래서 가을은 모발에 영양을 주는 육모 관리와 모발 관리가 필요한 계절이다. 특히 1년 중 9월은 성장기 모발의 비율이 가장 낮다. 이것은 남성호르몬의 증가가 주원인이다. 남성호르몬은 털에 가장 많은 영향을 미치는 호르몬으로서 머리카락이 빠지는 탈모증과 관련이 있으며, 수염이나 체모에는 성장을 촉진한다. 이 밖에도 여름철 내내 강한 자외선과 땀으로 자극을 받은 두피가 계절이 바뀌면서 두피 환경에 큰 변화를 맞기 때문에 가을철에 탈모 증상이 더욱 빠르게 진행되는 것이다.

탈모 예방법으로는 검은콩 등 모발에 도움이 되는 음식물 섭취, 충분한 수면 등이 있다. 날씨와 연관된 탈모 예방법으로 가을철 나들이 갈 때는 머리를 꽉 조이는 모자는 피하는 것이 좋다. 머리를 꽉 조이는 모자를 쓰면 머리카락이 빠지기 쉽다. 이처럼 모자를 쓰면 머리 옆 부분이 조여지면서 탈모가 생긴다고 알려져 있다. 최근 모자와 기온, 그리고 탈모의 관계를 실험한 결과에 따르면, 모자를 계속 쓸 경우에는 기온에 상관없이 탈모가 진행되고, 기온이 25도 이하에서는 모자를 쓰지 않고 끈으로 머리 옆 부분을 일 년 이상 조여도 탈모는 증가하지 않는 반면, 28도 이상에서는 모자를 쓰지 않고 머리 옆 부분을 끈으로 조이는 것만으로도 탈모가 심해졌다. 일정 기온 이상에서는 머리를 너무 꽉 조이는 것은 두피의 수축과 팽창을 반복시켜 머리카락을 빠지게 하는 원인이 된다.

앞에서도 이야기했지만 대부분의 사람들이 뚜렷한 이유는 모른 채 막연하게 "비 오는 날은 파마를 하면 안 되는 날!"이라는 날씨에 대한 인식을 갖고 있는 것이 사실이다. 기후변화로 비 오는 날이 많아지고 있는 요즘, 헤어관리업계에서 오히려 이것을 이용해서 날씨 마케팅을 해보면 어떨까? '플레이 헤어로지'의 이명은 원장은 헤어관리업계에서 최초로 '날씨 마케팅'을 적용하고 있다고 한다. 플레이 헤어로지에서는 고객들의 모발 상태, 손질법, 직업, 취미, 라이프스타일 등을 고려해 일대일 맞춤식 헤어 서비스를 제공한다. 여기에 날씨라는 요소를 추가해 일대일 맞춤식 헤어 서비스를 제공하고 있다. "출장을 많이 다니는 고객들에겐 층이 많은 스타일보다는 단정한 스타일을 권하고, 자영업이나 고객을 상대할 일이 많은 고객에겐 층을 조금 내어 모발을 가볍게 하는 등 손질하기 좋은 스타일을 권합니다." 또 여기에 날씨라는 부분까지 추가해 그날그날의 날씨에 따라 헤어스타일을 조언해주고 고객들이 비 오는 날에 파마나 염색을 해야 할지 말아야 할지에 대한 명확한 대답을 해주는 등 헤어 관련 날씨 컨설팅까지 해준다.

'플레이 헤어로지'의 흥미로운 점은 지역별 기후 특성에 따른 분석 자료를 활용해 요일별이나 날씨에 따라 대표상품을 만들어 활용하고 있다는 점이다. 이명은 원장은 지역마다 다른 날씨와 계절 분석에 따라 헤어스타일을 제공하는 '지역별 맞춤식' 헤어 프랜차이즈를 운영하고 있다. 예전에 일본에 갔을 때 떠오른 기발한 아이디어에서 착안한 것이라고 한다.

일본의 스타일과 패션은 도쿄를 중심으로 하는 관동지방과 오사카를 중심으로 하는 관서지방으로 나뉜다고 한다. 오사카는 습도가 높지 않고, 내륙지방의 특색을 많이 띠어서 주로 화려한 의상과 헤어스타일이 유행한다. 반대로 바다를 끼고 있어서 습도가 높은 편인 도쿄는 모노톤의 의상과 단정한 헤어스타일이 대세를 이룬다. 날씨와 습도, 그리고 물에 들어 있는 광물 함량이 다른 각 지역에 맞게 의류와 헤어스타일이 발달한 것이다.

한국도 지역의 지리적인 특성에 따라 기후가 다르다. '플레이 헤어로지'의 매장들이 위치한 부산은 해안도시이다 보니까 습도가 높고 염분이 많고, 반대로 서울의 경우는 해풍이 없고 습도나 염분의 함량이 높지 않다. 따라서 서울에서 면도날로 머리끝을 가볍게 친 레자컷이라는 스타일을 해도 모발이 많이 손상되지 않는다. 반면에 부산에서 레자컷을 하면 공기 중의 염분 때문에 머릿결이 많이 손상된다. 또 바람이 많이 불어서 스타일 고정력에 있어서도 두 도시가 차이가 많이 난다. 이렇듯 날씨뿐만 아니라 지역 특색, 고객의 라이프스타일, 직업, 취미, 헤어 손질법에 따라 일대일 맞춤식 헤어를 제안하자는 것에서 출발하다 보니, 날씨가 상당히 중요하다는 것을 알게 되었다. 부산의 해안도시라는 특성을 살려 날씨를 고려한 헤어 컨설팅을 해주는 것처럼, 예를 들어 분지 지형의 특성을 갖는 대구나 겨울철 내내 추운 날씨와 많은 눈이 내리는 강원도 지역, 제주도처럼 바람이 강하게 부는 지역 등 각 지역의 기후 특성과 그 지역의 날씨로 인해 약간씩 다른 지역주민의 성향을 잘 분석한다면, 지역별 날씨에 맞는 헤어스타일 연출법이나 헤어 손질법 등 차별화된 날씨 마케팅 전략으로 활용할 수 있다는 것이다. '플레이 헤어로지'는 이 밖에도 지역 특색에 맞는 날씨, 의상, 라이프스타일 등을 체계적으로 구상해 블로그 마케팅과 소셜커머스 마케팅을 적극 활용할 계획이다.

고객의 입장에서는 일대일 맞춤식 컨설팅 서비스를 통해 유행 트렌드와 자신의 라이프스타일을 매치해서 자신에게 맞는 개성 있는 헤어스타일을 할 수 있어서 더 없이 좋다고 한다. 게다가 두상과 모발 상태, 손질법 등에 대한 고객의 고민을 들어주고 그 고민을 해결해주는 데다가 그 어떤 헤어숍에서도 듣지 못했던 날씨에 따른 헤어 손질법과 헤어스타일 연출법까지 조언해주니 고객들이 더 자주 찾을 수밖에 없다.

최근 잦은 기상이변으로 인해 사회·경제적 손실이 급증하고 있는 가운데, 이에 따라 기업경영에 있어서도 시의적절한 기상예측과 효율적인 대응의 중요성이 날로 높아지고 있다. 실제로 국내 중소기업의 경우, 기상이변으로 인한 직접적인 피해액이 1,200억 원에 달한다고 한다. 이에 따라 기업경영의 위험 요소를 효율적으로 관리하고자 하는 산업계의 증가하는 수요를 반영하기 위해 '기상이변 대응 경영 세미나'가 기업 임직원, 관련 단체, 연구소, 학생, 일반인 등을 대상으로 2012년 10월 13일 서울 코엑스에서 개최되었다. 세미나에서는 최근 기후 특성과 국내외 기상이변의 동향을 분석하고 기후변화가 우리 경제에 미칠 수 있는 영향을 예측한 뒤, 기상예측을 바탕으로 한 선진 날씨경영의 성공 사례와 미래 대응전략을 소개했다. 미래 대응전략이라는 것이 대기업에만 해당하는 것은 아니다. 아주 작은 헤어숍이지만 날씨를 이용한 마케팅으로 기후변화 대응력을 높이면서 경영에 성공한 '플레이 헤어로지'의 노력이 얼마나 대단한가!

02

피부미인을 위한 '피부예보'_크리니크 코리아

●● 최근 오존량이 줄어들면서 지표면에 도달하는 자외선이 증가하고 있다. 그러다 보니 자외선을 막기 위한 비상대책(?)이 피부를 보호하려는 여성 사이에서 번지고 있다. "뜨거워도 너무 뜨거워! 양산의 불타는 컴백". 2012년 6월 23일 《조선일보》 김윤덕 기자의 기사 제목이다.

"양산이 돌아왔다. 개화기 신여성의 상징으로 태어나 1960~70년대 어머니들의 유일한 사치품이었던 양산을 핫팬츠 차림의 20대 여성들이 들었다. 뜨거워도 너무 뜨거워진 햇볕, 나날이 높아져만 가는 자외선지수 때문이다. 백화점에는 양산만 따로 모아서 파는 특별 매대가 여름이 오기 전인 5월부터 일찌감치 등장했고, 온라인 패션 쇼핑몰에도 전년도 동기 대비 50% 가까운 판매증가율을 보이며 인기 아이템으로 자리 잡았다. 무더위가 극성인 일본에서는 남성용 양산이 대박을 터뜨렸다는 소식이다. 선글라스만으로는 자외선 차단이 어렵다는 전문가들의 조언이 구식 패션 소품인 양산의 귀환을 독려했다. 자외선 차단제를 바른 뒤 선글라스를 쓰고 그 위에 양산을 써야 99% 자외선을 차단할 수 있다는 믿음 때문이다. 신세계백화점 패션잡화 담당 장선희 씨는 '올해 5월은 강수일이 단 하루에 그쳐(서울 지역 기준) 작년 5월 열흘 가까이 비가 온 것에 대비해 자외선 차단에 대한 수요가 높아졌다'면서 '전년도 동기 대비 양산의 매출증가율이 28%로, 신세계백화점 전체의 5월 한 달 신장세가 8%인 것을 감안하면 우양산의 신장률은 매우 높다고 볼 수 있다'고 말했다. 기후변화에 따라 팔리는 상품도 달라진다. 날씨가 경제를 좌지우지하는 것이다."

'아름다움'이라는 단어는 과거에는 여성들만의 전유물인 듯 여겨졌다. 그러나 이제는 여성, 남성, 남녀노소를 불문하고 누구나 듣고 싶어 하는 단어 중 하나로 손꼽히고 있다. 이런 상황은 불과 10년 전까지만 해도 상상조차 하기 힘들었다. 그러나 최근 외모와 피부에 투자하는 남성이 급격히 늘면서 남성화장품 시장이 주목받고 있다. 화장품업계에 따르면, 남성화장품 시장은 매년 7% 이상 꾸준한 성장세를 보이고 있다고 한다. 규모는 지난 2009년 6,500억 원에서 이듬해에는 8,000억 원대로 성장했고, 2012년에는 무려 9,000억 원을 돌파할 전망이라고 한다. 한 전문가는 남성 연예인들의 한류 열풍이 한몫을 했다고 말하기도 한다.

남성화장품은 기초 스킨케어에서 남성 전용 메이크업까지 다양해지면서 여성화장품 못지않은 제품 라인을 확보하고 있다. 더욱이 남성 연예인들의 스모키 화장이 부각되면서 기본 비비크림에 그쳤던 남성 메이크업 제품이 점차 세분화되고 있는 추세다. 때문에 각 계절별 날씨 특성에 따른 피부 트러블은 이제 더 이상 여성만의 고민이 아니다. 봄철 황사와 더불어 꽃가루 때문에 생기는 피부 문제, 여름철 높은 습도와 자외선, 그리고 가을 · 겨울철 춥고 건조한 날씨, 여기에 더해 심

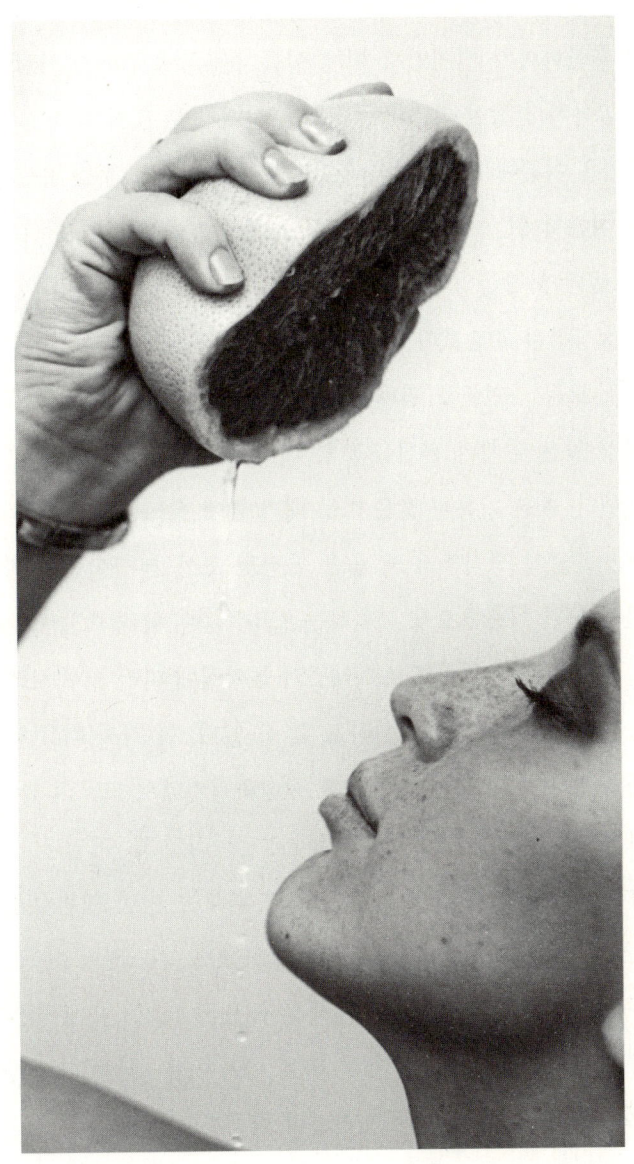

◆◆◆ 봄철 황사와 더불어 꽃가루 때문에 생기는 피부 문제, 여름철 높은 습도와 자외선, 그리고 가을·겨울철 춥고 건조한 날씨, 여기에 더해 심각한 기후변화까지 겹치면서 이제 아름다움을 추구하는 사람 이라면 날씨를 알아야 진정한 피부미인이 되는 시대가 된 것이다.

각한 기후변화까지 겹치면서 이제 아름다움을 추구하는 사람이라면 날씨를 알아야 진정한 피부미인이 되는 시대가 된 것이다.

2012년은 여름에 비도 많이 내렸고 폭염도 기승을 부린 유난스러운 해였다. 여름철에는 자외선 차단제가 높은 성장률을 보이는 것이 보통이다. 그런데 화장품업계에 따르면, 2012년에는 전년에 비해 자외선 차단제 성장률이 주춤했다고 한다. 반면, '여드름 라인'의 인기가 장기화되었고, 모공 라인들도 판매 증가 추이를 보였다고 한다. 여드름 라인이 가장 높은 인기와 관심을 보인 데에는 2012년의 덥고 습한 날씨가 한몫했다. 높은 기온과 잦은 비는 대기 중에 습도를 높인다. 이런 조건은 여드름균이 서식하기 딱 좋은 환경을 조성한다. 이런 날씨 요인으로 인해 심한 여드름으로 고민하는 소비자층이 급격히 늘어났다. 급격한 기후변화로 인해 피부 스트레스가 높아짐에 따라 피부 트러블 발생률이 높아진 것도 그 원인이라고 할 수 있다. 한 가지 더 든다면 덥고 습한 날씨가 모공의 배출 기능을 활성화시키면서 모공의 늘어짐이나 피지 증가를 가져온 것도 또 하나의 원인이라고 볼 수 있다.

그렇다면 실제 대기 중의 높은 습도와 피부는 어떤 연관성을 갖고 있을까? 80~90%에 이를 정도로 높은 습도를 보이는 장마철에는 세균의 활동이 왕성해지고 번식력도 강해진다. 유독 습도가 높은 장마철만 되면 피부 트러블이 심해지는 것은 바로 이런 이유 때문이다. 세균이나 곰팡이의 번식으로 인해 피부 트러블이 발생하면 모공이 확장되고, 이러한 현상이 반복적으로 일어나게 되면 피부 자체의 탄력까지 잃어버릴 수 있다. 또한 습한 날씨로 인해 땀 분비가 많고 피지 분비가 많아지면서 공기 중의 미세먼지나 유해물질이 피부에 달라붙는데, 이것은 세안을 꼼꼼하게 하지 않을 경우 피부 트러블의 원인이 되기도 한다.

2012년은 비도 많이 내렸지만 불볕더위가 오랫동안 이어졌다. 뭐니 뭐니 해도 여름 하면, '뜨거운 태양'이 가장 먼저 떠오른다. 태양은 자외선을 지구로 보낸다. 피부과 전문의들은 자외선은 피부노화의 주범이라고 목소리를 높인다. 자외선 양과 주름의 깊이는 비례하기 때문이다. 하지만 자외선이라고 해서 모두 인체에 해로운 것만은 아니다. 자외선은 그 종류도 많은데, 자외선B의 경우는 체내의 비타민D를 80% 가량 피부 내에서 합성하는 좋은 자외선이다. 노화의 주원인이 되는 자외선은 자외선A다. 최근 영국의 '부츠THE BOOTS' 사가 실시한 연구에서 "창가 자리를 좋아하면 얼굴이 10년 더 늙는다"라는 충격적인 결과를 발표했다. 이 보고서에서 피부노화 현상을 부추기는 범인으로 자외선A를 지목했다. 피부 깊이 진피층까지 침투하는 자외선A는 피부탄력에 영향을 주는 엘라스틴과 콜라겐을 파괴해 피부 탄력을 감소시킨다. 멜라닌을 증가시켜 잔주름과 기미, 주근깨, 색소침착을 유발시키기도 한다. 때문에 자외선A를 차단하는 것은 피부건강을 지키는 데 무엇보다 중요하다.

몬트리올 의정서Montreal Protocol*로 성층권의 오존O3 감소가 줄어들고 있다고 우리는 알고 있다. 그러나 최근 들어 기후학자들은 오히려 오존의 양이 감소하는 것이 아니냐는 우려를 나타내고 있다. 예를 들어, 지금까지 남극 상공에서만 관측되었던 오존 구멍이 2011년 초 북극 상공에서도 처음으로 나타났다. 미국, 일본 등 9개국 공동연구팀이 과학 학술잡지 《네이처Nature》에 기고한 연구논문을 보면 "2011년 초 사상 처음으로 북극에서 '오존 구멍Ozone hole'이란 말이 어울릴 정도로 큰 폭

---

* 1989년 1월부터 발효된 오존층 파괴 물질의 규제에 관한 국제 협약.

의 오존 감소 현상이 나타났다"고 되어 있다. 이로 인해 북극 상공에는 한때 캘리포니아 주 5배 정도 크기의 오존 구멍이 만들어졌다. 1980년 대 중반 남극에서 처음 오존 구멍이 관측되었을 때와 비슷한 수준으로 오존이 감소한 것이다. 오존 감소는 강한 자외선의 증가로 나타난다. 자외선 노출이 증가하면 피부암 발생률이 높아지고 야생 동식물에도 치명적인 영향을 미칠 수 있다. 오존층 파괴와 자외선 증가는 결코 남의 일이 아니다. 우리의 건강과 피부를 위협하는 또 다른 위험 요소가 된 것이다.

지구온난화로 인한 기후변화, 환경파괴에 따른 대기권 오존 농도 증가 때문에 50여 년 후 사망하는 서울 시민이 10만 명당 4명씩 늘어날 것으로 예측되고 있다. 건강이 상대적으로 좋지 않은 65세 이상 노인으로 한정할 경우 대기권 오존 농도 증가에 따라 10만 명당 9명이, 기온 상승 영향까지 감안한다면 10만 명당 25명이 더 사망하는 것으로 조사되었다. 한국환경정책 · 평가연구원KEI 배현주 연구위원은 '기후변화와 대기오염으로 인한 건강 영향 연구' 보고서를 통해 이같이 전망했다. 기후변화와 환경파괴로 인한 문제는 피부만이 아니라 건강과 생존 문제로 다가오고 있는 것이다.

피부 트러블이 가장 심한 계절이 여름이지만 우리나라는 4계절 기후 특성이 뚜렷하기 때문에 각 계절마다 발생하는 피부 트러블의 종류가 다르다. 봄에는 겨울 동안 움츠려 있던 피부 대사 활동이 활발해지면서 겨울 동안 쌓여 있던 두꺼운 각질들이 밖으로 배출되기 시작한다. 때문에 각질 양이 많아지는 것은 물론, 피부가 아주 민감해지게 된다. 계절적으로 거친 바람과 꽃가루, 황사 등으로 인해 피부는 더욱더 예민해지고 거칠어진다. 봄에는 그 어느 때보다도 자극 없는 깔끔한 세안으로 미세 먼지나 자극 요소를 제거해주는 것이 피부 관리의 포인트다. 물론 충분한 수분 공급은 필수적이다.

가을은 여름 동안 자외선의 노출로 인해 진행된 광 노화를 회복하는데 중요한 시기다. 이때 차고 건조해진 날씨에 피부를 장시간 노출시켰을 경우, 피부의 피지 분비량이 줄어들고 잔주름이 심해질 경우 탄력 저하까지 올 수 있다. 피부에 탄력이 없어진다는 것 역시 피부가 노화하고 있다는 것이기 때문에 각별한 주의가 필요하다. 추워지는 날씨에는 피부 온도를 유지해주어야 한다. 그렇지 않으면 피부 활동이 둔화되고 재생 기능이 원활하지 못해 피부노화가 급격히 진행된다. 가을과 겨울에는 충분한 보습과 영양공급으로 피부 기능을 회복시켜주는 것이 중요하다. 또한 건조한 날씨에 각질 관리를 꼼꼼하게 해서 피부 재생주기를 정상화하는 것이 무엇보다 중요하다.

이처럼 피부는 날씨에 아주 민감하다. 기후변화시대에 날씨에 대한 연구로 앞서가는 화장품 회사가 있다. 바로 크리니크 코리아다. 크리니크는 1967년 "아름다운 피부, 만들어질 수 있나요?"라는 질문에 대한 해답으로 탄생했다. 피부과 전문의들이 다양한 피부 관련 임상실험을 거쳐 타입별로 기능성 화장품을 개발해왔다. 중요한 것은 날씨에 대한 연구에 상당한 비중을 둔다는 것이다. 앞에서 피부 트러블의 주원인이 날씨라는 것을 장황하게 이야기한 것은 이 회사가 날씨정보를 적극 활용해 '피부예보'라는 스마트폰 애플리케이션을 출시했기 때문이다. 크리니크 코리아는 30여 년간 날씨, 자외선, 대기오염, 외부 환경과 피부 손상과의 상관관계를 오랫동안 연구해왔다. 2010년에는 이와 관련된 논문까지 발표하면서 대기오염과 피부노화, 피부변색과의 상관관계를 입증하기도 했다. 날씨와 관련한 피부정보를 소비자들에게 전달하기 위해 '피부예보'라는 애플리케이션을 출시하게 되었다고 한다. 크리니크 연구소의 김정은 과장은 "무엇보다 소비자들이 환경오염에 대한 심각성을 깊이 받아들이고, 이것이 직접적으로 나의 피부에도 영향을 줄 수 있다는 것을 알리고 싶었습니다"라면서 "'피부예보' 애플리케이션은 GPS정보를 바탕으로 현 위치의 기본적인 날씨 및 온도정보는 물론이고, 자외선지수와 습도, 그리고 공기오염지수까지 제공해드립니다. 또한 각각의 날씨를 나타내는 지수에 맞춰서 스킨케어 어드바이스도 함께 제공하고 있습니다. 예를 들면, 자외선지수가 심각하지 않더라도 도시에서 생활하면 사무실 창가로 들어오는 자외선으로 피부가 손상되기 때문에 자외선 차단제를 꼭 챙기시라는 팁을 알려주어서 소비자가 꼼꼼하게 피부를 관리할 수 있도록 도움을 드리고 있습니다"라고 말한다.

최근 봄철의 불청객이라는 말이 무색할 만큼 사시사철 찾아오는 황사의 심각성과 더불어 대기질 오염에 대한 관심이 증가하면서 '피부예보' 애플리케이션이 소비자들에게 큰 호응을 얻고 있다고 한다. 2011년 3월 초에 아이폰 앱스토어를 통해 전 세계 소비자들을 대상으로 론칭해 큰 호응을 얻었는데, 그중에서도 한국 소비자들의 반응이 가장 뜨거웠다고 한다. 1주일 동안 전 세계적으로 약 3만 건이 다운로드되었고, 그중 90%인 약 2만 7,000건이 한국 아이폰 앱스토어에서 이루어져서 약 1주일 동안 추천 신규 애플리케이션 2위로 랭크되기도 했다고 한다. '피부예보' 애플리케이션 출시는 그야말로 대박이었다. 2012년 '피부예보' 애플리케이션 론칭과 함께 새롭게 업그레이드되어 출시되었던 안티 폴루션 기능의 자외선 차단제 제품이 7~8월 2달 동안 매출이 전년 동기간 대비 300%나 증가했다. 물론 이런 직접적인 매출 증가 외에도 소비자들에게 날씨변화에 맞게 피부 관리가 필요하다는 인식을 심어주었다는 점은 자랑거리가 아닐 수 없다. 또한 환경오염지수에 대한 정보를 전달하여 오염물질을 차단해주는 제품에 대한 새로운 마켓 니즈를 창출하는 데 큰 기여를 했다고 자체 분석하고 있다.

'피부예보' 애플리케이션은 전 세계 어느 곳에서도 동일한 날씨정보를 제공하고 있다. 날씨정보 소스는 전 세계 4만 2,000개 지역의 날씨정보를 서비스하는 미국 민간기상회사인 '커스텀웨더Custom Weather' 사로부터 제공받고 있다. 크리니크 코리아는 날씨변화에 대응하는 화장품 개발에 전력을 다하고 있다. 특히 '피부예보' 애플리케이션의 성공적인 론칭을 발판으로 날씨변화에 따른 좀 더 세분화된 제품을 만들 계획이라고 한다. 미인과 날씨는 찰떡궁합이라는 것이 이 회사의 주장이다. 변화무쌍한 날씨변화에 대응하는 크리니크 코리아의 날씨경영이 성공할 수밖에 없는 이유는 바로 여기 있다. 심각한 기후변화시대에 피부건강관리는 그야말로 유망한 비즈니스가 될 것이다.

급격한 기후변화는 사람들의 고정관념까지 깨뜨리고 있다. 과거에는 여성의 전유물로만 생각하던 화장품을 이제는 남성들도 피부 건강을 위해 다양한 화장품을 사용하는 시대가 되었으니 말이다. 기후변화시대에 화장품은 그에 맞게 진화 중이다.

03

날씨변화에 따라 자동 조절되는
'스마트 보일러'_린나이코리아

●● 함경북도 웅기의 청동기 주거지에서 기원전 1000년에 만들어진 것으로 추정되는 '온돌'이 발굴되었다. 이처럼 온돌의 역사는 참으로 길다. 우리 주거 문화를 얘기할 때 결코 빼놓을 수 없는 온돌은 우리 민족이 얼마나 과학적인 민족인가를 단적으로 보여주는 증거물이다. 온돌 난방은 불을 때서 방바닥을 뜨겁게 달구는 난방 방법이다. 열이 오래 지속되도록 '구들장'이라고 부르는 두껍고 평평한 돌을 방바닥에 깔고 불을 지피는 아궁이 반대편에는 굴뚝을 세웠다. 아궁이에서 굴뚝으로 이어지는 곳은 넓은 빈 공간으로 남겨두었다. 아궁이는 낮게 설치하고 굴뚝은 약간 높은 곳에 세워 아궁이에서 굴뚝을 향해 경사가 완만하게 올라가도록 만들었다. 온돌 시스템은 장작을 태우는 과정에서 나오는 열을 최대한 활용한 매우 열효율이 좋은 난방 시스템이다. 서양의 대표적인 난방 방식은 벽난로다. 벽난로는 장작을 태운 열이 바로 굴뚝으로 빠져나가는 극히 열효율이 낮은 난방 방식이다. 서양인들이 우리나라의 온돌을 보고 놀란 것은 바로 이 때문이다. 우리는 너

무나 지혜로운 선조를 가진 대단한 민족이다.

요즘은 아궁이에 불을 때서 온돌을 뜨겁게 달구는 방식이 아니라, 연탄이나 기름을 때서 데워진 온수로 온돌을 덥히는 보일러를 많이들 이용한다. 날씨가 추워지면 사람들은 활동이 줄고 움츠러드는 경향이 있는데, 이와는 반대로 추워지기만을 기다리고 있다가 날씨가 추워지면 오히려 활동적이 되는 사람들이 있다. 바로 보일러업체 사람들이다. 여기에서 소개할 보일러업체는 계절을 앞서 월동 준비를 하고, 겨울 날씨 마케팅을 통해 매출 효과를 톡톡히 누리고 있는 린나이 코리아다. 자, 린나이 코리아의 날씨경영 이야기 속으로 들어가보자.

우리나라 보일러 시장이 시작된 때는 언제일까? 우리나라는 기존의 구들 온돌 문화에서 온수 온돌 문화인 연탄보일러, 기름보일러 등으로 점차 발전했다. 1982년이 되어서야 약 600여 대의 가스보일러를 외국에서 수입하면서 가정용 가스보일러의 시대가 열렸다. 1988년 국내 생산량이 10만 대를 넘어서면서 국내 가스보일러 시장은 급격한 성장을 보였고, 각 보일러업체들도 가스보일러를 생산하기 시작했다. 특히, 1980년대 후반부터 시작된 수도권의 신도시 개발에 따른 주택시장 활성화와 LNG 보급 확대 등으로 가스보일러 시장이 급속도로 성장했다.

일반적으로 보일러는 대개 겨울철에 많이 사용하는데, 그렇다면 보일러 판매가 연중 급증하는 시기는 언제일까? 보일러 매출이 겨울철에 급증할 것이라고 생각하기 쉽지만, 실제로는 그렇지 않다고 한다. 통계청 자료에 따르면, 보일러 판매량은 평균적으로 8월부터 다음해 1월까지가 가장 높다. 보통 날씨가 점차 추워지는 가을부터 판매량이 늘기 시작하는데, 한파가 심했던 2011년의 경우에는 2월까지도 많은 판매량을 보였다. 에어컨의 경우도 마찬가지다. 사람들이 날씨가 이미 더워

◆◆◆ 2011년 겨울 유례없는 한파는 2012년 겨울에도 지속되었다. 유난히 춥고, 길었던 한파는 보일러 생산 및 판매에 많은 영향을 미쳤다. 이렇게 날씨에 따라 생산량에 큰 차이가 나타난다면, 무엇보다 장기기상전망을 통한 수요 예측을 하는 것이 전략적 마케팅에 있어서 아주 중요하다.

졌을 때 급하게 에어컨이나 선풍기 등 냉방용품을 구입하는 것이 아니라, 기상청의 장기기상전망 등을 통해 미리미리 더위에 대비한다. 이처럼 보일러와 같은 난방용품을 겨울이 오기 전에 미리미리 서둘러 구매하는 경향이 있다.

문제는 통계 자료를 활용하면 대충이라도 판매 시기를 예측할 수 있지만, 최근에는 기상이변이 극심하면서 날씨가 매출의 큰 변수로 작용하고 있다. 예를 들면, 2011년 겨울 유례없는 한파는 2012년 겨울에도 지속되었다. 유난히 춥고, 길었던 한파는 보일러 생산 및 판매에 많은 영향을 미쳤다. 기상청에 따르면, 2012년 12월 이후 사흘에 하루 꼴로 영하 10도 이하의 강추위가 기록되었다고 한다. 이 기간 평균 기온은 영하 2.6도로 평년(1981~2010년)보다 무려 2.3도나 낮았다. 그 결과, 통계청이 발표한 2011년도 1분기 가스보일러 생산량은 29만 6,490대로 전년 동기 대비 28만 3,445대보다 4.6% 늘어난 것으로 조사되었다. 이렇게 날씨에 따라 생산량의 차이가 크게 나타난다면, 장기기상전망을 통한 수요 예측을 하는 것 또한 전략적 마케팅에 있어 아주 중요하다고 볼 수 있다.

린나이 코리아는 기상정보를 어디서 얻고 있을까? 린나이 코리아는 유료로 기상정보를 얻고 있지는 않다. 주로 기상청에서 발표하는 기상정보와 함께 다양한 매체들을 통해 실시간 기상정보를 꼼꼼하게 파악하고 있다. 오늘, 내일의 단기예보와 한주간의 날씨 전망을 나타내는 주간예보를 빼놓지 않고 모니터링하여 최대한 능동적으로 대처한다. 계절에 따른 기상 전망에 따라 추운 날씨가 예상되는 경우 보일러 생산량을 늘리고 A/S서비스를 강화하는 등 기상변화에 적극적으로 대응한다. 이런 측면에서는 주기적으로 발표되는 1개월, 3개월 장기기상전망의 활용도가 높은 편이다. 특히 2011년 겨울은 21년 만에 발생한 강력한 라니냐la Niña* 현상 때문에 혹독한 날씨가 계속되면서 보일러 동파 등의 피해 발생이 우려되었다. 이에 대해 린나이 코리아 관계자는 "콜센터 인원을 확충하는 등 적극적으로 한파에 대비했고, 설 연휴까지 지속된 한파에 '동절기 24시간 서비스'를 가동하여 고객의 불편함을 최소화하는 데 노력을 기울였다"고 말한다.

린나이 코리아는 최근 날씨를 반영한 보일러 제품을 새로 선보였다. 날씨로 자동 조절이 가능한 보일러 제품이다. 이에 대해 린나이 코리아 상품기획팀 조규상 과장은 "저희가 올해 새롭게 선보인 '스마트 보일러'는 실내온도조절기의 '자동 버튼'을 누르면, 실시간 실내외 온도를 측정해서 난방과 온수 온도를 알아서 자동으로 맞춰주어 편리한 기능이 추가된 신개념 보일러입니다. 특히, 노인이나 아이들도 별도의 온도 설정을 하지 않고 보일러를 손쉽게 작동할 수 있는 기능이 있는 것이 특징인데요, 예를 들어 바깥 온도가 높으면 자연스럽게 내부 설정 온도를 낮추고, 바깥 온도가 낮으면 내부 설정 온도를 높여 최적 실내 온도를 유지할 수 있도록 해주는 것이죠. 이렇게 보일러 기술 개발에 날씨를 적극 활용하게 된 데에는 특별한 계기가 있습니다. 날씨는 끊임없이 변하는데 고객들이 변하는 날씨에 따라 일일이 보일러를 조절할 수 없어서 불편한 점이 많았던 거죠. 특히 겨울밤 자는 동안 날씨가 급격히 추워질 때 소비자들이 이런 변화에 맞춰 보일러를 조절한다는 것은 굉장히 힘든 일인데요, '스마트 보일러'를 개발할 당시 이런 날씨

---

* **라니냐** 적도 부근의 동부 태평양에서 해면의 수온이 비정상적으로 낮아지는 현상. 적도 부근의 편동풍이 강해져 온난한 수역이 서쪽으로 이동하면서 심해의 찬물이 상승하여 일어난다. 이 현상은 지구의 기온을 하강시킬 수 있다.

변화까지도 보일러에 반영할 수 있다면, 사용자들의 편의성도 한결 증대되고 보일러의 수준도 한 차원 높아질 수 있을 것이라고 생각해 날씨를 활용한 보일러 기술 개발을 하게 된 것이죠"라며 자랑스럽게 날씨를 접목한 신기술 이야기를 들려준다.

사실 환경 하면 기후, 또 기후 하면 날씨와의 연관성을 무시하지 못한다. 린나이 코리아가 기후와 환경을 생각해서 만든 특별한 상품이 있다. 린나이 코리아는 보일러 제품 말고도 가스레인지나 가스오븐레인지, 전기오븐 등 다양한 제품들을 생산하고 있는데, 환경을 생각해서 이산화탄소를 절감하는 친환경 '에코레인지'를 출시했다. 친환경 '에코레인지'는 국내 최고 열효율 53%의 실드 버너를 채택해 열효율 46%의 일반 레인지 대비 연간 이산화탄소 발생량을 68킬로그램까지 획기적으로 절감해주는 특징을 갖고 있다. 10년 정도 사용하면 어린 소나무 264그루를 심는 '에코트리' 효과를 거둘 수 있는 셈이란다. 지구온난화를 불러일으키는 원인인 온실가스로는 이산화탄소, 메탄, 일산화질소 등이 있는데, 그중 이산화탄소는 70%의 큰 비중을 차지하고 있다. 따라서 이산화탄소 절감이 온실가스를 감소시킬 수 있는 중요한 해결책이 되기 때문에 일반 레인지보다 이산화탄소 배출을 획기적으로 줄인 고효율 가스레인지를 개발하게 된 것이다.

린나이 코리아는 유독 환경과 기후를 생각하는 기업 마인드가 앞서가는 기업이다. 이에 대해 조규상 과장은 "저희는 '스마트 그린 경영'으로 경제성과 편의성은 물론 친환경까지 두루 갖춘 제품을 만들고 있습니다. 제품의 기획 단계부터 출시까지 모든 생산 과정에 친환경 개념을 도입한 스마트 '그린 생산 시스템GPS, Green Production System'을 구축했으며, 제품 출시 후에도 폐기물 감량 및 재활용 증대를 위한 '스마트 그린 처리' 및 온실가스 배출을 줄이기 위한 탄소성적표지 인증 등을 실시하고 있습니다. 특히 저희 회사 보일러의 '저녹스低NOx 버너'는 가스와 공기 유입량을 적절히 조절하고, 불꽃 양 옆에 보조 불꽃을 추가한 삼각불꽃 연소 방식을 채택하여 높은 열효율을 자랑합니다. 또한 '3단 절체 비례제어 방식'으로 불꽃을 크기뿐만 아니라 폭까지 3단계로 조절하여 꼭 필요한 열량으로만 연소하고 있는데요, 이를 통해 연소 효율도 높이고 더욱 정밀한 온도 제어까지 가능해 가스비도 절감되고 제품을 고장 없이 오래 사용할 수 있는 장점을 지니고 있죠"라고 말한다.

날씨와 기후, 환경 그리고 에너지 절약까지 세심하게 신경 쓰는 기업이 린나이 코리아인 듯싶다. 보일러업체들이 에너지 효율을 높이기 위해 자사 제품들을 개량하기는 하지만 가정에서 가스를 절약하는 방법에는 무엇이 있을까? 보일러 구입 시 '에너지 소비효율등급'을 고려해 구입하는 것이 좋다. 에너지관리공단에 따르면 1등급 제품과 3등급 제품은 에너지 비용이 12%가량 차이가 나며, 이를 돈으로 환산하면 연간 8만 4,000원 정도라고 한다. 그리고 2년에 한 번만 필터를 청소해도 난방비 10%를 절약할 수 있다. 필터를 청소하지 않아 불순물이 쌓이면 물을 데우는 시간이 길어져 원하는 온도에 도달하는 속도가 늦어지기 때문이다. 최근 몇 년간 겨울에 혹한이 발생하다 보니 조금만 추워져도 보일러를 가동하는 경우가 많다. 난방을 시작하는 시기는 가옥의 구조에 따라 혹은 개인의 체질에 따라 약간 차이가 있기는 하다. 그러나 보통 평균 기온이 10도 이하로 내려가면 따뜻한 불이 그리워지고, 사무실의 경우 8도 이하로 내려가면 난방을 시작한다고 한다. 춥다고 실내를 지나치게 따뜻하게 하는 것은 에너지 효율 면에서나 건강 면에서 그다지 좋지 않다. 일반적인 기준으로 병원이나 가정, 사무실은 20

도, 박물관은 15도, 공장은 13도가 가장 적절하다. 또한 실내외의 온도 차는 10도 이상 차이가 나지 않도록 하는 것이 건강에 좋다. 겨울 난방을 책임지는 린나이 코리아의 날씨경영은 날씨변화와 고객의 요구를 고려해 앞으로 더욱 스마트해질 것이다.

최근 난방 에너지로 사용되는 화석연료를 획기적으로 양을 줄여서 사용하거나 아예 사용하지 않는 주택들이 등장하고 있다. 이런 건축물을 친환경 건축물이라고 부르는데, 친환경 건축물에는 '패시브 하우스passive house'와 '액티브 하우스active house'가 있다. 패시브 하우스는 단열 성능을 높여 에너지 낭비를 최소화한 건축물이다. 보통 주택에서 쓰는 난방용 에너지의 10분의 1에 불과하다. 해가 비칠 때 최대한 많은 빛을 받아들여 집을 데운 후, 그 열을 가능한 한 적게 내보내는 방법이라고 생각하면 된다. 3중 유리는 물론, 바닥, 지붕, 벽, 창틀까지 단열재가 사용된다. 유리 사이에는 공기보다 열전도율이 낮고 결로 현상을 방지할 수 있는 아르곤Ar, 크세논Xe이 주입된다. 액티브 하우스는 태양광, 지열, 풍력, 바이오가스 등을 이용해 각종 신재생에너지를 자체적으로 만드는 건축물이다. 예를 들면, 태양광을 이용하여 난방을 하거나 온수를 얻는 건축물은 액티브 하우스의 일종이라 할 수 있다. 최근에는 패시브 하우스와 액티브 하우스를 결합해 '제로에너지 하우스'로 발전하고 있다. 제로에너지 하우스는 에너지 소비와 생산의 수준을 제로로 맞추는 획기적인 방식이다. 제로에너지 하우스 다음에는 어떤 하우스가 등장할까?

04

날씨 요인을 고려한 차별화된 다양한 서비스를 제공하라 _크린토피아

●● 사람이 살아가는 데 기본적으로 필요한 세 가지는 의식주다. 그 중에서도 '의'를 뜻하는 옷이 없다면 몸을 보호할 수 없을 뿐만 아니라 예의를 지키기 어렵다. 원래 의복이란 자연으로부터 자신의 몸을 보호하기 위한 한 방편이었다. 그러다 보니 옷은 기후의 영향을 많이 받는다. 전 세계적으로 각기 다른 기후에 따라 의복 문화가 서로 다르게 발달한 것도 바로 이 때문이다. 의복은 날씨에 따라 보온, 증발, 통기 작용 등 완충 작용을 함으로써 '의복 기후'를 쾌적하게 유지해주는 기능을 한다. 인체와 의복 사이에서 형성되는 기후를 '의복 기후'라고 부르는데, 쾌적한 '의복 기후'란 피부와 의복의 가장 안쪽 표면 사이에 생긴 공기층의 기후 조건이 32도의 기온과 50%의 습도, 초속 25센티미터 전후의 공기의 흐름 상태를 말한다. 그런데 요즘은 너무 멋스러움만을 강조하다 보니까 원래 의복의 기능을 간과하고 있지는 않나 하는 생각이 든다. 그래서 날씨과학과 함께하는 '의복 속 날씨 이야기'를 소개해 보고자 한다. 우리나라 대표적 프랜차이즈 세탁업체인 크린토피아는

어떤 날씨 마케팅을 하고 있을까?

우리나라에 세탁전문 프랜차이즈가 들어온 것은 1990년대 초다. 일본에서 성행하던 세탁편의점 프랜차이즈 방식을 크린토피아가 국내에 최초로 들여와 국내 사정에 맞게 발전시켰다. 당시는 고객들이 세탁편의점에 대해 잘 모르던 시기였기 때문에, 사업 초기부터 기술개발과 설비투자에 집중하다 보니 재정적으로도 힘들었고 수익 또한 내기 힘들었다. 그래서 처음 10년간은 수익을 거의 내지 못할 정도로 어려웠다고 한다. 그러다가 국민들의 생활수준이 좀 더 나아지고, 의복 관리에 대한 인식 자체가 바뀌면서 전문업체를 통해 의복을 관리하는 문화가 형성되기 시작했다. 그래서 세탁 시장의 선진화에 대한 믿음을 가지고 기술 개발에 힘썼다. 이런 노력의 결과로 크린토피아는 현재 1등 세탁전문 기업으로서 자리매김하고 있다.

지금은 국민들의 의복 관리에 대한 인식이 많이 바뀌었다고 한다. 그러나 과거 10년 전까지만 해도 세탁전문업체를 도입하려는 발상을 누구나 할 수 있었던 것은 아니었다. 당시로서는 상당히 독특한 발상의 전환이었다. 크린토피아 창업자는 대학에서 섬유공학을 전공한 섬유전문가다. 1986년 보고실업을 창업해 의류 염색과 청바지 탈색 사업을 해서 성공했다. 섬유산업의 앞날이 불투명하다는 생각에 새로운 사업을 물색하던 중 일본의 세탁 프랜차이즈 산업의 성공을 눈여겨보게 되었다. 당시 국내 세탁 요금이 너무 비싸다는 점과 기존 사업과 연관된 산업이라는 점을 고려했다. 보고실업에 세탁사업부를 조직하고 국내 사정에 맞게 발전시켜 지금의 세탁전문업체가 탄생하게 되었다.

무엇보다 기존의 세탁소와 비교했을 때 차별화가 필요했다. 크린토피아의 가장 큰 특징은 크게 세탁편의점과 세탁 멀티숍이 있다는 점이다. 멀티숍은 기존 세탁편의점에 세탁코인빨래방이 추가된 것으로 부피가 큰 이불 등을 세탁하고 건조할 수 있는 곳이다. 세탁원가의 70%가 인건비이므로 철저히 자동화 시설을 갖춰 합리적인 가격의 세탁 서비스를 제공하고 있다. 무엇보다 소비자의 니즈를 우선 파악해서 최대한 자동화 시설에 투자한 결과다. 1992년 와이셔츠 세탁요금은 1개에 2,500원이었는데, 일반 가정에서는 너무 비싸서 세탁소에 맡기지 못했다. 그런데 와이셔츠 2, 3개를 다리려면 주부들이 1시간 동안 땀을 흘리며 고생해야 한다. 여기에 착안하여 고가의 와이셔츠 자동다림기를 설치해 1개에 500원에 서비스하자, 인기를 끌기 시작했다. 이 밖에도 침구류, 운동화 등 가정에서 세탁하기에 힘든 품목들을 합리적인 요금으로 세탁하여 주부들의 어려움을 해결하면서 차별화에 성공한 것이다. 그리고 무엇보다 소비자들이 안심하고 의복을 맡길 수 있게 되는 것 중 하나가 차별화된 '의류 보관 서비스'라 할 수 있다. '의류 보관 서비스'는 철 지난 옷을 보관하기 힘든 고객들의 소리를 듣고 그것에 착안하여 만든 서비스다. 철 지난 의류를 누군가 대신 세탁하고 보관해줬으면 하는 주부들의 바람과 좁은 집을 넓게 쓰고 싶어 하는 싱글족들의 의견을 반영한 결과다. '의류 보관 서비스'는 부피가 커 공간을 많이 차지하는 겨울옷, 소재가 얇아 보관이 쉽지 않은 여름옷, 두꺼운 이불, 커튼 등을 맡아 세탁한 뒤 장기간 최적의 상태로 보관해주는 서비스로 2010년 4월부터 시행하고 있다. 바로 이것이 의류 보관에 날씨 조건을 적용한 사례라고 할 수 있다. 고객이 맡긴 의류는 최적의 환경인 온도 25도, 습도 40~60%를 유지해 보관한다. 전국 약 100개 지사에 있는 의류보관실에서는 의류를 보관하기 좋은 최적의 날씨 환경을 유지하여 의류의 손상 걱정을 덜어주는 데 한몫하고 있다.

◆ ◆ ◆ 옷을 세탁하거나 보관하는 데 있어 날씨의 영향을 결코 무시할 수 없다. 세탁과 날씨에는 어떤 연관성이 있을까? 사람들의 옷차림은 날씨에 따라 영향을 많이 받기 때문에 세탁은 날씨와 연관성이 매우 깊다. 비가 오거나 눈이 오는 경우 옷이 젖고 오염물질이 묻기 쉽기 때문에 비가 오거나 눈이 온 뒤에는 세탁물 접수량이 증가한다. 의류를 보관할 때도 날씨 조건은 중요한데, 햇볕을 차단하고 온도 25도, 습도 40∼60%인 환경에서 보관하는 것이 가장 좋다.

옷을 세탁하거나 보관하는 데 있어 날씨의 영향을 무시할 수 없다. 세탁과 날씨에는 어떤 연관성이 있을까? 크린토피아 박성민 과장은 "세탁은 날씨에 따른 사람들의 옷차림에 영향을 많이 받기 때문에 연관성이 매우 깊다고 할 수 있습니다. 특히 비 오는 날이나 눈 오는 날 영향을 많이 받는데요, 비나 눈이 오면 세탁물이 젖기 쉬운 데다가 건조가 어렵고, 흙탕물 등으로 오염이 되면 가정에서 직접 제거하기 어렵기 때문에 비나 눈이 오고 난 뒤 자연스럽게 세탁물 접수량이 늘어나게 되죠. 뿐만 아니라 비나 눈이 오는 날은 건조가 잘 되지 않기 때문에 전문세탁시설의 뽀송뽀송한 건조가 세탁물 증가에 한몫하고 있습니다. 또한 봄, 가을, 환절기 등 기온의 변화가 잦은 때도 영향을 많이 받는데요, 긴팔, 자켓 등 얇은 옷과 두꺼운 옷을 번갈아 입음으로써 세탁물이 증가하기 때문입니다. 특히 비가 많이 내리는 경우 가정에서 건조하기 어려운 세탁물을 맡기는 경우가 많습니다. 저희는 대형 건조기를 이용해 장마철에도 뽀송뽀송하게 세탁물을 건조할 수 있는 시설이 있기 때문에 의류뿐만 아니라 침구류, 운동화 등 가정에서 건조할 때 눅눅함이 남는 세탁물들의 세탁이 늘고 있습니다. 한편, 비가 오지 않는 날에도 높은 습도로 인해 집에서 보관하던 옷들에 곰팡이가 피는 경우가 늘어나 곰팡이 제거 등 특수 서비스를 요청하는 고객이 많습니다. 이 밖에도 가정 내 옷장은 습기가 차기 쉬워 아끼는 의류를 망치기 쉬우므로 온도 25도, 습도 40%를 유지하고 햇볕을 차단해 최적의 환경에서 의류를 보관하는 '의류 보관 서비스' 접수도 늘어났습니다"라고 날씨와 세탁의 관계를 말한다.

크린토피아는 고객들의 필요에 맞게 다양한 날씨 마케팅 전략까지 펼쳐 소비자들의 호응을 얻고 있다. 여름철에는 장마로 인해 세탁물의 건조가 가장 문제가 되기 때문에 상시로 제공하는 '침구류 세탁' 서비스와 '운동화 세탁' 서비스가 소비자들의 많은 사랑을 받는다. 특히 2012년 초부터 매주 토요일 '이불 세탁하는 날' 30% 할인을 시행하고 있는데 장마철에도 고객들의 반응이 좋다고 한다. 또 여름에는 습기 외에도 땀으로 인한 얼룩 등이 큰 문제가 되곤 한다. 여름에는 누렇게 변한 땀 얼룩을 제거하는 '황변 제거' 서비스와 땀이 배어 뻣뻣해진 섬유에서 땀 성분을 제거하는 '땀 제거' 서비스를 이용하는 고객들에게 사은품을 제공하는 '싹싹 페스티벌'을 진행해 많은 사랑을 받기도 했다. 무엇보다 날씨 요인을 고려한 차별화된 다양한 서비스가 여름 매출 상승의 일등공신이 아니었을까 싶다.

이 밖에도 크린토피아는 계절별 특성을 이용한 날씨 마케팅을 진행하고 있다. 새 학기가 시작되는 봄에는 정장과 운동화 할인, 교복을 갈아입는 5월에는 교복 세탁을 접수하면 경품을 증정하는 이벤트, 또 휴가철에는 2만 원 이상 세탁 접수 시 여행용세트를 증정하는 이벤트를 시기별로 진행해왔다. 황사 내습이 잦은 4월에는 일정 기간 동안 의류 보관 서비스 또는 피혁, 모피 세탁을 이용하는 고객에게 황사마스크 2만 개를 선착순 증정했다. 홈쇼핑 방송에서 계절별 의류 판매가 이뤄질 때 세탁할인 쿠폰을 증정하는 이벤트를 실시하기도 했다. 예를 들어, 새봄맞이 의류상품 판매 방송에서 상품을 구입하는 고객에게 겨울빨래를 공짜로 해주는 이벤트를 실시하는 것 등을 말한다. 그리고 2012년 9월 21일부터 10월 1일까지 약 열흘 동안은 장마철 곰팡이로 오염된 겨울철 대표 의복인 모피, 피혁, 천연 어그부츠 세탁을 20% 할인하는 '뽀송뽀송 세탁 할인 이벤트'를 진행했다. 고객들이 여름철 습기 피해를 입을 수 있는 옷장 속 겨울옷을 미리 관리해 곰팡이 피해 없이 오래 입을 수 있도록 점검하는 계기를 마련하기 위한 것으로 호평을 들었다고 한다. 겨울철에는 약간 다른 마케팅을 한다. 겨울은 우선 추위 때문에 환기가 어렵고, 일조 시간까지 줄어 소독 기능을 하는 햇볕을 자주 쬐어주기 힘든 날씨 특성을 갖고 있다. 이 점에 착안해서 다양한 서비스를 고안해냈다. 먼저, 실내 환기가 어려워 유해물질이 쌓이기 쉬운 계절인 만큼 '침구류 세탁 서비스'를 진행했다. 진드기와 유해세균을 제거해주고 세탁 후 이불의 부피를 5분의 1까지 줄여주는 '진공압축포장 서비스'를 해주었다. 당장 사용하지 않는 이불을 세균, 곰팡이 걱정 없이 진공 상태로 보관할 수 있게 해줘서 많은 주부들로부터 큰 호응을 얻었다. 크린토피아는 이런 날씨 마케팅을 통해 수익이 크게 증가했다고 한다. 예를 들어, 장마가 계속되는 날씨를 고려하여 진행한 프로모션으로 가죽, 모피, 천연 어그 등의 세탁물 접수가 전년에 비해 2배 이상 증가했다.

계절마다 다양한 날씨 마케팅을 진행하기 위해 날씨정보를 수시로 점검하고 이용한다. 크린토피아에서는 주로 TV 날씨정보와 기상청 날씨정보를 주기적으로 점검한다. 예전에는 매년 월별로 평균적인 날씨가 예상되어 세탁물 입고량 등에 대한 예측이 가능했지만, 최근에는 변화가 너무 심해 1개월 예보나 3개월 예보 등을 항상 주기적으로 확인하고 사용한다.

크린토피아는 2011년 8월에는 중소기업청과 소상공인진흥원이 주최하는 '2011년 프랜차이즈 수준 평가'에서 최고 등급인 1등급을 받았다. 우수 프랜차이즈를 선정하는 프랜차이즈수준 평가는 가맹본부, 가맹점사업자, 계약, 시스템, 관계, 성과의 6개 범주로 나눠 전반적인 프랜차이즈의 수준을 평가한다. 세탁업에서 날씨는 매출에 가장 큰 영향

◆◆◆ 세탁업에서 날씨는 매출에 가장 큰 영향을 미치는 요소로 크린토피아는 모든 프로모션과 마케팅 기획 시 기본적으로 날씨를 가장 먼저 고려한다. 계절마다 다양한 날씨 마케팅을 진행하기 위해 기상정보를 수시로 점검하고 이용한다. 주로 TV 날씨정보와 기상청 날씨정보를 주기적으로 점검한다. 예전에는 매년 월별로 평균적인 날씨가 예상되어 세탁물 입고량 등에 대한 예측이 가능했지만, 최근에는 변화가 너무 심해 1개월 예보나 3개월 예보 등을 항상 주기적으로 확인하고 사용한다.

을 미치는 요소로 크린토피아는 모든 프로모션과 마케팅 기획 시 기본적으로 날씨를 가장 먼저 고려한다. 당연히 날씨경영이 가장 큰 점수를 받았을 것으로 판단된다고 관계자는 말한다. 그리고 앞으로 급변하는 날씨변화로 인해 날씨 요인이 마케팅 전략에서 차지하는 비중이 더 커질 것으로 예상하고 다양한 방안을 계획하고 있다고 한다. 예를 들어, 지역별 날씨에 따라 프로모션을 진행하는 방안이다. 비 오는 날은 대리점을 찾는 고객이 줄어 매출이 떨어지기 마련인데, 지역적으로 비가 오는 날 등을 미리 확인하여 비가 오는 지역에 게릴라 세일 등을 시행하는 마케팅을 벌이는 것이다.

세탁과 의류 보관 방법에 대해 박성민 과장은 "의류의 세탁과 보관은 옷감의 종류에 따라 각기 다르게 하시는 것이 중요 포인트입니다. 날씨가 추워지면 남녀노소를 불문하고 많이 찾는 오리털이나 거위털이 들어간 다운점퍼는 물빨래를 하는 것이 좋습니다. 손세탁 시에는 중성세제를 푼 미지근한 물에 조물조물 빨고 목, 손목 부위는 솔로 문질러줍니다. 탈수기로 수분을 최대한 제거하고, 옷걸이에 걸어 통풍이 잘 되는 그늘에서 말리고 충전재가 뭉치는 것을 방지하기 위해 건조 후 긴 막대로 골고루 두들겨줍니다. 보관할 때는 형태를 지키기 위해 개거나 압축하지 말고 옷걸이에 걸어두는 것이 좋겠습니다. 니트의 경우, 구입 후 처음 두 번 정도는 드라이클리닝을 해주는 것이 좋습니다. 손세탁 시에는 전용 세제를 푼 미지근한 물에 담가 지그시 눌러 세탁하고, 세탁기를 이용할 때는 세탁망에 담아 세탁하고 완벽하게 건조한 뒤 뉘어서 말립니다. 보관할 때는 늘어지지 않도록 옷걸이보다는 종이를 끼워 개어놓거나 돌돌 말아서 보관합니다. 모나 울이 섞인 니트의 경우는 방충제와 함께 보관하고, 캐시미어나 램울 등 얇은 니트는 벌레 피해를 입기 쉬우므로 밀봉해 보관하는 것이 좋습니다. 끝으로 스키나 스노보드복은 고어텍스 소재를 사용해서 드라이클리닝을 하거나 자주 세탁하면 방수막이 손상됩니다. 심한 오염은 중성세제 푼 물을 솔에 묻혀 살살 문질러 제거하는 것이 좋고, 손세탁 시에는 미지근한 물에 중성세제를 풀어 살살 눌러 빱니다. 세탁기를 이용할 때는 지퍼를 잠그고 표준 코스로 단독 세탁합니다. 비틀어 짜지 말고 바람이 잘 통하는 그늘에서 말리는 것이 좋습니다"라고 팁을 알려준다.

옷을 건조할 때 적합한 온도가 있다면, 세탁을 하는 데에도 적합한 물의 온도가 있다. 세탁 온도를 잘 지켜야 옷감이 잘 빨린다. 보통 찬물보다는 더운물에서 때가 잘 빠지지만, 섬유의 종류와 오염된 정도에 따라 물의 온도를 잘 조절할 필요가 있다. 일반적으로 세탁하기에 적당한 물의 온도는 30~40도 정도다. 너무 높은 온도에서는 쪼그라들거나 옷 모양의 변형이 일어나기 때문에 때가 잘 빠질 것 같다고 해서 무조건 뜨거운 물에 빨래를 하면 안 된다.

크린토피아는 세탁과 보관 서비스, 마케팅과 프로모션에 날씨를 적극 활용하여 급속한 성장을 하고 있다. 급변하는 날씨변화로 인해 날씨 요인이 마케팅 전략에서 차지하는 비중은 앞으로 더욱 커질 것으로 예상하고 다양한 방안을 모색하고 있는 크린토피아의 날씨경영은 기후변화시대의 모범적인 날씨경영 사례라 하지 않을 수 없다.

05

"지구는 차갑게, 사랑은 뜨겁게"_코웨이

●● "지구온난화로 기온이 상승한다면서 왜 겨울은 이렇게 추운 건가요?" 일반적으로 사람들은 기온이 상승하면 겨울이 따뜻할 거라고 생각한다. 그런데 2010년의 기록적인 혹한에 이어 2011년도 엄청 춥더니 2012년 역시 추위가 만만치 않았다. 왜 이런 일이 발생하는 걸까? 가장 간단하게 설명한다면 북극 얼음이 많이 녹기 때문이다. 사람들은 북극 빙하가 녹으면 북극곰의 눈물을 연상한다. 그런데 북극곰의 멸종보다 더 심각한 것은 지구 기후가 바뀐다는 것이다. 북극 얼음이 많이 녹으면 태양빛이 더 많이 북극으로 들어와 북극의 기온이 상승한다. 기온 상승은 빙하를 더 많이 녹이게 되고 다시 기온 상승으로 피드백되면서 북극 한기를 막아주던 제트 기류가 약해진다. 약해진 제트 기류는 중위도 지방까지 깊게 사행하면서 내려온다. 사행하는 제트 기류는 북극의 한기를 그대로 중위도 지역까지 운반한다. 이런 이유로 한국을 비롯한 극동지역, 유럽지역, 미국의 동부지역에 기록적인 한파가 발행하게 되는 것이다. 한마디로 '기후변화의 역설'이라고 할 수 있다.

2012년 겨울은 혹한으로 시작되었다. 56년 만에 12월 상순 기온이 최저를 기록했고, 32년 만에 12월 폭설 기록으로 전국이 흰 눈을 뒤덮이고 꽁꽁 얼어붙었다. 폭설과 혹한은 사람들의 생활 패턴을 바꾸었다. 외출을 자제하고 실내에서 지내는 사람들이 늘어난 것이다. 한파가 노약자와 심혈관계 질환자에게 큰 영향을 주고, 빙판길 낙상 위험이 증가하기 때문인 것으로 보인다. 기온이 내려가다 보면 창문을 닫고 환기를 시키지 않기 때문에 실내 공기가 탁해지기 쉽다. 그러면 건조하고 탁한 실내 공기로 인해 두통이 오고 감기에도 더 잘 걸리게 된다. 겨울철 실내 공기 관리에 신경을 써야 하는 것은 바로 이런 이유 때문이다.

최근 이러한 심각한 기후변화에 가장 적극적으로 대처하는 기업이 있다. 바로 코웨이다(구 웅진코웨이). 코웨이는 겨울철 실내 공기를 책임지는 공기청정기뿐만 아니라 증가하는 황사나 미세먼지, 공기나 토양오염으로 인한 세균이나 바이러스까지 잡아주는 특화된 제품으로 승부를 건다. 기후변화에 적극적으로 대응하면서 환경을 건강하게 만드는 기업이 바로 코웨이다. 코웨이는 생활에 밀접한 환경가전제품을 제조하고 판매하는 친환경기업이다. 정수기, 공기청정기, 비데, 연수기 등 생활가전업계 1위 기업이다. 환경을 건강하게 만드는 기업답게 친환경 사회공헌도 다양하게 벌이고 있다. 예를 들면, 유구천 가꾸기나 캄보디아 우물파기 캠페인이 대표적이라 할 수 있다.

코웨이의 대표적인 제품은 공기청정기다. 공기청정기는 추위가 시작되면 매출이 증가한다. 실내에서 많은 시간을 보내기 때문에 구매량이 증가하는 것이다. 2012년 겨울처럼 추위가 몰려오면 청정기 판매가 전달 대비 20% 이상 증가한다. 그중 가습청정기 비중이 50%까지 높

◆◆◆ 2010년의 기록적인 혹한에 이어 2011년도 엄청 춥더니 2012년 역시 추위가 만만치 않았다. 지구온난화로 기온이 상승한다면서 왜 이토록 이상한파가 계속되는 것일까? 지구온난화로 북극에 이상고온 현상이 나타나면서 북극 한기를 막아주던 제트 기류가 약해지는 바람에 한국을 비롯한 극동지역, 유럽지역, 미국의 동부지역에 기록적인 한파가 발생하게 된 것이다. 한마디로 '기후변화의 역설'이라고 할 수 있다.

아졌다고 한다. 공기청정기의 기능 중 온도와 습도를 맞추는 일이 매우 중요하기 때문이다. 통상 실내 온도는 20도 내외, 습도는 40~60%를 유지하는 것이 질병 예방 및 면역력 증진에 도움이 된다. 겨울철에는 난방으로 인해 쉽게 건조해지기 때문에 적정 습도를 유지하는 것이 필수적이다. 공기청정기는 겨울만 효력이 있는 것이 아니다. 봄이나 여름에도 막강한 위력을 발휘한다. "황사가 심한 날엔 눈 화장을 자제하라"는 말이 있다. 과도한 눈 화장이 황사먼지와 같은 외부 이물질과 함께 눈병의 원인이 되기 때문에 나온 말이다. 또 봄이 되면 날씨가 한층 따뜻해졌는데도 연신 눈을 비비거나 코를 훌쩍거리는 사람들이 많아진다. 봄 환절기에는 알레르기 결막염은 물론 비염 환자들이 급증하기 때문이다. 황사먼지나 꽃가루 그리고 꽃샘추위는 알레르기뿐 아니라 봄철 눈질환의 원인이 된다. 민감한 신체부위 중 하나인 눈은 추운 겨울 동안 건조한 공기나 심한 일교차 등으로 면역력이 현저히 떨어진다. 봄이 되면서 눈은 계절의 변화로 인해 다양한 이상 증상에 시달리게 되는 것이다. 의료계에 따르면, 황사가 극심한 3, 4월에는 알레르기 결막염 등의 눈 질환으로 안과를 찾는 환자 수가 전월보다 15~20%가량 증가한다고 한다. 3, 4월은 꽃가루와 황사 같은 눈에 자극을 주는 물질이 사계절 중 가장 많은 시기이기 때문이다. 이때 바로 치료하지 않으면 각막 궤양이나 각막 혼탁 등이 나타나 시력 저하를 일으킬 수 있다. 평소 안구건조증이 있는 사람들은 더욱 주의를 해야 한다.

　평소 눈 건강을 위해서는 어떻게 해야 할까? 무엇보다 개인위생을 철저히 하는 것이 중요하다. 외출한 다음에는 반드시 손부터 씻고, 집 안은 자주 환기를 시켜주는 게 좋다. 또 눈을 자주 비비는 습관은 손에 있는 세균이 결막에 침투하는 원인이 되므로 가급적 피해야 한다. 여성의 경우엔 과도한 눈 화장이 눈병의 원인이 되는 만큼 황사가 심한 날은 자제하는 것이 좋다. 마지막으로 꽃가루 알레르기로 고생하는 비염 환자들은 꽃가루가 날리는 시기에는 외출할 때 마스크를 착용하고 집 안을 자주 환기시키고 청결을 유지하는 것이 좋다. 봄철에는 집 안의 미세먼지나 꽃가루를 제거해주고 먼지나 진드기를 제거하는 코웨이의 공기청정기가 위력을 발휘한다.

"봄보다는 여름이, 비 오는 날보다는 화창한 날씨에 실내 공기의 오염 농도가 높다"는 말이 있다. 코웨이가 고려대 보건과학대학과 1년간 가정 내 실내 공기질을 연구한 결과에 따르면, 맑은 날이 총 부유 세균 오염도가 더 높게 나타나고 있다. 비 내리는 날에는 박테리아가 습기를 많이 함유하면서 먼지에 흡착되어 대기 중 부유하는 시간이 짧아지기 때문이다. 따라서 여름철 화창한 날씨에는 특히 실내 공기질 관리에 신경을 쓸 필요가 있다. 사실 이젠 공기청정기는 어느 특정한 날만 가동하는 것이 아니다. 새집증후군이라든지, 신종 인플루엔자, 구제역 파동, 황사 등과 같은 피해가 계속 급증하기 때문에 사계절 필수품으로 자리 잡았다고 할 수 있다. 이것은 소비자들의 기후변화와 건강에 대한 인식이 많이 바뀐 것에 연유한다. 공기오염으로 인해 각종 질병이나 환경성 질환이 증가하면서 미세먼지, 바이러스, 휘발성 유기화합물 등 오염물질을 제거할 수 있는 공기청정기에 대한 인식도 높아졌다. 우리나라의 경우 오염물질 노출에 취약한 유아나 환자가 있는 가정의 공기청정기 보유율이 매우 높게 나타나는 것은 이러한 이유 때문이다. 최근 기후변화의 가장 큰 특징은 평균 온도와 강수량 상승 및 폭우, 폭염과 같은 극한 기후가 나타난다는 것이다. 이러한 급격한 날씨 변화에 따라 생활환경을 적절하게 조절할 수 있는 가습청정기 등 복합형 생활가전은 기후변화시대의 요구이기도 하다. 따라서 기후변화에 따라 여러 기능을 갖춘 제품의 생산은 기업의 이익뿐만 아니라 국민건강에도 큰 도움이 된다.

그런데 정말 공기청정기는 유해물질들을 다 잡아주는 것일까? 앞에서도 잠깐 언급했지만 기후변화는 생각 외로 다양한 공기질 문제를 야기한다. 중국 사막화 확장으로 황사현상은 심화되고 있으며, 한반도 기온 및 강수량 상승은 부유 미생물이나 세균 성장을 촉진시키고, 환경성 질환을 일으킬 수 있는 꽃가루, 곰팡이 등 오염물질은 더 늘어나고 있다. 정수기가 물 속 유해물질을 제거해주듯이 공기청정기는 공기 중 다양한 오염물질을 기능성/헤파필터/탈취 필터 시스템으로 걸러 제거해준다. 코웨이만이 보유한 항바이러스 필터는 유해 바이러스를 99.9% 사멸시킬 수 있는 은행잎 엑기스와 천연 살균 물질을 헤파필터 전면에 코팅했다고 한다. 이로 인해 미세먼지뿐만 아니라 공기 중 바이러스까지 제거할 수 있도록 기능이 향상되었다고 코웨이 관계자는 자랑한다.

코웨이는 상업적인 이익만 추구하는 것이 아니라 국민의 건강과 환경에도 많은 관심을 쏟고 있다. 대표적인 것이 '케어스존'이라는 운동이다. 2009년 신종 플루가 발생했을 때 손 씻기, 마스크 쓰기, 다중이용시설 가지 않기 등의 캠페인이 국가적으로 벌어졌다. 신종 플루 바이러스 감염 이슈로 학교, 유치원에 휴교 조치가 내려졌다. 그때 대응할 수 있는 실질적인 방법이 없었던 것에 착안해 코웨이는 신종 플루 바이러스를 99.9% 제거할 수 있는 항바이러스 필터를 개발했다. 그런 다음 사람들이 많이 생활하는 다중이용시설에서도 안전하고 건강한 환경에서 생활할 수 있도록 신형 공기청정기를 설치해주는 케어스존 캠페인을 시작하게 된 것이다.

　이외에도 코웨이는 수질에도 많은 신경을 쓰고 있다. 충남 공주에 있는 유구천을 1급수로 살린 실적도 있다. 생활 속에서 매일 발생하는 음식물쓰레기로 인한 환경오염에도 관심을 기울이고 있다. 코웨이는 문제 해결을 위해 강동송파환경운동연합과 '음식물쓰레기 감량 및 자원화 시범사업'을 진행했다. 코웨이 음식물처리기를 사용하여 음식물쓰레기 발생량이 87% 감소하고 음폐수 100% 제거의 결과를 얻었다고 한다. 코웨이는 기후변화를 일으키는 탄소를 저감하는 활동도 활발하게 펼치고 있다. 탄소정보공개 프로젝트 한국위원회에서 탄소경영최우수상을 수상하기도 했다. 탄소정보공개 프로젝트는 제품 제조부터 판매까지 전 과정의 탄소 배출 정도 등을 평가하고 기업의 탄소경영을 권장하는 글로벌 환경운동을 말한다. 탄소정보공개 활동이 일반화되면서 내부적으로 직원들이 환경경영에 대해 진지하게 생각하게 되었고, 외부적으로는 친환경기업 이미지가 강해졌다고 관계자는 자랑한다. 실제로 코웨이는 업계 최초 탄소경영보고서 발간, 협력사와의 탄소 파트너십 체결, 친환경 제품 개발 등 탄소경영을 확대해 매년 5% 이상씩 온실가스 감축을 실천하는 친환경 기업이기도 하다. 이외에도 환경부와 그린스타트 MOU를 체결하여 저탄소 생활에 도움을 주고 있다. 1만 3,500명의 코웨이 서비스 전문가 '코디'들이 가정을 방문해 온실가스 줄이기의 필요성과 방법을 설명하고 온실가스 줄이기 실천 서약을 전개하는 '그린리더green leader' 역할을 하고 있는 것이다. '저탄소 생활 문화 전파'에 큰 효과가 있다고 한다.

　코웨이 홈페이지에 들어가 보면 날씨정보가 나온다. 홈페이지 관계자는 "우리들이 상상하는 이상으로 기후변화에 따라 사계절의 전형적인 날씨 패턴이 달라지고 있어 날씨에 대한 관심도가 매우 높아졌습니다"라고 말한다. 코웨이는 매일 매일의 날씨정보에 따라 그날 그날의 의식주 라이프스타일이 달라지고 있는 점에 착안해, 날씨에 따라서 어떤 제품을 구매할지 고민하는 고객들을 위해 다양한 날씨와 상품정보를 제공하고 있다. 예를 들어, 정수기, 청정기, 음식물처리기, 연수기, 비데 등은 날씨에 따라 판매량이 달라진다. 온도가 높으면 정수기나 음식물처리기 판매량이 높고, 습도가 낮으면 가습청정기, 연수기의 판매량이 높아진다. 이러한 분석에 따라 날씨에 따른 상품을 추천하고 있는데, 고객들 반응이 좋아 향후에는 보다 더 상세한 맞춤형 정보를 제공할 계획이라고 한다. 2012년처럼 겨울이 추운 해에는 실내 공기가 많이 오염되고 습도 조절도 힘들기 때문에 공기청정은 물론 가습과 제습까지 자동으로 컨트롤되는 스마트 공기청정기를 주력상품으로 출시한다. 아울러 기후변화에 능동적으로 대응할 수 있는 다양한 스마트 환경가전제품을 개발하는 데 힘을 쏟을 계획이다. 코웨이의 캐치프레이즈 중 하나인 "지구는 차갑게, 사랑은 뜨겁게"란 말이 있다. 환경을 잘 지키고 가꾸면서 고객이 원하는 제품을 열정적으로 만들어 환경경영과 고객만족을 동시에 추구하자는 뜻이다. 급격한 기후변화에 선도적으로 대응해가는 코웨이의 날씨경영이 가슴 깊이 다가오는 것은 왜일까?

팁 한 가지만 소개하겠다. "가습기는 절대 만능이 아니다." 최근 주부들의 걱정거리가 하나 더 늘었다고 한다. 날로 춥고 건조해지는 날씨 때문에 가습기를 틀고 싶지만 가습기 살균 세정제가 원인 미상의 급성 폐렴을 일으키는 원인일 가능성이 크다는 질병관리본부의 발표가 나왔기 때문이다. 특히, 임산부나 아기가 있는 가정에서는 걱정이 2배라고 한다. 가습기의 문제가 아닌 세정제의 문제라는 점을 인식하는 것이 중요하다. 그러나 세정제의 문제를 빼더라도 가습기는 100% 안전하거나 만능이 아니다. 가습기를 안전하게 쓰려면 가습기 청소는 필수적이다. 중성세제가 아닌, 식초나 소금을 사용하여 세척하는 것이 가장 안전하다. 하루가 지난 물은 무조건 갈아주고, 1주일에 1회 이상 청소를 해주어야 한다. 다른 계절에 비해 겨울에는 가습기를 장시간 틀어놓을 때가 많다. 이로 인해 실내가 습해져 곰팡이나 세균이 번식할 수 있으니, 자주 환기를 시켜주는 것도 가족 건강을 위해 꼭 필요하다.

"한여름 제습기 수요 폭발적" 겨울에는 가습기가 뜨고 있다면 여름에는 제습기가 뜨고 있다. 우리나라의 기후변화가 심해지면서 예전보다 여름이 길어지고 습도도 높아졌다. 실내에 빨래를 너는 가정이 늘어난 이유도 있다. 여기에 전력 수급의 어려움과 블랙아웃(대규모 정전사태)의 위험으로 전기 사용을 아끼려는 분위기도 있다. LG전자의 인기 제습기는 10리터 용량으로 최대 41제곱미터(약 12평)까지 지원한다. 거실에서도 사용할 수 있으며 신발 건조나 의류 건조 기능도 제공한다. 위닉스는 각종 세균이나 바이러스, 곰팡이 발생을 막는 제습기를 내놨다. 코웨이가 2012년 4월 선보인 제품은 15리터 대용량으로 유해물질을 걸러주는 2단계 필터 시스템을 지원한다. 위니아만도는 공기청정 기능과 제습 기능을 결합한 '에어워셔'를 내놨다. 동양매직은 집 안과 밖의 온도 차이로 창문에 물이 고이는 결로 현상을 방지해주는 제품을 내놓아 겨울에도 쓸 수 있도록 했다. 기후변화는 다양한 가전제품을 요구한다. 기후변화에 적극적으로 대응하면서 시대적 흐름에 맞는 제품을 선보이는 코웨이의 날씨경영이 정말 대단하다는 생각이 든다.

06

디지털 사이니지,
스마트 날씨정보시대를 열다 _LG유플러스

●● "차를 운전하고 가면서 목적지의 날씨를 알 수 있을까? 가는 길목의 날씨는 어떨까?" 안전에도 매우 유용하지만 목적지에서의 스케줄 조정에도 좋을 것 같다. 2010년 국토연구원 자료에 따르면, 내비게이션의 보급률이 전체 운전자의 약 30%라고 한다. 스마트폰으로 교통정보를 이용하는 사람들이 증가하는 만큼 내비게이션은 이제 운전자에게는 없어서는 안 될 존재가 되었다. 내비게이션의 도로교통 서비스에 더하여 운전자들에게 날씨정보를 함께 제공해주면 어떨까?

보험개발원의 조사에 따르면, 비나 눈이 올 때의 사고발생률은 맑거나 흐린 날에 비해 각각 40%, 22% 증가하는 것으로 나타났다. 날씨가 안 좋으면 야간 사고율도 높아지는데, 평균 사고율보다 눈 오는 날에는 9% 정도 상승한다. 이와 같이 날씨는 운전자의 안전에 꼭 필요한 요소다. 이에 기상청은 국민들에게 다양한 날씨정보를 제공하기 위해 '웨비게이션Weavigation'이란 서비스를 KBS, 현대엠엔소프트와 함께 개발해 2013년 2월 1일부터 제공하기 시작했다. 웨비게이션이란 웨더

weather와 내비게이션navigation의 합성어로 길안내 기능에 운전자가 가고자 하는 경로와 목적지의 날씨정보를 알려주는 서비스다. 웨비게이션에는 현재 날씨, 동네예보, 1시간 단위 예보, 기상특보, 위성·레이더 영상 등을 차량에 실시간으로 전달해준다. 이 서비스를 통해 운전자들은 운전하는 동안의 날씨를 확인할 수 있다. 실시간 날씨정보를 활용하여 호우지역, 폭설지역과 같은 악기상 지역을 피해 경로를 탐색해 운행하여 교통사고 위험을 줄일 수 있다.

현재 우리나라의 내비게이션에서는 날씨정보가 나오기는 하지만, 날씨정보 전송 표준이 정의되지 않은 상태에서 서비스를 하고 있다. 문제는 경로안내 서비스와 연계되지 않아 도로기상정보 서비스를 활용하기 어렵다는 점이다. 외국도 표준을 제정하여 내비게이션에 날씨정보를 제공하는 나라는 없다. 다만 기상사업자가 비표준 방식으로 소수의 고급 차량에만 차별화된 서비스로 제공하고 있다. 이에 우리나라에서 세계 최초로 규격화된 날씨 데이터 전송 기술을 개발하고 있는 중이다. 성공한다면 날씨정보의 활용 가치를 높이고 해외로 수출까지 기대해볼 수 있다.

웨비게이션이 활용될 수 있는 분야는 다양하다. 첫째는 손해보험 분야다. 기상 악화 시 사고 건수 증가와 사고 피해액 증가는 보험회사의 손해율을 높인다. 따라서 악기상을 미리 알려줌으로써 운전자는 조심하고 보험사는 손해율을 관리할 수 있다. 둘째는 교통 분야다. 관측을 통한 지역의 기상 상태와 도로 상황을 사람들에게 전달하여 미리 대비할 수 있도록 한다. 데이터 축적을 통해 도로 건설이나 교통량 예측에 사용할 수 있다. 또한 고속철이나 지하철에 적용하여 날씨에 따른 배차 간격 조정이나 열차의 속도를 조절할 수도 있다. 셋째는 스마트폰

◆◆◆ 내비게이션의 도로교통 서비스에 더하여 운전자들에게 날씨정보를 함께 제공해주면 어떨까? 길안내 기능에 운전자가 가고자 하는 경로와 목적지의 날씨정보를 알려주기 위한 서비스로 탄생한 것이 바로 웨비게이션이다. 운전자의 생명과도 직결되는 날씨, 이젠 날씨정보와 길안내 서비스의 결합으로 운전자의 안전을 지켜주며 다양한 분야에 활용되어 우리 생활에 또 한 번 획기적인 날씨정보시대를 열 것으로 기대한다.

이나 IT 기기 분야다. 꼭 내비게이션이 아니더라도 스마트폰이나 태블릿 PC 등으로 웨비게이션을 이용하여 도움을 받을 수 있다.

2013년 1분기에 차량용 웨비게이션 제품이 출시될 예정이다. 운전자의 생명과도 직결될 수 있는 날씨, 이젠 날씨정보와 길안내 서비스의 결합으로 운전자의 안전을 지켜주며 다양한 분야에 활용되어 우리 생활에 또 한 번 획기적인 날씨정보시대를 열 것으로 기대한다.

이제 날씨는 IT 기술의 급속한 발전으로 다양한 기기나 솔루션을 통해 우리에게 가까이 다가오고 있다. 웨비게이션을 통해 날씨정보를 국민들에게 더 가까이 전달하겠다는 기상청의 노력 말고도 많은 기업들이 날씨와 관련된 유익한 정보들을 제공해준다. 그 대표적인 기업이 바로 2012년 제7회 대한민국 기상정보대상에서 당당히 금상을 수상한 LG유플러스다.

LG유플러스는 2010년 7월 LG데이콤, LG텔레콤, LG파워콤 세 회사가 합병하여 탄생했다. 최근 이슈가 되고 있는 LTE 등 유무선 네트워크를 바탕으로 기존 통신사업뿐만 아니라 다양한 분야를 아우르는 '탈통신' 사업을 수행하고 있다. 이 회사가 2012년 제7회 대한민국 기상정보대상에서 금상을 수상하게 된 것은 날씨를 적극적으로 경영에 활용했기 때문이다. LG유플러스는 서비스를 매일 접하는 고객들이 평소에 어떤 정보를 원하는지 조사한 결과, 고객들이 날씨나 뉴스같이 생활에 도움이 되는 콘텐츠를 많이 찾는다는 것을 알게 되었다. 어떤 형태로 정보를 제공할 수 있을지 연구하기 시작했다. 민간기상사업자와 함께 실시간 날씨와 테마별 날씨 등을 제공하는 서비스를 기획하게 되었다. LG유플러스의 매체 컨셉은 '생활밀착형 매체'다. 주로 아파트나 사무용 빌딩 엘리베이터와 로비에 제품이 설치되고 거주민들이 매일

시청을 하기 때문이다. 그러다 보니 고객들에게 실제로 도움이 되는 정보를 제공해주는 것이 매우 중요한데, 고객들이 가장 큰 관심을 갖는 것이 날씨라는 것을 알게 되었다. 문제는 날씨가 서울시 내에서도 지역에 따라 조금씩 다르다는 점이다. 따라서 단순하게 날씨를 알려주는 것이 아니라 지역별 맞춤 날씨를 제공하고 실생활에 도움이 될 수 있는 정보를 제공하기 위해서 '디지털 사이니지digital signage'라는 서비스를 도입하게 되었다.

'디지털 사이니지'란 무엇일까? 기업들의 마케팅, 광고, 트레이닝 효과와 고객 경험을 유도할 수 있는 커뮤니케이션 툴이다. 공항이나 호텔, 병원 같은 공공장소에서 방송 프로그램뿐만 아니라 특정한 정보를 함께 제공하는 디지털 영상 디스플레이 장치로 아웃 오브 홈OOH, Out Of Home 미디어라고도 한다. 기존 상업용 디지털 정보 디스플레이DID, Digital Information Display에 주요 기능을 제어할 수 있는 소프트웨어나 관리 플랫폼까지 종합적으로 공급하는 것을 특징으로 한다. 버전 2.0으로 진화하면서 프로젝터를 통해 건물 외벽에 영상을 투사해 건물 전체를 디스플레이로 활용할 수 있어, 언제 어디서나 원하는 콘텐츠를 전달할 수 있다. LG유플러스는 서울과 경기 지역의 아파트와 오피스 빌딩을 중심으로 미디어보드를 통해 실시간 날씨정보를 제공하고 있다. LG유플러스는 통신업체이기에 이동통신 서비스만 하기에도 벅차다. 그럼에도 고객들에게 다방면으로 여러 가지 정보를 제공해주기 위해 노력한다. 날씨정보를 실시간으로 업데이트하고, 날씨와 연계된 세차 및 빨래지수 등도 함께 제공하고 있다. 놀라운 것은 고객들이 이런 노력에 대해 긍정적인 평가를 해준다는 사실이다. 특히 이벤트나 고객의 소리 등을 통해 의견을 접수받을 때 날씨 서비스 부분이 큰 도움이 된다고 말하는 사람이 많다고 LG유플러스 디지털사이니지팀 엄기훈 팀장은 말한다. 단순히 기존의 날씨정보뿐만 아니라 입주민들의 편의를 도모하기 위한 실제적인 스마트 날씨정보시대를 LG유플러스가 열었다고 할 수 있다. LG유플러스에서 디지털사이니지 사업을 시작한 지는 겨우 2년 정도밖에 되지 않았다. 초기 기반을 다지는 의미에서 서울과 경기 신도시권역 위주로 진행되었는데, 앞으로는 날씨정보와 함께 다양한 볼거리를 제공할 수 있는 서비스를 6대 광역시에도 확대할 계획이라고 한다.

2011년 말부터 민간기상사업자와 함께 서비스를 기획했고, 2012년 2월 콘텐츠 제휴 협약을 체결하면서 본격적으로 서비스를 제공하기 시작했다. 그러나 날씨정보 제공에 대해서는 이미 오래전부터 기획하고 준비해왔다고 한다. 이상기후와 함께 서비스의 질도 향상시키겠다면서 건설 현장 등 날씨정보가 필요한 곳이면 어디든 확대해서 서비스를 하기 위한 준비도 하고 있다고 한다. LG유플러스의 엄기훈 팀장은 날씨정보에 대해 "날씨정보는 우리 실생활과 빼놓을 수 없는 부분이라고 생각합니다. 느닷없는 폭우나 폭염 같은 이상기후 현상들이 많이 일어나고 있고, 이런 이상기후가 우리 생활에 큰 영향을 미치기 때문에 날씨정보는 꼭 필요한 정보인 것 같습니다"라고 하면서 앞으로 LG유플러스의 디지털 사이니지를 관심 있게 지켜봐달라고 말한다.

LG유플러스의 디지털 사이니지는 아파트 엘리베이터에 설치된 LED 모니터에 정보와 광고를 제공하는 '미디어보드'와 자동심장제세동기 AED와 터치형 쿠폰발급기, 그리고 라이트박스 광고 일체형으로 된 스탠드형 기기인 '미디어라이프'로 구성되어 있다. 이 두 제품 모두 주거 사무공간에 설치되어 실생활에 유용한 광고와 정보를 제공한다는 것이 특징이다. 앞으로 이것들을 기반으로 다양한 공간에서 고객들에게 도움이 될 수 있는 정보들을 제공하겠다면서 야심찬 계획을 세웠다고 한다. LG유플러스의 가장 큰 친구는 날씨다. LG유플러스의 사례는 스마트한 날씨정보 제공으로 고객들에게 한 걸음 더 가까이 다가가는 데 성공한 날씨경영의 모범 사례라 할 수 있다.

LG유플러스의 경우처럼 다른 통신회사들에게도 날씨는 필수불가결한 마케팅 요소가 되었다. 이제 새로 출시되는 스마트폰에 날씨는 디폴트로 탑재된다. 세계 1위의 스마트폰 제조사인 삼성전자가 생산하는 국내용 안드로이드 스마트폰/태블릿PC에는 홈 화면에 날씨가 기본으로 탑재되어 출시된다. 예전에는 날씨정보를 확인하기 위해 날씨정보 홈페이지에 접속하거나 TV에서 날씨 방송을 하기만을 기다렸다. 그러나 이제는 스마트폰을 통해 쉽고 빠르게 날씨정보를 확인할 수 있다. 날씨정보는 스마트폰의 GPS 기능을 이용하여 사용자가 위치한 지역의 날씨정보를 자동으로 받아와서 제공한다. 따라서 사용자가 이동할 때마다 지역 설정을 변경해야 하는 번거로움 없이 날씨정보 확인이 가능하다. 여기에다가 공항, 해수욕장, 골프장 등 교통, 레저, 스포츠 등 다양한 테마 날씨정보도 제공함으로써 여가활동에 최상의 날씨정보를 활용할 수 있다. 삼성전자에서 2012년 5월부터 스마트폰에 제공하는 날씨정보는 다음과 같다. 지역은 국내 시/군/구 단위 약 240개 지역과 해외 약 5,400개 도시다. 제공되는 콘텐츠 종류로는 현재 날씨, 시간별 예보(국내는 3시간별 예보), 주간예보 외에 교통(공항, 고속도로) · 레저(산, 계곡, 낚시터, 테마파크, 해수욕장) · 스포츠(골프장, 스키장, 야구장, 축구장 등) 날씨 등이 있다. 여기에 날씨 방송까지 곁들이는데, 라이프스타일 예보(전문 기상캐스터가 설명하는 오늘 · 내일 · 주간날씨 방송), 맛

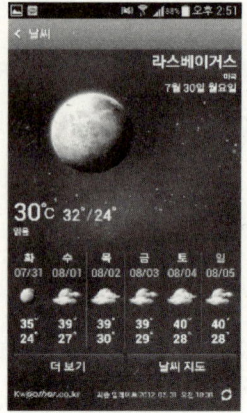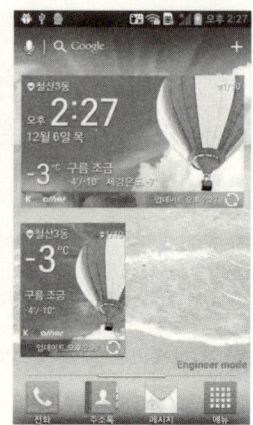

있는 날씨(오늘의 점심시간 날씨와 날씨에 따른 음식 추천 방송), 날씨와
생활정보[날씨에 따른 다양한 생활정보(건강, 문화, 피부, 축제 등)] 등이
있다. 그야말로 스마트폰 안에 기상청과 민간기상예보센터가 들어 있
는 것이나 다름없다. 특히 기상캐스터가 날씨를 실시간으로 전해주는
방송은 인기가 아주 높다고 한다. 최근 기상이변으로 날씨정보에 대한
사용자들의 요구가 점차 높아지고 있다. 질 높은 다양한 날씨정보를
스마트폰에 기본적으로 제공함으로써 변화무쌍한 날씨에 쉽게 대비할
수 있게 되었으니 얼마나 편리한가!

　삼성전자의 성공을 본 LG전자도 출시되는 단말기에 날씨정보를 제
공할 계획이다. 2013년 2월 출시 단말기부터 탑재할 예정인데 제공되
는 지역은 국내 읍/면/동 단위 약 3,600개 지역과 해외 약 5만 개 도시
의 날씨정보다. 제공되는 콘텐츠로는 현재 날씨, 시간별 예보(국내는 3
시간별 예보), 주간예보, 기상특보, 위성·레이더 영상 등이다. 이제는
우리나라에 있든 외국에 가든 최신의 정확한 날씨정보와 예보를 받아

활용할 수 있는 세상이 되었다. LG유플러스의 날씨경영과 삼성전자, LG전자의 날씨정보 활용은 기업의 이익은 물론이고 고객의 삶의 질 향상에 크게 기여하고 있다.

07

기후변화가
실내산업을 부른다 _ 아이코닉스 엔터테인먼트

●● "최악 한파에 수영복 '불티'… 왜?" 2013년 1월《문화일보》에 실린 최준영 기자의 기사 제목이다.

"기록적인 한파에도 불구, 계절을 거스른 '역시즌 상품'이 판매 열풍을 일으키고 있다. 9일 유통업계에 따르면, 최근 27년 만에 최고의 강추위가 이어지고 있지만 한여름 상품인 수영복은 판매 호조를 보이고 있다. 특히 올겨울엔 사상 최초로 수영복 매출이 주력 상품인 스키복 매출을 앞질러 관계자들을 깜짝 놀라게 했다."

누구나 수영복이 겨울에 많이 팔리리라고 생각하지 않는다. 그러나 이상기후는 우리의 이런 생각을 비웃는다. 보도에 따르면 신세계백화점 관계자는 "매서운 한파로 동남아 등 따뜻한 나라를 찾는 해외 여행객이 증가하고 최근 급증한 워터 테마파크와 온천 등에서 주말을 보내는 사람들이 늘어난 데 따른 현상"이라고 말한다. 그런데 수영복 말고도 여름 상품인 레인부츠도 대박이란다. 눈이 많이 와 빙판길이 늘어나자 방수 목적으로 구입하는 사람들이 많다는 것이다. 날씨상품을 컨설팅하면서 느끼는 것은 기업인들이 의외로 날씨 활용에 대해 둔감하다는 것이다. 조금만 시각을 달리 하면 돈이 보이는데 말이다. 최근 겨울의 혹한과 여름의 폭염 등 이상기후가 실내산업의 대박을 예고하고 있다. 이런 시대적인 흐름에 놀랍게도 애니메이션이나 캐릭터 산업도 뛰어들고 있다.

똘이장군, 로버트 태권V, 마루치 아라치가 5060세대의 캐릭터라면 3040세대의 캐릭터는 단연 '아기 공룡 둘리'다. 예전에는 국산 캐릭터가 많지 않았기 때문에 이런 캐릭터들은 무척 인기가 많았다. 최근 글로벌적인 다양한 만화 캐릭터들이 점점 많아지고 있다. 그런데도 우리나라 사람들의 고유한 정서 때문인지 아직도 예전의 캐릭터가 더 정겹다고 말하는 사람들이 많다. 그런데 최근 영유아 사이에서 폭발적인 인기를 모으고 있는 캐릭터가 있다. 최고의 인기 캐릭터는 바로 '뽀로로'다. 아이들에게 뽀통령이라고 불릴 정도다. 특히 2012년 12월부터 일찍 추워지면서 집 안에서 뽀로로와 함께하는 아이들이 더 많아졌다고 한다. 그러다 보니 실내 놀이 상품도 같이 대박이라고 한다. 그런데 이런 기후변화를 먼저 읽고 아이들의 재미는 물론, 교육적인 요소까지 잘 접목시킨 애니메이션과 완구를 만들어내는 전문업체가 있다. 우리나라에서 아이들의 사랑을 많이 받는 독보적인 업체 아이코닉스 엔터테인먼트다.

아이코닉스 엔터테인먼트는 2001년 9월 창작애니메이션의 기획, 마케팅, 애니메이션 콘텐츠의 국내외 배급 및 유통을 주요 사업으로 시작했다. 현재는 애니메이션의 제작, 출판, 비디오, 캐릭터 상품의 직접 제작 및 유통, 테마파크 사업을 하고 있다. 캐릭터 산업의 특징인 원 소스 멀티 유즈one source multi use를 직접 구현하는 회사로 발돋움하고 있다. 이 회사에서 최고의 대박을 친 캐릭터가 바로 뽀로로다. 2002년 5월 회사 내부에서 주인공 이름을 공모한 적이 있다고 한다. 그때 나왔던 이름들이 피치, 픽시, 포코, 티니, 토미, 떼치, 틱틱 등이었다. 그중에서 아이코닉스 엔터테인먼트의 사장이 제안한 뽀로로라는 이름이 한글 표현과도 가장 잘 어울려서 선정되었다고 한다. 그런데 이게 웬일인가? 론칭하자마자 완전히 대박을 터뜨린 것이다. 뽀로로는 2003년 방송을 시작해서 벌써 10살이 되었다. 뽀로로가 우리나라 대표 캐릭터 상품으로 우뚝 선 지 10년이 흐른 지금, 뽀로로의 브랜드 가치는 어마어마하다. 2008년 한국콘텐츠진흥원이 외부 전문조사기관에 위탁하여 조사한 브랜드 가치 평가에서 뽀로로의 브랜드 총 가치는 8,519억 원인 것으로 나타났다. 정말 대단하지 않은가. 현재 전 세계 120여 개국에 수출되었고, 프랑스에서는 최고 시청율 57%까지 기록했다고 한다. 아이코닉스 엔터테인먼트의 '뽀로로'가 한국을 넘어서 전 세계 어린이들의 정다운 친구가 된 것이다. 아이코닉스 엔터테인먼트 하면 뽀로로가 떠오르겠지만 그 외에 다른 작품들도 만만치 않은 인기를 누리고 있다. 회사 창립 후 제일 먼저 제작한 작품이 어린왕자를 모티브로 한 '수호요정 미셸'이다. '치로와 친구들', '제트레인저', '태극천자문', '꼬마버스 타요', '미술탐험대' 등의 작품들도 이 회사에서 자랑하는 캐릭터들이다.

　그런데 '뽀로로'는 날씨와 어떤 관련이 있을까? 언뜻 생각하기에 '뽀로로'는 날씨와 아무런 관련이 없어 보인다. 그러나 아이코닉스 엔터테인먼트는 그렇게 생각하지 않았다. 예를 들어보자. 날씨가 좋으면 아이들이 가족과 함께 밖으로 나가게 된다. 날씨가 좋은 봄이나 가을, 휴가철인 여름보다는 겨울철에 매출이 더 오르는 게 아이들을 대상으로 하는 사업이다. 게다가 겨울에는 크리스마스, 설날 선물 특수가 있기 때문에 다른 계절과 많은 차이를 보인다. 아이코닉스 엔터테인먼트는 최근 겨울이 점점 더 추워진다는 것에 착안해 아이들을 대상으로 하는 마케팅이 대박을 칠 것이라고 생각하고 가족이 모두 함께 즐길 수 있는 제품을 만들어냈다. 블루마블, 인생게임 등과 같은 보드 게임류나 공작놀이, 클레이와 같은 DIY형 함께 만들기 상품을 기획하여 주력 상품으로 만든 것이다. 2012년 겨울같이 추운 날씨에는 아이들 성장발육 및 온가족 건강에도 좋은 실내형 에어보드 등을 만들어낸다. 상품들은 출시하기 전에 온라인 블로거 마케팅, 체험단, 출시 전 이벤트 등을 통해 판매효과를 극대화한다.

아이코닉스 엔터테인먼트는 완구에 이어 요즘 태블릿 PC나 스마트폰 단말기에 이어 뽀로로 전자책도 출시했다. ios나 안드로이드 OS에 맞게 여러 애플리케이션을 만들어서 배포하고 있다. 2011년 7월 중순에 선보인 뽀로로의 첫 낱말놀이의 경우엔 100만 다운로드 이상을 기록하는 등 기염을 토했다. 2012년 3월에는 뽀로로의 동요놀이 앱도 새로 출시하여 많은 인기를 얻고 있다. 차량 이동 시나 집에서 아이들이 칭얼거릴 때 이 앱이 짱이라고 한다. 아이들이 추운 날씨 때문이 아니라 다양한 콘텐츠가 담긴 뽀로로 놀이 때문에 집 밖에 나가기 싫어한다는 이야기까지 나오는 형편이다.

아이들의 절대적인 성원에 힘입어 최근 IPTV 가입자가 늘어난 이유에 뽀로로를 보려는 어린이 시청자들이 한몫 차지한다는 이야기까지 있다. 몇 만 원씩 하는 DVD를 사주기에는 부담이 되고 사러 가기도 귀찮고 하니까 그 대신 뽀로로를 많이 보여주는 특정 IPTV 사를 선택해 가입한 뒤 아이들에게 무료로 무한정 보여주려는 사람들이 늘어난 것이다. 이젠 뽀로로 덕분에 국내 캐릭터산업이 탈바꿈했다는 평가가 있을 정도다. 이에 대해 아이코닉스 엔터테인먼트의 김종세 상무는 "뽀로로 성공 이전에는 창작보다는 외산 하청 위주의 애니메이션 산업 환경, 외산 캐릭터가 우선이었다고 한다면 뽀로로 성공 이후에는 국산 창작 애니메이션 제작의 확대 및 국산 캐릭터에 대한 인식이 많이 좋아져서 선순환 구조로 이어지고 있습니다"라고 말한다.

"불황-한파에도 끄떡없다 … 땅 밑에 꽃피운 '지하 경제'". 2013년 1월 21일 《동아일보》 기사 제목이다. 강유현 기자 등이 쓴 이 기사를 보자.

"18일 정오 서울 지하철 2호선 강남역 지하상가는 점심을 먹으러 나온 직장인들과 학생들로 붐볐다. 이곳에서 액세서리를 고르던 문소라 씨(23·여)는 '근처 어학원에 다니는데 지하상가를 지나다가 예쁜 물건이 눈에 띄면 그냥 사게 된다'며 '요즘같이 추울 땐 친구를 기다릴 때도 지하상가에서 쇼핑하며 시간을 때운다'고 말했다.

이번 겨울 들어 서울에 첫 폭설이 내린 지난해 12월 5일, 지하철역에 있는 세븐일레븐 편의점들의 매출은 1주 전보다 20.3%나 늘었다. 교통 체증을 염려한 이들이 지하철로 몰렸기 때문이다.

지하철역을 중심으로 한 이른바 '지하 경제'가 확대되고 있다. 이것은 물론 '세금 등 정부의 규제를 회피하려는 숨은 경제활동'이란 기존의 뜻과는 다르다. 지상地上 상권이 포화상태에 이르면서 편의점이나 중저가 화장품가게, 커피전문점 등이 활동 영역을 지하 공간으로 확대하는 현상을 의미한다. 지하 상권은 지하철 이용객을 중심으로 한 유동인구가 꾸준하고, 궂은 날씨로 매출이 줄어드는 '날씨 리스크'도 적은 편이다."

이러한 현상은 이상기후의 영향이 가장 크다. 겨울에는 예상하지 못한 강추위와 함께 폭설이 쏟아지고, 여름에는 폭염과 폭우가 번갈아 전국을 강타한다. 이런 경우 외국은 실내산업이나 지하 상권이 활성화 된다고 한다. 폭염도 피하고 추위도 피하면서 날씨의 영향을 거의 받 지 않기 때문이다.

앞으로 심각해지는 기후변화시대에 가장 유망한 산업이 실내산업이 될 것이라고 아이코닉스 엔터테인먼트는 예측했다. 그래서 주로 실내 에서 즐길 수 있는 뽀로로를 비롯한 애니메이션, 아이들 대상 완구 사 업 등을 시작한 것이다. 이런 아이코닉스 엔터테인먼트의 예측은 앞 으로 더 큰 성공을 가져올 것이다. 뽀로로를 보면 '날씨를 알려 드립니 다'가 있다. 필자가 가장 좋아하는 콘텐츠다. 또 변해가는 자연과 환경 에 대한 이야기도 많이 나온다. 인류의 삶이 기후와 날씨에 많은 영향 을 받는다는 것을 아이들에게 자연스럽게 교육시키는 것을 보면서 감 동을 받는다. '꼬마버스 타요'라는 캐릭터는 서울시 어린이 교통안전교 육에도 동참하고 있다. '꼬마버스 타요'는 서울시내버스의 특성인 빨간 색, 파란색, 녹색, 노란색 버스들을 의인화해서 만든 애니메이션 캐릭 터다. 캐릭터의 인지도가 높아짐에 따라 도로교통공단과 함께 아이들 을 위한 교통안전 캠페인을 공동으로 진행하여 어린이 교통사고 예방 에 나서고 있고 효과도 크다고 한다.

아이코닉스 엔터테인먼트는 애니메이션 캐릭터를 실제 상품으로 구 현한 인형부터 놀이기구까지 제품들이 상당히 많다. 그러나 세계 캐릭 터 시장과 비교했을 때 아직은 걸음마 단계라고 할 수 있다. 이런 캐릭 터산업의 부가가치는 엄청 높기 때문에 세계적인 상품만 만들어낸다 면 국가 경제에도 큰 도움이 될 것이다. 아이코닉스 엔터테인먼트는 탄탄한 국내 시장을 기반으로 해서 2013년에는 뽀로로가 세계 속으로

◆◆◆ 아이코닉스 엔터테인먼트는 앞으로 심각해지는 기후변화시대에 가장 유망한 산업이 실내산업이 될 것이라고 예측하고 있다. 그래서 주로 실내에서 즐길 수 있는 뽀로로를 비롯한 애니메이션, 아이들 대상 완구 사업 등을 시작한 것이다.

뛰어드는 한 해로 만들겠다고 힘주어 말한다. 한국 애니메이션의 강점이라기보다 우리 민족의 강점인 크리에이티브 역량을 보면 가능하다는 것이다. 아이코닉스 엔터테인먼트의 모토인 크리에이팅 펀creating fun을 기반으로 자라나는 아이들에게 꿈과 희망을 줄 수 있는 작품과 제품으로 함께 발전하는 회사로 커갈 것으로 믿어 의심치 않는다.

제7장

기관의 날씨경영은
국민의 삶의 질 높이는 지름길

**날씨경영을 통해 우리가 살아가야 하는
환경에 대한 효율적인 관리가 필요하다.**

우리는 기후변화로 인해 숲과 생태계가 이미 죽어가고 있다는 사실에 주목해야 한
다. 극단적인 날씨변화, 혹독한 추위와 더위, 물 부족과 홍수, 전염병 등이 연이어
일어나고 있다. 그래서 날씨경영을 통해 우리가 살아가야 하는 환경에 대한 효율
적인 관리가 더욱 필요한 것이다. 각 기관이 날씨경영을 해야 하는 이유는 바로 여
기에 있다. 재난을 줄이고 국민들이 쾌적한 삶을 살게 하기 위해 기후변화에 더 많
은 관심을 가져야 한다.

01

21.38킬로미터에 숨어 있는
날씨정보 _인천대교주식회사

●● 2012년 겨울은 춥기도 춥고 눈도 많이 내렸다. 12월 서울의 평균 기온은 평년보다 4.5도 낮은 영하 4.1도였다. 평균 기온 영하 4.9도를 기록한 1967년 12월 이후 45년 만에 가장 낮은 기온이었다. 12월만 놓고 볼 때 서울이 45년 만에 가장 추웠던 것이다. 일 최저기온이 영하 10도를 밑돈 날도 14일이나 되었으며, 평균 최고기온도 영하 0.5도로 1967년 이후 가장 낮았다. 눈의 경우도 서울 지역이 12월 한 달 동안 22일이나 눈에 덮여 12월 관측사상 가장 긴 '화이트 서울'을 보낸 것으로 나타났다. 1907년 관측을 시작한 이래 최고치다. 종전 최고치는 1980년 12월로 21일간 서울에 눈이 쌓여 있었다. 겨울이 시작되자마자 전국 곳곳이 이처럼 눈에 덮인 이유는 예년보다 일찍 발달한 시베리아 고기압 때문에 내린 눈이 잘 녹지 않았기 때문이다. 겨울에 춥고 눈이 많이 내리면 특히 더 곤란한 곳이 있다. 인천대교주식회사다. 이 회사는 가을 전에 겨울나기 준비를 마쳐야 한다. 교량 안전 때문이다.

인천대교는 송도국제도시와 인천국제공항이 위치한 영종도를 연결하는 국내에서 가장 긴 다리다. 총 교량 길이는 21.38킬로미터이고 교량을 지탱하는 2개의 주탑은 63빌딩 높이인 238미터에 달한다. 바다 위에 21킬로미터 고속도로와 63빌딩 2개를 건설한 것이라 할 수 있다. 사업비는 약 2조 4,000억 원이 투입되었다. 공사 기간은 4년 4개월로 2005년 7월에 착공한 뒤 2009년 10월에 완공하여 현재 운영 중에 있다. 인천대교주식회사는 1999년 설립되어 사업 준비 작업 및 건설을 주관했고, 개통 후 30년까지 운영을 맡기로 되어 있다.

인천대교는 기술적인 면은 물론이고 금융, 상업, 사업구조 면에서 다른 건설 프로젝트와 차별성을 가지면서 세계 유명 전문기관 및 학회상을 휩쓸었다. 기술적인 면에서 보면, 인천대교는 세계 5대 사장교 규모를 자랑한다. 세계 최대 규모의 말뚝재하시험을 통해 건설되었고, 4년 4개월 만에 21킬로미터의 해상교량을 건설했다. 이전까지는 해상 교량을 1킬로미터 건설하는 데 통상 1년이 소요되었으나, 인천대교 건설에서는 그 기간을 획기적으로 줄였다. 시공과 설계를 병행하는 패스트 트랙fast-track 기법을 국내 최초로 도입하고 첨단 장비를 개발하여 적용한 것이 그 원동력이었다. 금융 면에서도 의미 있는 기록들이 있다. 국내 민간투자사업에서 최초로 시행사와 시공사를 분리하고, 시공사를 경쟁 입찰을 통해 선정함으로써 사업비를 안정화시키고 사업 구조를 투명화했다. 이러한 사업 구조로 무담보 무보증 대출이라는 프로젝트 파이낸싱Project Financing을 이끌어냈다.

사업 초기에 영국의 저명한 저널인 《컨스트럭션 뉴스Construction News》로부터 경이로운 세계 10대 건설 프로젝트로 선정된 곳이 인천대교다. 주경간 800미터의 장대 교량으로서 대한민국 정부와 외국 자본, 기술력이 결합한 사업이라는 의미에서 상을 받은 것이다. 2006년에는 금융전문지인 유로머니로부터 최우수 프로젝트 파이낸싱 상을 수상한 바 있다. 2007년에는 건설 분야의 타임Time지라고 불리는 미국의 《ENR》에서 사업구조 우수상격인 올해의 뉴스메이커로 선정되었다. 2011년에는 미국토목학회가 수여하는 세계 5대 우수 건설 프로젝트 상을 수상했다. 그 외에도 대한민국 토목건축기술대상, 영국 상무부 장관 공로 표창 등 많은 기관에서 상을 받았다.

인천대교의 생명은 안전이다. 이를 위해 인천대교주식회사는 우수한 도로안전 시스템 구축과 철저한 모니터링 시스템 운영, 그리고 신속한 현장 관리를 통해 최상의 안전을 추구하고 있다. 첨단 교통상황실을 24시간 운영함으로써 인천대교의 교통 흐름을 철저히 관리하고 있다. 인천대교주식회사의 장봉수 상무는 "2009년 10월 19일 0시를 기해 첫 도로 주행이 이뤄지던 순간을 잊을 수 없습니다. 약 5년에 걸친 건설과 운영 준비 기간을 거쳐 성공적으로 도로 운행 개시를 알리던 감격적인 시간이었습니다. 이후 인천대교를 보기 위해 물밀듯 밀려오던 통행차량들을 원활히 소통시키기 위해 노력했던 일 등도 잊을 수 없습니다. 2012년 8월 인천대교 경관조명이 더욱 화려한 모습으로 보강되어 인천의 밤을 아름답게 업그레이드한 것도 큰 성과입니다. 눈비, 강풍 등 악기상 시 전 직원이 비상태세를 갖추고 도로 안전을 확보하기 위해 고군분투해온 일을 떠올릴 때마다 긴장과 보람을 느낍니다. 무엇보다 안타까운 기억은 2011년 인천대교 연결도로 구간에서 발생했던 교통사고입니다. 사고 지점이 저희 회사가 관리하는 인천대교가 아니라 인천대교 연결도로인 제2경인고속도로였지만, 책임 소재 여부를 떠나 사고 발생 후 전 직원이 사고 없는 안전한 다리 운영을 최우선 과제로 삼고 더욱 열심히 노력하게 된 계기가 되었습니다"라며 감회를

◆◆◆ 서해는 바다 안개(해무)가 끼고 바람이 많이 불어서 날씨변화가 매우 잦다. 이러한 날씨변화에 대비하여 인천대교주식회사는 교량 구간 내 5개소에 기상정보 시스템을 설치해 관리하고 있다. 적외선에 의한 가시거리 측정 및 풍향·풍속 측정, 온·습도 측정, 노면 결빙 측정 등 기상과 그에 따른 도로 여건을 분석해 구체적인 안전 운행 정보를 얻는다.

밝힌다.

그러나 인천대교주식회사가 무엇보다도 신경을 쓰는 것은 날씨다. 인천대교의 경우 서해상에 있기 때문에 날씨변화가 심하다. 서해는 바다 안개(해무)가 끼고 바람이 많이 불어서 날씨변화가 매우 잦다. 이러한 날씨변화에 대비하여 인천대교주식회사는 교량 구간 내 5개소에 기상정보 시스템을 설치해 관리하고 있다. 적외선에 의한 가시거리 측정 및 풍향·풍속 측정, 온·습도 측정, 노면 결빙 측정 등 기상과 그에 따른 도로 여건을 분석해 구체적인 안전 운행 정보를 얻는다. 또한 안개 등 시계가 흐릴 때를 대비하여 레이더를 이용한 차량 검지기 7개를 설치했다. 안개 등 기상 악화 시 기존 CCTV나 영상촬영 차량검지기가 정확한 영상촬영을 하기 힘들 때 레이더를 이용하면 정확한 교통정보 수집이 가능하다. 해무가 심할 때나 야간 및 일몰 등 어떤 기상 상태에서도 차량정보 수집이 가능한 이점이 있다.

이러한 노력으로 인천대교에서 발생하는 차량사고의 경우 날씨가 나쁜 날의 사고 건수가 다른 도로에서보다 낮게 나타났다. 2011년까지 인천대교 교통사고 현황은 경찰 집계 건수 12건이며 사망사고는 1건도 없다. 사고 건수로 집계되지 않은 경미한 건수까지 포함하여 날씨와 연계해 분석한 결과, 총 발생 건수 중 75%가 날씨가 맑을 때, 25%가 흐리거나 안개가 끼었을 때 발생했다. 이는 인천대교의 경우 날씨가 궂을수록 운전자들이 인천대교주식회사에서 제공하는 기상정보를 참고하면서 안전 운행을 하려고 하기 때문이다.

인천대교주식회사는 기상 상태에 따라 사고를 미연에 방지하고자 관련 시스템을 갖추었다. '자동영상 유고검지 시스템'이라는 최첨단 교통관리 시스템을 국내 교량들 중에서는 최초로 구축했다. 날씨 요소가 가미된 시스템으로 사장교 등 교량 주요 지점에 정차나 역주행 등 차량의 이상 움직임이 보이면 유고검지 시스템이 작동하여 자동으로 교통상황실 모니터에 경보를 울리는 것이다. 그러면 교통상황실에서 즉각적으로 상황을 판단해 교량 위 현장에 배치되어 있는 순찰차량에 연락하여 조치를 취한다. 이는 사람이 24시간 모니터를 감시한다 하더라도 돌발 상황을 미처 인지하지 못할 경우를 대비해 자동으로 기계가 이상 움직임을 감지하여 경보를 울리게 한 것이다.

인천대교를 자주 지나다니는 사람들은 안개가 끼거나 바람이 조금만 불어도 불안해한다. 이를 해소하기 위해 인천대교주식회사는 기상 변화에 대해 운전자들에게 도로안전전광판을 통해 시각적 정보를 제공하면서 안전 운행을 당부한다. 인천대교의 기상 악화에 따른 운행 기준은 다음과 같다. 인천대교 운행 기준은 도로교통법과 고속국도법 시행령에 근거하여 시행하고 있다. 강풍이 초속 14미터~21미터 미만일 때는 제한속도 시속 70킬로미터로 30% 감속 운행을 유도하고, 21미터~25미터 미만일 때는 시속 40킬로미터로 60% 감속 운행을 시행하고 있다. 강풍이 초속 25미터 이상일 때는 교통 통제를 실시한다. 실제로 2009년 태풍 곤파스가 북상할 때 교통통제가 된 사례가 있다. 안개는 시정 거리가 10미터 이하일 때는 교통 통제가 되며, 강설 시에는 적설량 2센티미터 이상일 때 시속 50킬로미터로 50% 감속 운행을 실시하고 있다. 강우 시에는 시속 80킬로미터로 20% 감속 운행하도록 한다. 인천대교에서는 차량 안전을 위해 일반 도로가 아닌 교량에 도로안전전광판과 차로제어표지등을 처음으로 설치했다. 교량 길이가 긴 데다가 해상에 위치한 점을 고려한 것이다. 도로안전전광판은 인천대교 2킬로미터 구간마다 1대씩 설치해서 사고 발생 및 교량 공사 등에 대한 정보를 이용자에게 효과적으로 제공하고 있다. 또한 교량 위 12개소(2킬로미터당 1대)에 차로제어표지LSD를 설치하여 사고 시에 이용할 차로를 구체적으로 안내하고 있는 점도 눈에 띈다.

올겨울처럼 눈이 많이 내리는 해에 대비해 제설자재, 장비, 인원을 사전에 확보하고 염수분사장치를 통해 초기 강설에 대응하여 안전사고를 막고 있다. 자동염수분사시설은 눈이 오면 자동으로 염화칼슘이 분사되는 장비다. 염화칼슘 수용액을 염수분사장치 저장탱크에 저장하여, 초기 강설 시 모바일을 통해 작동함으로써 취약 구간에 대한 초기 제설을 실시하는 최첨단 장비다. 눈이 쌓여 도로가 미끄러워지기 전에 위험 상황을 사전에 방지하는 효과가 굉장히 크다. 이외에 강설 예보 시 염화칼슘 살포기라는 제설장비를 해당 구간별로 배치하여 신속한 제설작업으로 원활한 교통 소통을 유지한다.

해상에 설치된 다리이다 보니 안개가 자주 낀다. 안개가 짙게 낄 때의 안전을 위해 인천대교주식회사는 레이더를 이용한 차량식별장치를 설치했다. 해무 등 짙은 안개 발생 시 CCTV 만으로는 교통 상황을 파악하기 어려울 경우 이에 효과적으로 대처하기 위해 레이더 검지장치를 주요 지점 12개소에 설치하여 재난을 예방하고 있다. 레이더 검지장치는 안개 발생 시 도로의 교통 상황을 파악하는 데는 최고의 장비다.

기후변화와 관련하여 인천대교는 다양한 대비책들을 세워놓고 있다. 앞으로 비나 눈이 많고 태풍의 피해도 더 클 것으로 예상되는 만큼 교량 구조물에 대한 점검을 더욱 강화하겠다는 것이다. 또한 폭설이 자주 내리는 만큼 눈에 대한 대비 수위도 더욱 높여 제설에 총력을 기울이고, 인천대교 위 전광판을 통한 교통정보 전달에도 더욱 신경 쓸 것이라고 한다.

국내에서 가장 크고 긴 다리, 인천대교는 우리에게 어떤 의미가 있을까? 인천대교는 인천경제자유구역의 핵심 인프라 시설로서 인천공항의 항공물류와 인천항의 해상물류를 연결하는 '바다 위의 고속도로'다. 인천대교의 완공으로 영종지구, 송도지구, 청라지구를 연결하는 동북아 물류 비즈니스 중심 국가 실현이라는 정책이 구체화 및 가시화되었다. 인천대교는 대한민국 경제의 핵심인 인천경제자유구역의 핵심 인프라 역할을 감당한다. 인천대교는 수도권 남부지역에서 공항에 접근하는 시간을 40분 이상 단축시킴으로써 이산화탄소 배출량을 연간 1만 8,000톤 이상 감소시키는 효과를 가져왔다. 인천대교로 인해 송도와 영종도를 비롯한 인천의 자산 가치는 상승했고, 경제 유발 효과도 매우 컸다. 인천대교라는 존재는 국민들에게 우리도 세계적인 교통 인프라를 갖게 되었다는 자긍심을 갖게 했고, 국제적인 경쟁력을 높이는 계기가 되었다. 21.38킬로미터에 숨어 있는 기상정보를 적극 활용하여 최고의 수익을 올리는 인천대교주식회사가 자랑스럽다. 인천대교주식회사의 날씨경영은 국가 경제에도 큰 도움이 되리라 믿는다.

　인천대교를 통해 수송을 담당하는 인천대교주식회사의 날씨경영에 못지않게 지하 수송을 담당하는 지하철공사가 있다. "지하철 승객 안전 위해 날씨경영은 필수". 2013년 1월 23일자 온케이웨더의 김태환 기자가 쓴 기사 제목이다. 이 기사에 등장하는 날씨경영의 주인공은 바로 대구도시철도공사다. 대구도시철도공사는 4년(2009~2012년) 연속 전국 지하철 서비스 부문 국가고객만족도조사NCSI에서 1위를 차지했다. 이들이 4년 연속 1위를 차지한 데는 임산부 배려석 운영, 자전거 무료 대여, 매월 무료영화시사회 개최, 대공원역 소극장 운영, 도시철도 퀴즈아카데미 운영 등 단순하게 운송기관으로서의 역할에 만족하지 않고 고객들의 다양한 문화적 욕구를 충족시키기 위한 서비스 개발에 노력해왔기 때문이다.

여기에 날씨경영도 빼놓을 수 없다. 전동차 출고가 시작되기 전 안전점검과 날씨 확인은 필수다. 겨울철에는 시민들의 도시철도 승차가 증가하기 때문에 직원들은 더욱 바쁘다. 대구지하철공사는 대구기상대를 통해 맞춤형 기상정보와 폭설정보를 제공받아 운행에 활용한다. 대구지하철공사 박노식 주임은 "새벽 4시 전동차 출고 전 전동차 정비 상태와 기상정보에 대한 내용을 전달하는 회의를 갖는다"고 말한다. 2003년 대형 사고 후 심기일전하여 다양한 사고 발생에 거의 대응하는 수준에 도달했다. 그러나 날씨만은 예상하기가 어렵다. 기상재해로 사고가 많은 날에는 운행에 차질이 생기기도 한다. 대구지하철공사는 이를 감안해 계절별로 선제적 방재 활동을 할 수 있도록 채비를 갖췄다. 실시간 기상정보를 분석하고 전달해 기관사가 상황에 맞게 대처할 수 있도록 돕는다. 박길남 종합관제소 운영팀 과장은 "대구기상대와 기상청 방재 기상포털 서비스를 통해 하루에 기본적으로 세 번, 한파 시에는 수시로 기상정보를 받고 있다"고 설명했다. 공사 직원들은 기상청과 대구기상대를 중심으로 방재 기상정보, 맞춤형 기상정보, 지역별 세부 강우와 도로교통정보를 사내 게시판과 종합관제소, 문자 발송을 통해 전달받고 있다. 2012년 12월 28일 대구에는 12.5센티미터의 눈이 내려 12월 적설량으로는 1952년 23.5센티미터 이래 두 번째로 많았다. 승객 폭주에 대비해 출근시간 4회, 퇴근시간 6회 열차를 증편하고 전 직원이 신속하게 비상제설작업을 해 승객들이 불편하지 않도록 조치했다. 그 결과 28일 하루 수송 실적이 66만 4,000명으로 개통 이래 최고기록을 달성한 것으로 나타났다. 수송 인원이 이처럼 증가한 것은 시민들이 안전하고 편리하게 도시철도를 이용할 수 있도록 사전에 기상정보를 활용해 필요한 준비를 했기 때문이다. 공사는 겨울철 혹한과 폭설, 강풍에 의한 피해 발생에 대비하는 것은 물론 33도가 넘는 여름철 폭염에는 자동살수장치와 장력조절장치를 설치해 피해를 최소화하도록 했다. 또한 기기 주변에 낙뢰를 예방하기 위해 피뢰기와 낙뢰보호장치도 설치했다. 그 결과 시민들이 믿고 안전하게 탈 수 있는 지하철로 인정받아 재난관리 우수기관으로 선정되었다. 무엇이 최고를 만드는가? 대구지하철공사의 놀라운 탈바꿈 뒤에는 바로 날씨를 적극 활용하는 날씨경영이 숨어 있다.

수력발전은 날씨가 90% _한강수력본부

●● "앞으로 열흘 이내에 비다운 비가 안 오면 올해 벼농사는 포기할 상황". 2012년 봄은 건조한 날씨가 계속되면서 전국 강우량이 예년의 절반 수준에 불과했다. 본격적인 영농철을 맞은 농가에 피해가 우려될 정도였다. 충남의 대표적인 농업용 저수지인 예당 저수지 상류의 산골 마을에서는 논바닥이 바짝 말라붙었다. 이미 모내기를 끝마쳐야 할 시기에 물 부족으로 손도 못 대고 있는 사례가 허다했다. 당시 농림수산식품부는 전국적으로 모내기를 끝낸 비율이 82% 수준에 그치고 있어, 가뭄 때문에 모내기에 차질이 클 것으로 예상된다고 발표했다. 농민들은 까맣게 타들어가는 가슴을 쓸며 하루 빨리 단비가 내려주기만을 기다렸다.

이처럼 물은 농사에 절대적이면서 만물을 싹틔우는 생명의 젖줄이기도 하다. 인류의 식수이자 농사에 없어서는 안 되는 물, 인간은 그런 물을 이용해 전기를 만들어내기도 한다. 높은 곳에 있는 물의 위치에너지를 운동에너지로 전환하여 전기를 얻는 수력발전이 바로 그것이다. 이번에는 우리나라 수력발전을 맡고 있는 한강수력본부를 소개하겠다.

　한강수력본부는 한국수력원자력(주)의 수력발전소를 총괄하는 부서다. 본부는 강원도 춘천시에 있고, 한강수계의 화천, 팔당수력 등 8개 발전소와 섬진강수계의 섬진강, 보성강수력 등 총 10개 발전소를 관할하고 있으며, 총 발전설비용량은 약 60만 킬로와트kW이다. 주된 업무는 첫째, 수자원을 이용하여 전력을 생산하는 것으로 연간 발전량은 약 15억 킬로와트시kWh이고, 둘째, 여름철 홍수 기간 중 최첨단 수자원 관리 시스템인 PAROSPower and Reservoir Operating System를 이용하여 한강 수계의 모든 댐을 연계·운영함으로써 홍수피해를 예방하는 것이며, 셋째, 수도권에 연간 약 17억 톤 이상의 물을 안정적으로 공급하는 것이다. 이외에 지역공동체 지원사업과 사회봉사활동 등의 사회공헌활동을 적극 추진하고 있고, 특히 여름철 홍수기에는 발전 업무보다 홍수 관리를 핵심 업무로 수행하고 있다.

　수력발전이란 화석에너지를 전혀 사용하지 않고 물이 높은 곳에서 낮은 곳으로 흐르려는 힘만을 이용하여 발전기를 돌려 전기를 생산한다. 지구상에서 가장 깨끗하고 무한재생 가능한 자급 에너지원이라 할 수 있다. 우리나라 최초의 수력발전소는 1905년 청천강 지류인 구룡강에 세워진 550킬로와트 용량의 운산수력이다. 우리나라 최초 사업용 수력발전소는 1912년 12월 86킬로와트 용량의 원산수력이다. 북한에는 수자원이 풍부한 데다가 지형상 산악지대가 많아 수력발전에 매우 유리한 자연적 입지조건을 갖추고 있어 북한 지역에 많은 수력발전소가 세워졌다. 1929년 부전강수력 20만 킬로와트를 시작으로 1938년 장진강수력 34.7만 킬로와트, 1940년 허천강수력 35.5만 킬로와트,

1941년 압록강 수풍수력 70만 킬로와트 등 대규모 발전기가 건설되었다. 남한 최초 수력발전소는 1931년 섬진강에 세워진 5,120킬로와트의 운암수력이나 현재는 폐쇄되었다. 현존하는 최초의 발전소는 1937년에 세워진 보성강수력(3,120킬로와트 → 4,500킬로와트)이다. 그 후 1943년(19.8메가와트MW급) 청평수력 1·2호기, 1944년(27메가와트급) 화천수력 1·2호기, 1945년(14.4메가와트급) 섬진강(칠보)수력 1호기 등이 건설되었다. 경제개발5개년계획과 더불어 춘천(1965년, 57.6메가와트)·의암(1967년, 45메가와트)·팔당(1973년, 80메가와트)수력 등이 건설되어 오늘에 이르고 있다.

수력발전이라고 하면 주로 댐을 생각하게 된다, 그런데 댐 이외에도 다른 방식으로 수력발전이 운영된다. 수력은 물의 낙차를 이용하여 발전을 하는 것이다. 물의 낙차를 만들어내는 방식에 따라 춘천·의암·청평·팔당수력 같은 댐에 의해 낙차를 만들어내는 댐식, 화천발전소 같은 댐과 수로를 병행한 댐수로식, 섬진강·강릉·보성강수력 같은 물길을 바꾼 유역변경식, 2012년 5월 24일 준공식을 가진 예천양수 같은 양수식이 있다. 이외에 수차의 종류에 따라 프란시스(화천, 섬진강, 보성강), 프로펠라(청평), 카프란(춘천, 의암), 펠톤(강릉), 벌브(팔당)식 등으로 나누기도 한다. 한강수력본부는 수력발전설비의 모든 종류를 다 가지고 있다. 또 세계 최고 수준으로 수십 년 동안 운영해왔기 때문에 어떤 종류의 수력발전설비도 최고 수준으로 운영하며, 관련 정비기술도 모두 보유하고 있다. 이런 능력을 인정받았기에 한국수력본부는 자체 정비기술로 해외진출도 할 수 있었다. 2009년 4월 30일, 15메가와트 발전기 2대 용량의 네팔 차멜리아수력발전소 건설을 총괄하는 사업을 수주하여 현재 마무리 작업 중에 있다. 캄보디아와는 7,252

메가와트 발전에 대한 MOU를 체결한 상태이고, 이외에 베트남, 캐나다 등 10여 개국과 수력발전 관련 프로젝트를 진행하고 있다. 현재 진행 중인 차멜리아 사업의 목적은 수익보다 저개발국 기술지원 및 경제협력 차원이므로 큰 수익은 발생하지 않았다. 그러나 현재 추진 중인 프로젝트들은 내부수익율IRR이 10% 이상 되면서 큰 수익이 기대되고 있다.

한강수력본부는 화천, 팔당, 청평, 춘천 등 지리적으로 분산되어 있는 10개에 달하는 수력발전소를 통합관리하기가 쉽지 않아 보인다. 이런 어려움을 해결하기 위해 전국에 산재되어 있는 수력발전소와 댐의 효율적 관리 및 수자원공사의 댐인 소양강댐, 충주댐과의 연계운영을 위해 한강수력본부 내에 원격감시제어소RCC를 설치해 운영하고 있다. 이곳에서는 PAROS 등 첨단 프로그램을 활용하여 안정적인 전력생산과 전력계통을 감시하는 수력발전소 원격통제 업무와 수자원을 효율적으로 활용하고 홍수를 관리하기 위한 수계운영 업무를 수행하고 있다.

여름철에는 발전보다는 홍수 조절에 신경을 쓰고 또 업무도 이에 주력하고 있다. 따라서 5월 말까지 발전설비와 댐설비 전반에 대한 홍수기 대비 예방점검 및 정비를 마친다. 또 본부 산하 전 발전소 및 발전팀은 댐 관련 유관기관 및 상·하류 주민들을 위한 홍수기 대비 댐 운영 설명회도 완료한다. 홍수기에는 지속적인 댐 상·하류 주민 안전을 위한 활동을 하고, 각 분야 전문 직원으로 기상 상황별 비상근무체제를 구축하여 24시간 비상근무를 실시한다. 홍수로부터 국민들의 생명과 재산을 지키는 데 최선을 다할 계획이라고 관계자는 말한다. 이를 위해 각종 기상자료나 댐 수위를 통해 36시간 이후의 홍수 발생을 예측할 수 있는 프로그램을 자체적으로 개발·운영하고 있다고 한

◆◆◆ 한강수력본부는 물이 곧 돈임을 잘 알고 있다. 그래서 기상청 등 관련 기관과 한
강수력본부가 보유한 225개소에서 실시간으로 관측되는 기상 및 수문자료, 2개의 인공위
성에서 제공받는 일기도와 태풍정보 및 레이더 영상분석에 의한 강수예측 등을 이용하여
PAROS에서 실시간으로 날씨분석을 수행함으로써 수자원 이용을 극대화하고 수재해 예
방을 보다 더 효율적으로 수행하고 있다. 한강수력본부가 날씨경영의 최선두주자인 이유
는 바로 여기에 있다.

다. 발전팀 김용철 팀장은 "PAROS는 수력발전소 및 댐 운영에 있어서 Paros등대 같은 역할을 한다는 의미를 갖고 있으며, 댐에 유입되는 물의 양을 실시간으로 파악해 수자원 이용률과 홍수조절능력을 획기적으로 향상시키고자 순수 국내 기술로 2008년에 개발했고, 2011년에 대대적인 보강작업을 완료했습니다. 이 프로그램은 기상청 및 2개 위성의 기상자료와 각 댐의 수위 및 주요 하천의 유량자료를 실시간으로 입수하여 36시간 이후까지의 홍수 발생을 예측해줍니다. 이 프로그램을 활용하여 미리 홍수 조절을 함으로써 수자원 이용을 극대화하고 수재해 예방을 보다 더 효율적으로 수행할 수 있게 되었습니다"라고 말한다. 아울러 기상정보 이용에 대해 "기상정보는 기상청 등 관련 기관과 저희 회사가 보유한 225개소(기상청의 유인관측소 12개소, AWS* 75개소, 국토해양부 83개소, 수자원공사 28개소, 한수원 27개소)에서 실시간으로 관측되는 기상 및 수문자료, 2개의 인공위성에서 제공받는 일기도와 태풍정보 및 레이더 영상분석에 의한 강수예측 등을 이용하여 PAROS에서 실시간으로 날씨분석을 수행하고 있습니다. 이러한 '기상정보 연계 시스템 구축을 통한 재해예방' 사례는 2011년 제5회 대한민국기상정보대상에서 우수 사례로 선정되기도 했습니다"라며 날씨 활용에 대해 만족한다고 말한다. 날씨경영의 최선두주자인 한강수력본부는 물이 곧 돈임을 잘 안다. 이들에게 가장 경제적인 경영은 날씨정보를 이용한 날씨경영이다.

한강수력본부는 깨끗한 물을 만들기 위해 환경정화 활동도 병행하고 있다. '세계 물의 날'(3월 22일), '환경의 날'(6월 5일)은 물론 '1사1하

---

* AWS 자동기상관측장비(Auto Weather System).

천운동', '홍수기 이후 환경정화활동' 등을 통해 하천 주변이나 댐 상·
하류 주변의 수질오염원인 각종 쓰레기를 수거함으로써 수도권 상수
원을 깨끗하게 만들기 위해 노력하고 있다. 또한 2008년부터는 남획
및 외래 어종으로 인해 줄어들고 있는 토속 어종 보존을 위한 치어방
류사업을 지속적으로 실시하고 있다.

우리나라는 지형으로 볼 때 산이 많고 물이 부족해서 수력발전으로
는 많은 에너지를 얻기 힘든 특징이 있다. 우리나라는 강우 특성이 여
름철 3개월에 1년 강우량의 70% 정도가 내리고 일시에 하천으로 흘
러내리므로 현재의 수자원 이용 시설로는 약 40%의 물을 버릴 수밖
에 없다. 그래서 한국수력원자력은 단 한 방울의 물이라도 아껴서 더
많은 에너지로 만들기 위해 약 1,000억 원을 투자했다고 한다. 2011년
12월 15일 청평수력에 6만 킬로와트 설비의 발전기를 추가로 설치하
여 연간 약 4,400만 킬로와트시(8억 톤, 4.4% 증가)의 전력생산과 약 3
만 톤의 이산화탄소 절감효과를 얻었다고 한다. 현재 지구온난화를 해
결하기 위한 방법으로 신재생에너지를 적극 모색하고 있는데, 한국수
력원자력에서는 신재생에너지의 한계를 말한다. 독일의 경우 태양광
발전설비는 막대한 보조금정책으로 원자력의 2배가 넘는 2,500만 킬
로와트의 설비를 갖췄으나 지난 1년간 독일 전력의 2.4%를 생산한 반
면에 태양광설비에 반도 안 되는 1,200만 킬로와트 용량의 원자력발전
은 15.3%를 생산했다. 이를 보건대, 아직까지는 경제적 효율성 면에서
신재생에너지는 많은 제약이 있다는 것이다. 그런데 노르웨이의 경우
수력에서 많은 에너지를 생산하고 있다. 국토는 넓고(38만 5,252제곱킬
로미터) 인구가 적지만(약 500만 명) 수력자원이 풍부한 노르웨이는 수
력설비가 2,800만 킬로와트로 노르웨이 전체 발전량의 98% 이상을 생

산하고 있다. 전 세계에서 가장 많은 수력설비를 가진 중국의 경우 2 억 킬로와트 이상의 설비로 연간 약 6,500억 킬로와트시란 막대한 전력을 생산하지만 총 전력공급의 20% 정도를 담당할 뿐이다. 일본 역시 2,000만 킬로와트 이상의 수력설비를 가지고 있지만, 전력생산량은 전체의 7% 정도다. 우리나라의 전력생산은 대부분 수입에너지인 화석 및 원자력이 담당하고, 일반 수력은 전체 발전설비의 2.2%인 약 172만 킬로와트이고 발전량은 약 1%로 아주 적다. 그래서 홍수 조절 효과도 크고 물을 가둬두는 효과도 큰 댐 건설을 활성화하는 것이 최상의 정책이라고 한국수력원자력은 말한다. 더구나 이산화탄소를 줄이는 데는 수력발전이 최고의 발전이라고 한다. 수력은 석탄에너지에 비해 이산화탄소 배출량이 50분의 1밖에 안 되기 때문에 최고의 친환경에너지다. 그러나 국민 정서와 국토 여건상 국내에서 대규모 수력발전을 하는 데는 한계가 있다. 한국수력원자력에서는 신규로 개발 가능한 소수력자원 개발에 눈을 돌리고 있다.

이런 노력을 인정받으면서 한강수력본부가 2010년에 수력발전소 최초로 녹색기업인증을 받았다. 한강수력본부는 "인간, 환경, 기술을 중시하는 글로벌 그린에너지 리더"란 회사 비전에 맞춰 국내 수력발전의 맏형이자 리더로서 "환경모범기업"을 경영의 최우선 과제로 삼고 있다. "녹색경영 조기 정착화", "청정생산체계 강화", "환경오염 제로화"를 목표로 최선을 다한 결과 녹색기업으로 인증을 받게 된 것이다.

저탄소 녹색경제는 정말 중요한 시대적 요구다. 수력발전 등 신재생에너지의 개발도 중요하지만 정책 운영에서 저탄소로 끌고 가는 노력도 필요하다. "'저탄소차 협력금 제도'라고 들어보셨나요?" 정부가 자동차 구매 시 이산화탄소 배출량에 따라 보조금을 지원하거나 부담금을 물리는 제도다. 2012년 환경부에 따르면, 우리나라는 2010년 기준 OECD 회원국 중 국가 온실가스 배출 총량에서 6위, 배출증가율에서 1위를 차지했다고 한다. 특히, 자동차 등 수송 분야의 이산화탄소 배출량이 9,800만 톤으로 국가 온실가스 배출 총량에서 차지하는 비중이 17%에 육박했다고 한다. 경차인 모닝과 중형차인 쏘나타를 각각 1년간 주행했을 때 발생하는 온실가스 차이는 소나무 256그루를 심어야 흡수할 수 있는 양이라는 실험 결과도 나왔다. 그러다 보니 저탄소차를 많이 운행할 수 있도록 제도적으로 만들겠다는 것이다. '저탄소차 협력금 제도'는 이미 유럽에서는 유사한 제도를 도입해 저탄소차 보급 확대를 통해 온실가스 저감 노력을 펼치고 있다. 우리나라도 이런 제도를 통해 고탄소차는 감소하고 보조금 지원대상인 저탄소차가 늘어났으면 좋겠다.

03

블랙아웃 걱정,
적극적 날씨경영으로 해소하다 _전력거래소

●● "기온 상승은 돈입니다." 미 국립해양대기청NOAA 산하에 미 국립 기상청NWS이 있다. 미 국립해양대기청은 각각의 산업에 영향을 주는 기상 요소에 대한 분석을 한다. 전력산업에서 기온의 문제를 살펴보자. 기온이 높을 때 소비자의 전력 수요는 종종 최대가 된다. 이 경우 우선 에너지 전달의 안정성 문제가 발생한다. 전선을 통해 전송될 수 있는 전력의 양은 기온에 영향을 받는 전선과 직접적으로 관련이 있기 때문이다. 따라서 실시간 기상정보는 에너지 전송과 분배는 물론이고 각 지역의 특색에 맞는 전력 조절 전략을 세우는 데도 유용하게 사용된다.

미 국립해양대기청은 캘리포니아 주 남부에 있는 샌디에이고의 에너지 인프라에 대한 전략적 계획을 수립하기 위해 여름 기온이 주요 에너지 인프라에 미치는 영향을 분석했다. 결과는 놀라웠다. 5~10월 여름철에 기온이 1도 상승하면 50~258메가와트의 전력 수요 증가를 가져온다는 것이다. 기온이 상승하면 비용이 증가한다. 예를 들어, 1메

◆◆◆ 계속되는 폭염과 한파로 인한 냉난방기의 사용 증가로 블랙아웃을 걱정하는 사람들이 늘고 있다. 이처럼 날씨는 전력 사용에 엄청난 영향을 미친다. 전력을 생산하기·위한 에너지의 96.2%를 수입에 의존하고 있는 우리나라의 상황에서 이는 보통 심각한 일이 아니다. 따라서 이에 대비해 전력을 사용하기 위한 에너지 수급에 기상 요소를 고려하는 것은 이제 필수적이다.

가와트당 1,300달러의 비용이 증가하는데 이것이 20년간 지속된다면 대략 6,500만 달러에서 3억 2500만 달러의 비용이 추가로 더 든다는 것이다.

미국 전기 생산자는 24시간 기온예보를 통해 전기 수요를 충족시킬 수 있는 발전설비 전략을 향상시켜 연간 1,666억 달러를 절감하고 있다. 증분이익incremental benefits*은 예보 정확성을 높일 투자의 장점을 평가하는 데 중요한 요소다. 기온예보 정확도 향상은 그 증분이익이 연간 % 포인트당 140만 달러로 추정된다. 그렇다면 미 국립기상청의 기온예보 정확도가 1도 향상되면 이에 따른 증분이익은 연간 약 5,000만 달러다. 만일 100% 정확한 기온예보가 가능하면 추가로 7,500만 달러의 이익이 발생하는 것으로 추정된다. 이 이야기는 정확한 기상예보의 가치가 대단하다는 말이다.

전력산업에 기온만 문제가 되는 것은 아니다. 2011년 5월 22일 미주리 주의 조플린Joplin에서 규모 F-5(최고시속 500킬로미터)의 토네이도가 발생했다. 이 토네이도는 미주리 주 남서지역 주민 15만 명에게 전기를 제공하는 엠파이어 디스트릭트 일렉트릭 컴퍼니Empire District Electric Company의 시설물에 피해를 입혔다. 이 회사는 토네이도로 인해 고객에 제공하는 전기의 15%를 손해 봤고, 그로 인해 330억 원의 재산 피해가 발생했다고 주장했다. 번개도 전력산업에 큰 영향을 미친다. 2010년에 발생한 번개로 2,000억 원의 보험 손실이 발생했다. 그 중에는 전력시설물도 포함되어 있었다. 1980년대 초 이후로 뇌우로 인한 보험 손실은 500% 증가할 정도로 뇌우의 강도와 빈도는 증가하

---

* **증분이익** 기업이 신규설비투자 또는 설비증설, 설비경신 등으로 얻는 이익 증가.

고 있다.

미 국립해양대기청의 분석처럼 에너지산업, 특히 전력산업에서 날씨는 엄청난 영향을 미친다. 더욱이 전력을 생산하기 위한 에너지의 96.2%를 수입에 의존하고 있는 우리나라의 상황에서 보통 심각한 일이 아니다. 따라서 전력을 사용하기 위한 에너지 수급에 기상 요소를 고려하는 것은 필수적이다. 우리나라 전력 분야에서 기상정보를 가장 잘 활용하고 있는 곳이 전력거래소다. 전력거래소에서는 장·단기 기상정보를 적극 활용해 미리 여름과 겨울의 전력수급 안정대책을 세운다.

전력거래소는 전력계통과 전력시장의 운영을 위해 2001년에 설립된 지식경제부 산하 기관이다. 전력거래소는 발전소에서 생산한 전기를 대전력 소비지까지 수송하는 역할을 한다. 한국전력은 대전력 소비지까지 수송된 전기를 가정, 사무실, 공장 등에 공급해주고, 요금을 청구하는 판매회사라 할 수 있다. 전력거래소는 주로 전력계통 및 전력시장 운영, 정부의 전력수급기본계획 수립 및 총괄지원 등의 업무를 수행하고 있다.

우리나라의 전력 사용 추이는 저렴한 가격과 사용의 편리성 때문에 그 수요가 최근 10년간(2001~2010년) 연 평균 약 6% 수준으로 매년 꾸준히 증가하고 있다. 전기요금이 가스나 유류보다 상대적으로 싸다보니 겨울철 난방 수요가 크게 증가하는 것도 하나의 요인이다. 이로 인해 2009년부터는 여름철이 아닌 겨울철에 최대전력사용량을 기록하는 일이 발생하고 있는 것이다.

우리나라 전력의 사용량 변화는 여름과 겨울이 다르다. 여름철에는 냉방부하의 증가로 심야사용량이 감소하고, 낮에는 사용량이 급격히 증가한다. 그러나 겨울철에는 낮은 기온으로 인해 심야에 부하가 증가하는 편이다. 기록적인 한파가 장기간 이어졌던 2011년 겨울의 경우, 난방 수요가 급증하면서 최대전력사용량 기록을 경신했다. 최대전력사용량이 7,314만 킬로와트를 기록한 것이다. 날씨가 전력사용량의 가장 큰 요인이다 보니 전력거래소에서 날씨는 필수적인 경영 요소가 될 수밖에 없다.

그럼 전력거래소는 기상정보를 어떻게 활용할까? 국민들의 소득수준이 높아짐에 따라 전국적으로 많은 냉난방기가 보급되면서 전력 수요에 커다란 변동 요인으로 작용하고 있다. 이러한 이유로 전력계통 운영을 위해서 기상정보를 적극 활용하게 된다. 기상예보 자료는 수요예측 업무에, 강우량 자료는 수력발전소 운영에, 낙뢰 및 태풍진로는 전력설비 안정운영 대책에 활용한다.

전력수요는 기온과 매우 밀접한 관련이 있다. 예를 들어보자. 2011년 7월 2~4주 월요일의 최대전력수요와 전국 가중평균기온과의 관계를 보면, 7월 11일에는 평균기온이 23.5도였고 최대수요는 6,424만 킬로와트였다. 7월 18일에는 평균기온이 4.9도 상승하면서 전력수요도 672만 킬로와트 증가한 7,096만 킬로와트를 기록했다. 7월 25일에는 최고기온이 3.0도 하락하면서 전력수요도 299만 킬로와트 감소한 6,797만 킬로와트를 기록했다. 이처럼 기온의 변화에 따라 전력수요 역시 민감하게 변하고 있다는 것을 알 수 있다.

계절에 따른 전력사용량은 어떨까? 2010년 월별 최대전력사용량을 보면, 5월과 10월에는 냉방이나 난방부하가 없는 순수한 기본부하만 있었다. 그러다 보니 전력사용량이 줄어들었다. 그러나 겨울철에는 난방용 전기 사용이 늘어나 10월에 비해 최대전력사용량이 크게 증가한 것으로 나타났다. 난방부하는 전체 수요의 약 25% 정도를 차지한다.

여름철의 경우에는 냉방용 전기 사용으로 5월에 비해 최대전력사용량이 증가하고, 냉방부하는 전체 수요의 약 22% 정도 차지한다. 전력의 여름 기온 민감도는 전국 평균기온 26.9도가 3일 이상 지속될 때, 기온 1도 상승에 따라 약 200만 킬로와트의 수요가 증가하는데, 이것은 원자력 발전기 2대에 해당하는 전력이다.

전력거래소는 전력수요를 예측하고 분석하기 위해 '전력기온지수'를 사용한다. 전력기온지수는 일별 24시간 발표되는 기온 자료를 기온분포로 반영하고, 여기에 기온 반응도를 결합하여 산출한 전력수요에 대한 기온 효과를 말한다. 일반적인 기온지수가 아니라 기온이 전력에 실제로 끼치는 영향을 수치로 계량화해 수요예측에 적용하는 것이다. 단순히 기온이 몇 도까지 올라가니 전력수요가 얼마나 올라갈 것이라는 개념이 아닌 것이다. 지속적인 고온이 전력수요에 끼치는 영향으로 고온지속일수 및 열대야 등의 기상 요인을 종합적으로 반영하기 때문에 정확한 전력수요를 예측하는 데 큰 도움이 된다. 예를 들어, 2009년 여름철 최대전력사용량의 경우, 전년대비 0.7%에 그쳐 1990년대 이후 IMF 시기를 제외한 최저 성장을 기록했다. 이렇게 낮게 증가한 것은 여러 가지 요인이 복합적으로 작용한 결과다. 그러나 여름철 최대전력사용량 발생일의 최고기온 및 전력기온지수가 낮았다는 데서 그 원인을 찾을 수 있었다. 같은 기온이라도 습도나 불쾌지수에 따라 체감온도가 다르게 느껴지며 이는 전력수요에 커다란 영향을 미친다. 과거의 전력수요 패턴을 보면 8월 하순 이후 기온은 높지만 습도가 낮아 전력수요가 감소한 경우를 볼 수 있는데, 이 경우는 이것을 설명해주는 좋은 예다.

전력거래소는 기온 등의 기본 기상정보만 활용하는 것은 아니다. 전력생산과 수송에 많은 영향을 주는 낙뢰에도 신경을 써야 한다. 전력거래소 신기준 차장은 "전기에너지는 다른 상품과는 달리 빛의 속도인 초당 약 30만 킬로미터의 속도로 전달되는 만큼 생산과 소비가 동시에 이뤄져야 하는데요, 넓은 지역에 분포되어 있는 전력설비는 자연재해에 쉽게 노출되어 있는 상태입니다. 특히 송전선로의 경우, 낙뢰에 의해 이상전압이 발생하게 되면 수요변동이나 고장 등 모든 전기적 현상이 순간적으로 일어나 전파되어 많은 소비자들에게 큰 불편을 주게 됩니다. 낙뢰에 의한 이상전압은 154킬로볼트ᵏᵛ 송전선로 고장의 50~60%의 원인이 되고 있습니다. 따라서 전력거래소는 낙뢰정보 시스템을 이용하고 있는데요, 낙뢰 시 발생하는 전자파를 수신기에서 감지해 실시간으로 낙뢰의 발생 위치, 시간, 극성, 뇌격전류 및 이동경로 등을 파악할 수 있습니다. 이런 자료들을 낙뢰지역의 전력계통 구성 변경 검토나 전력설비의 안정성 강화 등에 활용하고 있습니다"라고 말한다.

전력거래소는 다양한 기상정보를 실시간으로 제공받아 활용해야 하기 때문에 1996년부터 기상청 기상연구소와 공동으로 기상정보 시스템을 구축했다. 기상청으로부터 실시간으로 자료를 취득하여 전력계통 운영에 참고자료로 활용하고 있는 것이다. 이 밖에도 2009년 8월부터는 민간기상사업자인 케이웨더를 통해 최신 기상 및 정보기술을 바탕으로 각종 기상 관련 자료들을 수집 · 처리하고 있다. 또한 이를 활용하여 특화된 기상정보를 제공할 수 있도록 새로운 시스템을 구축했다. 전력계통 운영에서 기상정보의 역할은 매우 중요하다. 특히 전력수요 예측은 발전비용 및 계통 안정도와 밀접한 관계를 가지고 있기 때문에 정확한 기상정보를 바탕으로 예측된 전력수요는 전력계통을 안정적이고 효율적으로 운영할 수 있는 초석이라고 할 수 있다.

전력거래소에는 최적의 전력공급을 위해 24시간 감시·제어체제를 갖추고 전력공급계통의 두뇌와 같은 역할을 수행하고 있는 곳이 있다. 바로 전력거래소 중앙급전소다. 시시각각 변하는 날씨처럼 매순간 변하는 전력수요에 맞춰 전력수급의 균형을 유지하는 곳이다. 전력거래소의 심장이라고 보면 된다. 매년 성공적으로 전력수급을 담당해오던 전력거래소가 2012년 낭패를 당했다. 다음은 2012년 8월 10일자 《중앙일보》 김준술 기자의 기사다.

"전력거래소는 단기 수요 전망에는 2001년 서울대 경제연구소와 전력거래소가 공동 개발한 모형을 사용한다. 이 모형의 첫 번째 변수는 기온이다. 날씨 예측이 잘못되면 수요 예측도 빗나갈 수밖에 없는 구조다. 올여름 예측이 딱 그랬다. 전력거래소는 지난 6월 올여름 최대 전력수요를 예측하면서 기상청과 민간기상업체 케이웨더에 날씨 자문을 했다. 기상청은 '8월 기온이 평년과 비슷할 것'이라고 한 반면, 케이웨더는 '평년보다 기온이 높고 열대야도 늘 것'으로 전망했다. 자문한 두 곳의 전망치가 차이가 나자, 거래소는 어정쩡한 데이터를 선택해 지난 10년간 혹서기 통계를 감안해 기온 시나리오를 최고 34도로 설정해 모형에 넣었다.

전력거래소는 이를 토대로 최대전력수요를 8월 셋째 주 7,684만 킬로와트로 잡았다. 적극 수요 관리에 나서면 이를 7,384만 킬로와트로 낮출 수 있을 것으로 예상했다. 그러나 전망은 빗나갔다. 먼저 기상 예측부터 크게 어긋났다. 7월 하순 이후 서울에서도 35도 넘는 폭염이 이어졌다. 열대야는 11일 계속되었다. 기상 변수가 워낙 예상을 벗어나는 바람에 전력수요 예측도 크게 틀릴 수밖에 없었다. 지난 6일 '주의' 경보(예비전력 200만~300만 킬로와트)가 발동된 것도 잘못된 수요

예측 탓이 컸다. 정부가 적극 수요 관리에 나섰지만 이날 최대 전력은 7,429만 킬로와트까지 치솟아 모형에서 도출한 예측치(7,384만 킬로와트)를 크게 초과했다. 심대섭 전력거래소 전력계획처장은 '기온이 1도 오르면 수요가 80만~150만 킬로와트 증가한다'며 '기상청 전망이 틀리면 우리도 도리가 없다'고 말했다."

아무리 대책을 잘 세워도, 예측 모델이 좋아도 날씨예보가 틀리면 전력수급에 차질이 생긴다는 이야기다. 케이웨더는 장기예보를 일반인들에게는 공개하지 않는다. 상품으로 판매하기 때문이다. 2012년 케이웨더는 전력거래소의 보도자료를 통해 케이웨더의 장기예보가 정확하다는 평가를 받았다.

전력거래소는 단기적인 수요예측 말고도, 장기적인 측면의 수요예측도 같이 분석하고 있다. 신기준 차장은 "여름 못지않게 겨울에도 한파로 인해 전력수요가 크게 증가합니다. 따라서 전력거래소 전력계획처에서는 하계 전력수급 안정과 동계 전력수급 안정을 위해 매년 5월과 10월에 하계 최대전력과 동계 최대전력을 예측하고 있습니다. 또한 전력수급계획을 위한 수요예측을 매 2년마다 수행하고 있는데요, 이런 업무수행을 위해서는 기상자료에 대한 분석 및 활용이 필수적입니다"라고 하면서 장기수급대책에 장기기상분석이 매우 중요하다고 이야기한다.

전력거래소는 날씨를 경영에 가장 잘 활용한 곳으로 선정되어 2010년에 기상청이 주최한 제5회 대한민국기상정보대상에서 은상을 받았다. '기상정보 시스템을 활용한 전력수요 예측 및 안정적 생산'이 주제였다. 기상정보를 활용하여 전력의 안정적 생산과 공급 관리를 통해 국민의 삶의 질 향상과 국가 경제 발전에 크게 기여했다는 평가를 받은 것이 수상 이유였다. 전력거래소는 국민들에게 다가가는 이벤트도 진행하고 있는데, 네이버 등 온라인 매체 배너광고와 최대전력수요 맞추기 온라인 공모 등을 통해 국민들이 전력수급 및 전기절약에 관심을 가지도록 하고 있다. 또 중앙일간지 사회면에 전력예보를 매일 게재하여 전력수급 상황에 대해 국민들이 경각심을 가지도록 유도하는 일도 한다.

에너지를 절약하는 것은 선택이 아니라 국민들의 적극적인 동참이 필요한 일이다. 우리나라는 국토가 좁아서 전 국민의 생활 패턴이 유사하다. 아침에 일어나서 활동을 시작하면 전력소비가 증가하다가 퇴근 시간 무렵인 18시에 감소한다. 여름철엔 기온이 가장 높은 15시경에, 겨울철엔 11시에 전력소비가 가장 많다. 발전소는 연료비 순서대로 가동되기 때문에 전력소비가 증가할수록 연료비가 비싼 발전소가 가동된다. 따라서 가장 전력소비가 많은 피크 시간대에는 가장 연료비가 비싼 발전소가 가동된다는 것이다. 이때 전력소비를 조금씩 줄인다면 다른 시간대보다 훨씬 많은 비용을 절약할 수 있다. 또한 발전소 건설비 측면에서 본다면 발전소 건설량은 피크 수요에 맞추기 때문에 피크 수요를 줄이면 막대한 금액이 소요되는 발전소 건설비를 절약할 수 있게 된다. 국민들의 협조가 필요한 대목이다.

2013년 1월 14일부터 전기요금이 평균 4% 올라 서민들 살림살이가 더욱 어려워졌다. 전력 사용을 줄이기 위한 고육책의 하나다. 최근 겨울에 접어들면서 전력사용량이 최대치로 오르는 기현상이 발생하고 있다. 2000년대 중반까지만 해도 여름철 사용량이 훨씬 많았고 겨울철에는 오히려 전기가 남아돌았다. 그런데 2009년부터 겨울철 사용량이 여름철보다 많아지기 시작했다. 전력거래소가 여름보다 겨울에 더 신경을 써야 하는 사태가 발생한 것이다. 겨울철 전력난, 도대체 왜 갑자기 생긴 것일까? 흔히 전기장판과 전열기를 비롯한 전기 난방용품들이 전력난의 주범이라고 한다. 그런데 난방용품이 주범이 아니라 시스템 에어컨이 주범이라고 한다. 다음은 2013년 1월 14일 KBS 뉴스 김성한 기자의 보도 내용이다.

"전체 전기 난방 가운데 시스템에어컨의 전력사용량은 2010년 23%, 이후 급증했을 것으로 추정됩니다. 시스템에어컨 난방은 여름철 냉방만큼 전력이 소모되고, 특히 기온이 영하 10도 아래면 전력소모량이 2배가량 늘어납니다. 또 가스나 석유로 직접 불을 때면 난방 효율이 80%가 넘지만, 전기는 35%에 불과합니다. 전기로 난방을 하는 것은 수돗물이 아닌 비싼 생수로 빨래는 하는 것처럼 매우 비효율적인 것입니다. 이런 문제가 있는데도 정부는 2008년부터 4년 동안 190억 원의 보조금을 주면서 시스템에어컨 보급을 장려했습니다. 정부의 근시안적인 정책 판단이 겨울철 전력난을 불렀다는 얘기입니다. 전문가들은 가스나 석유를 이용하는 난방에 혜택을 줘서 지역 열병합발전을 활성화하고, 전기 난방의 확대를 막아야 한다고 조언합니다."

전력거래소는 날씨경영의 효과를 높이기 위해 많은 계획을 세우고 있다. 정확한 수요예측과 안정적인 전력계통 운영을 위해 사용하고 있는 기상정보와 더불어 향후에는 기상 관련 전문교육과정에 적극 참여할 예정이라고 한다. 이를 통해 기상전문가를 육성해 업무에 적극적으로 활용할 계획이다. 그리고 전문가인 기상자문관을 2명 뽑아 전력수급에 적극적으로 활용하고 있다. 전력거래소의 적극적인 날씨경영은 다른 기업이나 공사에 귀감이 되고 있다.

04

고효율 에너지 사회 만들어가는
녹색성장의 선도 기관 _에너지관리공단

●● 2012년에 한 포털사이트에서 인기리에 연재된 웹툰이 있었다. '즐거운 에너지 가족'이라는 총 8회 분량의 만화가 바로 그것이다. 당시이 웹툰은 한국만화영상진흥원과 지식경제부, 에너지관리공단이 공동으로 에너지 절약 홍보를 위해 제작했다. 에너지 절약을 실천하는 엄마, 절약 이론에 최고수인 딸, 공부는 못하지만 절약에 대한 의지만은확고한 아들, 절약에 대한 의식이 부족해 매일 가족들에게서 핀잔을듣는 아버지가 등장해 여러 가지 절약 상황을 에피소드 식으로 보여줬다. 이 웹툰을 보고 에너지를 절약하겠다는 독자들도 꽤 되었다고 하는데, 이처럼 만화를 통해 국민들이 쉽고 재미있게 에너지 소비를 줄이고 더운 날씨에 적절히 대비하는 방법을 알고 실천하도록 유도한 것은 아주 기발한 아이디어라고 생각한다.

2012년 여름은 지구온난화로 인해 한낮 최고기온이 30도를 훨씬 넘는 무더운 날씨가 일찍 찾아왔다. 서울의 경우 8월 초순에 36도가 넘는 폭염과 열대야가 이어졌다. 예전처럼 선풍기나 부채로 더위를 쫓는 것은 불가능할 정도로 무더웠다. 연일 이어지던 폭염과 열대야로 한때 전력경보 수준이 '주의' 단계까지 상향되면서 전력수급에 비상이 걸리기도 했다. 그러다 보니 블랙아웃(대규모 정전사태)이 발생하지 않도록 정부에서 많은 노력을 기울이고 있다. 그러나 국민 모두가 함께 에너지 절약을 실천하지 않는다면 당국의 노력이 효과를 보기는 어렵다.

에너지 전문가들은 제일 시급한 것은 에너지 절약에 관한 대규모 홍보와 교육이라고 말한다. 에너지 절약을 알리기 위한 안내책자나 광고 같은 소극적인 홍보 방법보다는 적극적인 노력이 필요하다는 것이다. 아울러 규제도 필요하다. 에너지소비효율이 낮은 제품에는 많은 세금을 물리고, 공공장소에서 에너지를 낭비하는 일을 규제하는 등 국가적 차원의 강력한 규제가 필요하다. 기후변화로 인해 전력난은 매년 더 심각해질 것이기 때문에 전 국민이 호응할 수 있는 다양한 에너지절약운동이 꼭 필요하다. 심각한 에너지난에 봉착한 이때 국민이 에너지 절약을 실천할 수 있도록 돕고 있는 에너지관리공단을 소개하는 것은 큰 의미가 있을 것 같다.

에너지관리공단은 제2차 석유파동 직후, 에너지관리가 국가 화두로 떠오른 1980년에 에너지수요관리 전문기관으로 설립되었다. 에너지수요 관리뿐만 아니라 에너지효율 향상, 기후변화 대응, 신재생에너지 보급, 에너지절약 홍보 및 교육 등 공단의 역할은 다양하다. 한마디로 "국민과 함께 고효율 에너지 사회를 만들어가는 녹색성장의 선도 기관"이라고 할 수 있다.

2012년 여름 국민들은 폭염이 이어지면서 2011년의 대규모 정전대란인 '블랙아웃'이 현실화될지 모른다는 걱정을 했다. 폭염으로 냉방전력량이 크게 늘어나면서 2012년 8월 6일과 7일에는 2011년 9·15

정전대란 이후 처음으로 전력경보 '주의'가 발령되었다. 전력예비력이라는 것은 우리나라 전체 전기공급능력 중에서 현재 사용되고 있는 전력량을 뺀, 말 그대로 남은 예비전력을 말한다. 국가는 이 전력예비력 수치에 따라서 전력경보를 발령하고 있다. 우선 전력예비력이 400만 킬로와트 이하로 떨어지게 되면 '관심' 단계를 발령하게 된다. 이때는 전기품질을 유지 범위 내에서 배전용변압기를 하향조정하는 등 예비전력을 확보하기 위한 노력을 시작한다. 300만 킬로와트 이하로 떨어지면 이때 '주의'가 발령된다. 이때는 공급자가 직접 전력부하를 제어해서 전력수요를 조절하는 등 좀 더 강력한 조치가 시작된다. 만일 200만 킬로와트 이하로 떨어지면 '경계'가 발령되는데, 민간시설에도 긴급 자율절전을 권고하게 된다. 그리고 100만 킬로와트 이하일 경우 '심각'을 발령하고, 2011년 9월 15일처럼 단계별로 순환정전을 시키게 된다. 2011년 전력대란은 늦더위를 예상하지 못하고 많은 발전소가 정비에 들어간 탓이 컸다. 그러나 전력당국은 2012년은 무척 심각했다고 한다. 8월 상순까지 '주의' 단계가 두 번이나 발령되었고, '관심' 단계가 발령된 경우도 상당히 많았기 때문이다. 2012년 여름철 전력공급능력이 약 7,700만 킬로와트였던 것을 감안하면 전체 전력 중에 5% 정도밖에 여유가 없었던 것이다.

여름과 겨울이면 겪는 전력대란에 대한 국민들의 생각은 어떨까? 우리나라 국민들의 에너지 절약 인식 수준은 상당하다. 에너지관리공단이 2012년 실시한 전기절약 국민인식 조사에 따르면, 10명 중 9명은 우리나라 전력 부족 문제가 심각한 상태라고 생각하고 있으며(89.7%), 이런 전력 상황을 고려했을 때 국민들이 전기를 절약하는 것이 필요하다는 응답이 무려 97.4%로 압도적이었다고 한다. 하지만 실천에 대한 응답은 상반되었다고 한다. 일반 국민들이 전기절약을 잘 실천하고 있다고 생각한다는 응답은 불과 33.3%밖에 되지 않았다. 인식 수준은 높지만 실천으로 옮겨지기는 힘든 실정인 것이다. 선진국에 비해 좀 더 에너지를 많이 쓰고 있고 실천은 잘 안 하고 있다고 생각하는 국민이 많다. 그러나 긍정적인 것은 에너지절약 필요성에 대한 인식 수준은 굉장히 높다는 것이다.

에너지는 날씨와 밀접한 관계가 있다. 그러다 보니 에너지관리공단도 날씨와는 떼려야 뗄 수 없는 곳이다. 최근 에너지관리공단에 기상이변과 기후변화로 인해 관련 부서나 센터들이 새롭게 생겨나고 있고, 또 다양한 기상정보를 얻어 활용하고 있다고 한다. 생활실천홍보실 우영만 부장은 "우선 날씨에 가장 민감한 시기는 여름과 겨울입니다. 폭염이 계속된 2012년의 경우에는 냉방전력이 크게 올라갔습니다. 수치로 계산해봤더니, 2012년 여름에 기온이 1도 올랐을 때 약 85만 킬로와트나 전력수요가 증가했습니다. 또한 겨울철도 마찬가집니다. 전기난방기기 보급이 크게 늘어나면서 오히려 여름철보다 전력 사용이 더 많아지는 경향을 보입니다. 이처럼 전력사용량은 날씨에 민감합니다. 기후변화가 세계적 핵심 화두로 등장하면서 저희 공단에서도 이를 전담하는 부서가 여럿 생겼습니다. 탄소 배출, 온실가스 감축 등 기후변화와 관련된 여러 가지 업무가 생겨난 것도 사실이고요. 기후변화가 에너지 사용에서 비롯된 이산화탄소 배출로 야기되고 있는 만큼 에너지관리공단의 모든 업무가 기후변화에 대응하는 업무라고 보시면 될 것입니다. 아울러 저희 공단에서는 '에너지 절전' 사이트를 운영하고 있는데요, 여기에서는 전력 사용 상황을 실시간으로 안내하고 있습니다. 전력 사용 자체가 날씨에 크게 좌우되는 만큼 상황 표기 옆에는 기상청의 데이터를 끌어다가 전국의 날씨도 표기하고 있습니다. 또 저희는 TV 기상예보를 전부 모니터링하고 있고, 폭염이 예상되는 날에는 전력거래소의 협조를 받아 전력예보를 기상예보 바로 뒤에 실시하고 있습니다"라고 말한다.

지구온난화로 인한 급격한 기후변화로 여름에는 더 덥고 겨울에는 더 추워지는 경향이 발생하면서 정부에서는 에너지 사용제한 조처를 시작했다. 현재의 전력생산량으로는 한계에 도달했다고 판단했기 때문이다. 에너지 사용제한 조처는 6월 11일부터 9월 21일까지 시행한다. 주요 내용은 에너지 다소비 건물의 실내온도를 26도로 제한하고, 공공기관은 28도 이상으로 유지하는 것과 출입문을 열고 냉방기를 가동하는 영업을 금지하는 것이다. 그러나 이것은 벌금만으로는 해결되지 않는다. 기업과 국민 모두의 자발적 협조가 필요하다. 지식경제부와 에너지관리공단이 국민발전소 건설주간을 만든 것은 바로 이런 이유 때문이다. 정부는 국민발전소 건설주간을 2012년 6월에 처음 실시했다. 국민발전소는 국민들의 작은 실천들이 모이면 발전소를 건설하는 것과 같은 큰 효과를 가져온다는 의미다. 각 월별로 1주일씩 건설주간을 설정하여 국민들의 절전 실천을 적극 독려하자는 취지로 시작했다. 국민발전소를 건설하기 위한 4대 실천요령이 있다. 바로 "아싸가자!"이다. "아끼자 25시" 전력사용이 집중되는 시간인 2시부터 5시까지 전기를 아끼자, "싸랑한다 26도" 실내온도는 26도 이상으로 유지하자, "가볍다 시원차림" 간편한 복장으로 체감온도를 낮추자, "자 뽑자 플러그" 안 쓰는 전기플러그는 꼭 뽑자는 내용이다. 또한 정전대비 위기대응 훈련도 실시하고 있다. 2012년 6월 21일 오후 2시에 실시된 정전대비 위기대응 훈련은 전국적으로 실시된 대규모 훈련이었다. 이때 20분

◆◆◆ 지구온난화로 인한 급격한 기후변화로 여름에는 더 덥고 겨울에는 더 추워지는 경향이 발생하고 있다. 이로 인해 전력사용량은 급증하고 있다. 정부는 에너지 다소비 건물의 실내온도를 26도로 제한하는 등 에너지 사용제한 조처를 취하고 있다. 기후변화가 세계적 핵심 화두로 등장하면서 에너지관리공단에서도 이를 전담하는 부서가 여럿 생겼다. 그에 따라 탄소 배출, 온실가스 감축 등 기후변화와 관련된 여러 가지 업무도 수행하고 있다.

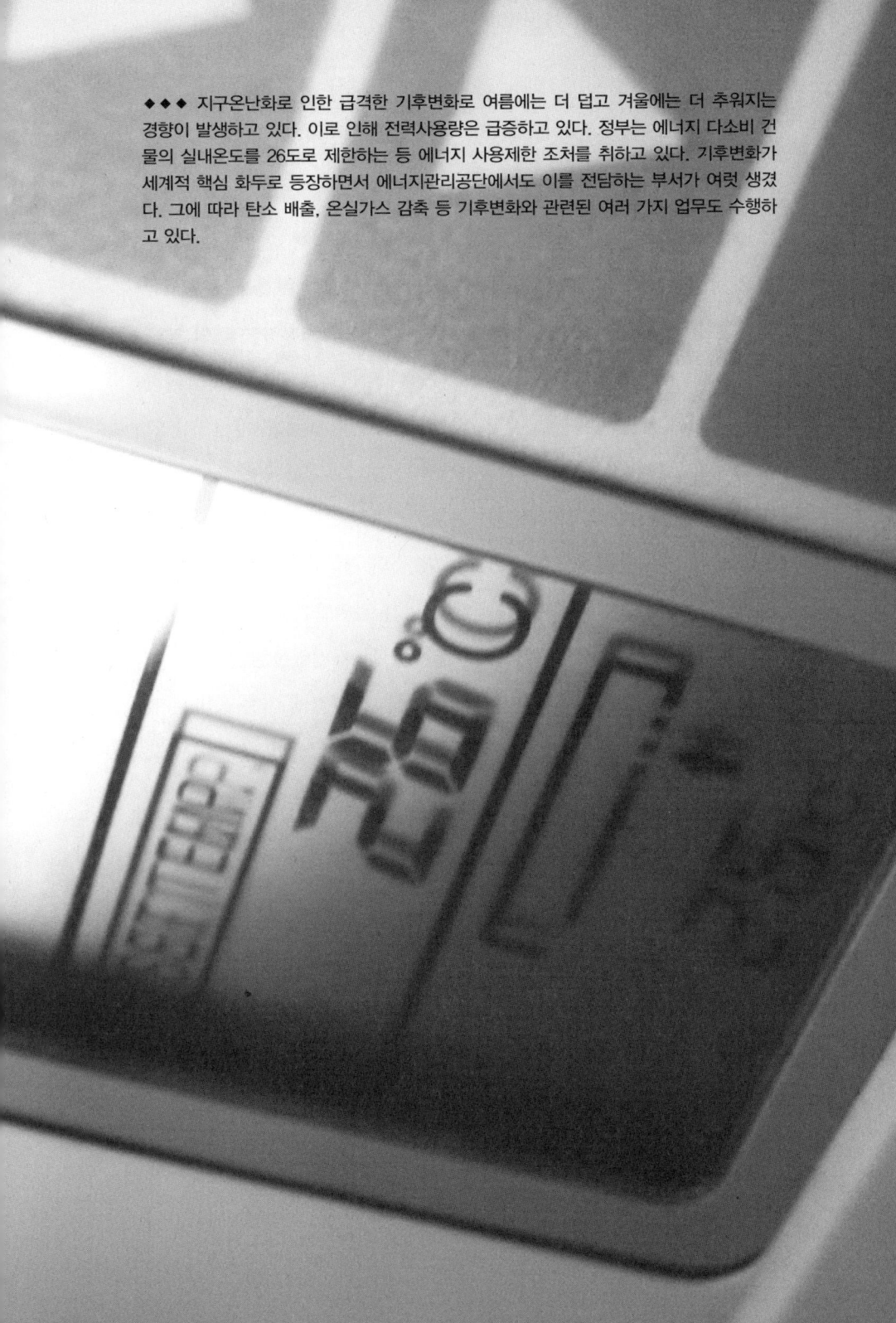

간 절약된 전력은 500만 킬로와트로, 화력발전소 10기에 해당하는 엄청난 양이었다. 훈련대로 잘 진행된다면, 앞으로 대규모 정전사태는 일어나지 않을 것이란다.

국민들이 동참해서 실천할 수 있는 에너지 절약 방법 중 가장 쉬운 것은 냉방온도 준수다. 실내온도는 26도를 맞추고 외부온도가 30도를 훨씬 웃돌 경우에는 외부온도와 5도 정도 차이를 유지하는 것이 에너지 절감에 도움이 된다. 1도를 내릴 때마다 약 7% 냉방전력이 증가하기 때문이다. 사무실에서는 점심시간에 조명과 컴퓨터 모니터 등을 끄는 것만으로도 큰 절전효과를 볼 수 있다. 엘리베이터 운행을 줄이는 것도 큰 도움이 된다. 가정에서는 안 쓰는 제품의 플러그는 꼭 뽑아두고, 특히 오후 2~5시 사이에 청소기, TV 등의 전기제품 사용을 최대한 자제하는 것이 에너지 절약과 국가 에너지 절약을 돕는 지름길이다. 에너지관리공단이 에어컨 필터 청소를 하자는 캠페인을 펼친 것도 상당히 이색적이다. 냉방온도를 올리고 에어컨을 약하게 켜는 등의 절전 행동들은 잘 알고 있다. 그러나 에어컨 필터 청소에 대한 정보는 잘 모른다. 에어컨 필터 청소는 특별한 약품이 필요한 것도 아니고, 물만 사용하여 충분히 청소할 수 있다. 2주에 한 번씩 청소하는 것만으로도 약 5%의 냉방전력을 절감할 수 있으니 꼭 실천하기 바란다.

에너지관리공단이 실시한 가장 성공적인 홍보는 축구선수 박지성 선수와 이외수 작가가 함께한 에너지절약 실천 광고였다고 한다. 에너지관리공단이 전기절약홍보 국민인식조사를 실시했더니 정부의 절전 대책 및 전기절약을 위한 홍보물의 접촉 경로는 TV 캠페인이 가장 높은 것(80%)으로 나타났다. 관계자들은 박지성 선수와 이외수 작가의 광고 덕분이라고 말한다. 이외수 작가와 박지성 선수와 함께 TV 광고를 만들었더니, 온라인 및 모바일상에서 광고 자체가 이슈가 되었고, 더 큰 홍보 효과를 누릴 수 있었다고 한다. 누리꾼들의 댓글을 보면 지루하기만 했던 에너지절약 캠페인이 신선하고 유쾌했다는 평이 많았다고 한다.

또한 청소년들에게 자발적인 에너지절약운동을 지원하고 있다. 이에 대해 우영만 팀장은 "에너지절약은 조기교육이 매우 중요합니다. 어릴 때 받은 에너지절약 교육은 습관이 되어 평생의 절전 실천으로 연결될 수 있습니다. 저희 공단에서는 에너지절약 교육을 위해 초등용, 중등용으로 창의적 재량활동 프로그램을 만들어 각 학교에 홍보하고 있으며, 일부 학교는 에너지절약정책연구학교로 지정하여 에너지절약 집중교육 및 활동을 실시하고 있습니다. 그리고 무엇보다 에너지절약 실천 동아리인 'SESE나라'를 운영하고 있는데요, 초 · 중 · 고등학생 약 2만여 명이 활동하고 있으며, 각 학교에서 에너지절약을 위한 활동이 원활히 이뤄질 수 있도록 지원하고 있습니다"라며 자세히 설명한다.

최근 고유가와 기후변화로 인해 에너지 사용에 대한 관심이 그 어느 때보다도 높다. 선진국에 비해 상대적으로 에너지 자원이 적은 우리나라에서는 에너지를 어떻게 더 절감하여 사용하고, 효율을 향상시킬지가 더더욱 중요해졌다. 에너지관리공단은 에너지효율 향상과 더불어, 기후변화 대응에서부터 신재생에너지 등 청정에너지 보급까지 에너지와 관련된 모든 분야에서 좋은 성과를 낼 수 있도록 최선을 다할 것이라고 다짐한다. 최고의 날씨경영을 통해 국민 에너지 절감에 크게 기여하고 있는 에너지관리공단의 미래가 더 기대되는 것은 바로 이런 이유 때문이다.

우리를 흐뭇하게 만드는 이야기를 하나 소개한다. "나팔꽃 커튼을 보신 적 있으신가요?" 포항시에서 9곳의 공공기관 창문에 나팔꽃으로 커튼 그늘을 조성해 화제가 되고 있다. 나팔꽃 커튼은 여름철 햇볕 차단과 에너지 절약을 통한 기후변화 대응정책의 일환으로 진행되었는데 다양한 효과로 방문객들로부터 좋은 반응을 얻었다고 한다. 포항시에서 나팔꽃을 2012년 5월부터 창문이 많은 곳 화단에 식재하고 두 달이 지나자, 공공건물 전면을 덮은 나팔꽃이 천연 커튼을 조성하면서 그늘막 역할을 했다고 한다. 녹색커튼 조성사업의 나팔꽃 식재사업은 실내온도를 줄여 냉방에 필요한 에너지를 절약하고 강한 햇빛, 자외선, 외부의 시선 차단 등의 커튼 효과를 볼 수 있다고 한다. 무엇보다 이 나팔꽃 커튼의 놀라운 효과는 이산화탄소를 흡수하여 기후변화 대응 차원의 효과도 기대할 수 있다는 점이다. 2012년 여름처럼 폭염으로 전력난이 심각할 때 햇볕을 차단해주는 녹색 덩굴식물은 에너지를 절약할 수 있게 해주는 효자 아이템이다. 가정에서 덩굴식물을 심으면 자연친화적 생활을 누림과 함께 전기세와 온실가스까지 줄일 수 있을 것이다. 나팔꽃 커튼 달기처럼 급격한 기후변화에 대응할 수 있는 방법은 그리 멀리 있지 않다. 자연친화적인 작은 아이디어 하나가 기후변화에 대응할 수 있는 방법이 될 수 있음을 이 사례를 통해 배운다.

05

날씨정보는 화재, 폭염, 물난리로부터 지켜주는 안전지킴이 _구로소방서

●● 2012년 여름은 장마가 일찍 끝나고 폭염이 닥쳐왔다. 8월 초순까지 전국적으로 30도를 넘는 폭염이 지속되면서 열대야가 기승을 부렸다. 8월 5일에는 서울의 수은주가 36.7도까지 올라가 1994년 이후 18년 만에 가장 높은 기온을 보이기도 했다. 무더위가 연일 이어지면서 열사병으로 인한 사망자도 예년보다 늘었다고 소방방재청이 발표하기도 했다. 폭염이 계속되면 면역력이 떨어지고 더위에 취약한 어린이와 노약자, 그리고 만성질환자들은 열사병에 걸릴 위험이 높아 특히 더 주의해야 한다. 건강한 성인이라도 운동이나 야외활동을 하거나 무덥고 밀폐된 공간에서 일할 경우 위험하다. 폭염특보가 발표되는 날에는 가급적 야외활동은 피하고, 충분한 휴식과 함께 물을 평소보다 자주 마시는 것이 좋다. 더위로 인해 현기증이나 두통 증상이 나타나면 즉시 병원을 찾는 것이 좋다. 지구온난화로 인한 기후변화 중에서 가장 심각한 것이 기온 상승이다. 앞으로 폭염 발생 일수가 더욱 증가할 수 있다는 이야기다. 그런데 폭염이 닥치면 바빠지는 곳이 있다. 바로

소방서다. 폭염 피해와 기상재해 피해를 줄이기 위해 총력을 기울이는 구로소방서를 소개하겠다.

최첨단 디지털산업단지와 대형 유통상가 밀집 등 서울의 서남권지역의 중심에 있는 구로소방서는 구로구와 금천 2개구를 관할하고 있다. 전국에서 가장 많은 389명의 소방공무원과 54대의 소방차량을 갖추고 있다. 사시사철 비상체계근무를 하느라 바쁘지만, 특히 여름이 되면 더욱 바쁘다. 폭염이 발생하면 경로당 등 노약자시설 등을 119구급대원들이 순회 방문해서 얼음팩이나 식염캔디 등을 나눠주어 폭염에 대비하도록 도와준다. 폭우로 인한 피해를 예방하기 위해 침수예상지역 순찰 및 수방장비를 전진배치해놓고 있다. 예년에 비해 급증하고 있는 말벌 출현에 대비하여 8개 생활안전구조대를 운영하고 있다. 또한 국민들의 안전에 관한 인식을 향상시키기 위해 안전교육을 실시하고 있다. 어린이들은 물론 성인들을 대상으로 동영상을 통한 화재예방 및 초기대응요령을 교육한다. 이어서 물소화기를 이용한 가상화재 진화 체험과 화재가 났을 때 피난대피요령, 지진 체험 등 이론과 실습을 병행한 다양한 생활안전교육을 실시하고 있다.

국민들을 대상으로 안전교육을 하는 것은 우리나라 사람들의 안전의식이 예상외로 낮기 때문이다. 소방방재청이 국민의 안전의식 향상을 통한 안전문화 정착을 위해 2012년 5월에 처음 실시한 국민의 안전의식수준 조사에서 100점 만점에 57점으로 선진화 목표인 69점에 크게 못 미치는 것으로 나타났다. 소방서에서는 안전교육 외에 안전체험관을 운영하고 있다. 소방안전을 체험할 수 있는 곳은 광나루 및 보라매안전체험관을 비롯해 소방서에도 설치되어 있으며, 사전예약제로 운영되고 있다. 가장 많은 교육생들은 유치원생들이다. 체험관에서는 화재안전 인형극 공연을 비롯해 동영상을 통해 소방안전교육 및 물소화기 체험, 연기 대피 체험, 지진 체험, 소방관 직업 체험 등 실습 위주로 교육이 이뤄지고 있다.

소방서는 날씨와 밀접한 연관이 있다. 화재는 날씨에 따라 많은 영향을 받는다. 또 다른 사건·사고의 경우도 마찬가지다. 그래서 구로소방서에서는 기상정보를 적극적으로 활용한다. '서울안전지키미'라는 스마트폰 앱을 통해 구로소방서원들은 실시간으로 기상정보를 확인할 수 있다. 서울종합방재센터에서 각 소방서 상황실로 매일 아침 6시에 제공해주는 기상정보를 적극 활용하고 있다.

여름철 가장 심각한 자연재난은 집중호우다. 구로소방서에서는 도심침수 등 호우에 대비한 대책을 수립하여 운영하고 있다. 2011년 제작한 '침수 구역도'를 종합상황실에 상시 비치하여 유사시 신속하게 대응할 수 있게 조치하고 있다. 폭우가 내릴 때에는 침수예상지역을 24시간 모니터링하여 피해 최소화에 만전을 기하고 있다. 2011년 우면산 산사태나 광화문 물바다 사건 등의 불행한 사건·사고들이 있었기 때문에 구로소방서는 주민들이 미리 신경 써주기를 바라는 부분도 있다. 도로가에 설치되어 있는 '빗물받이' 주변에 쌓여 있는 낙엽이나 이물질로 인한 배수장애 문제와 같은 것을 예로 들 수 있는데, 자칫 침수 피해를 입을 수 있으므로 건물 주변에 설치되어 있는 빗물받이 주변을 주민 스스로 관리해주면 피해를 미연에 방지할 수 있다는 것이다. 또 지대가 다소 낮은 곳에 위치한 가정에서는 모래주머니를 미리 준비해두었다가 유사시 집 안으로 빗물이 유입되지 않도록 쌓으면 피해를 최소화할 수 있다고 한다. 여름철이면 전국이 고온다습해서 사소한 전기누전이 큰 사고로 이어지는 경우가 있다. 비가 내릴 때에는 가로등이나 신호등, 변압기에 접근하지 말고, 전기제품은 물청소를 하지 않아야 한다. 또한 침수가 된 곳은 전원을 반드시 차단하고, 누전차단기의 테스트 버튼 점검 등 안전수칙을 반드시 지켜야 여름철 감전 사고를 예방할 수 있다는 것이다.

2012년 여름 폭염으로 인한 사망자가 전국적으로 많이 발생했다. 최근에 와서 지구온난화로 기온이 상승하면서 예상하지 못한 폭염이 발생한 것이다. 이제는 폭염을 단순한 무더위가 아닌 재난으로 보아야 한다. 2003년 유럽을 휩쓴 폭염으로 7만 명이 사망했다. 폭염으로 수많은 노약자들이 쓰러져갔고 제대로 치료를 받지 못하면서 속수무책으로 죽었다. 당시 4만 5,000명의 사망자가 발생한 프랑스는 폭염으로 국가정책이 바뀌었다. 프랑스 정부는 2004년에 '노인과 장애인 복지 재원조달'을 위해 공휴일을 하루 줄이고, 대신 이날 일하여 얻은 소득만큼 기업이 사회에 환원하도록 하는 법률을 제정했다. 이 돈으로 폭염이 발생하면 노약자들을 보살펴줄 수 있는 시설과 인프라를 만들겠다는 것이다. 역사 속에는 이보다 훨씬 더 치명적인 사례들이 남아 있다. 18세기 기록을 보면, 1718년과 1719년 여름에 연이어 프랑스를 덮친 혹독한 무더위로 거의 70만 명의 프랑스인들이 목숨을 잃었다고 한다. 가장 기온변화가 심했던 시기에 발생한 참사였다. 구로소방서 관내에서 2012년 발생한 폭염 환자는 모두 104명이라고 한다. 그러나 119폭염구급대가 응급처치 후 신속하게 병원으로 이송하여 사망으로 이어진 경우는 없었다고 한다. 날씨를 적극적으로 업무에 활용한 결과라고 구로소방서 관계자는 말한다. 폭염주의보나 경보가 발령되면 정부에서 발표하는 행동요령에 따르는 것이 좋다. 야외활동을 최대한 자제하고, 이온음료나 물을 자주 마시는 게 좋다.

EMERGENCY

◆◆◆ 구로소방서 관내에서 2012년 발생한 폭염 환자는 모두 104명이라고 한다. 그러나 119폭염구급대가 응급처치 후 신속하게 병원으로 이송하여 사망으로 이어진 경우는 없었다. 날씨를 적극적으로 업무에 활용한 결과다.

폭염을 나타내는 지수에는 여러 가지가 있다. 기상청에서는 열지수heat index를 이용하여 폭염경보를 발령한다. 미국에서는 불쾌지수discomfort index를 많이 사용한다. 그러나 이 2개의 지수는 태양빛에 노출된 환경을 반영해주지 못하는 단점이 있다. 이런 단점을 보완하여 많이 활용되는 지수가 WBGT지수Wet-bulb Globe Temperature index다. WBGT지수는 기온과 습도뿐만 아니라 복사열, 기류 등 열중증熱中症을 유발할 수 있는 요소를 반영한 지수다. 야외에서 일하는 근로자나 군인, 운동하는 학생들에게 가장 실제적인 지수라 할 수 있다. WBGT지수는 1957년 미군이 혹서 군사훈련에서 열사병 환자를 막기 위한 목적으로 고안했다. 영국과 유럽에서는 산업 현장이나 체육활동, 군사훈련 및 작전에서 WBGT지수 적용을 적극적으로 활용하고 있다. 일본은 한 술 더 떠서 산업 현장에서 WBGT지수 적용을 의무화하고 있다. 미군도 이라크전이나 아프간전에서 이것을 적극 활용했다. 지구온난화로 폭염 발생 빈도가 점차 증가하고 있다. 우리나라에서도 WBGT지수를 도입해 폭염 피해를 줄이는 데 적극적으로 활용해보면 어떨까?

구로소방서는 매년 발생하는 재난재해를 예방하기 위해 지자체나 경찰청 등과 공조체제를 갖추고 있다. 2012년 3월 관내 민간중장비업체 4곳과 민관재난협력을 위한 업무협약MOU을 체결하여 포크레인 등 복구장비 90여 대를 유사시 신속하게 대여할 수 있게 되었다. 구청과 24시간 비상연락망 유지 및 수방장비 700여 대를 상호 활용할 수 있도록 협력하고 있기도 하다.

소방서의 가장 큰 브랜드가 119다. 119의 역할이 이제 우리 국민 생활과 많이 밀접해지면서 어린이들이 장래희망으로 소방관을 많이 말할 정도다. 구로소방서는 국민과 함께하는 119의 브랜드 가치를 더욱 높일 예정이다. 얼마 전 몽골의 칭기즈칸 후예가 중앙119구조대의 장비와 기술을 배우기 위해 방문할 정도로 119의 브랜드 가치는 매우 높아졌다.

2012년 유례없는 폭염이 계속되면서 도심 속 벌떼 출현이 급증하고 있어 구로소방서는 긴장하고 있다. 서울시 소방재난본부에 따르면, 2012년 1월부터 7월까지 벌에 쏘여 119구급대에 이송된 환자는 70명으로, 이 중 52명(75%)이 7월에 사고를 당했다고 한다. 같은 기간 18명에 불과했던 2011년과 비교할 때 무려 4배 가까이 급증했다. 서울시 소방재난본부는 벌 쏘임 환자의 60% 이상이 8~10월 집중적으로 발생되는 전례에 비춰볼 때 앞으로 환자가 더욱 늘어날 것으로 내다봤다. 특히 집이나 주택가에서 벌에 쏘인 경우가 가장 많은 것으로 나타나 도심 속 벌떼의 공습이 일상화되고 있다는 우려까지 나오고 있는 실정이다.

사람을 공격하는 벌떼는 대부분 말벌로, 전문가들은 말벌의 도심 출현이 기온과 밀접한 관계가 있다고 말한다. 2012년의 벌 쏘임 환자의 비약적인 증가는 평년보다 빨리 찾아온 무더위와 연관성이 있다고 소방 관계자는 말한다. 말벌의 종류인 쌍살벌은 말벌이나 땅벌에 비해 체형이 날씬하고 크기는 꿀벌보다 조금 커 땅벌만하다. 쌍살벌은 자연 상태에서 나뭇가지나 바위에 집을 짓기 때문에 도심에서도 처마나 벽, 전봇대 등 다양한 장소에 집을 짓는다. 최근 말벌이 증가하는 원인으로는 수년간 기온이 높아 말벌의 발육 기간이 짧아지면서 개체수가 급증했다는 점과 천적인 조류가 줄어들면서 더욱 늘어난 것으로 보인다고 농촌진흥청은 설명하고 있다. 여기에 각종 개발로 말벌 서식지가 사라지고, 기온 상승에 따라 벌들이 도심지로 이동하고 있으며, 먹을거

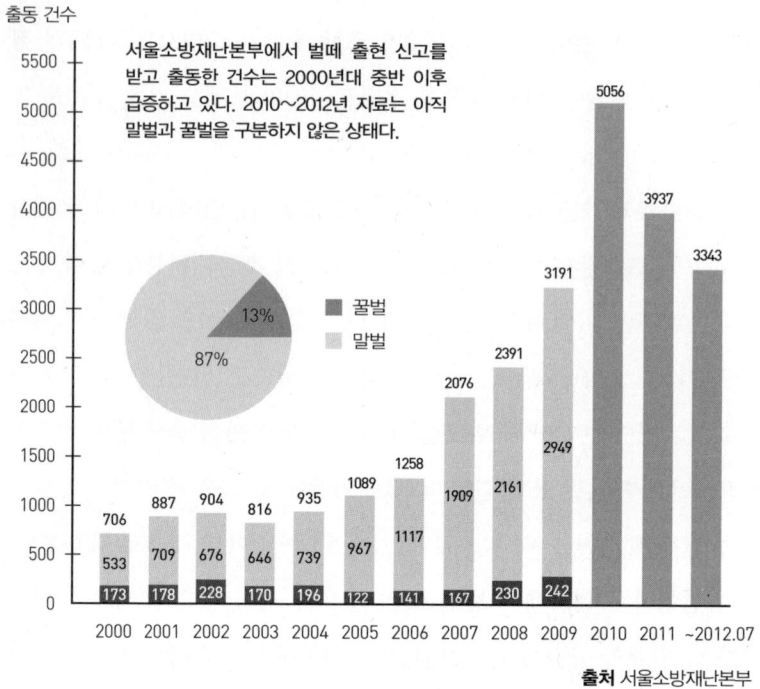

출동 건수

서울소방재난본부에서 벌떼 출현 신고를
받고 출동한 건수는 2000년대 중반 이후
급증하고 있다. 2010~2012년 자료는 아직
말벌과 꿀벌을 구분하지 않은 상태다.

꿀벌
말벌

13%
87%

출처 서울소방재난본부

리가 많은 주택가에 집을 만들면서 도심말벌이 급증하고 있는 것이다. 119구급대는 바쁘다. 벌에 쏘인 환자 이송 말고도 벌집 제거 신고도 크게 늘어나고 있기 때문이다. 2011년 7월까지 접수된 벌집 제거 신고는 495건이었으나, 2012년에는 7월 25일까지 2,000건이 넘었다고 한다.

부모들이 방학 기간 중에 아이들에게 유익하고 좋은 추억을 남기고 싶으면 119소방안전교실을 견학해보라고 권하고 싶다. 여름에는 더위를 피해 수영장을 찾은 이용객들을 대상으로 각종 물놀이 안전사고 유형이나 예방수칙 등에 대해 실습과 체험 위주로 안전교육도 실시하고 있다. 다양한 자연재난에 대비하는 것도 가르쳐주고 있다고 하니, 아이들은 물론 어른들에게도 많은 도움이 될 것 같다. 날씨와 아무런 상관이 없는 것처럼 보이는 소방서 업무가 실제로는 모두 날씨와 관련이 있는 것들이다. 화재, 폭염, 말벌 쏘임, 홍수재난 등의 사건·사고의 장소에는 언제나 소방대원들이 있으니 말이다. 날씨와 소방 업무와의 연관성에 주목하고 기상정보를 적극 이용하여 국민의 생명을 지키는 구로소방서에 격려의 박수를 보낸다.

06

녹색날씨경영으로 성공한
지방공기업 _시흥시시설관리공단

●● "3차 산업혁명은 녹색에서 온다. 이제 낡은 2차 산업혁명으로는 성장을 이끌 수 없다. 3차 산업혁명만이 인류가 성장할 수 있는 길이다."

『3차 산업혁명The Third Industrial Revolution』 한국어판 출간을 기념해 한국을 찾은 세계적 석학 제러미 리프킨Jeremy Rifkin의 말이다. 리프킨은 재생에너지와 인터넷 기술이 융합된 '3차 산업혁명'만이 성장을 이끌수 있다고 주장한다. 다음은 2012년 5월 8일《매일경제》정슬기 기자의 기사다.

"3차 산업혁명은 인터넷 커뮤니케이션 기술을 통해 정보, 에너지 등을 공유하며 대륙 간 통합을 이끌어내는 개념이다. 3차 산업혁명에서는 모든 국가가 국경을 뛰어넘어 서로 의존적 관계로 연결된다. 리프킨은 유럽연합EU을 3차 산업혁명으로 가는 최초의 연합체로 꼽으며 '올랑드 프랑스 대통령 당선자와 앙겔라 메르켈 독일 총리 모두 3차 산업혁명에 관심을 표했다. 3차 산업혁명은 연합체 간 통합을 더욱 깊게 만든다'고 말했다. 리프킨은 한국의 '녹색성장' 비전에 주목하며 3차

산업혁명의 아시아 선두주자 중 하나로 한국을 거론했다. 한국은 3면이 바다여서 해안가에서 풍력이나 조력발전이 가능하고 햇빛도 풍부한 것이 가장 큰 이유이고, 농업이 발달해 농업 폐기물을 사용한 재생에너지도 활용할 수 있으며, 이미 건설, 조선, 전기전자, 교통 등의 기술 수준이 높은 것도 큰 자산이라는 것이다. 그는 한국이 아시아의 3차 산업혁명을 이끌기 위해선 보다 구체적 계획이 필요하다고 조언했다. '한국의 건물은 태양열, 풍력, 지열 등 재생에너지를 사용하기 위한 미니 발전소가 있는 건물을 찾아보기 힘들다. 한국의 에너지 공급 비율은 석유가 66%, 원자력이 31%다. 재생에너지 비율은 2% 수준에 불과하다. 이 비율을 늘려야 한다.'"

리프킨은 우리나라가 주목하고 가야 할 길을 명확하게 제시해주고 있다. 문제는 정부가 과연 이런 인식을 갖고 있느냐 하는 것이다. 중앙정부 차원이 아니라면 지방정부 차원에서라도 이런 노력은 빨리 시작되어야만 한다. 이것이 기후변화에 대응하는 길이고 지속성장의 지름길이기 때문이다.

경기도는 1조 864억이라는 어마어마한 돈을 들여 기후변화에 적극적으로 대비하겠다고 밝혔다. 이를 위해 경기도 기후변화 적응대책 세부시행 계획을 1년에 걸쳐 수립하기로 하면서 기후변화 적응대책들이 하나하나 구체화되기 시작했다. 사실 지자체의 경우 이런 기후변화에 선제적으로 대응한다는 사고조차 하기 힘든 것이 현실이다. 이와 같은 지자체의 패러다임 전환은 꼭 필요하다. 미래를 대비한다는 의미에서 더욱 그렇다. 실제로 경기도의 경우 지난 30년간 자연재해로 연평균 20명의 사망자와 실종자가 발생했고, 약 8,000여 명의 이재민이 발생했다. 피해액만 1,150억 원에 달했다고 밝히고 있다. 경기도는 이 같은 피해를 최소화하기 위해 취약지역 중점사업을 마련하고 기후변화 적응계획 이행 및 모니터링 체계를 구축한다는 것이다. 또한 TF팀을 구성해 온실가스 감축계획과 적응계획을 통합해 이행 상황을 모니터링할 계획이라고 한다. 아울러 DMZ에 인접해 있는 독특한 상황으로 인해 생태계 보호 차원에서 장기생태조사지를 선정해 생태계 변화를 함께 모니터링하겠다고 한다. 각 분야별로 경기도의 특색에 맞춰 기후변화 대응 채비가 이뤄지다 보니, 비용도 많이 들고 할 일도 많아 보이지만 이런 대책들은 꼭 필요하다. 이것은 크게는 국가의 문제이지만 작게는 지자체 그리고 주민들이 함께 나서야 할 숙제다. 이번에는 경기도의 한 지자체인 시흥시의 시설관리공단을 소개하겠다. 녹색경영을 체계적으로 실천해가며 지역 특색에 맞춰 자체적으로 많은 일을 해결해나가는 곳이다. 2012년 초에는 지방공기업경영평가에서 최우수 공기업으로 선정되었을 정도다.

시흥시시설관리공단은 2004년 10월 설립하여 그린센터 소각장과 공영주차장, 견인사업 등 3개 사업 운영을 시작으로 이후 환경미화타운 재활용선별장, 종량제봉투판매 등 환경사업과 청소년수련관 및 국민체육센터 운영 등 문화체육사업, 그리고 교통약자 이동지원센터 운영 등 사회공헌사업을 전개해왔다. 2012년에는 자동차번호판 발급, 하수슬러지건조장 운영, 여성비전센터 수영장 운영 등 현재 11개 사업으로 점차 사업영역을 확대해가고 있다. 이러한 다양한 시설들을 시흥 시민들이 편리하고 안전하게 이용할 수 있도록 체계적으로 시설을 관리하기 위해 2009년 품질환경경영시스템ISO 9001/14001을 시작으로 안전보건경영시스템KOSHA 18001, 인적자원개발HRD 우수기관, 한국서비스품질SQ 인증을 획득했고, 2011년에는 전국 시설관리공단 최초로 녹색경영 시스템GMS과 날씨경영인증WMC을 획득하여 총 7개 경영 시스템을 운영하면서 시민들에게 최상의 서비스를 제공하고자 지속적으로 노력하고 있는 기관이다.

그런데 놀라운 것은 날씨와 아무런 상관도 없을 것 같은 시흥시시설관리공단이 날씨경영인증을 받았다는 것이다. 날씨경영인증을 받기 위해서는 서류평가, 현장평가, 최종심의평가 등 3단계 평가를 거쳐야 한다. 시흥시시설관리공단은 서류평가를 위해 기상정보 활용과 성과에 대한 현황설명서를 작성하여 제출했고, 활용과 성과에 대한 검증단계인 현장평가를 거쳐 최종 단계인 심의를 통해 인증을 받게 되었다. 지방공기업 중에서는 날씨경영인증을 처음 받은 것이다. 시흥시시설관리공단 관계자는 날씨경영인증을 받으면서 기상정보의 활용성에 대해 다시 한 번 생각하게 되었다고 말한다. 일상적으로 업무를 하면서 사람들은 알게 모르게 기상정보를 활용하고 있다. 예를 들면 내일 사업장 공사를 진행하는데 날씨는 어떨까 하고 습관적으로 내일 날씨를 검색하게 된다. 이와 같이 날씨에 대한 정보를 자연스럽게 일상에 활용하고 있는데 이를 인식하지 못하고 있는 것이다. 시흥시시설관리공단은 날씨경영인증을 통해 기존에 활용하는 기상정보를 좀 더 업무에 적합하게 활용할 수 있도록 체계화했다.

시흥시시설관리공단이 뛰어난 점은 지방공기업 중에서 가장 친환경적인 사업을 하고 있다는 것이다. 2009년에 환경경영시스템인증, 2011년에 녹색경영시스템인증에 이어 2012년 날씨경영인증까지 모두 전국에서 처음으로 받았다. 이 중 환경경영시스템ISO 14001은 시설을 운영하면서 환경에 미치는 영향을 사전에 파악하여 이를 최소화할 수 있도록 방침과 목표를 수립하고 환경변화에 능동적으로 대처하는, 즉 환경

◆◆◆ 시흥시시설관리공단은 "친환경 녹색경영"이라는 경영 목표 아래 시민을 위한 공기업으로서 사회적 책임을 다하고자 그린센터 소각장과 환경미화타운 재활용선별장 등 녹색사업 성장에 주력하고 있다. 친환경 녹색경영을 하는 데 날씨는 상당히 중요한 요소다. 환경시설은 날씨의 영향을 많이 받기 때문이다. 시설물을 안전하게 관리하기 위해서는 날씨정보가 반드시 필요하다.

을 고려한 경영활동, 경영체계를 말한다. 녹색경영시스템GMS은 국가 정책 방향 중 하나인 '녹색경영 촉진 기반 구축'의 일환으로 2010년 9월 처음 시작되었다. 환경경영시스템에 자원·에너지의 효율적 관리와 온실가스 관리, 기업 활동에 대한 사회적 책임이 포함된 경영시스템을 말한다. 이런 노력에 힘입어 2011년 전국 216개 지방공기업을 대상으로 한 경영평가에 최우수 공기업으로 선정되었다. 공단 경영평가는 시설관리공단을 포함해 공사, 상하수도 사업소와 같은 직영기업 등 전국에 있는 200여 개 이상의 공기업의 경영실적을 매년 평가하는 제도로, 기업의 경제성과 공공복리증진, 경영원칙의 준수와 경영목표 달성, 그리고 공익성 및 고객서비스 등을 평가한다. 공기업으로서 수행해야 할 공익성과 수익성을 모두 평가하는 제도라고 할 수 있다. 시흥시 시설관리공단의 뛰어난 점은 바로 시민에게 큰 도움을 주면서 이익도 엄청나게 냈다는 것이다. 2010년에는 165억 원의 공단 수익 실적을 달성했다. 이것은 일반 기업도 올리기 힘든 실적이다 보니 많은 사람들의 주목을 받게 되었다.

시흥시시설관리공단이 운영하는 사업 중 우리가 보통 소각장, 재활용센터로 부르는 사업이 있다. 시흥시는 소각장, 재활용센터를 그린센터, 환경미화타운으로 아름답게 개명하여 사용한다. 시흥시시설관리공단이 운영하는 그린센터 소각장은 산업폐기물을 친환경적으로 소각 처리하여 소각 시 발생하는 폐열을 활용해 연간 8만 5,000톤의 스팀을 생산하여 인근 지역에 공급하는 친환경에너지 사업이다. 환경미화타운 재활용선별장은 폐자원을 재활용하는 친환경 사업으로 재활용 선별율이 85%로 자원 재활용률이 상당히 높은 수준이다. 사실 가정에서 버린 쓰레기의 재활용은 무궁무진하다. 요즘 도시광산사업이라는 말이 있는데, 버려진 휴대폰이나 컴퓨터에서 금을 추출하는 것이 좋은 예다. 또 스티로폼 포장재를 녹여서 단열재나 연료로 사용할 수도 있다. 쓰레기 재활용에서 가장 중요한 것은 재활용 쓰레기의 분리수거다. 가정 또는 직장에서 버린 재활용 쓰레기의 분리수거만 잘 된다면 80%가 아닌 100% 자원 재활용이 될 것이라고 관계자는 말한다.

각 지역의 시설관리공단은 나름대로 그 지역에 맞는 특화 사업을 운영한다. 시흥시의 경우는 지형적 특성과 날씨 등을 고려해 특화 사업을 운영하고 있다. 시흥시에는 시화공단이라는 공업단지가 조성되어 있고, 이로 인해 환경에 대한 시민들의 관심이 상당히 크다. 이에 시흥시는 "미래를 키우는 생명도시 시흥"이라는 비전과 자연, 사람이 상생·공존하는 "환경친화 생명도시"라는 목표를 갖고 생태공원 조성 등 친환경 사업에 주력하고 있다. 시설관리공단 또한 시화공단에 위치해 있으며, 시흥시와 비전, 목표를 공유하여 "친환경 녹색경영"이라는 경영 목표 아래 시민을 위한 공기업으로서 사회적 책임을 다하고자 그린센터 소각장과 환경미화타운 재활용선별장 등 녹색사업 성장에 주력하고 있다.

친환경 녹색경영을 하는 데 날씨는 상당히 중요한 요소다. 경영전략팀 박윤수 팀장은 "환경시설은 날씨의 영향을 많이 받습니다. 피해를 보았다기보다는 날씨로 인해 적극적으로 사업을 운영하지 못하게 되는 경우가 많죠. 예를 들면, 소각장의 경우 저기압이나 바람이 많이 부는 날씨에는 소각 시에 발생하는 연소가스가 멀리 날아가지 못하는 현상이 발생해서 소각량을 줄여 연소가스를 감소시켜야 합니다. 또 비가 많이 오는 날은 폐기물이 비에 젖어 운반이 원활하지 못하죠. 시설물을 안전하게 관리하기 위해서는 기상정보가 반드시 필요합니다. 공기업이다 보니 기상청 날씨예보를 활용하고, 환경관리공단이나 시흥시청 등 외부 기관으로부터도 기상정보를 제공받습니다. 많은 국가에서 기후변화에 관심을 갖고 이에 대응하기 위한 노력을 추진 중인 것으로 알고 있습니다. 선진국의 우수사례도 많지만 우리 공단이 받은 녹색경영시스템 인증제도 또한 국내에서 처음 실시하는 것으로 이 제도의 효과가 검증되어 국제 인증으로 인정받는다면 우리나라가 녹색경영의 선진 사례가 되지 않을까 생각해봅니다. 물론 날씨인증도 받았으니 날개를 단 격입니다. 날씨 요건을 경영에 잘 접목시켜 더 나은 시설관리공단이 되겠습니다"고 말한다.

시흥시시설관리공단 안에는 CS&Clean이라는 센터가 있다. CS&Clean 센터는 시민고객들의 다양한 니즈의 적극적 수렴과 체계적인 고객관리를 통한 고객서비스 전문화, 서비스 불만 및 부조리를 신고하는 청렴신고센터의 역할을 수행하고 있다. 이를 통해 시설관리공단이 시민고객들에게 좀 더 가까이 다가가 의견을 경청하고 개선함으로써 시민들을 위한 시설로 발전할 수 있도록 해주는 소통 채널인 셈이다. 사실 일부 사람들은 공단에서 하는 일을 혐오시설을 처리하거나 해결하는 것쯤으로 생각하고 있다. 이런 인식을 바꾸기 위해서 적극적인 소통 채널을 만든 것이다.

기후변화행동연구소가 2012년 6월 5일 한국언론회관에서 '저탄소 녹색성장 4년 - 평가와 대안'을 주제로 연 세미나를 열었다. 발표에서 MB정부는 저탄소 녹색경제를 강조했지만 온실가스 총배출량은 오히려 크게 늘었으며, 신재생에너지 보급률도 형편없었다고 한다. 에너지 수입 의존도도 변화가 없으며 1인당 물 사용량과 폐기물 발생량도 변화가 없었다. 육상생태계도 경지면적과 산림면적에서 감소 추세가 이어졌고, 멸종위기에 놓인 야생 동식물 수도 늘어나는 등 총체적인 부실정책이었다고 한다. 기후변화행동연구소 안병옥 소장은 "경제협력개발기구OECD와 통계청이 내놓은 지표 가운데 녹색성장 평가에 적합하고 대표성이 있다고 판단된 10개 지표를 선택해 정부가 녹색성장 비전을 제시하기 이전과 이후의 변화를 살펴봤더니, 저탄소 녹색성장의 핵심 지표인 온실가스 배출량과 에너지 수입 의존도, 신재생에너지 보급률 등 7개 지표에서 부정적인 평가를 내릴 수밖에 없었다"고 밝혔다. 홍종호 서울대 환경대학원 교수는 "모든 것을 자신의 임기 안에 끝내겠다는 조급증이 원래 녹색성장의 의미를 퇴색시켰다"며 "녹색성장이 되려면 생활이 다소 불편해져야 하는데, 녹색성장위원회에서 실시한 국민의식 조사에서 국민 90% 이상이 녹색성장 정책이 지속되어야 한다고 응답했다는 점에서 역설적으로 정부의 녹색성장 정책에 문제가 있다는 평가가 가능하다"고 말했다. 말로는 열심히 녹색성장과 저탄소를 외쳤으면서도 실제로는 그런 정책을 추진하고픈 마음이 없었다는 이야기다. 그러다 보니 염형철 환경운동연합 사무총장의 말처럼 "이명박 정부의 녹색성장이 전형적인 '그린워시'(녹색세탁)라는 점이 확인되었다"며 "정부의 녹색성장에는 녹색은 사라지고, 녹색으로 돈벌이를 하겠다는 생각만 남아 있다"는 말에 동감할 수밖에 없지 않나 싶다. 구호로는 녹색성장을 외치고 기후변화에 대응해야 한다고 하면서 실질적인 일을 하지 않은 MB정부보다는 비록 작은 규모라도 녹색날씨경영에 나서고 있는 시흥시시설관리공단은 얼마나 믿음직스러운가!

07

포인트 기상예보로 도로 관리부터
사고 예방 및 적시 대응까지
일석삼조 _원주지방국토관리청

●● "지금 멈추지 않으면 우리는 정말 우리 후손들의 목숨을 위태롭게 할 것이다. 앞으로 40~50년을 더 흥청거린다면, 그들은 아무런 기회도 얻지 못하고 석기시대로 돌아갈 수밖에 없을 것이다. 사람이 남아 있긴 하겠지만 문명은 사라질 것이다."

영국의 과학자 제임스 러브록James Lovelock의 글에 나오는 말이다. 심각한 기후변화는 도시와 국토를 변화시킨다. 스티븐 호킹Stephen Hawking은 앞으로 1,000년 안에 이산화탄소가 늘어나 지구 표면을 뜨겁게 달궈 사람들은 지금 사는 곳을 떠나 다른 곳에서 피난처를 찾아야 할 것이라고 경고했다. 문명의 붕괴를 연구한 제레드 다이아몬드Jared Diamond는 마야 문명 같은 고대 문명의 예를 들면서 기후변화가 마야 문명을 멸망시킨 것처럼 현재의 지구에도 예측하기 어려운 변화를 가져올 것이라고 했다.

인류의 70%가 모여 사는 도시는 기후변화에 관한 한 가장 취약하다. 마치 식물처럼 도시는 움직일 수 없으며 필요한 물과 식량과 에너지를 공급하기 위해 정교한 네트워크에 의존해야 하기 때문이다. 우리는 기후변화의 결과로 숲과 생태계가 이미 죽어가고 있다는 사실을 주목해야 한다. 이러한 현상이 필수 물자를 공급하는 도시 네트워크의 능력을 압도하면 도시도 마찬가지로 죽어갈 수밖에 없기 때문이다. 이러한 일은 극단적인 날씨변화, 혹독한 추위와 더위, 가뭄과 홍수, 전염병 등이 연이어 발생하면서 충분히 일어날 수 있다. 그래서 도시나 우리가 살아가야 하는 환경에 대한 관리가 더욱 필요한 것이다. 재난을 줄이고 국민들이 쾌적한 삶을 살게 하기 위해서라도 말이다.

2012년은 상당히 특이한 해였다. 여름이 가뭄과 함께 시작되더니 폭염이 닥쳤고 녹조현상이 발생하면서 어민들의 가슴을 태웠다. 이어 게릴라성 집중호우에 초대형 태풍까지 한꺼번에 겹치면서 최악의 기상이변 종합선물 세트를 보는 듯했다. 재난 부서에 있는 공무원들은 그야말로 최고의 수난시대를 겪었다. 새 시장이 취임한 서울시는 앞장서서 '여름휴가 자유롭게 가기'를 선언했다. 그러나 각종 기상재난이 겹치면서 공무원들은 여름휴가는커녕 비상대기해야 했다. 이뿐만 아니라 기상이변으로 재난대책본부도 연이어 가동되면서 관련 부서 공무원들은 밤낮이 따로 없을 정도로 격무에 시달렸다. 앞으로는 기후변화로 재해 가능성이 커지는 만큼 관련 기관의 어려움도 늘어날 것으로 보인다. 이런 와중에 날씨경영을 통해 효율적인 자연재난을 줄인 곳이 있다. 강원도의 원주지방국토관리청이 그 주인공이다.

원주지방국토관리청은 강원권역을 관할하는 국토해양부 소속 특별지방행정 기관이다. "편안하고 살고 싶은 강원권 국토 조성"을 정책 목표로 삼고 있다. 국도5호선 등 일반국도 17개 노선(1,948킬로미터, 전국의 14.1%)에 대한 도로건설 및 관리, 북한강 등 5개 국가하천(281킬로미터, 전국의 8.6%)에 대한 정비, 건설공사의 품질관리 업무를 수행하고 있으며, 최근 수변공간조성과 하천유지관리를 위한 4대강 살리기 사업, 수도권과 강원권을 한층 편리하게 연결해줄 제2영동 고속도로 민자사업, 그리고 2018 평창동계올림픽 성공 개최를 위한 접근로망 구축사업을 추진하고 있다. 원주지방국토관리청은 날씨를 경영에 활용한 공로로 제7회 대한민국기상정보대상에서 은상을 수상했다. 공공기관으로서는 받기 힘든 기상정보대상을 받은 것에 대해 도로공사과 박노헌 계장은 "기상정보를 도로관리 업무에 활용하여 사전예방 활동과 적시대응으로 사고를 방지하고 예산 또한 절감할 수 있었습니다. 이런 한 발 앞선 행정에 힘입어 기상정보대상에서 은상을 받았다고 생각합니다. 겨울철 강설 시, 적시대응을 못할 경우 차량의 거북이 운행, 미끄러짐 사고는 물론 교통두절까지 야기해 국도를 이용하는 국민 여러분에게 많은 불편을 끼칠 수 있습니다. 우리 청은 강설시기, 강설지역, 강설량 등에 대한 기상정보를 제설작업에 활용하여, 제설비용과 교통사고를 감소하는 효과를 얻었습니다"라고 말한다.

국토지방관리청 업무와 날씨는 매우 밀접한 관련이 있다. 강우나 강설 시에도 국민들이 안전하게 국도를 이용할 수 있도록 사전 대비를 철저히 해야 한다. 폭우로 도로 노면에 파임이나 물 고임, 도로 법면 토사붕괴 등 비상 상황이 발생하면 현장 출동해서 신속하게 복구해야 한다. 폭설에는 밤낮을 가리지 않고 제설작업을 해야 한다. 따라서 국토지방관리청 업무와 기상정보는 매우 밀접한 관련이 있는 것이다. 원주지방국토관리청이 기상정보대상에서 은상을 받은 것은 폭설과 강수로 인한 교통통제를 줄이기 위해 날씨예보 활용을 통해 물류비와 제설비를 절감한 공로를 인정받았기 때문이다. 이들은 포인트 기상정보를 활용해서 도로관리 시스템 개선을 이루었다. 기상청은 원주 관내에 눈이 많이 오기 때문에 선형이 불량한 교통 취약 구간을 대상으로 포인트 기상예보를 하고 있다. 원주국토지방관리청은 이 기상예보를 바탕으로 덤프트럭을 비롯한 제설장비와 인력을 이동 배치하고 집중 순찰구간을 선정하여 사전에 효율적으로 대비할 수 있었다고 한다.

여름철에는 태풍이나 장마 때 폭우로 도로나 하천 시설물이 유실되지 않도록 예방하고, 재난 발생 시 신속하게 응급복구할 수 있도록 사전에 재해 취약 구간을 선정해서 특별 관리하고 우기 전에 도로 배수로 정비와 재해 대비 모의훈련을 실시했다. 그럼에도 산악지역 법면 절토 구간에 단시간 폭우가 쏟아지는 경우에는 토사붕괴 위험이 있다. 2012년 여름에 집중호우로 국도 한곳에 토사 유출이 발생했을 때 긴급히 응급복구할 수 있었던 것은 날씨를 경영에 적극 활용한 결과라고 할 수 있다. 강원도는 아무래도 지역 특성상 산이 많기 때문에 산사태 발생 가능성도 크다. 주요 국도 절토 사면에 절토사면유지관리시스템 CSMS을 설치·운영하여 토사붕괴를 사전에 감지하고 있다. 절토 사면에 토사붕괴 전조증상이 나타나면, 시스템이 위험을 감지하여 원주국토지방관리청과 한국시설안전공단에 위험 상황을 통보한다. 이 시스템을 통해 절토 사면을 보다 과학적이고 체계적으로 관리할 수 있고, 매년 객관적인 데이터를 바탕으로 사업 우선순위를 정해서 사면 보강 공사를 실시하고 있다.

이외에도 강원도는 여름철엔 피서 인파가 많이 몰린다. 원주국토지방관리청은 국도5호선 등 관내 5개 노선에 설치된 도로전광표지VMS와 국도변 휴게소 등 국도 각지에 설치된 QR코드로 쉽게 접속 가능한 원주국토지방관리청 SNS(페이스북)를 통해 실시간 국도 소통 상황과 기

◆◆◆ 국토지방관리청 업무와 날씨는 매우 밀접한 관련이 있다. 강우나 강설 시에도 국민들이 안전하게 국도를 이용할 수 있도록 사전 대비를 철저히 해야 한다. 폭우로 도로 노면에 파임이나 물 고임, 도로 법면 토사붕괴 등 비상 상황이 발생하면 현장 출동해서 신속하게 복구해야 한다. 폭설에는 밤낮을 가리지 않고 제설작업을 해야 한다. 이 모든 상황에 대비하고 도로의 체계적 관리를 위해서 기상정보는 필수다.

상 상황을 전달하여 국민들의 편의를 도왔다. 또 원주국토지방관리청은 국도상에 CCTV를 70개 설치하여 관리하고 있다. CCTV 영상은 도로의 교통 흐름과 노면 상태, 가시거리 등을 파악하는 자료로 활용하고 있으며, 인터넷에 CCTV 영상자료를 제공하고 있다. 국민들은 이를 통해 도로 지·정체 상태를 편리하게 확인할 수 있다.

강원도는 지형적으로 재난 사고가 많이 발생하는 특징을 갖고 있다. 강원도 지역은 우리나라 지형의 등줄기에 해당하는 태백산맥을 중심으로 영서와 영동으로 나뉘는데, 영동지방은 특히 여름철 집중호우와 겨울철 폭설이 반복되고 있다. 산악지대가 많은 지형 특성상 산간지역을 통과하는 도로의 경우 아직까지 급경사와 급커브 구간이 많기 때문에 사고가 발생할 확률이 높다. 따라서 원주국토지방관리청은 영동지역에 대해서는 재해에 대비하는 정책을 주로 세우고, 도로를 운행하는 국민들에게는 운행 전 차량점검과 운행 중 교통규칙을 잊지 말도록 홍보하고 있다.

2018 평창동계올림픽에 대비하는 일도 만만치 않다. 평창동계올림픽 개최를 계기로 강원권 교통 인프라는 대폭 확충되어, 수도권 1시간대 생활권으로 편입되고, 상당부분 지·정체구간도 해소될 것이다. 평창동계올림픽 관련 기반시설로는 정부에서 IOC에 보증(2010년 12월)한 4개 사업과, IOC 현장실사(2011년 2월) 시 발표 내용에 포함한 2개 사업이 있다. 첫 번째 IOC 보증사업 4개는 ① 원주-강릉 간 복선철도 건설(113.7킬로미터), ② 국도6호선(강릉 연곡-두능)과 59호선(평창 진부-나전) 도로 건설, ③ 영동고속도로 올림픽 IC 건설, ④ 양양공항 탑승구 추가 건설이다. 두 번째 IOC 현장실사 시 발표 사업 2개는 ① 국도6호선 평창 용평-보광스키장[(횡성)둔내-(평창)무이-(평창)장평] 간

도로 건설 ② 광주-원주(제2영동) 고속도로 건설이다. 또한, 수도권과 충청·영남권에서 경기장으로 빠르게 접근할 수 있고 영동고속도로 지·정체 시 대체 노선으로 이용할 수 있도록 위험 구간을 개선하는 사업으로 4개 노선 8개 구간에 170킬로미터 국도 확포장 사업을 추진하게 된다. 이로써 강원도는 수도권뿐만 아니라 충청·경상권과도 사통팔달로 연결된다.

아울러 원주지방국토관리청은 저탄소 녹색성장의 중심이 되기 위해 노력하고 있다. 이를 위해 신규 도로 사업이나 시설 개선 공사 시 시인성이 뛰어나고 전력 소모가 적은 초절전 LED 기술을 도입하여 터널, 가로등, 교통안내 표지 등에 적용하고 있다. 도로 사업에 저탄소 중온 아스팔트 및 친환경 재생 아스팔트를 시범 적용하고 있다. 즉, 시공 단계에서 발생하는 온실가스 감축 및 보급 활성화 방안을 마련 중에 있다. 제2영동고속도로 사업에는 녹색기술 전문가 협의체를 구성하여 온실가스와 환경오염을 줄이고, 저비용·고효율 기술을 개발하는 데 힘을 쏟을 계획이다. 아울러 북한강, 섬강 살리기 사업에 하천의 역사와 문화적 요소를 활용한 스토리텔링storytelling 기법을 도입했다. 강원도 4대강 살리기 사업은 북한강 3개 지구(강촌·하중도·화천 지구), 섬강 2개 지구(간현·호저 지구) 그리고 평창강 영월강변저류지 사업으로, 스토리텔링 기법을 도입해 상시적으로 전문가 자문회의 및 주민설명회를 개최하는 등 특화된 주제를 선정하여 테마형으로 조성하고자 했다. 북한강 강촌 지구는 젊음과 낭만의 명소, 하중도 지구는 수상관광 및 레저 공간, 화천 지구는 청정도시 연계 생태학습장으로 개발했다. 그리고 자전거도로를 개설해 도심을 떠나 짜릿한 체험을 하고 흥미를 유발할 수 있는 테마 탐방 루트로 조성해 지역문화축제와 함께할 수 있는 공간으로 만들 것이다. 원주 섬강 후용 · 간현 지구의 경우 소생물권 서식처를 복원해 조류생태 관찰시설과 함께 간현유원지와 연계 가능하도록 했다. 생태습지와 옛 물길 복원을 통해 다시 찾고 싶은 즐거운 강을 만들고자 했다. 호저 지구는 생태연못을 조성하고 기존 수림대 등과 연계된 가족 레크리에이션 공간으로 만들었다. 특히 강원도에서 대행하고 있는 평창강의 영월 강변저류지 사업은 홍수예방을 위한 저류지를 조성하여 생태공원과 체육공원, 전망대, 습지원, 자전거도로 등을 만들 계획이다. 영월의 역사 · 문화와 단종제 등 지역축제와 함께 다시 찾고 싶은 명소로 거듭나 관광객 유입이 증가하면 지자체의 지역경제 활성화에도 많은 도움이 될 것으로 기대한다고 원주지방국토관리청 관계자는 말한다. 원주지방국토관리청 관계자는 기상정보대상 수상을 계기로 기상정보에 더 많은 관심을 갖게 된 것이 가장 큰 수확이라고 말한다. 도로관리 등 국토관리 업무에 기상정보를 보다 체계적으로 활용하여 업무를 개선하고 탁월한 성과를 내도록 노력하겠다고 다짐한다. 날씨를 적극적으로 활용하는 날씨경영이야말로 성공의 지름길이자 돈을 버는 첩경임을 모든 기업들이 배웠으면 좋겠다.

마지막으로 우리가 꼭 알아야 할 이야기를 끝으로 이 글을 맺겠다. 포스트 교토 체제*를 만들기 위해 덴마크의 코펜하겐, 멕시코의 칸쿤, 남아공의 더반, 두바이에서 IPCC 회의가 열렸다. 기후변화를 막기 위해서는 이산화탄소 배출을 줄여야 한다는 것이다. 그러나 중요한 것이

---

* **포스트 교토 체제** 교토 의정서에 따른 1차 온실가스 의무 감축 기간이 끝난 2012년 이후의 계획을 세우는 것이다. 가장 중요한 의제는 지구 전체의 온실가스 감축 목표량이다. 지구의 온도 상승을 몇 도 선에서 저지할 것인지, 대기 중 온실가스 농도를 어느 정도에서 안정화시킬 것인지에 대해 결정해야 한다. 지구 전체의 목표를 달성하기 위한 각 국가별 할당 목표도 설정해야 한다.

있다. 모든 온실가스 배출이 당장 멈춘다고 해도, 즉 세계 경제가 당장 붕괴되어 전구 하나도 켜져 있지 않다 해도 대기 중에는 이미 충분한 이산화탄소가 있다는 사실이다. 그리고 잔존하는 이산화탄소는 급격한 지구온난화와 기후변화를 초래할 것이라는 점이다. 지금보다 훨씬 악화된 빈곤과 폭력, 사회 혼란, 기후난민의 발생, 사회적·경제적 격변이 발생할 가능성이 높다. 우리는 이산화탄소를 줄이는 방법에 빨리 합의해야 하고 그동안에도 인간적이고 정의로운 적응 방법을 찾아내야만 한다. 로렌스 C. 스미스Laurence C. Smith는 『2050 미래쇼크』에서 "우리 집 앞의 잔디가 매일 1.7미터의 속도로 북쪽으로 이동하고 있다고 상상해보라. 또는 나의 생일이 매년 10시간씩 앞당겨진다고 생각해보라. 현재 지구의 생물 변화는 이렇게 급격히 진행되고 있다. 생물은 이동하고 있다. 지금 우리의 창 밖에서 벌어지고 있는 일이다"라며 우리의 관심을 촉구하고 있다. 이것이 바로 우리가 기후변화에 대해 더 많은 관심을 가져야 하는 이유다.

날씨
읽어주는
CEO

초판 1쇄 발행 2013년 4월 22일
초판 2쇄 발행 2013년 11월 25일

지은이 김동식
펴낸이 김세영

책임편집 이보라
편집 김예진
디자인 송지애
관리 배은경

펴낸곳 도서출판 프리스마
주소 121-894 서울 마포구 서교동 381-38 3층
전화 02-3143-3366
팩스 02-3143-3360
블로그 http://blog.naver.com/planetmedia7
이메일 webmaster@planetmedia.co.kr
출판등록 2005년 10월 4일 제313-2005-00209호

ISBN 978-89-966482-5-3 03320